GASTON BONNIER
Membre de l'Institut
Professeur de Botanique à la Sorbonne

GEORGES DE LAYENS
Lauréat
de l'Académie des Sciences

NOUVELLE FLORE

pour la détermination facile des plantes de la région parisienne et des espèces communes en France avec l'indication des fleurs mellifères et augmentée de tableaux pour reconnaître les arbres par les feuilles.

2.173 figures dessinées d'après nature par Mme Bergeron-Herincq.

Nouvelle édition en deux couleurs renvoyant page par page
- à l'Album de la Nouvelle Flore qui contient les photographies en silhouette des plantes;
- aux 400 planches en couleurs de l'Atlas des Plantes de France.

Ouvrage couronné par l'Académie des Sciences
et par l'Académie d'Agriculture de France.

'DITIONS BELIN 8, rue Férou - Paris 6e

BELIN

Aux Éditions BELIN

G. BONNIER / G. DE LAYENS

Nouvelle Flore de la Région Parisienne

Cent ans après la création de la *Nouvelle Flore*, la présente réédition a été réalisée en partant des premières éditions, magnifiquement imprimées, que nous avons rassemblées dans ce but. Les innombrables corrections et améliorations que les Auteurs ont apportées durant leur vie ont *toutes* été prises en compte.

La *Nouvelle Flore* renvoie désormais non pas au seul *Album de la Nouvelle Flore*, comme G. Bonnier l'avait réalisé de son vivant, mais aussi à l'*Atlas des Plantes de France* (voir ci-dessous).

G. BONNIER

Album de la Nouvelle Flore représentant toutes les plantes photographiées en silhouette directement d'après nature au cinquième de leur grandeur naturelle.

2 028 photographies correspondant, page par page, aux descriptions de la *Nouvelle Flore*.

Un volume de 184 pages au format de la *Nouvelle Flore.*

A. MASCLEF

Atlas des Plantes de France

Complément de la *Nouvelle Flore* de G. Bonnier et G. de Layens.

« Pour permettre aux commençants et aux amateurs de trouver facilement le nom de n'importe quelle plante, nous avons choisi avec grand soin, dans chaque famille et dans les genres principaux, les espèces les plus caractéristiques ; comme l'on arrive à la connaissance de ces espèces par la seule inspection des plantes, il devient dès lors facile en s'en servant comme d'un terme de comparaison, de déterminer avec une flore les autres espèces qui leur ressemblent plus ou moins ; » *(extrait de la Préface de A. Masclef).*

400 planches en couleurs représentant 450 plantes communes, aux trois quarts de leur grandeur naturelle.

Un volume au format de la *Nouvelle Flore*, avec renvoi planche par planche à la *Nouvelle Flore.*

ISBN 2-7011-1001-7

PRÉFACE

DE LA PREMIÈRE ÉDITION

Lorsque nous avons débuté dans l'étude de la botanique en nous proposant simplement de trouver le nom d'une plante, nous nous souvenons avoir rencontré de nombreuses difficultés. Les quelques connaissances que nous avions pu acquérir, au préalable, en lisant des traités de botanique élémentaire, étaient presque sans utilité pour le but que nous nous proposions. En effet, les auteurs de la plupart des flores parlent un langage spécial, tellement hérissé de termes techniques qu'il faut un vocabulaire particulier pour en chercher à tout instant l'explication. On trouve partout dans leurs descriptions l'héritage du latin scientifique et des anciennes expressions médicales. C'est pour ainsi dire une langue nouvelle qu'il faut apprendre, et encore n'est-elle pas la même dans chaque ouvrage. Voilà le principal obstacle que rencontrent tous ceux qui veulent s'occuper de Botanique.

. . . .

Instruits par les difficultés si nombreuses que nous avons rencontrées, au début, dans l'usage des flores, nous avons cherché à réaliser une nouvelle disposition plus claire et plus simple.

Les caractères des plantes sont décrits de façon à éviter le plus possible tous les mots techniques, et grâce aux très nombreuses figures qui y sont partout intercalées, le texte ne prend plus un trop grand développement. Cela permet de grouper les plantes en tableaux synoptiques de telle sorte que l'on peut apprécier d'un seul coup d'œil leurs ressemblances ou leurs différences. Nous pensons avoir ainsi conservé les avantages des « clefs dichotomiques » ordinairement employées dans les flores tout en évitant leurs inconvénients qui sont aujourd'hui reconnus par tous ceux qui en font usage.

Ce travail, commencé en 1869, n'a pas été fait au moyen des clefs déjà existantes. Toutes les descriptions, toutes les figures et l'arrangement des tableaux résultent de la comparaison des plantes elles-mêmes dont nous avons pu nous procurer de très nombreux échantillons provenant de collections classiques.

Nous devons la reproduction fidèle des caractères spécifiques des plantes, dessinés d'après nature, à madame Bergeron-Hérincq qui a bien voulu nous prêter le concours de son talent pour les gravures de cette Flore.

L'exécution typographique des tableaux synoptiques présentait des difficultés toutes spéciales ; nous ne pouvons terminer cette préface sans adresser nos vifs remerciements à M. Crété pour le soin extrême qu'il a mis dans l'impression de cet ouvrage.

G. BONNIER et G. DE LAYENS.
Mars 1887.

PRÉFACE

DE L'ÉDITION DE 1986

Dans la Préface de la première édition, reproduite ci-dessus, le lecteur a remarqué une ligne de points de suspension. Nous avons, en effet, supprimé un paragraphe du texte de G. Bonnier et de G. de Layens. Le voici : « D'autre part, il faut bien reconnaître que les descriptions les plus longues et les plus détaillées ne suffisent pas pour rendre compte avec précision des caractères distinctifs d'une espèce. Dans ce but, rien ne vaut les dessins faits d'après nature. Or des figures représentant les caractères de toutes les espèces n'ont jamais été publiées, si ce n'est dans les illustrations dont le prix est trop élevé. »

Bonnier a fait un premier pas en publiant l'utile *Album de la Nouvelle Flore* avec 2 028 photographies (en noir) d'après nature, de plantes « au cinquième de leur grandeur naturelle ». La *Nouvelle Flore* y renvoyait déjà systématiquement dans les rééditions du vivant de Bonnier.

Dès 1891, A. Masclef avait publié un *Atlas des Plantes de France* de 400 planches lithographiques en couleurs, complément admirable de précision et de beauté de la *Nouvelle Flore*. Mais il coûtait 13 fois plus cher que la *Nouvelle Flore* !... d'où la remarque amère de Bonnier soucieux de fournir aux amateurs de botanique des ouvrages peu coûteux.

Cent ans après la première édition de la *Nouvelle Flore*, les métiers du livre autorisent une reproduction parfaite, à des prix abordables, d'œuvres de haute qualité. L'*Atlas des Plantes* de France coûte cinq fois moins cher que du temps de Bonnier et il nous semble avoir réalisé le vœu de ce dernier en rééditant, au format de la *Nouvelle Flore*, cet Atlas que Masclef lui avait dédié.

Dorénavant, la *Nouvelle Flore* fait référence à deux ouvrages d'allure et d'usage très différents : l'*Album de la Nouvelle Flore* et l'*Atlas des Plantes de France*.

Max BROSSOLLET.
Président des Éditions Belin.
Novembre 1986.

INTRODUCTION

Le lecteur qui n'a fait aucune étude botanique fera bien de commencer par lire les quelques pages (pages 201 et suivantes) où se trouvent les PREMIÈRES NOTIONS SUR LES PLANTES ; *s'il est ensuite arrêté par un mot dont il ne connait pas bien le sens précis en botanique, il consultera l'*EXPLICATION *p. 208, où ces mots sont rangés par ordre alphabétique et accompagnés d'exemples et de figures explicatives.*

Nous nous contenterons, dans cette introduction, de montrer quel est l'usage des tableaux synoptiques illustrés employés dans cette Flore et de donner aux commençants quelques conseils sur la récolte et la conservation des plantes.

I. USAGE DES TABLEAUX SYNOPTIQUES ILLUSTRÉS.

Celui qui débute dans l'analyse des plantes commencera par choisir des végétaux qui ont de grandes fleurs et dont toutes les parties sont bien distinctes. Après avoir fait ces déterminations, il prendra peu à peu des plantes à fleurs plus petites ou d'un examen plus difficile.

On peut commencer par une plante bien connue de tout le monde et se proposer de chercher son nom avec les tableaux. Supposons, par exemple, qu'on ait un pied fleuri de Fraisier ordinaire.

Ouvrons le livre à la page XIX où se trouve le TABLEAU GÉNÉRAL par lequel le commençant doit toujours débuter dans une analyse. On lit sur la première accolade à gauche : « *Plante ayant des fleurs* » et au-dessous, sur le même alignement : « *Plante sans fleurs* ». Cela veut dire qu'on a le choix entre les deux questions suivantes :

{ *Plante ayant des fleurs ?*
{ *Plante sans fleurs ?*

Il faut chercher quelle est celle des deux questions qui convient à la plante qu'on analyse. Notre plante a des fleurs ; c'est donc la première question qui convient ; la seconde s'appliquerait par exemple à une Fougère. Laissons donc cette seconde question et prenons la première qui nous conduit à une accolade où nous rencontrons deux nouvelles questions qui nous sont posées. Ce sont les suivantes :

{ *Étamines et pistils sur la même plante ?*
{ *Toutes les fleurs sans pistil ou toutes les fleurs sans étamines ?*

On voit facilement dans la fleur que nous avons, qu'il y a de nombreuses étamines et que le pistil[1] forme une masse jaunâtre au milieu de la fleur. La fleur de notre plante ayant à la fois étamines et pistil, c'est la première question qui convient. Cela nous amène à une seconde accolade où sont posées les deux questions suivantes :

Fleurs non réunies en capitule ?
Fleurs réunies en capitule ?

D'après l'explication qui accompagne cette dernière question, il est clair que la plante que nous analysons rentre dans la première catégorie ; en effet, les fleurs sont isolées les unes des autres, non réunies en une masse compacte, ni entourées d'une collerette de bractées comme les capitules de Bleuet ou de Marguerite. Prenons donc la première question ; elle est suivie d'une nouvelle accolade où nous trouvons les deux questions suivantes :

Fleurs à deux enveloppes (calice et corolle) de couleur et de consistance différentes ?
Fleurs à une seule enveloppe ou à deux enveloppes de couleur et de consistance semblables, ou sans enveloppe florale ?

Regardons la fleur que nous avons entre les mains ; on y remarque cinq pétales blancs dont l'ensemble forme la *corolle* et, en dehors de ces pétales, une autre enveloppe composée de petites feuilles vertes (sépales), cette enveloppe extérieure c'est le *calice*. La fleur que nous examinons a donc deux enveloppes (calice et corolle) de couleur et de consistance différentes. C'est donc la première question qui convient à la plante. Cela nous amène encore aux deux questions suivantes, entre lesquelles il faut choisir :

Corolle non papilionacée ?
Corolle papilionacée ?

Nous voyons que la corolle d'une fleur de notre plante ne ressemble en rien à la figure qui représente une corolle papilionacée et ne correspond pas à la description qui en est donnée. Cela nous conduit aux deux dernières questions du tableau :

Pétales libres entre eux jusqu'à la base ?
Pétales soudés entre eux, au moins à la base ?

Or, en détachant l'un des pétales blancs de la fleur, on peut facilement le séparer sans déchirer les autres pétales, même à leur base ; il est évident que les cinq pétales de notre fleur sont libres entre eux jusqu'à la base. Nous sommes ainsi amenés au tableau **A. – PLANTES A PÉTALES SÉPARÉS**, p. xx.

1. Le lecteur qui débute peut être arrêté même par des mots simples comme étamine ou pistil ; disons encore qu'il en trouvera la signification, avec exemples et figures à l'appui, à l'*Explication*, p. 208 et suivantes.

Tournons la page, nous trouvons ce tableau et nous recommençons à chercher dans les accolades successives, comme nous venons de le faire. Sans aucune difficulté, nous pouvons constater que la fleur de Fraisier a plus de 12 étamines ; c'est donc l'accolade d'en haut qui convient. En détachant jusqu'à leur base les sépales du calice, on enlève en même temps les pétales et quelques étamines. Nous prenons donc la première des trois questions que renferme l'accolade, et comme les feuilles du Fraisier ne sont pas épaisses et charnues, nous sommes ainsi amenés à la *famille des* ROSACÉES, p. 49, à laquelle appartient la plante.

Nous avons ainsi trouvé que le Fraisier est une Rosacée ; cherchons maintenant de quel *genre* cette plante fait partie. Pour cela ouvrons le livre à la page 49 qui vient de nous être indiquée.

Comme le Fraisier n'est ni un arbre, ni un arbrisseau, nous sommes conduits à la page suivante. Sa fleur a calice et corolle ; le calice est doublé d'un calicule qui est formé de petits sépales supplémentaires comme l'indique la figure P, le réceptacle est renflé et charnu (c'est ce qui à la maturité constitue la fraise), les feuilles sont à trois folioles et les pétales ne sont pas aigus ; ce qui nous conduit au genre **4. Fraisier** (*Fragaria*, en latin botanique), p. 51.

Ainsi, notre plante est de la famille des Rosacées et fait partie du genre Fraisier. Mais il y a plusieurs espèces dans ce genre ; à laquelle de ces espèces appartient la plante qui nous occupe ?

A la page 51, nous trouvons le genre **4. Fraisier**, à gauche vers le bas. En regardant des fleurs flétries, nous voyons que le calice est étalé en dehors, les pédoncules des fleurs ont des poils appliqués comme l'indique la figure FV ; c'est le Fraisier comestible (*Fragaria vesca*, en latin). Au-dessous du nom d'espèce, nous voyons le mot « bois », ce qui veut dire que cette plante se trouve ordinairement dans les bois ; (av.-j.), ce qui signifie que le Fraisier fleurit le plus souvent d'avril en juin, et la lettre *v* indique que c'est une plante vivace. Les lettres TC qui suivent le nom français nous font savoir que la plante est très commune et le signe ✠ veut dire que la plante a des applications[1]. Ces diverses applications sont indiquées à la table alphabétique des noms botaniques où il faudra chercher le mot **Fragaria** et, à la suite de ce nom de genre, le mot « vesca » qui désigne le nom d'espèce.

En marge de cette page 51, à gauche, on est renvoyé aux pages 45 et 46 de l'*Album de la Nouvelle Flore*[2].

D'autre part, à côté de l'indication en latin *F. vesca L.* ✠ , nous remarquons un astérisque de couleur verte. Ce signe indique que le Fraisier comestible est représenté (en pleine page et en couleurs) dans l'*Atlas des Plantes de France* de A. Masclef. La marge de gauche récapitule les différents renvois à l'*Atlas des Plantes de France*. Ainsi cette marge nous donne-t-elle l'ensemble des références des illustrations qui représentent les

1. On trouvera d'ailleurs, p. XV, l'explication des signes, abréviations, notes, etc.

2. La légende située au bas de la page 46 de cet *Album de la Nouvelle Flore* renferme **F. comestible**, *F. vesca*. On trouve alors sur la même page les figures 4 et 4 bis qui représentent la plante entière, en fleurs et en fruit, photographiée en noir au cinquième de la grandeur naturelle ; ces figures ne laissent aucun doute sur la détermination de la plante. L'*Album de la Nouvelle Flore* est décrit, ci-dessus, page II au verso de la page de titre.

plantes de la page 51 : une référence en noir renvoyant à l'*Album de la Nouvelle Flore*, une référence en vert renvoyant à l'*Atlas des Plantes de France*[1].

— Un bon exercice pour celui qui commence serait de prendre quelques plantes dont il connaisse le nom, de chercher au moyen de la table où se trouve ce nom dans la flore et de remonter successivement jusqu'à la famille, en sens inverse, pour constater que tous les caractères énumérés s'appliquent bien à la plante en question. Puis, reprenant le tableau général, comme nous venons de le faire, le débutant se rendrait compte de la manière dont se font les déterminations.

II. CONSEILS SUR LA RÉCOLTE ET LA CONSERVATION DES PLANTES.

1° Récolte des plantes. – Toutes les parties de la plante sont utiles à étudier et souvent les tiges souterraines ou les racines servent aux déterminations. Si l'on veut acquérir la connaissance complète de la forme d'une plante, il ne suffit pas de cueillir ses fleurs, mais il faut prendre la plante tout entière avec ses parties souterraines. Ce n'est que pour les arbres ou les arbustes qu'on devra nécessairement se contenter de branches portant des fleurs ou des fruits.

Pour récolter une plante avec ses tiges souterraines et ses racines, on peut se servir simplement d'un couteau assez grand dont la lame ouverte puisse être fixée solidement au manche ; on peut aussi employer un instrument spécial appelé *déterroir* qui est placé dans une gaîne attachée à une ceinture ou, plus simplement, un marteau de fumiste qui servira très bien de petite pioche. Pour les plantes aquatiques ou submergées qui sont difficiles à atteindre, on se servira avec avantage d'un anneau muni de quelques crochets, tel que celui dont se servent les pêcheurs pour décrocher leur ligne ; cet anneau mis au bout d'une ficelle assez longue peut être jeté dans un étang ou dans une rivière au milieu d'une touffe de plantes aquatiques flottantes ou submergées ; en retirant la ficelle, on amènera sur la rive un certain nombre d'échantillons.

Les plantes récoltées pourraient se conserver simplement en les enveloppant dans un journal bien fermé, surtout si on a le soin de les entourer avec de l'herbe. Il est plus commode, lorsqu'on est en excursion botanique, de se servir de la *boîte d'herborisation* en fer blanc, bien connue de tout le monde, et qui se porte en bandoulière. On peut aussi faire usage d'un *cartable* ; ce sont simplement deux feuilles de carton épais percées chacune de quatre fentes au travers desquelles on fait passer deux courroies de fil munies de boucles. Entre les deux cartons, on dispose une certaine quantité de feuilles doubles de papier gris ou même de papier paille jaune ; lorsqu'on vient de récolter une plante, on la dispose immédiatement dans l'une de ces feuilles, en étalant ses différentes parties.

1. Pour trouver immédiatement la bonne planche, on consultera, dans l'*Atlas des Plantes de France*, la table alphabétique des noms latins botaniques. Le nom *Fragaria vesca* renvoie à la planche 103 et est suivi de la description de la plante et de la légende des différents détails de la planche. L'*Atlas des Plantes de France* est décrit, ci-dessus, page II.

Ajoutons qu'il est indispensable d'avoir un canif et une loupe [1] ; ces deux instruments suffisent pour la détermination des espèces. Un décimètre, utile pour les mesures des organes ou pour se rendre compte de la grandeur des plantes, se trouve à la page 255.

Dans beaucoup de cas, les plantes doivent être récoltées avec leurs fleurs et leurs fruits, car ces derniers organes sont parfois indispensables à la détermination précise des espèces. Un grand nombre de végétaux ont encore des fleurs épanouies lorsqu'ils ont déjà sur d'autres branches des fruits presque complètement formés ou même tout à fait mûrs. Il est donc très souvent meilleur de récolter des échantillons de plantes déjà avancées dans leur floraison plutôt que celles dont les premières fleurs commencent à s'épanouir.

2° Préparation des plantes. – Si l'on veut comparer les plantes entre elles pour les étudier, comme elles ne sont pas toutes développées, fleuries ou fructifiées dans la même saison, comme les plantes d'un même genre poussent dans les endroits les plus différents, il est très important de pouvoir les conserver.

Le procédé le plus commode pour cela, c'est de dessécher les échantillons que l'on a recueillis. On peut tout simplement les disposer avec soin, au retour de l'excursion, entre les feuilles d'un vieux livre, d'un dictionnaire hors d'usage, par exemple. On pose au-dessus une pile d'autres livres ou un poids d'environ trente kilogrammes ; une grosse pierre peut remplir cet office. De temps en temps, on change les plantes de pages jusqu'à ce qu'elles soient complètement sèches.

Si l'on a récolté beaucoup de plantes, ce procédé n'est pas commode, car il faudrait trop de livres et l'on perdrait du temps à faire passer les plantes d'une page à une autre. D'autre part la dessiccation des plantes ne se fait pas vite entre les pages d'un livre qu'on laisse sous presse. Disons, en quelques mots, comment l'on peut préparer les plantes en grand nombre de la manière la plus rapide et la moins dispendieuse.

On se procure une assez grande quantité de papier quelconque *qui ne boive pas* ; le meilleur et le moins cher est le papier paille, ce papier jaune, dont on se sert ordinairement dans le commerce pour envelopper les paquets [2]. Le plus tôt possible après le retour de l'excursion, on dispose avec soin les plantes dans chacune de ces feuilles doubles. Les échantillons de la boîte ou du cartable sont retirés un à un et placés de façon à ne pas être superposés les uns aux autres dans la même feuille. Il est très utile d'accompagner *chaque* échantillon d'une étiquette portant l'indication de l'endroit où on l'a récolté, de la date de l'excursion, et le nom de la plante, si elle a été déterminée.

Lorsque la première feuille de papier a reçu des échantillons, on la place sur trois ou quatre autres feuilles doubles placées l'une dans l'autre et disposées en sens inverse, c'est-à-dire qu'en plaçant à droite le dos du coussin

1. On peut prendre une loupe ordinaire quelconque, mais l'une des meilleures loupes est la loupe dite « Coddington ». On trouvera chez Émile Deyrolle, 46, rue du Bac, à Paris, tout le matériel nécessaire au botaniste.

2. Les dimensions les plus commodes sont des feuilles doubles de 40 à 45 centimètres de longueur sur 25 à 30 centimètres de largeur ; ce sont ces dimensions qu'on adopte généralement.

formé par ces feuilles, on tourne vers la gauche le dos de la feuille qui contient les échantillons et que l'on place dessus. Exactement au-dessus de cette dernière feuille, on dispose de nouveau un coussin de trois ou quatre feuilles, le dos étant à droite ; puis, au-dessus, une nouvelle feuille double dans laquelle on étale de nouveaux échantillons, chacun accompagné de son étiquette, etc.

Quand toute la récolte est ainsi préparée, on place le paquet formé par les plantes et les coussins successifs, au-dessous d'une planche, sur laquelle on met une grosse pierre. Le lendemain, on étale le tout par terre ou sur des planches dans un endroit sec, coussins et feuilles contenant les plantes, de façon qu'une moitié des feuilles ou coussins recouvre la moitié de la feuille ou du coussin qui est en dessous ; au bout d'une heure, on réunit le tout de nouveau en paquet et l'on remet sous presse. La plus grande partie des plantes est bientôt complètement desséchée ; celles qui restent encore humides continuent à être traitées de la même manière.

Le procédé le plus connu consiste à prendre, au contraire, du papier buvard gris ; mais ce papier coûte beaucoup plus cher et a l'inconvénient de se dessécher très lentement quand on étale les plantes. Il faut alors changer tous les coussins de temps en temps et faire sécher ceux qui sont humides ; ce sont là des opérations qui prennent beaucoup de temps sans permettre d'arriver à un résultat bien meilleur.

Certains échantillons sont particulièrement difficiles à préparer, telles sont les plantes grasses, les échantillons qui portent des tubercules, etc. ; on devra passer toutes ces parties charnues dans l'eau bouillante, les essuyer, puis les mettre entre les feuilles doubles. Plusieurs organes trop gros (bulbes, capitules des Chardons, etc.) peuvent être fendus en long, de manière à en supprimer la moitié. Certaines fleurs de plantes très difficiles à dessécher, comme les Orchidées, conserveront leurs couleurs, si, après avoir trempé le bas de la plante dans l'eau bouillante, on passe avec précaution, et sans trop appuyer, un fer à repasser chaud sur le reste de la plante étalé ; on a soin de mettre quelques feuilles de papier de soie au-dessus de la plante lorsqu'on passe le fer chaud.

3° Conservation des plantes ; herbier. — Une fois que les plantes sont préparées, le plus simple est de les ranger telles quelles dans le papier qui les renferme ou, si l'on veut, dans d'autres feuilles de papier de même grandeur ; il faut avoir soin toutefois de séparer les espèces différentes si l'on en avait mis plusieurs dans une même feuille double.

Pour éviter de perdre les échantillons ou les étiquettes en transportant les plantes, il est bon de fixer les plantes sur le papier, soit avec de petites bandes de papier gommé de 2 à 4 millimètres de largeur qu'on ne colle qu'à leurs deux extrémités en les faisant passer par dessus les tiges, les pétioles des feuilles, les rameaux ou les racines. Ces petites attaches peuvent être aussi fixées avec des épingles qu'on fait passer en dessous de la plante, perçant des deux côtés à la fois la petite bande et la feuille de papier. Les étiquettes doivent être également fixées avec des épingles ou de la gomme[1] ; on les place d'habitude au coin de la feuille de papier, à droite et en bas.

1. La gomme se fait en faisant dissoudre de la gomme arabique dans l'eau ; il est bon d'y ajouter quelques gouttes d'acide phénique pour éviter les moisissures.

Les feuilles préparées pour l'herbier seront rangées dans l'ordre de la flore ; on peut faire un certain nombre de cartons portant les noms des familles des plantes qu'ils renferment, placer des étiquettes de nom de genre qui permettent de chercher facilement les plantes lorsqu'on consulte la collection, etc.

Les plantes se détériorent presque toutes assez rapidement ; elles sont mangées par les insectes. Pour conserver un herbier il faut donc rendre impossible cette destruction par les insectes. Le plus simple est de placer les feuilles de papier dans des cartons ou dans des boîtes en bois, ou bien encore d'avoir tout son herbier dans une armoire. Dans les cartons, les boîtes en bois ou l'armoire on met soit des morceaux de naphtaline brute du commerce, soit du camphre ou de l'acide phénique. Si les cartons ou l'armoire en contiennent toujours, les collections seront conservées.

EXPLICATION

DES SIGNES, ABRÉVIATIONS, NOTES, ETC.

contenus dans les tableaux synoptiques de la Flore ou dans les Tables alphabétiques.

Dans les tableaux synoptiques de cet ouvrage les noms des familles de plantes sont en capitales. Exemple :

RENONCULACÉES.

Ces noms sont toujours placés à gauche, dans les tableaux; ils sont suivis de quelques indications en petits caractères se rapportant aux plantes de la famille.

Les noms français des genres sont précédés d'un numéro d'ordre en caractères compactes, et lés noms latins des genres sont en lettres italiques. Exemple :

1. Renoncule. *Ranunculus.*

Ces noms sont placés sur la colonne de droite dans les tableaux qui conduisent à la recherche du genre et répétés à gauche, avec leur numéro d'ordre en tête de chaque tableau qui conduit à la recherche des diverses espèces d'un même genre.

Les noms français des espèces sont précédés de la première lettre du nom de genre auquel appartient l'espèce ; ces noms ne portent pas de numéros d'ordre; ils sont imprimés en caractères compactes et toujours placés dans la colonne de droite. Au-dessous, se trouve le nom latin botanique de l'espèce, en lettres italiques, suivi de l'abréviation du nom de l'auteur qui a nommé l'espèce. Exemple :

R. rampante TC (1).
R. repens L.
fossés, chemins; av.-s.; *v.*

Ce qui veut dire sans abréviation :

Renoncule rampante (très commune) (Voir note 1 au bas de la page).
Ranunculus repens, Linné.
fossés, chemins; fleurit d'avril à septembre; *plante vivace.*

On est convenu de désigner toujours une plante, en botanique, par deux noms, le nom du genre suivi du nom d'espèce. Pour nommer la plante que nous venons de prendre pour exemple et qui est appelée vulgairement Bouton-d'Or, on dira donc en botanique : *Renoncule rampante*.

Les botanistes adoptent ordinairement la langue latine pour désigner les espèces et ils font suivre le nom latin de la plante du nom de l'auteur qui a nommé l'espèce; cela tient à ce que plusieurs auteurs ont parfois donné à une même plante des noms différents. Pour éviter toute confusion, l'on dit donc : *Ranunculus repens* L., L. étant l'abréviation du nom de *Linné*, auteur qui a le premier désigné cette Renoncule par ce nom. On trouvera, p. 226, la signification des abréviations des noms d'auteurs.

L'indication TC., qui suit le nom français, signifie que la plante est très commune.

Les mots « fossés, chemins », placés en dessous du nom de l'espèce, indiquent l'*habitat* de la plante, c'est-à-dire, d'une manière générale, les endroits où on la trouve le plus souvent. Dans cet exemple, cela signifie que c'est habituellement dans les fossés ou sur les bords des chemins que se trouve la Renoncule rampante; cela n'a rien d'absolu, bien entendu, et l'on pourra trouver quelquefois cette espèce dans les champs, dans les bois ou sur les bords des étangs; ce n'est qu'une indication générale.

Les lettres « av.-s. » qui se trouvent ensuite signifient que la plante fleurit ordinairement depuis le mois d'avril jusqu'au mois de septembre; cette indication, comme la précédente, n'a rien d'absolu, et il arrive parfois que certaines plantes refleurissent au commencement de l'hiver ou sont particulièrement précoces dans certaines localités.

La lettre *v*, en italique, fait connaître que la plante est vivace, c'est-à-dire qu'elle peut passer l'hiver, produire de nouvelles tiges fleuries l'année suivante et vivre indéfiniment.

Enfin, il y a parfois des notes ; ici, par exemple, on trouve le signe (1) placé à droite du nom français. Ces notes renvoient au bas des pages impaires où l'on trouve, imprimées en plus petits caractères, toutes les indications relatives aux variétés, aux espèces cultivées ou subspontanées, etc. Dans l'exemple choisi, on lit au renvoi de la note (1), en bas de la page 5 :

(1) Var. *elatior*, tige dressée, C.

Cela signifie que la Renoncule rampante qui a souvent les tiges couchées sur le sol, comme cela est spécifié dans la description du tableau, présente aussi des pieds à tiges dressées; la lettre C, qui se trouve à la fin de la note, indique que cette variété est commune. Si l'on a entre les mains l'un de ces pieds, on dit qu'il se rapporte à la variété *elatior* du *Ranunculus repens*, et l'on écrit, en rédaction botanique :

Ranunculus repens, L., var. *elatior*.

Souvent, ces noms cités en note sont suivis de l'abréviation d'un nom d'auteur. En ce cas, cela veut dire que cet auteur a décrit la variété comme constituant une espèce. Pour mieux nous faire comprendre, prenons encore un exemple dans la page 5. On lit en bas de la colonne de droite :

C. Vigne blanche, C. (6).
C. Vitalba L. ✠.
haies ; j.-at. ; *v*.

D'après ce que nous venons de dire plus haut, cela veut dire que cette espèce s'appelle en français botanique *Clématite Vigne-blanche*, et en latin botanique *Clematis Vitalba Linné*, car on voit qu'elle fait partie du genre « **Clématite.** *Clematis* » inscrit à gauche. La lettre C signifie que la plante est commune; on voit ensuite qu'elle se trouve ordinairement dans les haies, qu'elle fleurit d'habitude de juin en août et que c'est une plante vivace. Le signe ✠ nous fait savoir que la plante a des applications. Ces applications se trouvent indiquées à la table alphabétique des noms botaniques latins, p. 228 et suivantes, où il faut chercher le mot *Clematis*. Quant au signe (6) il nous reporte à la note (6) située au bas de la page où l'on lit :

(6) Var. *crenata* Jord., folioles à dents nombreuses; anthères ordinairement pointues, AR.

Cela veut dire que si la Clématite que nous examinons présente les caractères indiqués dans la note, elle appartient à la variété *crenata;* mais comme ce mot est suivi de l'abréviation d'un nom d'auteur, Jord., c'est-à-dire Jordan (voyez p. 227), cela signifie que cet auteur a décrit la variété en question comme une espèce. Pour cet auteur, c'est le

Clematis crenata, Jord.

C'est qu'en effet les divers botanistes n'ont pas toujours fait les mêmes conventions au sujet de la définition des espèces. Les uns décrivent peu d'espèces et rapportent à ces espèces, comme variétés, toutes les formes qui y ressemblent plus ou moins; d'autres auteurs décrivent, au contraire, toutes ces formes comme espèces, au même titre que les autres et augmentent ainsi beaucoup le nombre des espèces. La première méthode est plus commode que la seconde qui rend les déterminations souvent presque impossibles; c'est pourquoi nous l'avons suivie dans cet ouvrage. Libre à ceux qui veulent considérer toutes ces variétés, ou certaines d'entre elles, comme espèces, d'écrire les noms comme il leur convient. Ils n'auront pour cela qu'à faire précéder directement le nom de la variété du nom de genre de l'espèce et de la faire suivre du nom d'auteur [1]. C'est ainsi que si l'on adopte la première manière de voir, on écrira « *Clematis Vitalba* L., var. *crenata* », et si l'on adopte la seconde, on écrira « *Clematis crenata* Jord. »

Enfin, au-dessous de la description de l'espèce de Clématite que nous prenons pour exemple, se trouve le nom vulgaire, placé entre crochets [Herbe-aux-Gueux]. Toutes les fois que le nom vulgaire est identique au nom d'espèce, il n'est pas indiqué de cette manière; c'est ainsi que l'*Anémone Sylvie*, p. 6, dont le nom français botanique est le même que le nom vulgaire français, n'est pas répété entre crochets. On peut s'assurer, en cherchant à la table des noms français (p. 265), que *Sylvie* est le nom vulgaire de l'espèce, car il y est indiqué en lettres italiques.

1. C'est pour éviter toute confusion que nous avons fait suivre le nom des variétés du nom de l'auteur qui les a décrites comme espèce. Si aucun auteur n'a considéré cette forme de la plante, le nom de variété n'est pas suivi de l'abréviation du nom d'auteur. Nous n'avons donc, en aucun cas, indiqué les auteurs des noms de variétés.

I. ABRÉVIATIONS ET SIGNES.

1° Fréquence plus ou moins grande de la plante. — Ces indications, telles qu'elles sont données dans cet ouvrage, ne s'appliquent qu'à la région qui comprend les environs de Paris dans un rayon de 25 lieues et les départements de l'Oise, de l'Eure et de l'Eure-et-Loir.

Pour les autres parties de la France, où l'on peut rencontrer les mêmes plantes, ces indications de rareté relative ne seraient pas toujours les mêmes.

TC.,	plante	très commune.
C.,	—	commune.
AC.,	—	assez commune.
AR.,	—	assez rare.
R.,	—	rare.
TR.,	—	très rare.

Pour les espèces rares et très rares, on trouvera les principales localités des régions dont on vient de parler indiquées à la suite du nom d'espèce dans la table alphabétique des noms botaniques, p. 228 et suivantes.

2° Époque de floraison. — L'époque où une plante fleurit en général est indiquée par l'abréviation de deux noms de mois, comme on l'a vu plus haut. Exemple : « av.-j. » veut dire : fleurit depuis le mois d'avril jusqu'au mois de juin.

jv.,	janvier.	jt.,	juillet.
f.,	février.	at.,	août.
ms.,	mars.	s.,	septembre.
av.,	avril.	o.,	octobre.
m.,	mai.	n.,	novembre.
j.,	juin.	d.,	décembre.

3° Durée de la vie de la plante. — Après l'indication de l'époque de floraison se trouve une lettre qui fait savoir si la plante est annuelle (c'est-à-dire ne vit que pendant une saison), bisannuelle (c'est-à-dire vit pendant deux saisons), ou vivace (c'est-à-dire peut vivre indéfiniment).

a.,	plante	annuelle.
b.,	—	bisannuelle.
v.,	—	vivace.

4° Propriétés et usages des plantes. — Lorsqu'une plante a des propriétés particulières, utiles ou nuisibles, qu'elle est employée dans l'industrie, la médecine ou l'agriculture, son nom est suivi d'une croix :

✠, plante ayant des propriétés ou des usages.

Cette croix est répétée à la table alphabétique des noms botaniques des espèces (pages 228 et suivantes); c'est là qu'on trouvera l'indication des propriétés et des usages de la plante.

5° Plantes mellifères. — On rencontre dans cette table alphabétique le signe ⋆, placé à la suite de l'indication d'un certain nombre d'espèces. Ce signe veut dire que la plante est recherchée par les abeilles.

★ plante recherchée par les abeilles.

Nous avons pensé que cette indication pouvait intéresser ceux qui possèdent des ruches. Faisons remarquer toutefois que, suivant les différentes régions, une même espèce de plante peut être plus ou moins visitée par les abeilles. En outre, on pourra observer les abeilles sur des plantes non marquées d'une étoile ; nous n'avons voulu signaler que les espèces les plus importantes pour la récolte du miel.

6° Dimensions des plantes. — La longueur générale des parties de la plante qui sont au-dessus du sol est ordinairement indiquée à la fin de la description en mètres, ou fractions de mètres. Exemple : « 1-2 d. » veut dire : « la plante a en général un ou deux décimètres de hauteur ».

m., mètre.
d., décimètre.
c., centimètre.
mm., millimètre.

Ces abréviations s'appliquent aussi toutes les fois qu'on donne la dimension des organes de la plante. Dans tous les cas, les renseignements sur la grandeur sont donnés par des chiffres. Exemples :

1-2 m., de un à deux mètres.
4-5 d., de quatre à cinq décimètres.
15-25 c., de quinze à vingt-cinq centimètres.
3-4 mm., de trois à quatre millimètres.

Pour la taille générale des plantes, ces indications ne sauraient avoir rien d'absolu ; cela signifie seulement que les dimensions les plus ordinaires de la plante sont comprises entre les limites indiquées.

Observation. — Rappelons qu'on trouvera, p. 225, un décimètre divisé en centimètres et millimètres qui pourra servir lorsqu'on aura une plante ou un organe à mesurer.

7° Abréviations des noms d'auteurs. — Les noms d'auteurs, mis à la suite des noms d'espèces ou de variétés (sous-espèces), sont ordinairement indiqués en abrégé. On trouvera, pages 226 et 227, l'explication de ces abréviations.

Comme on l'a vu plus haut, les noms d'auteurs qui suivent les variétés sont ceux des auteurs *qui ont considéré et décrit ces variétés comme espèces*, et non pas ceux des auteurs qui les ont décrites comme variétés.

8° Autres abréviations. — Ce sont les suivantes : « p. » veut dire page ; « voy. » veut dire voyez ; « fig. » veut dire figure.

II. EMPLOI DES TABLES ALPHABÉTIQUES.

1° Table alphabétique des noms botaniques (p. 228 et suivantes). — On trouve dans cette table les noms de familles et les noms de genres disposés par ordre alphabétique.

Après chaque nom de genre, sont énumérées les diverses espèces du genre, rangées elles-mêmes par ordre alphabétique.

Les noms de genre ou d'espèce écrits en italiques sont les noms des *synonymes*. A ce propos, une explication est nécessaire. Dans les différentes flores, la même plante est souvent décrite sous divers noms différents. De telle sorte que celui qui se servira de notre ouvrage pourrait entendre nommer la plante d'un nom différent de celui qui y est adopté. Ce nom est alors un *synonyme* et figure à la table, en italiques ; à la suite se trouve le signe = (qui veut dire *égale*) suivi lui-même du nom adopté dans la Flore pour désigner la plante. Précisons par quelques exemples.

Supposons que l'on reçoive une plante sous le nom de « *Vicia tetrasperma* Mœnch. » ; si l'on cherche au genre Vicia, p. 48, on ne trouvera pas ce nom ; mais si l'on cherche à la table alphabétique des noms botaniques, on trouvera au genre Vicia, parmi les espèces, mais en italiques, « *tetrasperma Mœnch.* = *Ervum tetraspermum*, L., p. 46, » et à la page indiquée on trouvera la description et les figures qui correspondent à la plante.

Cela veut dire que le nom adopté pour cette plante dans notre Flore est *Ervum tetraspermum*, tandis que dans l'ouvrage qui avait servi à nommer la plante envoyée sous le nom de *Vicia tetrasperma*, l'auteur rangeait cette plante dans le genre Vicia en supprimant le genre Ervum.

L'existence de ces synonymes peut tenir soit à ce que la même plante a été décrite à la fois par divers botanistes sous différents noms, soit à ce que les auteurs ne s'entendent pas sur les conventions faites pour limiter les espèces, les genres ou même les familles.

Prenons un autre exemple. On pourra trouver quelquefois, dans un ouvrage ou dans un herbier, une plante, même très vulgaire, qui porte comme nom de genre un nom qui ne se trouve pas parmi les genres de la famille. C'est ainsi que la Marguerite ordinaire est nommée dans quelques flores *Pyrethrum Leucanthemum*. En cherchant à la table alphabétique de notre ouvrage, on trouvera « *Pyrethrum Leucanthemum Coss. et Germ.* = *Leucanthemum vulgare Lam.*, p. 88. » C'est ce dernier nom qui est adopté dans l'ouvrage, et l'on aura, p. 88, la description et les figures qui se rapportent à la Marguerite [1].

On trouvera, en outre, dans cette table, à la suite des noms de genres, l'étymologie de ces noms et parfois l'indication de propriétés lorsqu'elles s'appliquent à toutes les espèces du genre. D'autre part, les noms des plantes qui sont utiles ou nuisibles sont marqués d'une croix, comme on l'a dit plus haut, et ce signe est suivi de l'indication des propriétés de la plante.

2° Table alphabétique des noms français (p. 265 et suivantes). — Cette table comprend les noms français des genres, c'est

1. Parfois, deux auteurs ont donné à la fois le même nom à deux plantes différentes. Ainsi on trouve à la table alphabétique : *Trifolium agrarium* G. G. (*non* L.) ; cela veut dire que c'est la plante que Grenier et Godron ont appelée *Trifolium agrarium* et non celle que Linné a désignée sous ce même nom.

à-dire les noms botaniques des genres correspondant aux noms botaniques latins. On y trouve aussi, imprimés en caractères *italiques*, les noms vulgaires des espèces. Faisons encore remarquer que ces noms vulgaires sont placés dans les tableaux entre crochets et imprimés en petits caractères au-dessous de la description de l'espèce. Mais notons qu'ils ne sont indiqués de cette manière que lorsqu'ils diffèrent du nom vulgaire de l'espèce. C'est ainsi que si l'on cherche le mot « *Jacobée* », comme il est écrit en italique dans la table des noms français, cela veut dire que c'est le nom vulgaire d'une espèce ; or, l'on est renvoyé à la page 90, où ne se trouve pas ce mot mis entre crochets, mais comme nom d'espèce « Séneçon Jacobée » ; cela veut donc dire que le Séneçon Jacobée est appelé vulgairement *Jacobée* en un seul mot.

III. USAGES DES TABLEAUX DES CARACTÈRES DES FAMILLES.

1° Tableau abrégé des familles principales (p. 271). — Ce tableau renferme, en une seule page, quelques phrases très simples donnant les caractères résumés des vingt familles principales. Il suffira donc d'apprendre cette page par cœur pour trouver immédiatement le nom de famille pour plus des trois quarts des plantes de la Flore, sans avoir recours au tableau général de la page XIX.

Supposons par exemple que l'on trouve une plante dont la fleur ait *beaucoup d'étamines réunies au calice par leur base*, on reconnaîtra dans la plupart des cas, sans autre analyse, que c'est une Rosacée.

Faire apprendre ce tableau aux élèves et les habituer à s'en servir en excursion, serait un excellent exercice d'enseignement.

2° Caractères de toutes les familles contenues dans la Flore (p. 273 et suivantes). — Les caractères de toutes les familles contenues dans la Flore sont disposés (p. 273 et suivantes) à la suite les uns des autres, et la grandeur de leur impression typographique correspond à leur importance relative.

Pour les plantes dont les caractères ne correspondraient pas à l'une des phrases du tableau dont on vient de parler, on sera nécessairement obligé de commencer l'analyse comme il a été dit au début de l'Introduction, c'est-à-dire en partant du tableau général de la p. XIX. Cette analyse conduit à un nom de famille suivi d'un numéro de page. Supposons, par exemple, qu'il amène le lecteur à la famille des *Géraniées* (p. 33) : on pourra chercher p. 273 et suivantes et l'on y retrouvera, en suivant les numéros de pages situés à gauche, le n° 33 qui lui correspond, suivi des caractères généraux de cette famille. La lecture de ces quelques lignes, faite la plante en main, servira de vérification.

TABLEAU GÉNÉRAL

Remarque. — Les arbres, arbustes et arbrisseaux peuvent être déterminés directement à l'aide d'une branche feuillée, sans les fleurs ni les fruits. (Voir page 280.)

- *Plante ayant des fleurs;* on y trouve des étamines, un pistil, ou les deux à la fois.
  - *Étamines et pistils sur la même plante,* quelquefois dans des fleurs différentes.
    - Fleurs *non réunies en capitule* entouré d'une collerette de bractées.
      - *Fleurs à deux enveloppes (calice et corolle)* de couleur et de consistance différentes.
        - *Corolle non papilionacée.*
          - *Pétales libres entre eux,* jusqu'à leur base........................ **A. Plantes à pétales séparés,** p. XX.
          - *Pétales soudés entre eux,* au moins à la base........................ **B. Plantes à pétales soudés entre eux,** p. XXIV.
        - Corolle *papilionacée* [c'est-à-dire irrégulière avec un pétale supérieur *e (étendard),* deux pétales de côté *a, a (ailes);* et deux pétales inférieurs soudés *cc (carène).*] **Papilionacées,** p. 38.

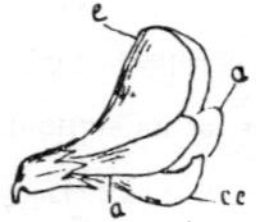

      - *Fleurs à une seule enveloppe* ou à deux enveloppes de couleur et de consistance semblables, ou sans enveloppe florale.
        - *Arbre ou arbuste résineux,* à fleurs sans stigmate....... **G. Plantes gymnospermes,** p. XXXIV.
        - Plante *n'étant pas un arbre ou arbuste résineux;* fleurs à stigmates.
          - *Feuilles à nervures non ramifiées* [regarder par transparence] *et parties semblables de la fleur disposées par 6 ou 3, ou moins de 3*................ **D. Plantes monocotylédones,** p. XXXI.
          - Plante n'ayant pas à la fois ces caractères; en général, *feuilles à nervures plus ou moins ramifiées*.......... **C. Plantes à une seule enveloppe florale,** p. XXVI.
    - *Fleurs réunies en capitule,* c'est-à-dire serrées les unes à côté des autres, sans pédoncules, et placées sur l'extrémité d'un rameau ou d'une tige, *entourées d'une collerette de bractées* (involucre). [Exemples connus : ce qu'on nomme vulgairement la fleur du Bleuet, de la Marguerite, du Chardon sont, en réalité, des capitules de fleurs.] **F. Plantes à fleurs en capitule,** p. XXXIII.
  - *Toutes les fleurs sans pistil, ou toutes les fleurs sans étamines*.............................. **E. Plantes à fleurs toutes sans étamines ou t^tes sans pistil,** p. XXXII.
- *Plantes sans fleurs,* n'ayant jamais ni étamines, ni pistil.............................. **H. Plantes cryptogames,** p. XXXIV.

A. — PLANTES A PÉTALES SÉPARÉS. —

Fleur ayant *plus de 12 étamines*.

- Étamines et pétales *réunis aux sépales par leur base.* [En enlevant les sépales jusqu'à la base, on enlève en même temps les étamines et les pétales.]
  - *Feuilles épaisses et charnues;* 6 à 20 pétales.. ...... *Crassulacées*, p. 60.
  - Feuilles *non charnues*, souvent dentées ; 4 à 5 pétales. **ROSACÉES**, p. 49.
- Étamines *réunies entre elles*, au moins à la base.
  - *Arbre;* pédoncule soudé avec la bractée TI;  5 sépales, 5 pétales ; 1 style...... **TILIACÉES**, p. 32.
  - Plante *herbacée*.
    - Feuilles *opposées* entières ; 3 à 5 styles ; étamines par groupes H, A 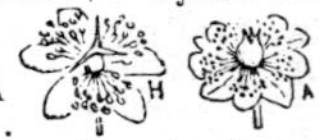 **HYPÉRICINÉES**, p. 35.
    - Feuilles *alternes*.
      - *Fleurs en grappe allongée* LL ; pétales très divisés ;  calice simple.... **RÉSÉDACÉES**, p. 21
      - *Fleurs à l'aisselle des feuilles, par groupes ou isolées;* pétales entiers ou échancrés; calice double MS, AO. 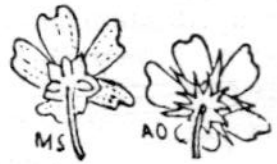 **MALVACÉES**, p. 33.
- Étamines *libres entre elles jusqu'à la base, et non réunies aux sépales*.
  - *Plus de 16 pétales* NL, NA ;  plantes à feuilles nageantes, en cœur, à la base.......................... **NYMPHÉACÉES**, p. 7.
  - *Moins de 16 pétales*.
    - Pétales *chiffonnés* ou très fortement tordus dans le bouton ; pistil *à un seul ovaire*.
      - *4 pétales* P, C; 2 sépales tombant tôt; PA, C;  **PAPAVÉRACÉES**, p. 8.
      - *5 pétales* H, 3 sépales; 5 sépales dont 2 petits V ;  feuilles entières, souvent opposées. **CISTINÉES**, p. 19.
    - Pétales *non chiffonnés* ni tordus dans le bouton ; pistil en général *à plusieurs parties*.
      - *3 sépales, 3 pétales;* feuilles en fer de flèche. *Alismacées*, p. 143.
      - Fleur n'ayant pas *à la fois* 3 sépales et 3 pétales. **RENONCULACÉES**, p. 2.

Fleur ayant *plus de 12 étamines non soudés à l'ovaire*.

- Pistil à *carpelles entièrement libres, ou réunis par le milieu.*
  - *3 sépales, 3 pétales.*
    - *6 étamines;* sépales très différents des pétales..................... *Alismacées*, p. 143.
    - *9 étamines;* sépales presque colorés comme les pétales............. *Butomées*, p. 144.
  - *5 sépales;* 5 pétales ou plus.
    - Pétales *très divisés;* fleurs *en grappe allongée* AC.  **RÉSÉDACÉES**, p. 21.
    - Pétales *entiers ou échancrés.*
      - Fleurs *roses; 5 carpelles,* 5 stigmates [GE, fleur dont on a enlevé le calice et la corolle]. 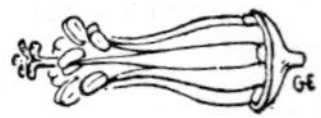 **GÉRANIÉES**, p. 33.
      - Fleurs *jaunes;*  carpelles nombreux, formant un long cône..... *Renonculacées*, p. 2.

Fleur ayant *12 étamines ou moins de 12 étamines*

- Calice à sépales *complètement séparés entre eux*, ou un peu soudés à la base,
  - Pistil à *carpelles soudés en un seul ovaire.*
    - Fleurs *régulières.*
      - *6 étamines dont 2 plus courtes* C ;  *4 pétales, 4 sépales ;* fleurs en grappes....... **CRUCIFÈRES**, p. 10.
      - *Plante non verte;* feuilles réduites à des écailles MO.  .... **MONOTROPÉES**, p. 101.
      - *Feuilles à 3 folioles* O ; 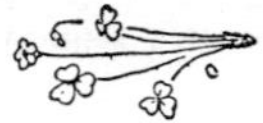 10 étamines ; 5 styles plus ou moins soudés......... **OXALIDÉES**, p. 37.
      - Plante *n'ayant pas les caractères précédents.*
        - Feuilles *ni opposées ni verticillées.*
          - *Arbrisseau* épineux ; fleurs en grappe B. 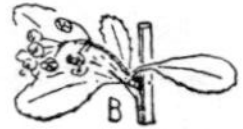 .... **BERBÉRIDÉES**, p. 7.
          - Plante *herbacée.*
            - Feuilles nombreuses le long de la tige.
              - *2 sépales*....... *Papavéracées*, p. 8.
              - *4 sépales*....... *Crucifères*, p. 10.
              - *5 sépales*....... **LINÉES**, p. 32.
            - Feuilles toutes ou presque toutes, sauf une, à la base.... **DROSÉRACÉES**, p. 22.
        - Feuilles *opposées ou verticillées.*
          - *Arbre ;* feuilles à nervures en éventail........................... **ACÉRINÉES**, p. 36.
          - *Plante de marais, à tige couchée portant des racines ;* fleurs très petites H, E ; 3-4 pétales..................   **ÉLATINÉES**, p. 31.
          - Plante *herbacée* différente des figures H et E.
            - Feuilles *verticillées par 4*, au moins à la base..................... *Paronychiées*, p. 59.
            - Feuilles *opposées.*
              - Calice *à 8 à 10 divisions ;* 4 pétales.................. *Linées*, p. 32.
              - Calice à *4-5 sépales.*
                - Pétales *jaunâtres à la base, entiers ;* sépales à cils glanduleux.................. *Linées*, p. 32.
                - Pétales *n'étant pas à la fois jaunâtres à la base et entiers.*
                  - *Pétales peu visibles ;* 1 seul ovule ; fruit à 1 seule graine. *Paronychiées*, p. 59.
                  - *Pétales visibles ;* plusieurs ovules, *plusieurs graines*....... **CARYOPHYLLÉES**, p. 24.
    - Fleurs *irrégulières.*
      - *4 sépales.*
        - Pétales *libres entre eux ;* fleurs sans éperon........................... *Crucifères*, p. 10.
        - Pétales *réunis deux à deux ;* fleurs prolongées en éperon courbé....... **BALSAMINÉES**, p. 37.
      - *5 sépales,* 5 pétales inégaux O, T ; feuilles entières.   **VIOLARIÉES**, p. 20.
      - *2 sépales,* fleurs en grappes ; feuilles très divisées....................... **FUMARIACÉES**, p. 8.
- Calice à sépales *soudés plus ou moins longuement entre eux*, ou bien *calice soudé à l'ovaire qui se trouve placé ainsi, en apparence, au-dessous de la fleur.* [Voyez les fig, R, U, p. XXII et SA, H, p. XXIII.] (Voyez la *suite,* à la page suivante.)

Suite du tableau des familles de Plantes à pétales séparés.

- Feuilles *épaisses*, *et charnues*.
  - Feuilles *opposées*, au moins les inférieures ; fleurs peu visibles, groupées à l'extrémité des rameaux O, F.  **PORTULACÉES**, p. 59.
  - Feuilles *toutes alternes*.
    - Feuilles inférieures à 3 lobes TR ou en cœur à la base.  *un seul ovaire;* 2 styles.... *Saxifragées*, p. 62.
    - Feuilles non à 3 lobes, ni en cœur à la base, pistil composé de *carpelles libres* en même nombre que les pétales.......... **CRASSULACÉES**, p. 60.
- *Arbre ou arbrisseau.*
  - Feuilles *divisées*, au moins les inférieures.
    - *Arbres;* fleurs irrégulières à 7 étamines H, rarement 5 à 6 ; feuilles opposées à folioles disposées en éventail..........  **HIPPOCASTANÉES**, p. 37.
    - *Arbrisseau grimpant ou rampant*, à feuilles alternes.
      - Fleurs *non en ombelle;* pétales verdâtres réunis par le haut. V  .... **AMPÉLIDÉES**, p. 37.
      - Fleurs *en ombelle* H ; plante grimpant par des racines en crampons, ou rampant sur le sol.  **ARALIACÉES**, p. 74.
    - *Arbrisseau non grimpant, à feuilles opposées;* fleurs *en grappe;* pétales plus petits que les sépales R, U.  **GROSSULARIÉES**, p. 62.
  - Feuilles *entières ou dentées.*
    - Feuilles *non opposées ;* pétales beaucoup plus petits que les sépales R.  **RHAMNÉES**, p. 37.
    - Feuilles toutes ou la plupart *opposées*
      - Feuilles *finement dentées* EV  à nervures écartées. **CÉLASTRINÉES**, p. 37.
      - Feuilles *entières*, à nervures se rapprochant au sommet CS, ou feuilles non encore développées.  **CORNÉES**, p. 74.

ses et charnues.

Feuilles *n'étant pas à la fois épais-*

- Plante *herbacée.*
  - Fleurs *en ombelle* DC, F, CY; 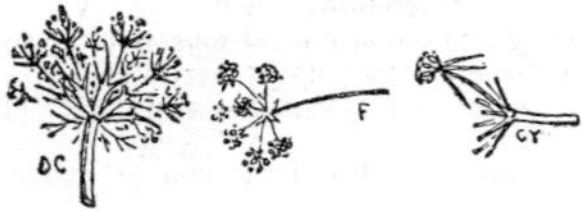 feuilles *alternes;*  5 étamines; 2 styles SA..... **OMBELLIFÈRES**, p. 63.
  - Plante *n'ayant pas, à la fois, les fleurs en ombelle et les feuilles alternes.*
    - Plante *aquatique submergée, à fleurs en verticilles* S. 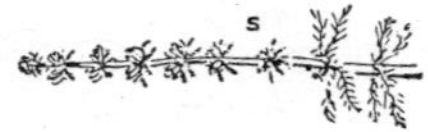 .... **MYRYOPHYLLÉES**, p. 56.
    - Plante *n'étant pas, à la fois, submergée et à fleurs en verticilles.*
      - *6 à 12 étamines, ou 2 étamines.*
        - Calice *à 8-12 dents* LY; 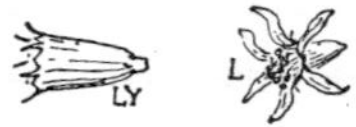 6-12 étamines L, ovaire libre. **LYTHRARIÉES**, p. 58.
        - Calice *à 2-5 dents.*
          - *2 à 5 styles.*
            - Ovaire *libre,* à feuilles opposées.......................... **CARYOPHYLLÉES**, p. 24.
            - Ovaire *soudé par la base avec le calice;* feuilles alternes, rarement opposées.. **SAXIFRAGÉES**, p. 62.
          - *1 style* à 1, 2 ou 4 stigmates.
            - *5 pétales;* feuilles toutes à la base PY. 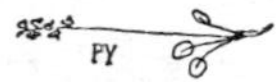 **PYROLACÉES**, p. 101.
            - *2 ou 4 pétales* C, H, feuilles non toutes à la base.........  **ONAGRARIÉES**, p. 56.
      - *3, 4 ou 5 étamines.*
        - Feuilles *entières.*
          - Pistil *à 3 ou 4 carpelles séparés* BV..........  *Crassulacées,* p. 60.
          - Pistil *à un seul ovaire non divisé extérieurement.*
            - *4 sépales*................ *Linées,* p. 32.
            - *5 sépales*................ **PARONYCHIÉES**, p. 59.
        - Feuilles *lobées* SE *ou très divisées* H. 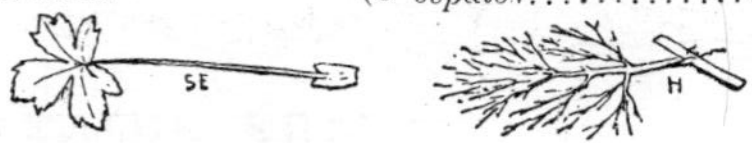 *Ombellifères,* p. 63.

B. — PLANTES A PÉTALES SOUDÉS ENTRE EUX. —

- **Etamines *non soudées à la corolle.***
  - *Arbrisseau* très petit.
    - Feuilles *ovales* M, V ; ovaire soudé au calice.  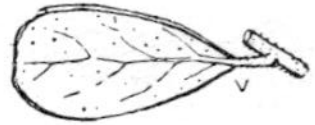 **VACCINIÉES**, p. 100.
    - Feuilles *étroites* C, EC ; ovaire libre.   **ÉRICINÉES**, p. 100.
  - Plante *herbacée.*
    - Fleur *régulière.*
      - Feuilles *toutes à la base* L ; 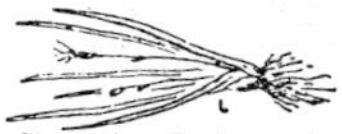 plante aquatique à fleurs peu visibles. *Plantaginées*, p. 128.
      - Feuilles *alternes*, disposées le long de la tige ; ovaire soudé au calice......... **CAMPANULACÉES**, p. 98.
    - Fleur *irrégulière.*
      - Feuilles *entières ou dentées.*
        - Fleurs *bleues* sans éperon UR ; calice vert.  **LOBÉLIACÉES**, p. 98.
        - Fleurs *jaunes* à éperon I ; pétales soudés 2 à 2 ; calice coloré....  *Balsaminées*, p. 37.
      - Feuilles *très divisées.*
        - *2 sépales* parfois très petits CO, FO ; pétales peu soudés.   *Fumariacées*, p. 8.
        - *5 sépales colorés*, dont un à éperon aigu D.  *Renonculacées*, p. 2.
- *3 étamines ou une seule étamine.*
  - *Calice régulier à 2-3 sépales* F ; *feuilles un peu charnues ;* 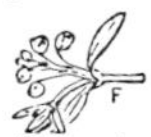 fleurs petites, peu visibles, par groupes F..... *Portulacées*, p. 59.
  - Calice *soudé à l'ovaire.*
    - Plante *grimpante ;* pétales non soudés en un tube..... .... **CUCURBITACÉES**, p. 55.
    - Plante *non grimpante ;* pétales soudés en tube OA, C.  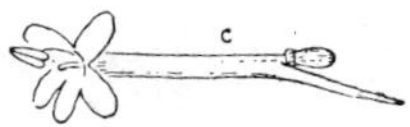 **VALÉRIANÉES**, p. 77.

base. en même temps.]

ou *plus petites.*

- *Arbre ou arbrisseau ;* 2 étamines ; 4 pétales soudés en tube ; feuilles opposées.................... **OLÉINÉES**, p. 103
- Plante *non verte*, à feuilles réduites à des écailles, parasite GA.........  **OROBANCHÉES**, p. 118.
- cée, tes.
  - Ovaire divisé en 4 parties distinctes A, B [regarder au fond du calice d'une fleur passée].   feuilles opposées ; tige souvent à 4 angles........... **LABIÉES**, p. 120.

Étamines *soudées à la corolle*, au moins à la [En détachant la corolle jusqu'à la base, les étamines se trouvent enlevées

- *2 étamines* / *4 étamines dont 2* — Plante *herba*- à feuilles ver-
  - Ovaire *non divisé extérieurement en 4 parties.*
    - *Fleurs presque régulières* V; *lilas, en épi allongé*; feuilles opposées à divisions profondes VE; fruit se séparant en 4 parties à la maturité..................  **VERBÉNACÉES**, p. 128.
    - *Feuilles toutes à la base et sans pétiole* P; ou, *plante submergée à feuilles découpées* en fines lanières V.  **LENTIBULARIÉES**, p. 101.
    - *Plante n'ayant pas les caractères précédents*; fruit sec à plusieurs graines...... **SCROFULARINÉES**, p. 113.
- *4 étamines égales ou plus de 4 étamines.*
  - *Plus de 12 étamines;* pétales à peine soudés par leur base;  calice double MS............ *Malvacées*, p. 33.
  - 4 ou 5 étamines et feuilles vertes.
    - Plante *sans feuilles, non verte;* s'enroulant autour d'autres plantes CS...........  **CUSCUTACÉES**, p. 106.
    - *Sépales libres dont 2 plus grands* PV, *colorés;*  8 étamines soudées en 2 groupes.............. **POLYGALÉES**, p. 23.
    - Feuilles *non opposées, ni verticillées, ni toutes à la base.*
      - *Arbuste à feuilles épineuses* I, au moins les inférieures; 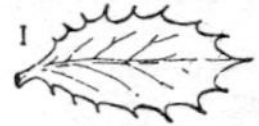 fleurs blanches **ILICINÉES**, p. 37.
      - *Feuilles non épineuses.*
        - *Ovaire divisé extérieurement en 4 parties* [regarder au fond du calice]; plante velue...... **BORRAGINÉES**, p. 107.
        - Ovaire *non divisé extérieurement.*
          - *Plante grimpante, à étamines libres entre elles,* à corolle en entonnoir S, A.......................... 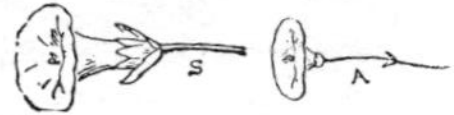 **CONVOLVULACÉES**, p. 106.
          - *Feuilles à trois folioles;* pétales à nombreuses lanières.......................... *Gentianées*, p. 105.
          - Plante n'ayant pas les caractères précédents.
            - *2 à 5 stigmates;* ovaire soudé au calice [en apparence sous la fleur]........ **CAMPANULACÉES**, p. 98.
            - *1 stigmate;* ovaire libre [ovaire dans la fleur].
              - Fleurs en grappe *très allongée* L, ou en épi.........................  **VERBASCÉES**, p. 112.
              - Fleurs ni en grappe allongée, ni en épi.
                - Étamines *soudées par leurs filets* autour du pistil VT [fleur dont on a enlevé la corolle].  *Asclépiadées*, p. 104.
                - Étamines *libres ou soudées par leurs filets.*
                  - *5 sépales, 5 étamines.* **SOLANÉES**, p. 110.
                  - *4 sépales, 4 étamines.* *Primulacées*, p. 102,
    - Feuilles *opposées* ou *verticillées* ou *toutes à la base* (Voyez la *suite* à la page suivante).

Suite du tableau des familles de Plantes à pétales soudés entre eux.

- Feuilles *verticillées* GS, M, au moins vers la base de la plante.
  - Fleurs *à corolle membraneuse* et réunies en capitule .... **PLANTAGINÉES**, p. 128.
  - Fleurs à corolle non membraneuse.
    - Ovaire *soudé au calice* [c'est-à-dire placé en apparence sous la fleur] ; étamines *placées dans l'intervalle des pétales;* feuilles entières GS, M.  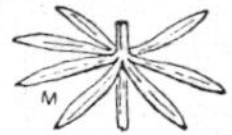 .... **RUBIACÉES**, p. 75.
    - Ovaire *libre* [ovaire dans la fleur] ; étamines *opposées* aux pétales .... *Primulacées*, p. 102.
- Feuilles *opposées ou toutes à la base.*
  - Fleurs à calice ou à corolle *membraneux*, disposées en *épi serré* ou en *capitule* entouré de bractées.
    - Fleurs *blanchâtres ou verdâtres*, en épi .... **PLANTAGINÉES**, p. 128.
    - Fleurs *roses*, presque en capitule AR, entourées de bractées .... 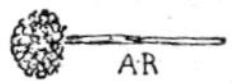 **PLOMBAGINÉES**, p. 129.
  - Fleurs *non membraneuses.*
    - *Ovaire divisé en 4 parties* [regarder au fond du calice des fleurs passées] ; tige à 4 angles ; 4 étamines. *Labiées*, p. 120.
    - Ovaire *non divisé extérieurement.*
      - Feuilles *épaisses, un peu charnues;* fleurs petites, peu visibles O, F.  **PORTULACÉES**, p. 59.
      - Feuilles *non charnues.*
        - *Arbuste* dressé ou grimpant .... **CAPRIFOLIACÉES**, p. 74.
        - Plante *herbacée* à feuilles opposées.
          - Fleurs *verdâtres, en masse globuleuse* .... **CAPRIFOLIACÉES**, p. 74.
          - Fleurs *colorées.*
            - Étamines *soudées par leurs filets en un tube qui entoure le style* .... **ASCLÉPIADÉES**, p. 104
            - Étamines *attachées en face des pétales* .... **PRIMULACÉES**, p. 102.
            - Étamines *attachées entre les pétales.*
              - *Tige rampante;* corolle à lobes étalés MI.  **APOCYNÉES**, p. 104.
              - Tige *non rampante* .... **GENTIANÉES**, p. 105.

C. — PLANTES A UNE SEULE ENVELOPPE FLORALE. —

- Plante *grimpante.*
  - Fleurs *blanches* à étamines nombreuses C ;  plante grimpant par le pétiole des feuilles ; feuilles composées de folioles distinctes .... *Renonculacées*, p. 2.
  - Fleurs *vertes* à 5 étamines.  plante grimpant par des vrilles ; feuilles à nervures partant d'un même point .... *Ampélidées*, p. 37.

Arbre, arbuste ou arbrisseau.

- Plante *non grimpante*.
  - Feuilles ou bourgeons *opposés* 2 par 2 AC, PP, F, P.
    - ***Calice coloré en rose***; corolle petite globuleuse, à l'intérieur du calice.......... *Éricinées*, p. 100.
    - ***Calice et corolle verdâtres ou jaunâtres***
      - Feuilles à nervures en éventail......... *Acérinées*, p. 36.
      - Feuilles à une nervure principale....... ***Rhamnées*, p. 37.**
    - Plante *n'ayant pas* à la fois *calice et corolle*.
      - Feuilles *composées de folioles* F;

        fleurs en groupes compactes..... *Oléinées*, p. 103.
      - Feuilles *simples*.
        - Fleurs *en groupes compactes;* arbrisseau à feuilles persistantes, ovales.......... *Euphorbiacées*, p. 135.
        - Fleurs *en épi allongé;* feuilles non persistantes.......... *Salicinées*, p. 140.
  - Feuilles ou bourgeons *non opposés 2 par 2*.
    - Arbre ou arbrisseau *odorant* soit par le bois résineux, soit par les feuilles à odeur forte lorsqu'on les froisse.
      - *Petit arbrisseau à feuilles ovales* MY......

        MYRICÉES, p. 142.
      - *Arbre.*
        - Arbre *résineux* à feuilles *simples* et ordinairement persistantes. **ABIÉTINÉES, p. 192.**
        - Arbre *non résineux* à feuilles composées de folioles J et odorantes......

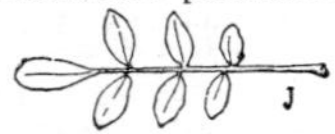

          JUGLANDÉES, p. 138.
    - Arbre ou arbrisseau à feuilles *non odorantes*.
      - Fleurs *réunies en boule* PL;

        arbre à feuilles à nervures en éventail. **PLATANÉES, p. 142.**
      - Fleurs *non en boules*.
        - Fleurs *ayant une enveloppe florale* (calice ou calice et corolle).
          - Plante herbacée, arbuste ou arbrisseau; sépales ou pétales *bien distincts*.
            - *Nombreuses étamines;* arbre.......... *Tiliacées*, p. 32.
            - *6 étamines;* arbuste épineux B......

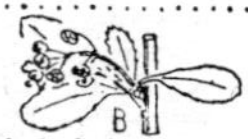

              Berbéridées, p. 7.
            - *8 étamines;* arbuste non épineux.......... **DAPHNOÏDÉES, p. 134.**
            - *4 ou 5 étamines;* arbuste non épineux.......

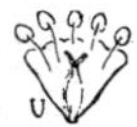

              Rhamnées, p. 37.
          - Arbre; sépales *presque complètement réunis* U; *2 styles*............ **ULMACÉES, p. 138.**
        - *Pas d'enveloppe florale;* fleurs les unes staminées, les autres pistillées.
          - Bourgeons *à 1 écaille très grande ou à 1 seule écaille;* fleurs toutes d'une même sorte sur le même arbre.......... **SALICINÉES, p. 140.**
          - Bourgeon *à nombreuses écailles.*
            - Fleurs pistillées *en épi* [arbre à écorce blanche ou arbre à feuilles peu découpées, arrondies au sommet]. **BÉTULINÉES, p. 142.**
            - Fleurs pistillées *isolées ou par 2 à 5* [arbre non à écorce blanche, à feuilles pointues ou découpées irrégulièrement] **CUPULIFÈRES, p. 139.**

Plante n'étant ni un arbre ni un arbrisseau (Voyez la *suite* à la page suivante).

Suite du tableau des familles de Plantes à une seule enveloppe florale.

Plante *fixée sur les branches d'arbres,* fleurs à 4 parties ; plante d'un vert un peu jaunâtre, feuilles opposées VI........ **LORANTHACÉES**, p. 74.

Plante *sans tiges ni feuilles*, constituée par des lames vertes T, M ;

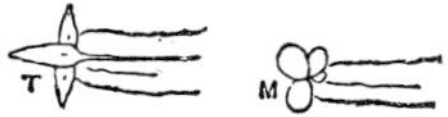

plante flottant sur l'eau, à racines grêles..... **LEMNACÉES**, p. 156.

et non *fixée sur les branches d'arbres.*

- Feuilles *verticillées.*
  - Feuilles *profondément découpées.*
    - Fleurs *réunies par groupes au sommet* S; feuilles verticillées par 4........ **MYRIOPHYLLÉES**, p. 56.

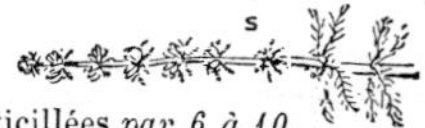

    - Fleurs *isolées*
      - Fleurs *peu visibles ;* feuilles verticillées *par 6 à 10*........ **CÉRATOPHYLLÉES**, p. 58,
      - Fleurs *très visibles, colorées ;* feuilles verticillées *par 3*... *Renonculacées*, p. 2.
  - Feuilles *entières.*
    - Fleurs à *1 étamine*, peu visibles HI ;

plante aquatique....... **HIPPURIDÉES**, p. 58.

    - Fleurs à *8 étamines ;* plante à 4 feuilles larges PA........ *Liliacées*, p. 144.

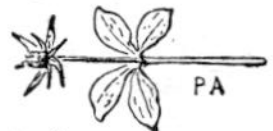

    - Fleurs à *4-5 étamines ;* corolle à pétales soudés entre eux, au moins à la base......... *Rubiacées*, p. 75.

ticillées.

- Feuilles *non développées,* réduites à des écailles ; plante *non verte.*
  - Corolle à pétales *réunis entre eux.*
    - Plante *non enroulée* autour des tiges..... *Orobanchées*, p. 118.
    - Plante *enroulée autour des autres plantes* à tiges grêles portant des suçoirs...... *Cuscutacées*, p. 106.
  - Corolle à pétales *séparés jusqu'à la base* (voyez fig. MO, p. XXI, en haut)... *Monotropées*, p. 101.
- *Tige à liquide blanc* qui s'écoule lorsqu'on casse la tige; ovaire à trois carpelles soudés, porté sur une petite tige P, E, PL. **EUPHORBIACÉES**, p. 135.

sans liquide blanc.

- Feuilles à *stipules réunies au pétiole,* formant une gaine qui entoure plus ou moins la tige [Ex. : H, V, T, AV].

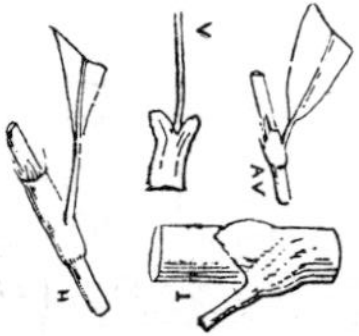

  - Feuilles *très divisées,* ou dentées et en éventail ; étamines nombreuses.
    - Fleurs *verdâtres ou pourpres ;* feuilles non plusieurs fois complètement divisées........... *Rosacées*, p. 49.
    - Fleurs *jaunâtres;* feuilles plusieurs fois complètement divisées M.

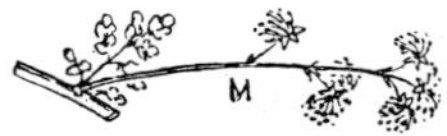

Renonculacées, p. 2.

  - Feuilles *entières ou presque entières ;* 4 à 8 étamines.
    - Calice à *1-4 divisions,* verdâtre, ou n'existant pas........ *Potamées*, p. 154.
    - Calice à *5-6 divisions,* verdâtre ou rougeâtre, ou rosé........ **POLYGONÉES**, p. 131.

Plante portant des *feuilles* au moins réduites à des écailles — Feuilles *non ver-* — Plante à feuilles développées et — Feuilles *sans stipules ou à stipules non réunies au pétiole*, avec ou sans gaine.

- *Plus de 12 étamines.*
  - Fleurs nombreuses entourées d'une *grande bractée en cornet* AR ; l'ensemble est l'inflorescence et non la fleur ; les fleurs sont en épi, sans calice ni corolle. . . . . *Aroïdées*, p. 157.

  - *Pas de grande bractée en cornet.*
    - Pistil *non divisé,* à carpelles soudés entre eux, 4 pétales, (2 sépales dans le bouton). . . . . *Papavéracées*, p. 8.
    - Plante *n'ayant pas ces caractères*. . . . . *Renonculacées*, p. 2.
- *6 à 12 étamines.*
  - Fleurs *réunies en une masse globuleuse* A. étamines à filets divisés en deux, de sorte qu'il semble qu'il y ait 8 à 10 étamines. . . . . *Caprifoliacées*, p. 74.

  - Feuilles *en cœur à la base* E ; calice coloré en cornet CL ou en cloche E. . . . . . . **ARISTOLOCHIÉES**, p. 134.

  - Fleurs non en masse globuleuse et feuilles non en cœur à la base.
    - Carpelles nombreux *formant un cône allongé au milieu de la fleur*. . . . . *Renonculacées*, p. 2.
    - *Ovaire non divisé.*
      - *4 à 5 styles courts ;* feuilles opposées sans pétiole. . . . . *Caryophyllées*, p. 24.
      - *2 styles.*
        - Calice *jaune* à 4-5 sépales. . . . . *Saxifragées*, p. 62.
        - Calice *vert* à 3 sépales. . . . . *Euphorbiacées*, p. 135.
      - *style ;* fleurs verdâtres.
        - Feuilles *étroites, alternes*. . . . . . *Daphnoïdées*, p. 134.

        - Feuilles *ovales, opposées* PP. *Lythrariées*, p. 58.

          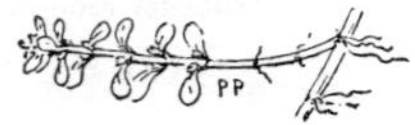

- *0 à 5 étamines.*
  - Feuilles *à nervures en éventail* C, H ; fleurs verdâtres *toutes staminées ou toutes pistillées*. . . . . **CANNABINÉES**, p. 138.

  - Plante n'ayant pas ces caractères.
    - Fleurs *en ombelle* DC, F, CM, rarement réduite à 2 rayons HI ; 2 styles, 5 étamines [exemple : SA]. — *Ombellifères*, p. 63.
    - Feuilles *rondes, attachées au pétiole par le milieu* H. — *Ombellifères*, p. 63.

      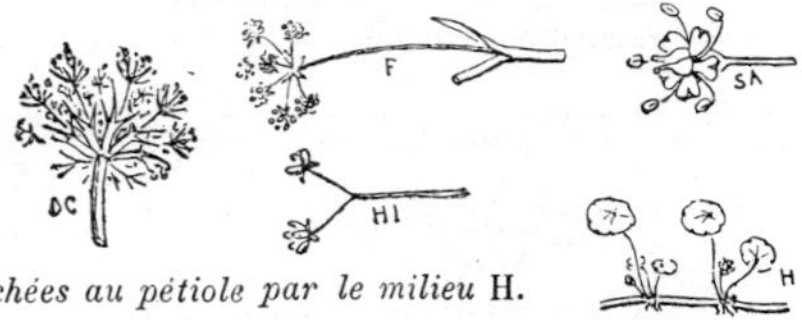

    - Plantes ni à fleurs en ombelles, ni à feuilles rondes attachées au pétiole par le milieu.
      - Fleurs entourées d'une grande bractée en cornet. . . . . *Aroïdées*, p. 157.
      - Non (Voyez la *suite* à la page suivante).

Suite du tableau des familles de Plantes à une seule enveloppe florale.

- Fleurs *à corolle colorée* (calice coloré comme la corolle ou soudé à l'ovaire).
  - Fleurs *jaunes* irrégulières ; calice coloré à éperon ; 5 étamines ; 4 pétales réunis 2 par 2. *Balsaminées*, p. 37.
  - Fleurs *bleuâtres, blanches ou roses* ; ovaire en apparence sous la fleur [exemple : fig. CA] ; 1 à 3 étamines ; feuilles opposées............... 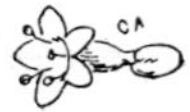 *Valérianées*, p. 77.
- Fleurs *verdâtres, au moins en dehors, n'ayant pas à la fois calice et corolle.*
  - Fleur *à un seul stigmate.*
    - Plante *aquatique ;* 4 étamines ; calice à sépales soudés I......  .... *Onagrariées*, p. 56.
    - Plante *non aquatique.*
      - Plante *sans poils, à feuilles très étroites ;* fleurs en grappe TH, T ; 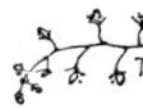  stigmate non en pinceau ; fleurs d'un blanc jaunâtre en dedans. **SANTALACÉES**, p. 134.
      - Plante *poilue*, souvent à poils dont la piqûre est irritante ; stigmate en pinceau......... **URTICÉES**, p. 138.
  - Fleur *à plusieurs stigmates.*
    - 5 *étamines et 5 petits filaments, rarement moins*, représentant les pétales ; plante à tiges ordinairement nombreuses, étalées sur la terre ; feuilles réunies par deux ou à stipules membraneuses [exemples : HH, A, CL, I].     *Paronychiées*, p. 59.
    - 1 à 5 étamines *non accompagnées de filaments.*
      - Plante *aquatique submergée ou flottante.*
        - *4 étamines ;* calice à *4 sépales ;* fleurs en épi.......... *Potamées*, p. 154.
        - *1-2 étamines ;* calice à *2 sépales ;* fleurs isolées CA................ 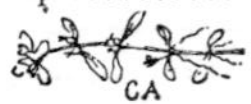 **CALLITRICHINÉES**, p. 58.
      - Plante *non aquatique submergée.*
        - Feuilles toutes *allongées et très étroites ;* fruit à 4 valves SP ;  calice à sépales séparés jusqu'à la base ; 4 étamines........... *Caryophyllées*, p. 24.
        - Plante *n'ayant pas ces caractères.*
          - Fleurs *entourées de bractées membraneuses*............... **AMARANTACÉES**, p. 129.
          - Fleurs *non entourées de bractées membraneuses.*
            - Feuilles *à divisions arrondies*.... *Crucifères*, p. 10.
            - Feuilles *non à divisions arrondies.* **SALSOLACÉES**, p. 130.

D. — PLANTES MONOCOTYLÉDONES. —

- Fleurs *très irrégulières* ayant l'ovaire placé en apparence sous la fleur et semblant souvent être le pédoncule de la fleur ; 1 seule étamine soudée au stigmate... **ORCHIDÉES**, p. 149.
- *[...]lières. [...]ses.*
  - 3 *étamines.*
    - Plante *non piquante ;* étamines à anthères tournées en dehors........................... **IRIDÉES**, p. 148.
    - Plante *piquante* R ; étamines à anthères tournées en dedans......  *Liliacées*, p. 144.

- Fleurs colorées et régulières, ni vertes, ni membraneuses.
  - 4 *étamines ou étamines nombreuses.*
    - Plante *aquatique* à fleurs *de deux sortes* .... **HYDROCHARIDÉES**, p. 154.
    - Plante *non aquatique* à fleurs *d'une seule sorte ;* 2 feuilles .... *Liliacées*, p. 144.
  - 6 *étamines.*
    - *Ovaire soudé au calice* [en apparence sous la fleur, exemples : PN, G]. 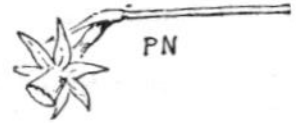 PN  G .... **AMARYLLIDÉES**, p. 148.
    - *Ovaire libre.*
      - 3 *sépales verts ;* 3 pétales colorés; plante aquatique .... **ALISMACÉES**, p. 143.
      - *Enveloppe florale entièrement colorée.*
        - *Feuilles développées* en même temps que les fleurs .... **LILIACÉES**, p. 144.
        - Feuilles *non développées quand les fleurs paraissent ;* fleur à très long tube CO .... 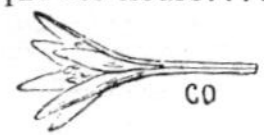 CO **COLCHICACÉES**, p. 144.
  - 9 *étamines ;* fleurs presque en ombelle BU ; 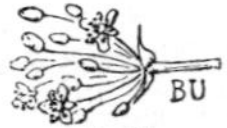 BU plante aquatique à fleurs roses .... **BUTOMÉES**, p. 144.
- Fleurs *vertes ou membraneuses*, ou non vivement colorées.
  - *Enveloppe florale à* 6 *parties* (3 sépales et 3 pétales tous semblables).
    - *Fleurs vertes non membraneuses ;* pistils à 3 carpelles distincts sur les côtés ; fleurs en épi TR.  TR .... **JONCAGINÉES**, p. 154.
    - *Fleurs membraneuses ;* pistil à ovaire non divisé extérieurement .... **JONCÉES**, p. 158.
  - Enveloppe florale *à moins de* 6 *parties.*
    - *Plante submergée* nageante.
      - Plante *sans tiges ni feuilles* T, M .... 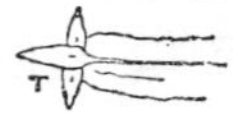 T  M **LEMNACÉES**, p. 156.
      - Plante *ayant une tige et des feuilles.*
        - Fleurs *réunies en boules* .... *Typhacées*, p. 157.
        - Fleurs *non en boules.*
          - 4 étamines .... **POTAMÉES**, p. 154.
          - 1 étamine .... **NAIADÉES**, p. 156.
    - Plante ordinairement non nageante, et à *feuilles de la base ayant une longue gaine.*
      - Fleurs *réunies en boules* S ou en cylindres bruns A. 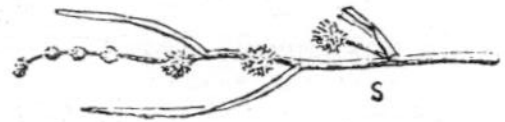 S  A .... **TYPHACÉES**, p. 157.
      - Fleurs *ni en boules ni en cylindres bruns.*
        - Gaine de la feuille *fendue en long.*
          - Fleurs *en une seule masse avec une bractée presque piquante* C ....  C *Cypéracées*, p. 160.
          - Plante *n'ayant pas ces caractères* .... **GRAMINÉES**, p. 170.
        - Gaine de la feuille *non fendue.*
          - Fleurs *bleuâtres* .... **GRAMINÉES**, p. 170.
          - Fleurs *non bleuâtres* .... **CYPÉRACÉES**, p. 160.

E. — PLANTES A FLEURS TOUTES SANS ÉTAMINES OU TOUTES SANS PISTILS. —

- *Enveloppe florale distincte.*
  - *Deux enveloppes florales* (calice et corolle) de consistance et de couleur différentes.
    - Pétales *séparés les uns des autres jusqu'à la base.*
      - *5 pétales.*
        - Fleurs *en ombelles;* feuilles très divisées .... *Ombellifères*, p. 63.
        - Fleurs *non en ombelles;* feuilles entières .... *Caryophyllées*, p. 24.
      - *3 pétales;* 3 sépales verts; plante aquatique .... **HYDROCHARIDÉES**, p. 154.
    - Pétales *soudés entre eux.*
      - Feuilles *alternes;* tige grimpant par des vrilles BR. **CUCURBITACÉES**, p. 55.

      - Feuilles *opposées;* corolle blanche ou rosée .... *Valérianées*, p. 77.
      - Feuilles *toutes à la base* (plante dont on n'a pas vu les fleurs pistillées). *Plantaginées*, p. 128.
  - *Une seule enveloppe florale* ou deux enveloppes florales semblables.
    - Feuilles *opposées* au moins au sommet des branches.
      - Feuilles *entières* VI; plante fixée sur les branches d'arbre. **LORANTHACÉES**, p. 74.

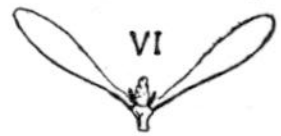

      - Feuilles *très divisées;* à nervures en éventail C, H, ... **CANNABINÉES**, p. 138.

      - Feuilles *dentées*
        - à poils *irritants* .... *Urticées*, p. 138.
        - à poils *non irritants* .... *Euphorbiacées*, p. 135.
    - Feuilles *non opposées.*
      - Feuilles *à stipules engainantes;* calice à 6 sépales; fleurs souvent rougeâtres .... *Polygonées*, p. 131.
      - Feuilles *sans stipules engainantes.*
        - Calice à *5 sépales* .... *Salsolacées*, p. 130.
        - Enveloppe florale *à 6 divisions*, formée par 3 sépales et 3 pétales tous semblables.
          - Plante *grimpante*, feuilles en cœur. **DIOSCORÉES**, p. 148.

          - Plante *non grimpante* .... *Liliacées*, p. 144.
- Enveloppe florale *réduite à une écaille ou pas d'enveloppe florale.*
  - Plante *n'étant ni un arbre, ni un arbrisseau.*
    - Feuilles *entières, allongées, à nervures non ramifiées* .... *Cypéracées*, p. 160.
    - Feuilles *très divisées, à nervures en éventail* (Voyez un peu plus haut fig. C et H) .... *Cannabinées*, p. 138.
  - *Arbre ou arbrisseau.*
    - Feuilles *étroites, allongées, épaisses et coriaces*, persistant en hiver. **CUPRESSINÉES**, p. 193.
    - Feuilles plus ou moins *élargies.*
      - *Arbrisseau très odorant;* feuilles ovales .... **MYRICÉES**, p. 142.
      - *Arbre ou arbuste non odorant* .... **SALICINÉES**, p. 140 (1).

F. — PLANTES A FLEURS EN CAPITULES. —

Capitules de deux sortes, les uns à fleurs staminées, les autres à fleurs pistillées ; involucre à épines X ; feuilles pétiolées X, S.

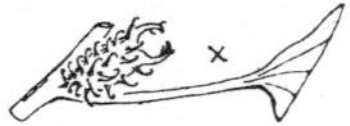

AMBROSIACÉES, p. 98.

Corolle *papilionacée ;* feuilles à trois folioles ; capitule globuleux TA, F.

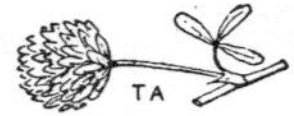

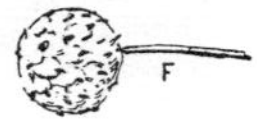

Papilionacées, p. 38.

Capitules tous semblables et corolle non papilionacée.

- Étamines *peu distinctes, soudées en un tube au travers duquel passe le style.*
  - Fleurs bleues rarement blanches ; chaque fleur du capitule à 5 *pétales presque séparés jusqu'à la base ; anthères s'étalant à la fin en étoile blanche ;* plusieurs graines .... *Campanulacées*, p. 98.
  - Chaque fleur du capitule à pétales *soudés en tube, au moins à la base.* (Voyez par exemple la figure 100, p. 218, et la figure 137, p. 224). **COMPOSÉES**, p. 80.
- Étamines *libres entre elles.*
  - *Plus de 6 étamines ;* fleurs sans pétales ; feuilles à nombreuses folioles .... *Rosacées*, **p. 49.**
  - 5 *étamines.*
    - Plantes à *feuilles coriaces, épineuses ;* involucre épineux E .... *Ombellifères*, p. **63.**

    - Plante *à feuilles non épineuses.*
      - Fleurs *bleues ou blanches* .... *Campanulacées*, p. 98.
      - Fleurs *roses ;* tige sans feuilles au-dessous du capitule AR .... **PLOMBAGINÉES**, p. 129.

  - 4 *étamines.*
    - Feuilles *toutes à la base ;* corolle membraneuse .... *Plantaginées*, p. 128.
    - Feuilles *opposées ;* ovaire soudé au calice .... **DIPSACÉES**, p. 78.
    - Feuilles *alternes* GL ;  ovaire libre .... **GLOBULARIÉES**, p. 129.
  - 6, 3 *ou* 2 *étamines.*
    - Tige *ayant un bulbe à la base* .... *Liliacées*, p. 144.
    - Tige *sans bulbe.*
      - Fleurs *réunies en plusieurs boules* .... *Typhacées*, p. 157.
      - Fleurs *non en* **boules.**
        - *Enveloppe florale à 6 divisions distinctes* .... *Joncées*, p. 158.
        - *Enveloppe florale à 5 lobes* .... *Valérianées*, p. 77.
        - *Enveloppe florale non visible ou formée par des poils* .... *Cypéracées*, p. 160.

G. — PLANTES GYMNOSPERMES. —

- Etamines *à 2 loges;* arbre résineux ; fruits réunis en une masse dure.......... **ABIÉTINÉES**, p. 192.
- Etamines *à 3-8 loges;* arbrisseau résineux ou non; fruits formant de petites boules charnues, bleuâtres ou rouges. **CUPRESSINÉES**, p. 193.

H. — PLANTES CRYPTOGAMES. —

- Plante ayant *de vraies racines* partant de la tige souterraine.
  - Feuilles *très développées*, tige *souterraine* ou rampante.
    - Sporanges *renfermés dans un fruit globuleux* PI.......... **MARSILIACÉES**, p. 200.

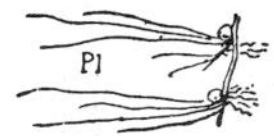

    - Sporanges *non dans un fruit globuleux*.
      - *Deux feuilles dont l'une à sporanges et l'autre sans sporanges* L, OV. **OPHIOGLOSSÉES**, p. 198.

      - *Feuilles ne présentant pas la disposition ci-dessus*.......... **FOUGÈRES**, p. 194.
  - Feuilles *très petites* par rapport aux tiges ; tiges *aériennes et souterraines*.
    - Rameaux *verticillés* AR; feuilles en petites collerettes AV.......... **ÉQUISÉTACÉES**, p. 199.

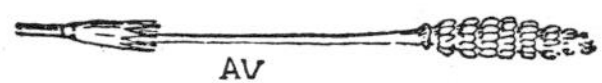

    - Rameaux *en fourches successives* S; feuilles non réunies en collerettes.......... **LYCOPODIACÉES**, p. 200.

- Plante *sans racines*, portant parfois des poils absorbants à leur partie inférieure.
  - **MUSCINÉES** ((Mousses, Sphagnées; Hépatiques)..........
  - **THALLOPHYTES** (Algues, Lichens, Champignons)..........
  - *Ces plantes ne sont pas décrites dans cet ouvrage.*

TABLEAUX SYNOPTIQUES

ILLUSTRÉS

DES FAMILLES, GENRES, ESPÈCES ET VARIÉTÉS

NOTA

Les indications qui se trouvent en marge et à gauche des tableaux, renvoient :

1° *aux pages de l'***Album de la Nouvelle Flore***, par* G. Bonnier, Éditions Belin (voir dans l'introduction page VII)*, où se trouvent les photographies directes de toutes les espèces décrites.*

2° *à l'***Atlas des Plantes de France***, par* A. Masclef, Éditions Belin, *qui contient 400 planches en couleurs avec références aux tableaux de la Nouvelle Flore.*

On pourra ainsi vérifier utilement les déterminations par l'aspect total de la plante, et éviter toute hésitation.

RENONCULACÉES. Cette famille comprend des plantes d'aspect très différent. — Un grand nombre de Renonculacées sont vénéneuses par les alcalis organiques qu'elles renferment; on peut citer l'*aconitine* et l'*anémonine*, substances employées en médecine. Plusieurs Renonculacées, spontanées dans notre région, sont cultivées dans les jardins; tels sont l'Aconit, l'Ancolie, la Clématite, l'Hépatique.

Feuilles *opposées ;* arbuste grimpant; calice à quatre sépales blancs C; pas de corolle.

2. Clématite, p. 5. *Clematis.*

Feuilles par trois sur la tige, *formant un involucre au-dessous de la fleur* AN, PL; calice à 5-9 sépales colorés.

3. Anémone, p. 6. *Anemone.*

sans éperons. — *sans involucre.* — *stipules,* libres.

Feuilles *avec stipules* à la base, *soudées au pétiole* T; calice à 4-5 petits sépales jaunâtres TM; pas de corolle; fleurs en grappe rameuse, à longues étamines F.

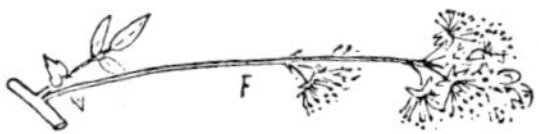

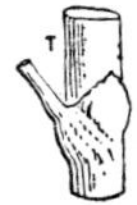

4. Pigamon, p. 6. *Thalictrum.*

Carpelles en général nombreux *disposés en tête* SCE.

- 3 sépales
  - Fleurs *bleues ;* feuilles à trois lobes HT; involucre à 3 petites feuilles vertes ressemblant à 3 sépales H; calice à 6-9 sépales colorés.

    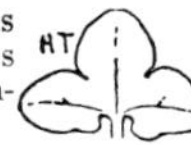

    5. Hépatique, p. 6. *Hepatica.*
  - Fleurs *jaune d'or ;* feuilles en cœur F; corolle à 6-9 pétales ayant une écaille à la base.

    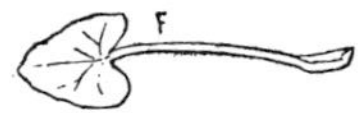

    6. Ficaire, p. 6. *Ficaria.*
- 5 sépales
  - Pétales ayant à la base *une petite fossette ou une écaille* R e; 5 sépales; ordinairement 5 pétales; fleurs jaunes ou blanches.

    1. Renoncule, p. 4. *Ranunculus.*
  - Pétales *sans fossette ni écaille* à la base; 3 à 15 pétales AA; fleurs plus ou moins rouges, rarement jaunes.

    7. Adonis, p. 6. *Adonis.*

Fleurs
- Plante *herbacée*
  - Feuilles *sans* rarement à stipules
    - Carpelles *non disposés en tête* CP.

- Fleurs *jaunes ;* feuilles en cœur ; calice à 5 sépales jaunes (Voyez fig. CP, à gauche, en bas) ; 5 à 12 carpelles. — 9. **Caltha**, p. 7. *Caltha*
- Fleurs *blanches.*
  - Calice à 5 sépales blancs I ; 5 pétales petits en cornet ; feuilles *à lobes arrondis*. — 10. **Isopyre**, p. 7. *Isopyrum.*

  - Calice et corolle tombant tôt AS ; feuilles *à dents aiguës.* — 11. **Actée**, p. 7. *Actæa.*

- Fleurs *bleues* ou veinées de bleu.
  - Fleur *régulière* N ; 5 sépales colorés ; 5-10 pétales petits, creusés en godet et terminés par deux lobes. — 12. **Nigelle**, p. 7. *Nigella.*

  - Fleur *irrégulière, en casque* A ; sépales colorés ; 2 pétales en cornet renversé. — 13. **Aconit**, p. 7. *Aconitum.*

- Fleurs *verdâtres ;* feuilles en éventail HF ; calice à 5 sépales, grands, persistants ; 5 à 10 pétales en cornet. — 14. **Hellébore**, p. 7. *Helleborus.*

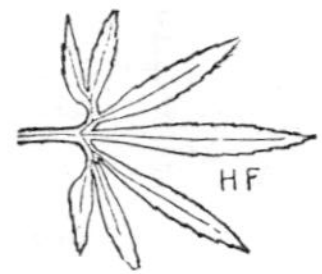

Fleurs à 1 ou plusieurs *éperons.*
- Feuilles *toutes à la base* MM ; fleurs petites, verdâtres ; 5 sépales en éperon à la base, tombant tôt ; 5 à 10 étamines. — 8. **Myosure**, p. 6. *Myosurus.*

- Feuilles *alternes ;* fleurs grandes.
  - *1 éperon ;* fleur irrégulière D ; feuilles à lobes étroits ; calice à 5 sépales inégaux colorés ; corolle à 4 pétales, soudés. — 15. **Dauphinelle**, p. 7. *Delphinium.*

  - *5 éperons ;* fleur régulière AV ; feuilles à lobes larges. — 16. **Ancolie**, p. 7. *Aquilegia.*

1. Renoncule. *Ranunculus*. — [R. à fleurs jaunes : Bouton-d'Or. — R. à fleurs blanches : Grenouillette.]

- Fleurs *jaunes*
  - Feuilles *découpées*.
    - Sépales *étalés* A

      - Carpelles au nombre de 3 à 8, *à dents épineuses* AR ;

        fleurs d'un jaune verdâtre ; 2-5 d. — **R. des champs** C. *R. arvensis L.** moissons ; m.-jt. ; *a.*
      - Carpelles *plus de* 100, *en tête allongée* CH ;

        feuilles presque toutes à la base : 1-4 d. — **R. Cerfeuil** R. *R. Chærophyllos L.* endroits arides ; m.-j. ; *v.*
      - Carpelles plus de 8 et moins de 100 en *tête arrondie.*
        - Feuilles de la base *à lobe moyen pétiolé*, tige souvent rampante RE ;

          2-6 d. — **R. rampante** TC (1). *R. repens L.** fossés, chemins ; av.-s. ; *v.*
        - Feuilles à lobes *sans pétiole* ; tige non rampante.
          - Carpelles *sans poils* ; feuilles plus ou moins velues.
            - Pédoncule *strié* S ; style enroulé ;

              réceptacle *velu* SY ; 2-7 d.

              — **R. des bois** AR (2). *R. nemorosus DC.* bois ; m.-j. ; *v.*
            - Pédoncule *lisse* A ; style en arc ;

              réceptacle *sans poils* AC ;

              3-7 d. — **R. âcre** TC (3). *R. acris L.** endroits humides ; m.-jt. ; *v.*
          - Carpelles *couverts de petits poils* ;

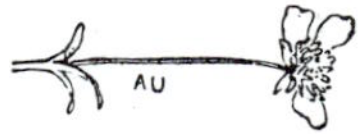

            [il manque parfois des pétales, AU] ; 2-4 d. — **R. Tête-d'Or** C. *R. auricomus L.* bois ; av.-m. ; *v.*
    - Sépales *renversés* BU.

      - Carpelles *plus de* 100, en tête *allongée* SC ;

        feuilles sans poils ; fleurs petites ; tige creuse ; 2-7 d. — **R. scélérate** C. *R. sceleratus L.* ✠ bord des eaux ; m.-at. ; *a.*
      - Carpelles moins de 100, en *tête arrondie.*
        - Carpelles 20-30 *non couverts de petites pointes* ; pédoncule strié (fig. S)
          - Carpelles *bordés de tubercules* PH ; tige non renflée à la base ; 1-4 d.

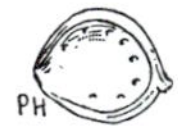

            — **R. des marais** C. *R. Philonotis Ehrh.* champs humides ; m.-at. ; *v.*
          - Carpelles *lisses* B ; tige renflée à la base ; 2-6 d.

            — **R. bulbeuse** TC. *R. bulbosus L.* ✠ prés, chemins ; m.-at. ; *v.*
        - Carpelles 10-15 *couverts de petites pointes* P ; 1-5 d. pédoncule lisse (fig. A).

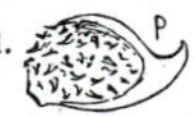

          — **R. à petites fleurs** TR. *R. parviflorus L.* endroits incultes ; av.-j. ; *a.*

Voyez Album de la Nouvelle Flore, p. 6 et 7

Voyez Atlas des Plantes de France, pl. 5, 6 et 7

Voyez Album de la Nouvelle Flore, p. 7 et 8
Voyez Atlas des Plantes de France, pl. 1, 8, 9 et 10

Feuilles *entières*.

- Fleurs *à long pédoncule*.
  - Sépales plus ou moins *velus*; plante aquatique.
    - Carpelles 20-30 [Petite Douve]; 2-8 d. feuilles moyennes *pétiolées* F.  **R. Flamette** C. *R. Flammula L.* ✠ endroits humides; j.-at; *v.*
    - Carpelles 60-80 [Grande Douve]; 8-15 d. feuilles moyennes *sans pétiole* L.  **R. Langue** AR. *R. Lingua L.* * mares, fossés; j.-at.; *v.*
  - Sépales *sans poils* G;  plante terrestre; carpelles nombreux, ridés; 2-5 d. **R. Graminée** R. *R. gramineus L.* bois, m.-j.; *v.*
- Fleurs *sans pédoncule* N; carpelles 15-20, couverts de tubercules; 2-5 d.  **R. nodiflore** TR. *R. nodiflorus L.* mares; m.-j.; *a.*

Fleurs *blanches*.

- Réceptacle *sans poils* (fig. AC, p. 4)
  - Feuilles toutes *en cœur, lobées* H; pétales égaux aux sépales;  pédoncules de 1-2 c; 1-4 d. **R. Lierre** TR. *R. hederaceus L.* ruisseaux; m.-at.; *v.*
  - Feuilles toutes *découpées en longs fil* FL pédoncules de 4-8 c; pétales 2-3 fois plus grands que les sépales. 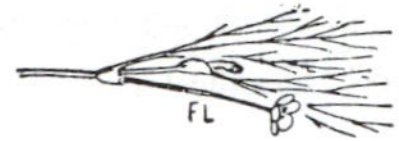 plante submergée. **R. flottante** TC. *R. fluitans Lam.* rivières; m.-at.; *v.*
- Réceptacle *velu* (fig. SY p. 4)
  - Feuilles découpées en lanières courtes *disposées en éventail* DI; feuilles d'un vert de bronze;  plante submergée. **R. divariquée** AC. *R. divaricatus Schrank.* * mares, fossés; j.-at.; *v.*
  - Feuilles n'étant pas à la fois submergées et en éventail.
    - Pétales *à peine plus longs que les sépales* T 1/3 des stipules des feuilles supérieures soudés au pétiole.  **R. tripartite** TR (4). *R. tripartitus DC.* mares; av.-jt.; *v.*
    - Pétales 2-3 *fois plus grands que les sépales* A; 2/3 des stipules des feuilles supérieures soudés au pétiole.  **R. aquatique** TC (5). *R. aquatilis L.* * mares, rivières; av.-at.; *v.*

2. **Clématite**, *Clematis*. — Plante ligneuse grimpant par les pétioles des feuilles; styles plumeux; fleurs à une seule enveloppe florale formée de 4 sépales blancs (fig. C, p. 2). [Herbe-aux-Gueux]. **C. Vigne-blanche** C (6). *C. Vitalba L.* ✠ * haies; j.-at.; *v.*

(1) Var. *elatior*, tige dressée, C. — (2) 1° : var. *Delacouri*, G et Mab., poils de la tige dressés, feuilles profondément divisées, style peu enroulé, TR ; 2° var. *Questieri* Billot, feuilles à lobes découpés en divisions étroites, TR. — (3) Var. *Steveni* Andrz, feuilles velues soyeuses, AC. — (4) Var. *hololeucos* Lloyd, pétales non jaunes à l'onglet. — (5) 1° : var. *trichophyllos* Chaix, pétales doubles des sépales, 12-15 étamines, C; 2° var. *confusus* Godr., réceptacle ovale en pointe; pétales ne se touchant pas, TR. — (6) Var. *crenata* Jord., folioles à dents nombreuses; anthères ordinairement pointues, AR.

3. Anémone. *Anemone.* —
Styles *plumeux* AP ; fleurs *violettes*, velues, PL ; 1-4 d. 

→ **A. Pulsatille** AC. *A. Pulsatilla L.* ✠ ✻ prés découverts ; av.-j. ; *v.*

Styles *non plumeux* :
- Fleurs *blanches ou roses* :
  - Fleurs *sans poils* ; feuilles de la base développées avec les fleurs ; 1-3 d. fig. AN. 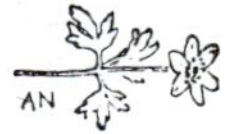

→ **A. Sylvie** TC. *A. nemorosa L.* ✻ bois ; ms.-av. ; *v.*
  - Fleurs *velues* ; feuilles de la base développées après les fleurs ; 2-5 d. fig. AS. 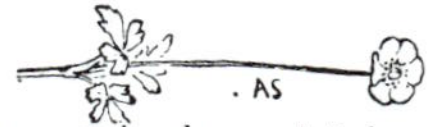

→ **A. silvestre** TR. *A. silvestris L.* bois ; m.-j. ; *v.*
- Fleurs *jaunes* ; feuilles de l'involucre à pétiole court ; tiges à 1-2 fleurs par involucre ; 1-3 d. → **A. Fausse-Renoncule** TR. *A. ranunculoides L.* bois ; ms.-av. ; *v.*

4. Pigamon. *Thalictrum.* —
- Fleurs *dressées* F ; feuilles plus longues que larges.
  - Fleurs et fruits *en bouquets compactes* au sommet des rameaux F ; 6-15 d. 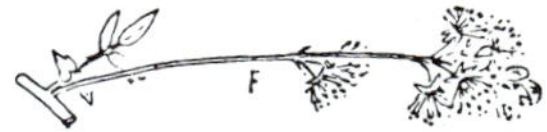

→ **P. jaunâtre** C. *T. flavum L.* ✻ endroits humides ; j.-jt. ; *v.*
  - Fleurs et fruits *espacés*, même au sommet des rameaux L ; 5-12 d. 

→ **P. intermédiaire** TR. *T. medium Jacq.* bois ; jt.-s. ; *v.*
- Fleurs *penchées* M ; feuilles environ aussi larges que longues ; 

étamines pendantes ; 8-12 d. → **P. mineur** AR (1). *T. minus L.* endroits secs ; j.-jt. ; *v.*

5. Hépatique. *Hepatica.* — Fleurs violettes, roses ou blanches ; carpelles velus ; 6-15 c. (fig. H, HT, p. 2). → **H. trilobée** TR. *H. triloba Chaix.* ✠ bois ; ms.-av. ; *v.*

6. Ficaire. *Ficaria.* — Plante sans poils, portant parfois des bulbilles au bas des feuilles ; 1-2 d. (fig. F, p. 2). → **F. Fausse-Renoncule** TC. *F. ranunculoides Mœnch.* ✠ endroits humides ; ms.-m. ; *v.*

7. Adonis. *Adonis.* — (fig. AA, p. 2).
- Fleur rouge foncé ; carpelle *à bec non recourbé* A ; sépales sans poils, foncés ; 2-5 d. 

→ **A. d'automne** AR. *A. autumnalis L.* moissons ; j.-a. ; *a.*
- Fleur rouge ou jaune ; carpelle *à bec peu recourbé*, avec *dent* à la base Æ ; sépales jaunâtres ; 2-5 d. 

→ **A. d'été** C. *A. æstivalis L.* moissons ; m.-jt. ; *a.*
- Fleur rouge vif ; carpelle *à bec recourbé* FL ; sépales velus, jaune-vert ; 2-5 d. 

→ **A. Flamme** AR. *A. flammea Jacq.* moissons ; j.-a. ; *a.*

8. Myosure. *Myosurus.* — Carpelles nombreux, en cône très allongé ; 5 sépales en éperon à la base ; pétales courts (fig. MM, p. 3) ; 3-15 c. → **M. minime** AC. *M. minimus L.* champs ; av.-j. ; *a.*

Voyez Album de la Nouvelle Flore, p. 8 et 9
Voyez Atlas des Plantes de France, pl. 2, 3 et 4

Voyez Album de la Nouvelle Flore, p. 9, 10 et 11
Voyez Atlas des Plantes de France, pl. 11, 12, 15, 16, 17, 18, 19 et 20

9. **Caltha**. *Caltha*. — Carpelles 5 à 10; feuilles en cœur à la base, crénelées; plante sans poils; fleurs jaunes (fig. CP, p. 2); 2-5 d.
C. des marais C. *C. palustris L.* *
endroits humides; av.-j.; *v.*

10. **Isopyre**. *Isopyrum*. — Carpelles 1 à 3; feuilles composées de folioles, à stipules libres; fleurs blanches (fig. I, p. 3); 1-3 d.
I. Faux-Pigamon TR. *I. thalictroides L.*
bois; ms.-av.; *v.*

11. **Actée**. *Actæa*. — Carpelle 1; feuilles composées de folioles; fleurs blanches (fig. AS, p. 3); baie; 4-8 d.
A. en épi R. *A. spicata L.* ✠ *
bois; m.-j.; *v.*

12. **Nigelle**. *Nigella*. — Carpelles plus ou moins réunis; feuilles à segments étroits; fleurs bleuâtres; 1-3 d.
N. des champs AC. *N. arvensis L.* ✠ *
moissons; j.-at.; *a.*

13. **Aconit**. *Aconitum*. — Carpelles 3 à 5, libres; feuilles luisantes et foncées en dessus; fleurs bleues (fig. A, p. 3).
A. Napel TR. *A. Napellus L.* ✠ *
marais; jt.-s.; *v.*

14. **Hellébore**. *Helleborus*. —

Sépales dressés F; pétales en cornet, *plus petits* que les étamines; bractées entières; 3-7 d.
H. fétide AC. *H. fœtidus L.* ✠
endroits découverts; f.-m.; *v.*

Sépales étalés V; pétales en cornet, *à peu près égaux* aux étamines; bractées divisées: 3-5 d.
H. vert R (2). *H. viridis L.*
bois; ms.-av.; *v.*

15. **Dauphinelle**. *Delphinium*. — Carpelles réduits à 1; feuilles en lanières fines; fleurs, lilas, roses ou blanches (fig. D, p. 3); 2-6 d. [Pied-d'Alouette].
D. Consoude C. *D. Consolida L.* ✠ *
moissons; j.-at.; *a.*

16. **Ancolie**. *Aquilegia*. — Carpelles ordinairement 5; 5 sépales colorés comme les pétales; fleurs bleues (fig. AV, p. 3); 4-8 d.
A. commune C. *A. vulgaris L.*
bois; m. jt.; *v.*

BERBÉRIDÉES. L'Épine-Vinette est redoutée des agriculteurs, car elle porte un champignon qui donne la *rouille* du Blé.

Berberis, *Berberis*. — [Épine-Vinette.] — (Voy. fig. au tableau des familles.) Arbrisseau à feuilles les unes simples, les autres transformées en épines; fruit charnu, rouge; 1-3 m.
B. commun C. *B. vulgaris L.* *
haies, buissons; m.-j.; *v.*

NYMPHÉACÉES. Les Nymphéacées sont employées pour décorer les bassins et les pièces d'eau.

Fleurs *blanches;* 4 sépales; pétales ovales; étamines réunies à l'ovaire par leur base NA. — 1 **Nymphéa**. *Nymphæa.*
Fleurs *jaunes;* 5 sépales; pétales arrondies; étamines non réunies à l'ovaire NL. — 2. **Nénuphar**. *Nuphar.*

1. **Nymphéa**. *Nymphæa*. — Fruit plus ou moins globuleux, marqué par les cicatrices des étamines.
N. blanc C (3). *N. alba L.* ✠ *
eaux; j.-s.; *v.*

2. **Nénuphar**. *Nuphar*. — Fruit rétréci supérieurement, sans cicatrices des étamines. [Lis des étangs]
N. jaune C. *N. luteum L.* *
eaux; j.-s.; *v.*

(1) C'est la var. *silvaticum* Koch. — (2) C'est la var. *occidentalis* Reut. — (3) Var. *minor* DC, plante beaucoup plus petite dans toutes ses parties, AR.

PAPAVÉRACÉES. Les plantes de cette famille renferment un liquide épais (*latex*), incolore chez le Pavot, jaune chez la Chélidoine. Le suc du Pavot cultivé constitue l'*opium* dont on retire la *morphine* et la *codeine* employés comme calmants. L'huile d'*œillette* s'extrait des graines d'une variété de Pavot.

Fleurs *rouges ;* stigmates 4 à 20, en rayons sur un plateau (fig. A,R,D),

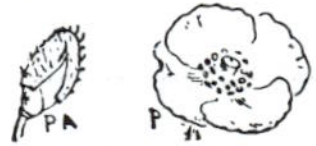

pétales chiffonnés dans le bouton ; sépales ordinairement réunis par en haut PA ; fruit s'ouvrant par des trous. — **1. Pavot**, p. 8. *Papaver.*

Fleurs *jaunes ;* stigmates 2 ; pistil allongé C ; sépales séparés en haut C.

fruit s'ouvrant par 2 valves CH.

— **2. Chélidoine**, p. 8. *Chelidonium.*

1. **Pavot**. *Papaver* (1*)— (fig. PA, P). [Coquelicot.]

Pistil ou fruit *couverts de poils raides* H, A.

- Fruit *ovale* H ; pétales d'un rouge vineux ; 4 à 8 stigmates ; 2-5 d.

— **P. hybride** AC. *P. hybridum L.* champs, moissons ; m.-jt. ; *a.*

- Fruit *allongé* A ; pétales d'un rouge écarlate ; 4 à 6 stigmates ; 2-4 d.

— **P. Argémone** C. *P. Argemone L.* * champs, moissons ; m.-at. ; *a.*

Pistil ou fruit *sans poils.*

- Fruit *presque aussi large que long* R ; fleur ayant, en général, au moins 5 c. de largeur ; plateau des stigmates à lobes se recouvrant par leurs bords ; 3-6 d.

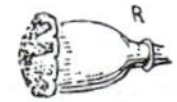

— **P. Coquelicot** TC. *P. Rhœas L.* ✠ champs, moissons ; m.-jt. ; *a.*

- Fruit *plus long que large* D ; fleur ayant, en général, au plus 5 c. de largeur ; plateau des stigmates à lobes ne se recouvrant pas par leurs bords ; 3-6 d.

— **P. douteux** C. *P. dubium L.* champs, moissons, m.-jt. ; *a.*

2. **Chélidoine**. *Chelidonium.*— (fig. C et CH) ; feuilles glauques, à lobes arrondis [Grande Éclaire]. — **C. grande** C. *C. majus L.* ✠ * décombres, murs ; av.-s. ; *v.*

FUMARIACÉES. Les Fumariacées de notre région se ressemblent beaucoup par leurs fleurs. Il faut choisir pour les déterminer, des plantes qui ont à la fois des fleurs et des fruits.

Fruit *globuleux* FO (O, P, p. 9), ne s'ouvrant pas et ne contenant qu'une graine ; fleurs souvent à taches foncées au sommet FO ; graines sans crête ; feuilles s'enroulant par leurs pétioles ; fleurs blanches ou roses.

— 1. **Fumeterre**, p. 9. *Fumaria.*

Fruit *allongé* CS, s'ouvrant à la maturité, par deux valves, contenant plusieurs graines ; graines portant une petite crête ; fleur à éperon assez long CO ou recourbé ; fleurs roses ou jaunes.

— **2. Corydalle**, p. 9. *Corydallis.*

Voyez Album de la Nouvelle Flore, p. 11
Voyez Atlas des Plantes de France, pl. 22 et 23

Voyez Album de la Nouvelle Flore, p. 12

Voyez Atlas des Plantes de France, pl. 21, 24 et 25

1. Fumeterre. *Fumaria.* — (fig. FO, p. 8).

- Fruit *ayant deux petites fossettes* au sommet O, FC.
  - Sépales *moins larges que la corolle* OF; pédoncule non recourbé; fleurs roses; fruit plus large au sommet O; 2-8 d.  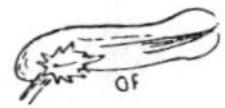 **F. officinale** TC. *F. officinalis L.* ✠ * champs; av.-o; *a.*
  - Sépales *aussi larges que la corolle* S; pédoncule recourbé; fleurs blanches ou rosées; fruit globuleux FC; 3-10 d.   **F. grimpante** AR (2). *F. capreolata L.* buissons, murs; m.-s.; *a.*
- Fruit *n'ayant pas de fossettes* au sommet P, V.
  - Fruit *en pointe au sommet* P; sépales 5 à 10 fois plus courts que la corolle PA; fleurs blanches; 1-6 d.   **F. à petites fleurs** C. *F. parviflora Lam.* champs, chemins; m.-at.; *a.*
  - Fruit *non en pointe au sommet* V. 
    - Sépales *10 fois plus courts que la corolle* VA; fleurs peu nombreuses, en grappes peu serrées, roses ou blanchâtres; 1-6 d. 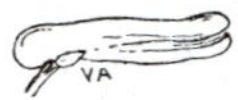 **F. de Vaillant** AC. *F. Vaillantii Lois.* champs, chemins; m.-s.; *a.*
    - Sépales *très grands, plus larges que la corolle* D; fleurs nombreuses, en grappes serrées, roses; 2-10 d.  **F. densiflore** AR. *F. densiflora DC.* vignes, chemins; j.-s.; *a.*

2. Corydalle. *Corydallis.* — (fig. CS, CO, p. 8).

- Fleurs *roses;* 1-2 tiges aériennes sortant d'un bulbe souterrain à écailles; bractées assez grandes, souvent divisées; 1-2 d. **C. solide** AR. *C. solida Sm.* * bois; ms.-m.; *v.*
- Fleurs *jaunes;* nombreuses tiges aériennes sortant d'une tige souterraine étroite; bractées beaucoup plus petites que les pédoncules; 1-3 d. **C. jaune** AC. *C. lutea DC.* murs; m.-s.; *v.*

---

(1) Le *Papaver somniferum* L. ✠ * [Pavot], qu'on reconnaît à ses feuilles embrassant la tige, à ses fleurs pourpres, violettes ou panachées de blanc, se rencontre parfois au voisinage des jardins ou cultivé en plein champ. La var. *setigerum* Godr. de cette espèce, dont le fruit s'ouvre par des trous, est connue sous le nom d'*œillette;* la variété *officinale* Gmel., dont le fruit, plus gros que dans l'autre variété, a les trous fermés, même à la maturité; c'est la plante que l'on cultive dans les jardins. — (2) 1° Var. *Borœi* Jord., à fruits rugueux, étroits à la base, sur des pédoncules dressés, **R**; 2° var. *Bastardi* Bor., diffère de la précédente par les fruits à base élargie, AR.

CRUCIFÈRES. — Pour reconnaître sûrement la plupart des plantes de cette famille, il faut recueillir ces plantes avec des fruits bien formés, au moins presque mûrs. — Plusieurs Crucifères sont cultivées comme légumes (Chou, Radis, Navet, etc.) ; d'autres sont cultivées pour leurs graines, dont on retire de l'huile (Colza) ou qui sont employées en médecine ou comme condiment (Moutarde).

- Fruit *au moins 4 fois plus long que large.* [exemples O, R, OB, SI].
  - Fleurs *franchement jaunes.*
    - Feuilles *entières ou dentées.* — **1er GROUPE**, p. 10 *bis.*
    - Feuilles *profondément divisées*, au moins celles de la base.
      - Fleurs de *1 à 3 millimètres* de longueur. — **2e GROUPE**, p. 10 *bis.*
      - Fleurs de *4 à 12 millimètres* de longueur. — **3e GROUPE**, p. 10 *ter.*
  - Fleurs *blanches, jaunâtres, roses, violettes ou rougeâtres.*
    - Feuilles *profondément divisées,* au moins celles de la base.
      - Valves du fruit *sans nervures* qui aillent d'un bout à l'autre. [exemple : O]. — **4e GROUPE**, p. 11.
      - Valves du fruit *ayant une ou plusieurs nervures* allant d'un bout à l'autre [exemples : R, OB, SI]. — **5e GROUPE**, p. 11.

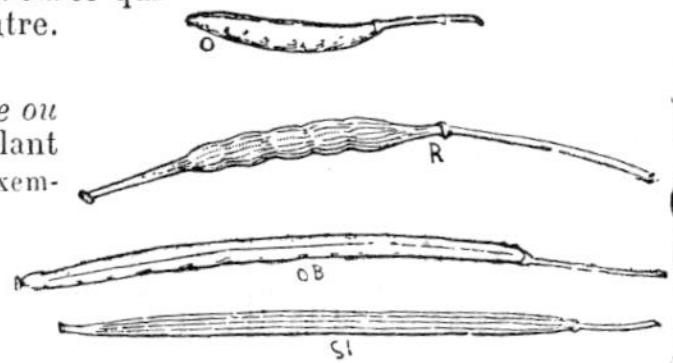

    - Feuilles *entières ou dentées.* — **6e GROUPE**, p. 11 *bis.*
- Fruit *moins de 4 fois plus long que large.* [exemples : R, CS. IT, BL].
  - Fleurs *jaunes.*
    - Feuilles du milieu de la tige ayant *deux oreillettes à la base.* [exemples : H, ALL, G]. — **7e GROUPE**, p. 11 *ter.*

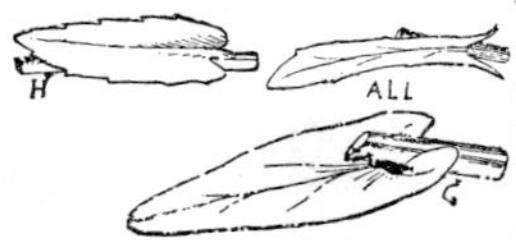

    - Feuilles du milieu de la tige *sans oreillettes à la base.* — **8e GROUPE**, p. 11 *ter.*
  - Fleurs *non jaunes.*
    - Feuilles du milieu de la tige ayant *deux oreillettes à la base.* [Voyez ci-dessus les exemples H, ALL, G]. — **9e GROUPE**, p. 12.
    - Feuilles du milieu de la tige *sans oreillettes à la base.*
      - Pétales *plus ou moins inégaux.* [exemple : I]. — **10e GROUPE**, p. 12.

      - Pétales *égaux entre eux.* — **11e GROUPE**, p. 13.

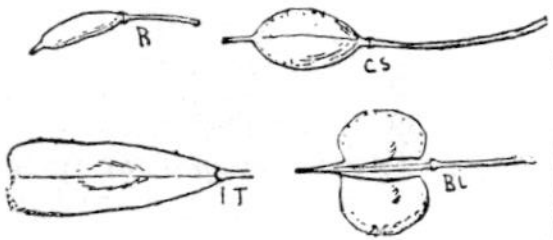

1er GROUPE. —

Sépales *dressés* ES ; valves du fruit à *1 nervure* allant d'un bout à l'autre OB.

Fruit mûr *de plus de 3 mm. de largeur ;* sépales souvent violets ; 2 stigmates en lames CH, distincts dans la fleur. — 10. **Giroflée**, p. 15. *Cheiranthus.*

Fruit mûr *de moins de 3 mm. de largeur ;* stigmates peu distincts l'un de l'autre dans la fleur. — 11. **Vélar**, p. 15. *Erysimum.*

Sépales *plus ou moins étalés* AR ;

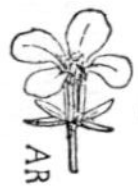

valves du fruit *à 3 nervures* allant d'un bout à l'autre NI. (Voy. 5. **Moutarde**, p. 14.)

2e GROUPE.

Feuilles *à lobe terminal plus grand et arrondi au sommet.* [exemples : NG, OF].

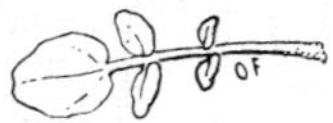

Sépales *étalés* AR ;

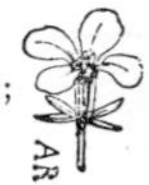

feuilles toutes pétiolées. (Voy. 6. **Chou**, p. 14.)

Sépales *dressés* V ;

feuilles supérieures souvent sans pétiole. (Voy. 7. **Barbarée**, p. 14.)

Feuilles *à lobe terminal plus grand et en forme de fer de hallebarde.* [exemple : OFF].

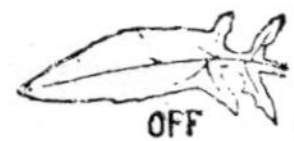

Feuilles *n'ayant pas les formes précédentes.*

Feuilles *2 à 6 fois profondément divisées* SF ; fruits mûrs plus de 15 fois plus longs que larges.

— 8. **Sisymbre**, p. 14. *Sisymbrium.*

Feuilles *non 2 à 6 fois profondément divisées ;* fruits mûrs moins de 15 fois plus longs que larges. (Voy. 18. **Cresson**, p. 16.)

3e GROUPE. —

- Feuilles *à lobe terminal plus grand et arrondi au sommet.* [exemples : NG, OF].

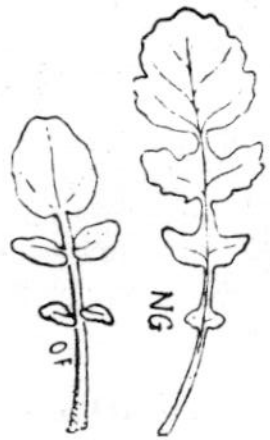

  - Calice à sépales *très inégaux, dont 2 sont en éperon à la base* LI;

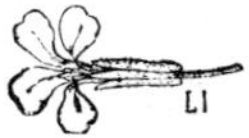

    fruit ayant *12 à 16 nervures* R;

    graines séparées les unes des autres par des cloisons. (Voy. 1. **Radis**, p. 13).

  - Calice à sépales *peu inégaux* dont 2 à peine bossus à la base; fruit ayant moins de 5 nervures sur chaque valve.
    - Graines *disposées sur 2 rangs* (fig. 2); feuilles toutes ou presque toutes à la base.

2 (1)

      17. **Diplotaxis**, p. 16. *Diplotaxis.*

    - Graines *disposées sur 1 rang* (fig. 1). (1)

      - Sépales *étalés* AR.

        - Valves du fruit à *3-5 nervures* d'un bout à l'autre NI.

          5. **Moutarde**, p. 14. *Sinapis.*

        - Valves du fruit à *1 nervure principale* d'un bout à l'autre BR.

          6. **Chou,** p. 14. *Brassica.*

      - Sépales *dressés* ES.

        - Fleurs de *7 à 12 mm.* de longueur. (6. **Chou**)
        - Fleurs de *4 à 5 mm.* de longueur.

          7. **Barbarée**, p. 14. *Barbarea.*

- Feuilles *n'ayant pas la forme précédente.*
  - Graines *disposées sur 2 rangs* (fig. 2).

2

    (Voy. 17. **Diplotaxis**, p. 16).

  - Graines *disposées sur 2 rangs* (fig. 1).

1

    - Sépales *à poils raides au sommet* C; valves du fruit à 3 nervures. (Voy. 5. **Moutarde**, p. 14).

    - Sépales *sans poils raides au sommet;* valves du fruit à 1 nervure. (Voy. 9. **Erucastre**, p. 15).

4e GROUPE. —

Feuilles de la base *découpées* ARE; 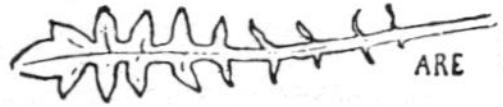 calice à sépales très inégaux dont 2 sont en éperon à la base. (Voy. **2. Arabette**, p. 13).

Feuilles de la base *composées ou presque composées de folioles.*

- Graines disposées *sur plusieurs rangs* (1); fruit un peu courbé O;  fleurs blanches. 18. **Cresson**, p. 16. *Nasturtium.*
- Graines disposées *sur 1 seul rang* (1) et valves du fruit s'enroulant en dehors CA. 
  - Feuilles supérieures *ayant des bulbilles* à leur aisselle D.  13. **Dentaire**, p. 16. *Dentaria.*
  - Feuilles supérieures *sans bulbilles.* 12. **Cardamine**, p. 15. *Cardamine.*

5e GROUPE. —

Fleurs de *1 à 3 mm.* de longueur.

- Fleurs d'un *jaune clair;* valves du fruit à *3 nervures* d'un bout à l'autre SI, SO.   (Voy. **8. Sisymbre**, p. 14).
- Fleurs *blanches;* valves du fruit à *1 nervure* d'un bout à l'autre VU.  14. **Braya**, p. 16. *Braya.*

Fleurs de *4 à 12 mm.* de longueur.

- Calice à *sépales inégaux* dont 2 sont en éperon à la base LI,  fruit entouré de 12 à 16 nervures d'un bout à l'autre; graines séparées par des cloisons en travers.  1. **Radis**, p. 13. *Raphanus.*
- Calice à *sépales égaux ou presque égaux à la base,* sans éperon ES. 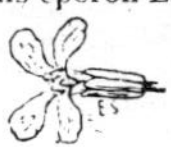
  - Fleurs *blanches*. (Voy. **6. Chou**, p. **14**).
  - Fleurs *d'un jaune pâle, d'un blanc jaunâtre, jaunes ou blanchâtres et veinées de violet ou de brun.*
    - Fruit à *bec court* OB; graines disposées sur un seul rang (1); fleurs jaunes ou jaunâtres. 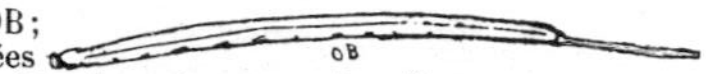 9. **Erucastre**, p. 15. *Erucastrum.*
    - Fruit à *bec allongé*, presque aussi long que le fruit; graines disposées sur 2 rangs (1); fleurs jaunes ou blanchâtres, veinées de brun ou de violet. 16. **Roquette**, p. 16. *Eruca.*

---

(1) On détache facilement les valves des fruits presque mûrs avec un canif, en partant de la *base* du fruit. Lorsqu'on isole ainsi l'une des valves, on voit plus aisément si le fruit est à 1 rang ou à 2 rangs de graines (fig. **1** et **2**). En regardant une valve par transparence, on distingue mieux les nervures principales et on peut les compter.

6e GROUPE. —

- **Fleurs *blanches, roses, lilas ou violettes.***
  - Feuilles inférieures *à petiole plus long que le limbe.* [exemple : A].
    - Anthères *jaunes ;* fruit à nervures saillantes, feuilles plus ou moins crénelées A ; plante à odeur d'ail. 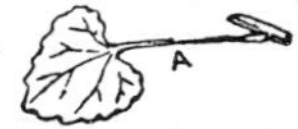 → 3. **Alliaire**, p. 14. *Alliaria.*
    - Anthères *violettes;* fruit sans nervures saillantes ; feuilles de la base entières; plante sans odeur d'ail. (Voy. **12. Cardamine**, p. 15).
  - Feuilles inférieures *sans pétiole ou à pétiole moins long que le limbe.*
    - Fleur à *stigmates formant deux lames rapprochées* HM ;  feuilles en pointe MA, nombreuses tout le long de la tige ; fruit non aplati.  → 4. **Julienne**, p. 14. *Hesperis.*
    - Fleur à stigmates *non en deux lames;* fleurs de 1 à 4 mm. de longueur; fruit aplati; feuilles disposées en rosette à la base des tiges. [exemples : AS, AT].  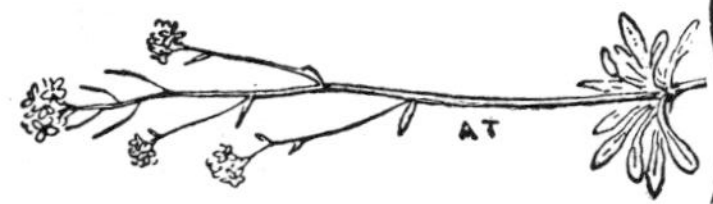 → 2. **Arabette**, p, 13. *Arabis.*
- **Fleurs *jaunâtres ou d'un blanc jaunâtre.***
  - Feuilles *pointues* TU ;  graines ordinairement disposées sur 2 rangs. → 15. **Tourette**, p. 16. *Turritis.*
  - Feuilles *arrondies au sommet* EO ;  graines disposées sur 1 rang. (Voy. **11. Vélar**, p. 15).

7e GROUPE. –

Fruit *aplati* IT, BL.

- Fruits *plus longs que larges* IT, plus ou moins pendants lorsqu'ils sont mûrs, ne s'ouvrant pas et a une seule graine.  28. **Pastel**, p. 18. *Isatis.*
- Fruits *plus larges que longs* BL non pendants, se séparant en deux parties lorsqu'ils sont mûrs; en général, deux graines.  27. **Lunetière**, p. 18. *Biscutella.*

Fruit *non aplati* R, CS, N.

- Plante *sans poils ou presque sans poils*, au moins dans les deux tiers supérieurs; fruit allongé, plus ou moins courbé R.  32. **Roripe**, p. 18. *Roripa.*
- Plante *couverte de poils.*
  - Fruit *ovale* CS,  à graines nombreuses, s'ouvrant par deux valves. 29. **Caméline**, p. 18 (1). *Camelina.*
  - Fruit *presque globuleux* N, 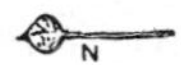 à une seule graine et ne s'ouvrant pas. 30. **Neslie**, p. 18. *Neslia.*

8e GROUPE. –

Fruit **2 *fois*** *plus long que large* AM;  plante sans poils; fruit sans nervures; stigmates, sur le fruit, plus larges que le style AM. (Voy. 32. **Roripe**, p. 18.)

Fruit *moins de 2 fois plus long que large.*

- Fruit *plus large que long* BL. 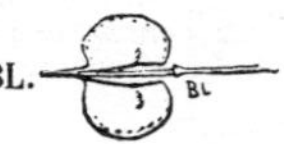 *se séparant en deux, lorsque le fruit est mûr;* en général deux graines. (Voy. 27. **Lunetière**, p. 18).
- Fruit *n'ayant pas la forme précédente*, à plusieurs graines et s'ouvrant par deux valves; plante couverte de petits poils en étoiles. 31. **Alysson**, p. 18. *Alyssum.*

(1) Le *Cochlearia Armoracia* L. (Cranson. Grand-Raifort) est souvent cultivé et parfois subspontané. C'est une plante qui a les fleurs blanches, les feuilles inférieures longuement pétiolées, la racine renflée, le fruit presque globuleux.

9e GROUPE. —

Pétales *inégaux ;* fruit terminé en corne, à nervures en réseau CC ; 

plante un peu glauque. — 19. **Calépine**, p. 16. *Calepina.*

Pétales *égaux.*

- Valves du fruit *très creuses* (cloison *moins large* que la plus grande largeur du fruit). [fig. 3, coupe du fruit en travers].

  - Fruit *arrondi*, échancré au sommet, à bords aplatis TH, n'ayant pas plus de 8 graines. 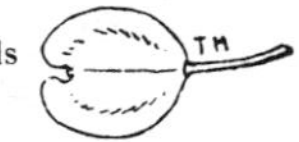

    — 22. **Tabouret**, p. 17. *Thlaspi.*
  - Fruit *presque en triangle* BP, échancré ; à bords non aplatis, ayant ordinairement des graines nombreuses. 

    — 23. **Capselle**, p. 17. *Capsella.*
  - Fruit *ovale* L, G, pas ou peu échancré, à bords aplatis ou non, ayant une graine dans chaque loge (fig. 4). 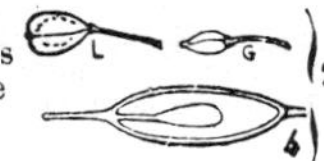

    — 24. **Passerage**, p, 17. *Lepidium.*

- Valves du fruit *aplaties* (cloison *plus large* que la plus grande largeur du fruit).

  [fig. 2, coupe du fruit en travers]. (Voy. 25. **Drave**, p. 17).

10e GROUPE. —

Pétales *très inégaux ;* feuilles *nombreuses sur toute la tige;* fleurs de plus de 3 mm. de largeur ; fruit n'ayant qu'une graine dans chaque loge ; étamines sans dents ; style dépassant l'échancrure du fruit A. 

— 21. **Ibéris**, p. 16. *Iberis.*

Pétales *peu inégaux;* feuilles *presque toutes à la base* TE ; fleurs très petites ; étamines à filets portant des dents ; en général, fruit à 4 graines ; style court dans l'échancrure. 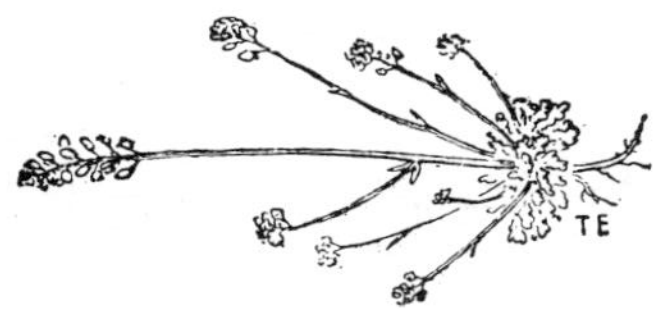

— 20. **Téesdalie**, p. 16. *Teesdalia.*

Voyez Album de la Nouvelle Flore, p. 12 et 13

Voyez Atlas des Plantes de France, pl. 26

11e GROUPE. —

Fruit *à nervures en réseau* CO;  feuilles de la base très divisées; tiges plus ou moins étalées. — **26. Sénébière**, p. 18. *Senebiera.*

Plante *n'ayant pas les caractères précédents.*

- Fruit *n'ayant qu'une graine dans chaque loge* (fig. 4).  (Voy. **24. Passerage**, p. 17).
- Fruit *ayant plusieurs graines dans chaque loge.*
  - Feuilles *presque toutes à la base* V; fleurs toujours blanches.  — **25. Drave**, p. 17. *Draba.*
  - Feuilles *le long de la tige;* fleurs d'abord jaunes puis blanches. (Voy. **31. Alysson**, p. 18).

1. **Radis**. *Raphanus.* — (Fig. R, p. 11).

Fruit allongé se partageant, à la maturité, en articles ne renfermant qu'une graine; fleurs veinées de brun ou de violet; 1-2 d. — **R. Ravenelle** TC. *R. Raphanistrum L.* moissons, chemins; m.-at.: *a.*

2. **Arabette**. *Arabis.* — (Fig. AT, AS, p. 11 *bis*).

Feuilles *entières ou dentées.*

- Fruits *rapprochés de la tige* AS;  tige portant, au-dessus de la rosette, des feuilles embrassantes, souvent nombreuses (fig. AS, p. 10); 2-6 d. — **A. sagittée** C. *A. sagittata DC.* bois, chemins; m.-j.; *b.*
- Fruits *écartés de la tige* AT;  tige portant peu de feuilles au-dessus de la rosette (fig. AT, p. 10); 1-3 d. — **A. de Thalius** C. *A. Thaliana L.* bois, champs; av.-j.; *a.*

Feuilles de la base *profondément divisées;* souvent plus encore que sur la fig. AR; 1-4 d.  — **A. des sables** R. *A. arènosa Scop.* murs, champs; av.-j.; *b.*

(1) Le *Raphanus sativus* L. ✠ [Radis cultivé] est souvent cultivé et parfois **subspontané. On le reconnait à ses fruits renflés, ne se séparant pas en articles,** et à sa racine très épaisse. *

Voyez Album de la Nouvelle Flore, p. 13, 14 et 15
Voyez Atlas des Plantes de France, pl. 27, 28, 29, 31, 32 et 33

3. Alliaire. *Alliaria.* — (fig. A, p. 11 *bis*). Fruit 7 à 8 fois plus long que le pédoncule ; 2-8 d. — **A. officinale** TC. *A. officinalis DC.* * bois, haies : av.-j.; *b.*

4. Julienne. *Hesperis.* — (fig. HM, MA p. 11 *bis*). Feuilles dentées ; calice souvent violet ; 4-6 d. — **J. des dames** AR. *H. matronalis L.* * chemins, bois ; m.-j.; *v.*

5. Moutarde. *Sinapis.* — [Sénevé].

Calice à *sépales étalés et sans poils raides* au sommet.
- Feuilles supérieures *sans pétiole ;* fruit à bec ordinairement plus grand que le reste du fruit AL ; 2-12 d. — **M. blanche** C. *S. alba L.* ✠ moissons, champs ; m.-jt.; *a.*
- Feuilles ordinairement *toutes pétiolées ;* fruit à bec ordinairement plus court que le reste du fruit A; 4-8 d. — **M. des champs** TC (1). *S. arvensis L.* * moissons, chemins ; m.-s.; *a.*

Calice à *sépales dressés et ayant des poils raides au sommet* C; fruit à bec court CH ; 2-6 d. — **M. Fausse-Giroflée** AC. *S. Cheiranthus Koch.* pierres ; m.-at.; *b* ou *v.*

6. **Chou.** *Brassica.*

Étamines *peu inégales et toutes dressées* OL; fruit à bec 10 fois plus court que le reste du fruit ; 4-12 d. — **C. à huile.** *B. oleracea L.* ✠ cultivé et subspont.; av.-j.; *a* ou *b.*

Étamines *très inégales, les 2 plus courtes s'écartant en dehors* N.
- Sépales *écartés les uns des autres* N.
  - Feuilles *sans poils ;* 3-9 d. — **C. Navet** (*Cult.*) (3). *B. Napus L.* ✠ * cultivé et subspont.; av.-j.; *a* ou *b.*
  - **Feuilles inférieures** *poilues ;* 4-9 d. — **C. Rave** (*Cult.*) (4). *B. Rapa L.* cultivé et subspont.; av.-j.; *a* ou *b*
- Sépales *peu écartés les uns des autres ;* fruits *appliqués* contre **la tige ; 5-12 d.** — **C. noir** C. *B. nigra Koch.* ✠ chemins de fer ; champs ; j.-at.; *a.*

7. Barbarée. *Barbarea.* — [Herbe de la Sainte-Barbe]. (fig. BA) ; feuilles inférieures profondément divisées ; fruits étalés BA ; 3-8 **d.** — **B. vulgaire** TC (5). *B. vulgaris R. Br.* ✠ * endroits humides ; av.-j.; *v.*

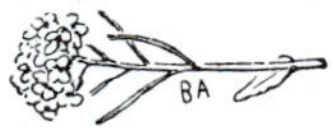

8. Sisymbre. *Sisymbrium.* —

Fruits *poilus* SO *appliqués* contre la tige OF ; [Herbe-aux-chantres]. feuilles supérieures à trois lobes ; 3-8 d. — **S. officinale** TC. *S. officinale Scop.* ✠ * chemins ; m.-s.; *a.*

Fruit *sans poils.*
- Feuilles *à lobes étroits* S, souvent plus divisés que sur la fig. S ; fruit sur un pédoncule beaucoup plus court que lui, courbé en dedans ; plante d'un vert blanchâtre ; 2-9 d. [Sagesse-des-Chirurgiens]. — **S. Sagesse** TC. *S. Sophia L.* ✠ décombres ; av.-o.; *a.*
- Feuilles *à lobes larges* SI, les supérieures à lobes peu nombreux ; fruit sur un pédoncule presque égal à la moitié du fruit ; plus ou moins courbé ; plante verte ; 2-10 d. [Vélaret]. — **S. Irio** TC. *S. Irio L.* bord des rivières ; av.-jt.; *a* ou *b.*

9. Erucastre. *Erucastrum*. —

- Feuilles du milieu à pétiole portant deux ***oreillettes*** à la base OB, O ; bractées non développées à la base des fleurs ; fleurs jaunes ; 3-7 d. — **E. à angles obtus** TR. *E. obtusangulum Rchb.* décombres ; m.-jt. ; *b* ou *v*.
- Feuilles du milieu à pétiole *sans oreillettes* PO, P ; bractées développées à la base des fleurs inférieures ; fleurs jaunâtres ; 2-5 d. — **E. de Pollich** TR. *E. Pollichii Spenn.* décombres ; m.-at. ; *a*.

OB O

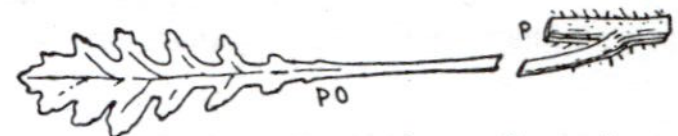
PO P

10. Giroflée. *Cheiranthus*. — (fig. CH, p. 10 *bis*). **Plante couverte de poils** ; feuilles entières, fleurs jaunes odorantes ; 2-7 d. [Giroflée des murailles]. — **G. Violier** TC (6). *C. Cheiri L.* ✱ vieux murs ; ms.-j. ; *v*.

11. Vélar. *Erysimum*. —

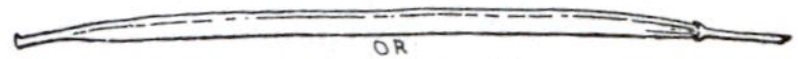
OR

Feuilles *entières*, *larges*, en cœur à la base ; pédoncule 8 à 10 fois plus court que le fruit OR ; 2-6 d. — **V. d'Orient** R. *E. orientale R. Br.* champs arides ; m.-at. ; *a*.

Feuilles *dentées allongées*.
- Fruit verdâtre *à pédoncule égal* environ *à la moitié du fruit* CS ; 3-9 d. — **V. Fausse-Giroflée** C. *E. Cheiranthoides L.* bord des eaux ; j.-s. ; *a*.
- Fruit blanchâtre à pédoncule *6 à 7 fois plus court que le fruit* CM ; 3-9 d. — **V. à fleurs de Violier** R. *E. Cheiriflorum Wallr.* chemins, coteaux ; j.-jt. ; *b*.

CS

CM

12. Cardamine. *Cardamine*. — (fig. CA ; p. 11)

Pétales *2 à 3 fois plus longs que le calice*.
- Feuilles de la base *à lobes arrondis* P ; anthères jaunes ; fleurs lilas, rarement blanches [Cresson des prés]. feuilles du haut à lobes étroits ; 2-5 d. — **C. des prés** TC. *C. pratensis L.* ✱ prés humides ; av.-m. ; *v*.
- Feuilles de la base *à lobes anguleux* A anthères violettes ; fleurs blanches ; [Cresson amer]. feuilles du haut à lobes larges ; 2-5 d. — **C. amer** R. *C. amara L.* ruisseaux, bois ; av.-m. ; *v*.

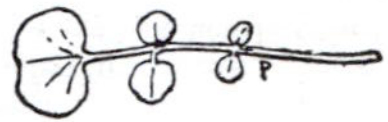
P

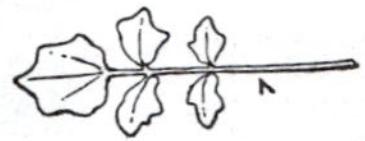
A

Pétales *à peine plus longs que le calice*.
- **Feuille** *sans lobes à la base* H ; fruit à bec mince ; fleurs petites à **pétales souvent avortés ; 2-6** d. — **C. velue** R (7). *C. hirsuta L.* bois humides, ruisseaux ; ms.-j. ; *a*
- Feuille *portant à la base deux lobes* aigus ciliés I ; fruit à bec court ; fleurs petites branches ; plante velue, parfois très peu ; 1-3 d. — **C. impatiente** R. *C. impatiens L.* bois, ruisseaux ; m.-j. ; *a* ou *b*.

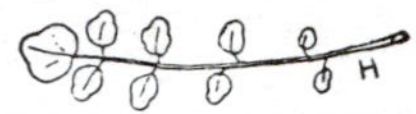
H

I

(1) 1° Var. *orientalis* Murr., fruits couverts de poils renversés, AR ; 2° var. *Schkuhriana* Rchb. fruits grêles, à la fin dressés AC. — (2) Comprend un grand nombre de variétés comestibles [Chou-fleur, Chou-de-Bruxelles, etc.]. — (3) 1° Var. *oleifera* [Colza] racine grêle ; 2° var. *esculenta* [Navet], racine renflée. — (4) 1° Var. *oleifera* [Navette], racine grêle ; 2° var. *esculenta* [Rave], racine renflée. — (5) Var. *arcuata*, Rchb., fruits étalés, arqués C. — (6) Var. *hortensis*, pétales panachés de brun, cultivée et parfois subspontanée. — (7) Var. *silvatica* Link., étamines ordinairement 6 au lieu de 4, fleurs non dépassées par les fruits inférieurs, TR.

Voyez Atlas des Plantes de France, pl. 30 et 35

Voyez Album de la Nouvelle Flore, p. 16 et 17
Voyez Atlas des Plantes de France, pl. 34

13. **Dentaire**. *Dentaria*. — (fig. D, p. 11). Feuilles inférieures profondément divisées; fleurs lilas ou blanches; 4-8 d.

D. bulbifère TR.
D. bulbifera L.
bois; av.-m.; *v.*

14. **Braya.** *Braya*. — (fig. VU, p. 11). Feuilles profondément divisées; fruits dressés; 1-6 d.

B. couchée AR.
B. supina Koch.
endroits humides: j.-at.; *a.*

15. **Tourette**. *Turritis*. — (fig. TU, p. 11 *bis*). Feuilles de la base dentées, les autres entières, embrassant la tige par la base, en fer de flèche; 4-12 d.

T. glabre AC.
T. glabra L.
bois; m.-at.; *b.*

16. **Roquette.** *Eruca*. — (fig. ES, p. 11). Feuilles profondément divisées, à lobes inégaux, velues; 2-8 d.

R. cultivée TR.
E. sativa Lam. ✠
décombres; av.-j.; *a* ou *b.*

17. **Diplotaxis**. *Diplotaxis*. —

Sépales *2-4 fois plus courts* que le pédoncule T; 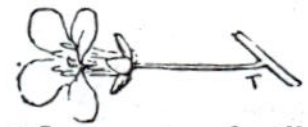 feuilles d'un vert-clair, fleurs grandes, jaunes; 3-8 d.

D. à feuilles ténues TC.
D. tenuifolia DC.
chemins de fer, chemins; av.-o. *v.*

Sépales *moitié moins longs* que le pédoncule M;  feuilles vertes; fleurs jaunes devenant rougeâtres; 1-4 d.

D. des murs AC.
D. muralis DC.
chemins; m.-at.; *b* ou *v.*

Sépales *égalant* environ le pédoncule V;  feuilles vertes; fleurs jaunes, petites, à pétales dépassant peu le calice; 1-3 d.

D. des vignes AC.
D. viminea DC.
vignes; j.-o.; *a.*

18. **Cresson**. *Nasturtium*. —

Fleurs *blanches* à pétales 2 fois plus longs que le calice; feuilles à divisions ovales ou arrondies OF; fruit environ 2 fois plus long que le pédoncule O; 1-10 d. [Cresson-de-fontaine.]

C. officinal TC. (1).
N. officinale R.Br. ✠ *
fossés, mares; m.-s.; *v.*

Fleurs *jaunes*.
- Fruit droit, *couvert de tubercules* AS; pédoncule du fruit très court; feuilles à divisions allongées; 5-30 c.

C. rude TR.
N. asperum Coss.
endroits humides; m.-jt.; *a.*

- Fruit souvent courbé, *sans tubercules* S; pédoncule du fruit plus long que le fruit; 2-5 d.

C. sauvage TC (2).
N. silvestre R, Br.
endroits humides; m.-at.; *v.*

19. **Calépine**. *Calepina*. — (fig. CC, p. 12). Fruit sans poils; feuilles de la base divisées, les supérieures entières; fleurs blanches; 2-4 d.

C. de Corvin TR.
C. Corvini Desv.
mars; m.-j.; *a.*

20. **Téesdalia**. *Teesdalia*. — (fig. TE, p. 12). Pétales inégaux, rarement presque égaux; feuilles de la base plus ou moins profondément divisées; 6-15 c.

T. à tige nue AC.
T. nudicaulis R.Br.
chemins, coteaux; av.-j.; *a.*

21. **Ibéris**. *Iberis*. — (fig. A, p. 12). Feuilles ayant 2 à 4 dents au sommet; fleurs blanches ou violettes.

I. amer C (3).
I. amara L.
moissons; j.-s.; *a.*

Voyez Album de la Nouvelle Flore, p. 18 et 19
Voyez Atlas des Plantes de France, pl. 37

22. Tabouret. *Thlaspi.* — Feuilles de la base *en rosette* MO, entières ou peu dentées ;  graines lisses ; fleurs grandes, blanches ; 1-2 d. — **T. de montagne** TR. *T. montanum L.* bois ; av.-m. ; *v.*

Feuilles de la base *non en rosette* souvent dentées.
- Feuilles embrassant la tige par deux lobes *aigus* AR ;  graines striées, 5 à 6 dans chaque loge ; fleurs blanches ; 2-4 d. — **T. des champs** C. *T. arvense L.* vignes, décombres ; m.-s. ; *a.*
- Feuilles embrassant la tige par deux lobes *obtus* PE ;  graines lisses, 2 à 4 dans chaque loge ; fleurs blanches ; 1-3 d. — **T. perfolié** C. *T. perfoliatum L.* chemins, fossés ; ms.-m. ; *a.*

23. Capselle. *Capsella.*— (fig. BP, p. 12). Feuilles de la base en rosette, ordinairement divisées ; fleurs petites, blanches ; 1-6 d. — **C. Bourse-à-pasteur** TC. *C. Bursa-pastoris Mœnch.* * chemins ; toute l'année ; *a.*

24. Passerage. *Lepidium.* —

Feuilles du milieu de la tige l'*embrassant* par deux lobes C. 
- Fruit en poire, *non échancré* D ; 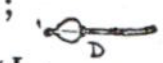 graines brunes ; valves du fruit non aplaties au bord ; 3-6 d. — **P. Draba** AR. *L. Draba L.* murs, champs ; m.-jt. ; *v.*
- Fruit ovale, *échancré au sommet* L ;  graines noires ; valves du fruit aplaties au bord ; 3-6 d. — **P. des champs** TC (4). *L. campestre R.Br.* bois, chemins ; m.-jt. ; *b.* [Bourse-de-Judas].

Feuilles *non embrassantes.*
- Feuilles du milieu de la tige *ovales, à petites dents ;* fruit rond I,  couvert de quelques poils fins ; feuilles un peu épaisses ; 5-15 d. — **P. à larges feuilles** AR. *L. latifolium L.* rivières ; j.-at. ; *v.*
- Feuilles *étroites* ou *très divisées.*
  - Fruit *aigu* G ;  feuilles supérieures toutes entières G ; 3-10 d.  — **P. Graminée** C. *L. graminifolium L.* chemins, décombres ; j.-s. ; *b* ou *v.*
  - Fruit *échancré* R ;  feuilles profondément divisées, les supérieures étroites ; 1-3 d. — **P. des décombres** TR. *L. ruderale L.* décombres ; m.-s. ; *a.*
  - Fruit *ni aigu ni échancré* H ;  feuilles toutes profondément divisées, à divisions parallèles ; 3-10 c. — **P. des pierres** R (5). *L. petræum L.* murs, pavés ; ms.-m. ; *a.*

25. Drave. *Draba.*
- Pétales *profondément divisés en deux*, en sorte que la fleur semble avoir 8 pétales ; fleurs très petites, 2-15 c. (fig. V, p. 12). — **D. printanière** TC. *D. verna L.* murs, chemins ; f.-av. ; *a.*
- Pétales *entiers ;* feuilles nombreuses le long de la tige, embrassant la tige ; fleurs très petites ; 1-3 d. — **D. des murailles** TR. *D. muralis L.* murs ; m.-j ; *a.*

---

(1) Var. *siifolium* Rchb. feuilles à divisions toutes de même forme et à peu près de même grandeur, AC. — (2) Var. *anceps* DC., fruit environ 1/2 de la longueur du pédoncule. — (3) Var. *arvatica* Jord, fleurs violettes, petites ; style très saillant, AR. — (4) Le *Lepidium heterophyllum* Benth. est une espèce voisine du *L. campestre ;* on le reconnaît à ses tiges étalées et au fruit dont le style dépasse beaucoup l'échancrure, TR. — (5) Le *Lepidium sativum* L. ✠ (Passerage cultivé) [Cresson alénois] se reconnaît à ses fruits très aplatis au bord, serrés contre la tige, à ses feuilles supérieures étroites et n'embrassant pas la tige.

Voyez Album de la Nouvelle Flore, p. 19 et 20
Voyez Atlas des Plantes de France, pl. 36 et 38

26. **Senebière**. *Senebiera*. — (fig. CO, p. 13). Feuilles à divisions parallèles; divisions des feuilles entières ou dentées; fleurs petites, blanches; 1-3 d. — **S. Corne-de-cerf** C. *S. Coronopus Poir.* ✠ décombres; av.-o.; *a.*

27. **Lunetière.** *Biscutella.* — (fig. BL, p. 11 *ter*). Fruit fortement ridé, ayant un peu la consistance du carton; feuilles à poils raides; feuilles de la base en rosette; fleurs jaunes; 1-6 d. — **L. lisse** TR. *B. lævigata L.* rochers; m.-jt.; *v.*

28. **Pastel.** *Isatis.* — (fig. IT, p. 11 *ter*). Fruits pendants; feuilles embrassant la tige par deux lobes; celles de la base ordinairement velues; fleurs jaunes; 4-10 d. — **P. des teinturiers** AC. *I. tinctoria L.* ✠ * talus, décombres; m.-j.; *b.*

29. **Caméline**. *Camelina.* — (fig. CS, p. 11 *ter*). Fruit finement veiné, à cloison large; fleurs d'un jaune pâle; feuilles supérieures embrassant la tige; 4-10 d. — **C. cultivée** AR (1). *C. sativa Crantz.* ✠ * moissons; j.-jt.; *a.*

30. **Neslie**. *Neslia.* — (fig. N, p. 11 *ter*). Fruit ridé en réseau; feuilles entières ou peu dentées; les supérieures embrassant la tige; plante à poils rameux; fleurs jaunes; 3-7 d. — **N. paniculée** AC. *N. paniculata Desv.* champs arides; j.-at.; *a.*

31. **Alysson**. *Alyssum.* —

Calice *persistant;* étamines à filets *non* largement aplatis CA.

fleurs jaunâtres passant au blanc; 5-10 c. — **A. calicinal** TC. *A. calycinum L.* terrains arides; m.-j.; *a.*

Calice *tombant tôt;* étamines à filets *largement aplatis* MO.

fleurs d'un jaune vif; 10-20 c. — **A. des montagnes** R. *A. montanum L.* terrains sablonneux; m.-at.; *v.*

32. **Roripe**. *Roripa.* —

Fruit *égalant* environ son pédoncule R

sépales égaux aux pétales; feuilles profondément divisées; 1-5 d. — **R. Faux-Cresson** AC. *R. nasturtioides Spach.* endroits humides; m.-o.; *b.*

Fruit environ *4 fois plus court* que son pédoncule AM;

sépales plus courts que les pétales.

- Feuilles moyennes *profondément divisées,* à divisions étroites et parallèles PY; 1-2 d.
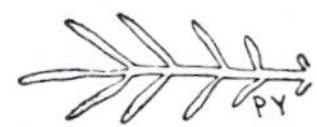

— **R. des Pyrénées** TR. *R. pyrenaica Spach.* coteaux incultes; m.-j.; *v.*

- Feuilles moyennes *entières ou dentées* A; plante aquatique; 4-9 d.

— **R. amphibie** TC. *R. amphibia Bess.* fossés; m.-jt.; *v.*

CISTINÉES. Les plantes les plus répandues de cette famille se ressemblent beaucoup par leurs fleurs. — Les Cistinées renferment souvent une essence résineuse qui leur donne une odeur spéciale.

Étamines *toutes pourvues d'anthères* H ; feuilles, au moins les inférieures, *opposées*, avec ou sans stipules. — 1. **Hélianthème**, p. 19. *Helianthemum*.

Étamines *extérieures sans anthères* F ; feuilles toutes *alternes*, sans stipules. — 2. **Fumana**, p. 19. *Fumana*.

1. Hélianthème. *Helianthemum*. —

Feuilles *sans stipules*.

Fleurs *blanches*, la plupart en ombelles U, feuilles étroites allongées, fortement roulées en dessous ; calice à 3 sépales ; fruits dressés ; feuilles sans poils ; style droit ; 2-5 d. — **H. en ombelle** R. *H. umbellatum Mill.* bois, rochers ; m.-j. ; *v.*

Fleurs *jaunes*, en grappes Œ ; feuilles ovales allongées, velues, parfois laineuses, blanchâtres en dessous ; calice à 5 sépales dont deux plus petits que les autres ; fruits étalés ou renversés Œ ; style coudé à la base ; 2-3 d. — **H. d'Œland** R (2). *H. œlandicum Whlnb.* pelouses arides ; m.-jt. ; *v.*

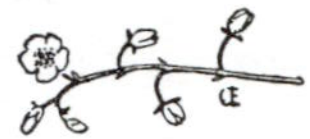

Feuilles *avec stipules*.

Stipules des feuilles supérieures *très longues* ; pétales ordinairement tachés de brun à la base G ; style presque nul ; fleurs jaunes ; tige herbacée, grêle, dressée ; fruits sans poils, dressés ; 1-4 d. [Grille-Midi]. — **H. à gouttes** AC. *H. guttatum Mill.* coteaux arides ; j.-at. ; *a.*

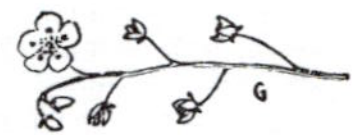

Stipules *dépassant peu le pétiole* ; tiges ligneuses plus ou moins étalées sur le sol ; style plus long que l'ovaire.

Fleurs *blanches* ; sépales poilus partout P ; feuilles ordinairement blanchâtres sur les deux faces, très roulées en dessous ; 1-4 d. — **H. pulvérulent** AR (3). *H. pulverulentum DC.* coteaux calcaires ; j.-at. ; *v*

Fleurs *jaunes* ; sépales poilus seulement sur les nervures V ; feuilles ordinairement vertes en dessus et blanchâtres en dessous ; 1-4 d. — **H. vulgaire** TC (4). *H. vulgare Gœrtn.* * bois ; j.-at. ; *v.*

2. Fumana. *Fumana*. — (Fig. F, p. 18) Feuilles souvent isolées les unes des autres ; feuilles très étroites, presque sans poils, roulées en dessous ; style environ 3 fois plus long que l'ovaire ; fruits renversés ; fleurs jaunes ; fruit luisant ; graines noires ; 1-3 d. — **F. vulgaire** AR. *F. vulgaris Spach.* terrains arides ; j.-at. ; *v.*

(1) Var. *silvestris* Wallr., plante d'aspect grisâtre, très velue, AR. — (2) C'est la var. *canum* Dun. — (3) Var. *apenninum* DC, feuilles presque non roulées, vertes en dessus R. — (4) 1° Var. *obscurum* DC, feuilles vertes sur les deux faces AC ; 2° On observe parfois un hybride entre les *H. pulverulentum* et *H. vulgare* (*H. sulfureum* Laremb.), TR.

Voyez Album de la Nouvelle Flore, p. 21
Voyez Atlas des Plantes de France, pl. 40

VIOLARIÉES. Les espèces du genre Violette sont souvent très difficiles à caractériser. — La substance qui colore les violettes en bleu a la propriété de devenir verte au contact des alcalis.

Violette. *Viola.* —

- *Les 4 pétales supérieurs dressés* T [Pensée] ;  fleurs jaunes ou violettes, souvent tachetées; feuilles allongées, rétrécies en pétiole ; stipules vertes, grandes, très divisées ; 1-4 d. — **V. tricolore** TC (1). *V. tricolor L.* * champs ; m.-o. ; *a.*, *b.* ou *v.*
- *Les deux pétales supérieurs seuls dressés* H.  [Violette.]
  - Pistil ou fruit *sans poils;* fruit à 3 angles.
    - Feuilles *toutes à la base* VP ; *fleurs petites,* bleues, de moins de 1 c. 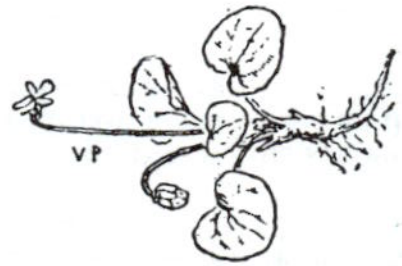 stigmates en plateau oblique ; stipules ovales en pointe, à petites dents glanduleuses ; feuilles arrondies ; plante sans poils ; 5-12 c. — **V. des marais** R. *V. palustris L.* marais ; m.-j. ; *v.*
    - Feuilles *espacées sur la tige fleurie ;* fleurs ordinairement assez grandes, violettes rarement blanches.
      - Stipules du milieu de la tige à limbe large, *plus longues que le pétiole* de la feuille VE ; feuilles non en cœur à la base ; 2-4 d.  — **V. élevée** TR (2). *V. elatior Fr.* prés humides ; m.-j. ; *v.*
      - Stipules toutes *plus courtes que le pétiole ;* feuilles ordinairement en cœur à la base.
        - Stipules à cils *aussi longs* que la largeur de la stipule S ; tiges aériennes fleuries, naissant au-dessous d'une rosette de feuilles ;  fruit souvent aigu  SI ; 1-3 d. — **V. des bois** TC (3). *V. silvestris Lam.* bois ; av.-j. ; *v.*
        - Stipules à cils *moins longs* que la largeur de la stipule C; tiges aériennes ordinairement sur le prolongement des tiges souterraines ;  fruit souvent obtus  CA ; 1-3 d. — **V. de chien** C. *V. canina L.* bois, pelouses ; av.-j. ; *v.*
  - Pistil ou fruit *velu ;* fruit globuleux.
    - Fleurs *odorantes,* ayant ordinairement les 4 pétales supérieurs entiers, l'inférieur seul échancré O.  tige produisant des branches rampantes qui portent des racines ; 1-2 d. — **V. odorante** C (4). *V. odorata L.* ✠ * bois, buissons ; ms.-m. ; *v.*
    - Fleurs *sans odeur ;* ayant ordinairement les 5 pétales échancrés H.  tige ne produisant pas, en général, de branches qui portent des racines ; 1-2 d. — **V. hérissée** TC. *V. hirta L.* bois ; av.-m. ; *v.*

Voyez Album de la Nouvelle Flore, p. 21 et 22
Voyez Atlas des Plantes de France, pl. 41 et 42

Voyez Album de la Nouvelle Flore, p. 22
Voyez Atlas des Plantes de France, pl. 43

RÉSÉDACÉES. La plupart des plantes de cette famille se ressemblent beaucoup par leur inflorescence. — La racine de plusieurs Résédacées, et surtout celle de la Gaude, contient une matière tinctoriale jaune.

Ovaires réunis en un seul R ; 

fleurs jaunes ou blanches ; fruit s'ouvrant au sommet. — **1. Réséda,** p. 21. *Reseda.*

Plusieurs ovaires séparés A ; 

fleurs blanches ; fruit s'ouvrant par des fentes. 

— **2. Astérocarpe,** p. 21. *Asterocarpus.*

1. **Réséda.** *Reseda.* —

4 sépales RLL ; 

fleurs d'un jaune pâle, à pédoncules courts LL ; feuilles toutes entières allongées ; 6-10 d. [Gaude.] 

— **R. jaunâtre** C. *R. luteola L.* ✠ * chemins, bois ; j.-at. ; *b.*

6 sépales LA. 

Fleurs *jaunes ;* feuilles du milieu de la tige très divisées L ; 

fleurs à pédoncules assez longs RL ; 

graines lisses ; 3-7 d. — **R. jaune** TC. *R. lutea L.* chemins ; j.-at. ; *b.*

Fleurs *blanches ;* feuilles du milieu entières U ou à trois divisions ; fleurs à pédoncules assez courts ; 

sépales devenant très grands après la floraison ; graines rugueuses ; 2-6 d. — **R. Raiponce** AR. *R. Phyteuma L.* champs en friche ; j.-at. ; *b.*

2. **Astérocarpe.** *Asterocarpus.* — (fig. A et AC, p. 21).

7 à 15 étamines à filets velus ; pétales blancs 2 à 3 fois plus longs que les sépales ; feuilles de la base ovales, les autres allongées étroites ; 2-5 d. — **A. de l'Ecluse** TR. *A. Clusii Gay.* terrains pierreux ; j.-s. ; *a.*

(1) 1° Var. *segetalis* Jord., tiges dressées, stipules à lobe moyen étroit, entier ; fruit court ; 2° var. *agrestis* Jord., stipules à lobe moyen large, denté ; fruit allongé. — (2) Var. *pumila* Vill., tiges sans poils, feuilles en coin à la base, fleurs bleues, TR. — (3) 1° Var. *Riviniana* Rchb., sépales à prolongements anguleux, persistants sur le fruit ; stipules courtes, TC ; 2° var. *Reichenbachiana* Jord., sépales à prolongements arrondis, non persistants, AC ; 3° var. *arenicola* Chabert., plante très petite (moins de 1 d.), à fleurs très petites, à stipules supérieures égales aux pétioles ou plus grandes, R. — (4) Var. *alba* Bess., tige sans rameaux rampants munis de racines ; feuilles rétrécies en pointe au sommet ; fleurs blanches ou violacées, à éperon d'un blanc verdâtre.

Voyez Album de la Nouvelle Flore, p. 23
Voyez Atlas des Plantes de France, pl. 44 A et 44 B

DROSÉRACÉES. Les Droséracées ont des feuilles ou des écailles à lobes en forme de poils glanduleux. Le suc des écailles de la fleur de Parnassie ou des feuilles de Rossolis pouvant dissoudre la viande, certains auteurs considèrent les Droséracées comme des plantes carnivores et supposent qu'elles se nourrissent, en partie, d'insectes, ce qui n'est pas démontré.

- Fleurs grandes, *isolées* PP ; écailles à divisions glanduleuses, feuilles sans poils. — 1. **Parnassie**, p. 22. *Parnassia.*

- Fleurs petites, *en grappes* (DR, DL, DI) ; fleurs sans écailles divisées ; feuilles couvertes de lobes glanduleux, en forme de poils. — 2. **Rossolis**, p. 22. *Drosera.*

1. **Parnassie**. *Parnassia.* — (fig. PP, p. 22).

Feuilles de la base en rosette, celle de la tige fleurie ovale, embrassant la tige ; fleurs blanches ; 1-4 d. — **P. des marais** AC. *P. palustris L.* * marais ; j.-s. ; *v.*

2. **Rossolis**. *Drosera.* —

- Feuilles *toutes appliquées sur la terre*, à limbe arrondi LR ; fleurs blanches. fruit dépassant le calice ; stigmates en boule ; graines allongées ; 1-2 d. — **R. à feuilles rondes** AR. *D. rotundifolia L.* ✠. * prairies spongieuses ; jt.-at. ; *v.*

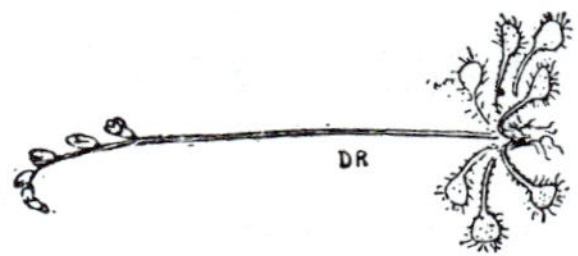

- Feuilles *dressées*, à limbe allongé (DL, DI).
  - Tige fleurie *dépassant beaucoup* les feuilles, placée au milieu de la rosette des feuilles DL ; stigmates en massue ; fleurs blanchâtres ou rosées ; 1-2 d. — **R. à feuilles longues** R (1). *D. longifolia L.* marais tourbeux ; j.-at. ; *v.*

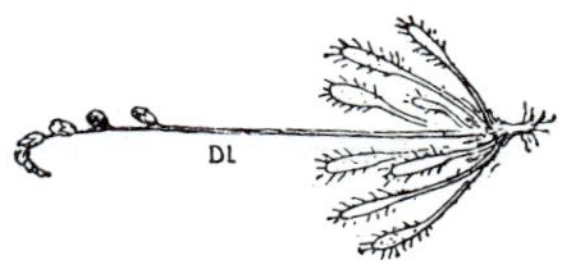

  - Tige fleurie *dépassant peu ou pas* les feuilles, placée sur le côté de la rosette des feuilles DI ; stigmates plats ; fleurs blanches ; 3-10 c. — **R. intermédiaire** R. *D. intermedia Hayne.* marais ; jt.-s. ; *v.*

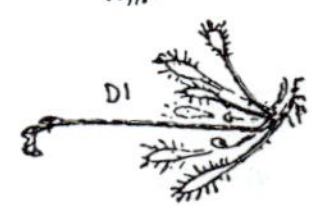

Voyez Album de la Nouvelle Flore, p. 23
Voyez Atlas des Plantes de France, pl. 45

POLYGALÉES. Les diverses espèces du genre Polygala se ressemblent beaucoup ; il faut avoir des fruits déjà formés au bas des grappes pour déterminer ces plantes avec certitude.

Polygala. *Polygala.* —

Grands sépales *a*, plus étroits que le fruit *c*, [fig. PA et D, vues de l'extérieur de la fleur passée].

- Grands sépales *ne dépassant pas le fruit* PA ; feuilles de la base plus grandes que les feuilles supérieures, non opposées ; plante à saveur très amère ; fleurs pâles ; 1-2 d.

P. amère R.
P. amara L. ✠
pelouses humides ; m.-j. *v.*

- Grands sépales *dépassant le fruit* D ; quelques-unes des feuilles de la base sont opposées PD ; plante sans saveur amère ; fleurs pâles ; 5-20 **c.**

P. déprimée AC.
P. depressa Wend.
bois, pelouses ; m.-j. ; *v.*

Grands sépales *a*, plus larges ou aussi larges que le fruit *c*, [fig. V et AM vues de l'intérieur de la fleur passée].

- Feuilles inférieures *plus petites* que les feuilles supérieures PV ; grands sépales à nervures secondaires se réunissant par deux arcades au sommet ; fleurs bleues, violacées, roses ou blanches ; 1-2 d.

P. vulgaire TC.
P. vulgaris L. *
pelouses, bois ; m.-jt. ; *v.*

- Feuilles inférieures *plus grandes* que les feuilles supérieures ; grands sépales à nervures secondaires ne se réunissant pas par deux arcades au sommet ; fleurs d'un beau bleu, rarement roses ou blanches ; 1-2 d.

P. amarelle AR.
P. amarella Crantz.
terres calcaires ; m.-j. ; *v.*

(1) Le *D. obovata* M. et K., est considéré comme hybride entre le *D. rotundifolia* et le *D. longifolia*, caractères intermédiaires et graines avortées TR. —
(2) 1° Var. *comosa* Schrank., bractées dépassant les fleurs supérieures et les boutons. TR. ; 2° var. *Lensei* Bor., fruit aussi large que les grands sépales ; fleurs petites, en grappes courtes ; 3° var *oxyptera* Rchb., fruit un peu plus étroit que les grands sépales, mais feuilles toutes alternes, ce qui ne permet pas de confondre cette variété avec le *P. depressa*.

CARYOPHYLLÉES. Certaines Caryophyllées, telles que celles qui appartiennent aux genres Sagine et Céraiste, ne peuvent souvent être déterminées qu'avec le fruit mûr. — Plusieurs Caryophyllées sont cultivées comme plantes d'ornement (Œillet, Silène, Gypsophile, etc.).

- Sépales *réunis* au moins jusqu'au milieu (SILÉNÉES).
  - 2 *styles*.
    - Tube du calice *sans bractées* appliquées à sa base.
      - Feuilles *étroites allongées* G ; pétales en coin à la base.  1 **Gypsophile**, p. 26. *Gypsophila.*
      - Feuilles *larges ovales;* pétales à partie inférieure étroite et allongée. 2. **Saponaire**, p. 26. *Saponaria.*
    - Tube du calice *ayant des bractées* appliquées à sa base (voyez les figures de la p. 26), immédiatement au-dessous du tube. 3. **Œillet**, p. 26. *Dianthus.*
  - 3 *styles*:
    - Feuilles supérieures *pétiolées* C ; 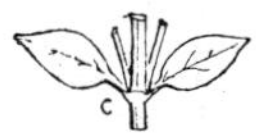 calice à sépales soudés au moins jusqu'à la moitié; fruit *charnu* CC.  4 **Cucubale**, p. 27. *Cucubalus.*
    - Feuilles supérieures *sans pétiole;* calice à sépales soudés jusqu'à plus de moitié ; fruit *sec.* 5 **Silène**, p. 27. *Silene.*
  - 0 *ou* 5 *styles;* pétales munis de petites languettes en dedans; feuilles sans pétiole. 6. **Lychnis**, p. 28. *Lychnis.*
- [Sépales libres ou réunis seulement à] leurs bases.
  - Feuilles ayant des petites *stipules membraneuses* à leur base (Fig. SA, SR); pétales entiers.
    - 5 *styles* AR ;  feuilles en faisceau SA ;  fruit à 5 valves. 7. **Spergule**, p. 28. *Spergula.*
    - 3 *styles* R ;  feuilles non en faisceau SR ;  fruit à 3 valves. 8. **Spergulaire**, p. 28. *Spergularia.*

Sépales *libres* jusqu'à la base ou un peu réunis par (ALSINÉES).

- Feuilles *sans stipules*.
  - 4 ou 5 *styles*.
    - Feuilles du milieu de la tige *un peu en cœur* à la base M ;  pétales divisés jusqu'à la base; fruit s'ouvrant par 5 valves à 2 dents. — 9. **Malaquie**, p. 28. *Malachium.*
    - Feuilles *non en cœur à la base*.
      - Fruit s'ouvrant *par 4 ou 5 valves* SP ;  feuilles étroites soudées ensemble par leur base. — 12. **Sagine**, p. 30. *Sagina.*
      - Fruit s'ouvrant au sommet par *8 à 10 dents;* feuilles ovales ou étroites.
        - Pétales *entiers* ou très peu échancrés ; *plante sans poils*, glauque (fig. ME). 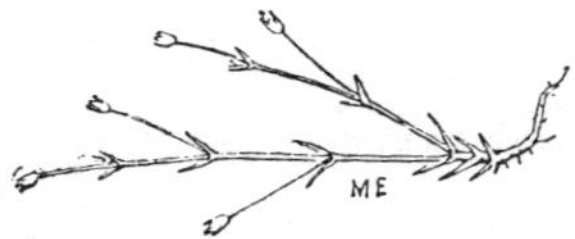 — 11. **Mœnquie**, p. 29. *Mœnchia.*
        - Pétales *divisés en 2*, plus ou moins profondément; plante *plus ou moins poilue*. — 10. **Céraiste**, p. 29. *Cerastium.*
  - *2 ou 3 styles.*
    - Fleurs *presque en ombelle* HU ; pétales à petites dents irrégulières H ;  fruit s'ouvrant d'abord par 6 dents, puis par 6 valves.  — 14. **Holostée**, p. 30. *Holosteum.*
    - Fleurs *non en ombelle*, pétales entiers ou divisés en deux.
      - Pétales *divisés en deux* plus ou moins profondément; fruit s'ouvrant par 6 valves. — 13. **Stellaire**, p. 30. *Stellaria.*
      - Pétales *entiers ou très peu échancrés;* fruit s'ouvrant par 6 dents. — 15. **Sabline**, p. 31. *Arenaria.*

Voyez Album de la Nouvelle Flore, p. 23 et 24
Voyez Atlas des Plantes de France, pl. 50, 51 A et 51 B

1. **Gypsophile.** *Gypsophila.* — (fig. G, p. 24). Sépales à bords membraneux ; plante poilue à la base ; fleurs roses, veinées ; 5-20 c. — **G. des murs** AC. *G. muralis L.* champs ; jt.-s. ; *a.*

2. **Saponaire.** *Saponaria.* —

- Tube du calice *arrondi et strié,* très allongé S ;

pétales entiers, portant 2 petites languettes en dedans ; feuilles à pétiole court ; fleurs d'un rose pâle ; 3-6 d. — **S. officinale** C. *S. officinalis L.* ✠ décombres, chemins ; jt.-s. ; *v.*
- Tube du calice *à angles ailés,* peu allongé SV ;

pétales à petites dents ; feuilles sans pétiole, soudées 2 à 2 ; fleurs roses ; 2-6 d. — **S. des Vaches** AR. *S. Vaccaria L.* * moissons ; j.-jt. ; *a.*

3. **Œillet.** *Dianthus.* —

- Pétales à limbe ; *divisé en lanières* S ;

quatre bractées écailleuses égalant environ le 1/4 du tube du calice ; calice sans poils ; feuilles allongées ; fleurs roses ou blanches, odorantes ; 2-5 d. — **Œ. superbe** TR. *D. superbus L.* bois ; j.-at. ; *v.*
- Pétales *entiers ou dentés.*
  - Bractées *plus longues* que le tube du calice (P, A).
    - Bractées *ovales, arrondies* P ; calice sans poils ;

feuilles soudées 2 à 2 en une gaine plus large que longue ; fleurs roses ; 1-4 d. — **Œ. prolifère** TC. *D. prolifer L.* chemins ; j.-at. ; *a* ou *b.*
    - Bractées *terminées en pointe* A ; calice velu ;

feuilles soudées 2 à 2 en une gaine aussi large que longue ; fleurs roses, tachées de blanc ; 3-5 d. — **Œ. Arméria** C. *D. Armeria L.* bois, pâturages ; m.-at. ; *b.*
  - Bractées *plus courtes* que le tube du calice.
    - Bractées *arrondies, à pointe courte* CS

[Œillet des Fleuristes.]
calice sans poils ; feuilles soudées 2 à 2 en une gaine 2 fois plus longue que large ; fleurs rouges, odorantes ; 2-5 d. — **Œ. Gérofle** R. *D. Caryophyllus L.* murailles ; jt.-at. ; *v.*
    - Bractées *ovales* à pointe longue D ;
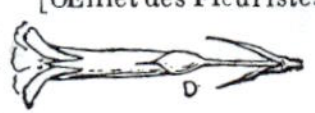
calice *couvert de petits poils ;* feuilles soudées 2 à 2 en une gaine aussi longue que large ; fleurs rose foncé, souvent à tache pourpre en Δ ; 2-5 d. — **Œ. à delta** R. *D. deltoides L.* * bois, pelouses ; j.-at. ; *v.*
    - Bractées *ovales, allongées,* à pointe longue CM

calice strié, *sans poils ;* feuilles soudées en une gaine 4 fois plus longue que large ; bractées terminées en pointe ; fleurs rose-foncé ; 2-5 d. — **Œ. des Chartreux** C. *D. Carthusianorum L.* * pelouses, bois ; j.-at. · *v.*

4. Cucubale. *Cucubalus*. — (fig. C et CC, p. 24). Calice vert ; pétales entiers, munis de 2 languettes ; fleurs roses ; plante sans poils ; 3-4 d. — **C. à baies** AR. *C. baccifer L.* buissons ; j.-at. ; *v.*

5. Silène. *Silene*. —

Pétales portant *deux petites languettes* vers l'ouverture de la fleur G, SN,

- Pétales *entiers ou très finement dentés* G ; calice très poilu G ;

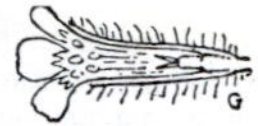

filets des étamines velus ; feuilles inférieures en spatule ; plante visqueuse ; fleurs d'un blanc-jaunâtre, rarement roses ; 2-4 d. — **S. de France** AR. *S. gallica L.* moissons ; j.-jt. ; *a.*

- Pétales *divisés en 2* plus ou moins profondément (SN, CO, NF).
  - Pétales *divisés jusque vers la base du limbe* SN ; fleurs penchées N ;

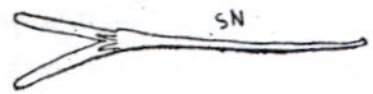

tige visqueuse dans le haut ; fleurs blanches ou rosées ; 2-4 d.

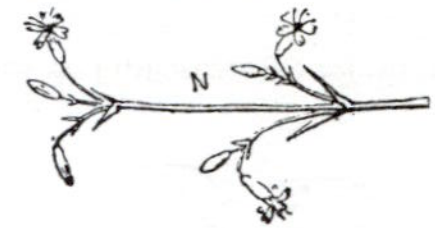

S. penché C. *S. nutans L.* * bois ; m.-jt. ; *v.*

  - Pétales *échancrés* CO ; fleurs dressées CO ; calice aminci au sommet, à 30 nervures ; fleurs roses ; 1-4 d.

S. conique C. *S. conica L.* champs, chemins ; j.-jt. ; *a.*

  - Pétales *divisés jusqu'au milieu du limbe* NF ;

calice à 10 nervures, velu ; fleurs rose-jaunâtre ; 1-4 d. — **S. noctiflore** TR. *S. noctiflora L.* champs ; jt.-o. ; *a.*

Pétales *sans languettes* en dedans.

- Pétales *à 2 lobes* I ; fleurs grandes (plus de 1 c.) ; calice renflé SI ; fleurs blanches ; 2-5 d.

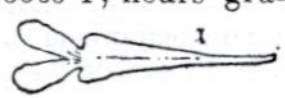

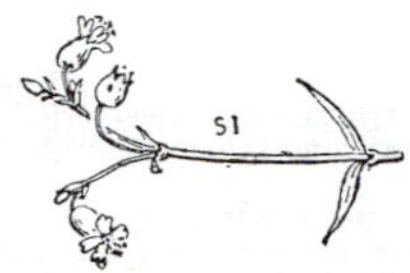

S. enflé C. *S. inflata Sm.* chemins ; j.-s. ; *v.*

- Pétales *entiers ;* fleurs petites verdâtres (de moins de 4 mm.) O ;

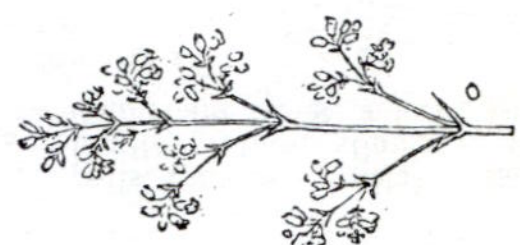

fleurs les unes staminées, les autres pistillées ; 2-5 d. — **S. Otitès** AC. *S. Otites Sm.* terres pierreuses ; j.-at. ; *v.*

Voyez Album de la Nouvelle Flore, p. 25
Voyez Atlas des Plantes de France, pl. 46

Voyez Album de la Nouvelle Flore, p. 26 et 27
Voyez Atlas des Plantes de France, pl. 47, 48, 49 et 55

6. Lychnis. *Lychnis.* —

- Sépales *plus longs que les pétales* GI ;  poils renversés ; pétales sans languettes en dedans ; feuilles velues, allongées, aiguës ; calice velu ; fleurs d'un rouge violet, isolées ; 3-9 d. — **L. Nielle** TC. *L. Githago Lam.* * moissons ; j.-at. ; *a.*
- Sépales *plus courts* que les pétales ; pétales avec languettes en dedans
  - Feuilles à limbe *sans poils.*
    - Pétales *divisés en quatre lanières* FC ; tige à poils renversés ; 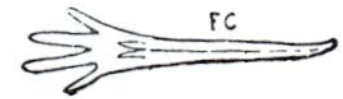 fleurs roses, sur des pédoncules assez longs ; 3-7 d. — **L. Fleur-de-Coucou** C. *L. Flos-Cuculi L.* * terrains humides ; m.-jt. ; *v.*
    - Pétales *à sommet presque entier* V ; tige visqueuse aux nœuds supérieurs ;  fleurs d'un rose foncé, sur des pédoncules courts ; 4-7 d. [Attrape-mouche.] — **L. Viscaire** R. *L. Viscaria L.* bois ; m.-j. ; *v.*
  - Feuilles *velues ;* fleurs staminées DI et pistillées LD sur des plantes différentes.  
    - Fleurs *blanches ;* languettes des pétales ovales ; dentées ; fruit à dents dressées ; 3-8 d. [Compagnon-blanc.] — **L. dioïque** TC. *L. dioica DC.* chemins ; m.-o. ; *v.*
    - Fleurs *roses ;* languettes des pétales aiguës ; fruit à dents roulées en dehors ; 3-8 d. [Ivrogne.] — **L. des bois** R. *L. silvestris Hoppe.* * bois ; j.-at. ; *v.*

7. Spergule. *Spergula.* —

- Feuilles à limbe roulé en dessous *formant un sillon* AV ;  graines à petits tubercules, à aile très étroite ; ordinairement 10 étamines ; 1-4 d. [Spargoute]. — **S. des champs** C (1). *S. arvensis L.* ✠. champs ; m.-at. ; *a.*
- Feuilles *sans sillon en dessous ;* graines entourées d'une aile large, blanche ou fauve P, M ; [M, graines de la var. *Morisonii.*] 5 étamines ; 1-2 d. 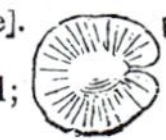  — **S. à 5 étamines** TR (2). *S. pentandra L.* bois sablonneux ; av.-m., *a.*

8. Spergulaire. *Spergularia.* —

- Fleurs *blanches ;* calice à sépales aigus SS, verts sur le milieu, sans poils ; feuilles de l'inflorescence réduites à leurs stipules ; plante très grêle ; 5-20 c.  — **S. des moissons** AR. *S. segetalis Fenzl.* moissons ; j.-jt. ; *a.*
- Fleurs *roses ou lilas ;* calice à sépales arrondis au sommet RU, à poils glanduleux ; feuilles de l'inflorescence ayant encore un limbe, au moins celles du bas ; 5-20 c.  — **S. rouge** C. *S. rubra Pers.* chemins ; m.-at. ; *a.*

9. Malaquie. *Malachium.* — (Fig. M, p. 25.)

Sépales arrondis au sommet ; pétales plus longs que les sépales ; feuilles sans poils ; plante se fanant rapidement ; fleurs blanches ; 4-8 d. — **M. aquatique** C. *M. aquaticum Fr.* * étangs ; j.-at. ; *v.*

Voyez Album de la Nouvelle Flore, p. 27
Voyez Atlas des Plantes de France, pl. 54

10. Céraiste. *Cerastium.* — Les espèces de ce genre sont difficiles à déterminer.

- **Pétales** *2 à 3 fois plus longs* que le calice AV ; plante vivace ;  bractées légèrement membraneuses au bord ; pédoncules beaucoup plus longs que les bractées ; 1-4 d. — **C. des champs** C. *C. arvense L.* chemins ; m.-j. ; *v.*
- Pétales *plus courts ou à peine plus longs* que le calice ; plante annuelle
  - Pédoncules *plus courts* ou à peine plus longs que les bractées G ;  sépales peu ou pas membraneux aux bords ; bractées vertes, non membraneuses ; feuilles velues ; pétales poilus vers la base ; étamines sans poils ; 1-4 d. — **C. aggloméré** C. *C. glomeratum Thuill.* * terrains arides ; av.-j. ; *a.*
  - Pédoncules beaucoup *plus longs* que les bractées (fig. B).
    - Poils du calice *dépassant le sommet des sépales,* en général ; bractées vertes velues ; étamines à filets ciliés ; tige d'un vert blanchâtre(fig. B) ; 1-4 d. 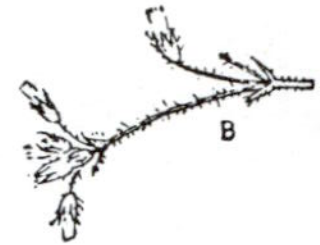 — **C. à pétales courts** AR. *C. brachypetalum Desp.* chemins ; m.-jt. ; *a.*
    - Poils du calice *ne dépassant pas le sommet des sépales* V, en général ;  étamines sans poils.
      - Sépales et bractées *à petites dents* au sommet S ;  bractées toutes membraneuses ; plante à poils glanduleux ; étamines sans poils ; souvent 5 étamines, parfois 10 ; 1-5 d. — **C. à 5 étamines** C (3). *C. semidecandrum L.* pelouses, chemins ; av.-m. ; *a.*
      - Sépales et bractées *entiers* au sommet.
        - Bractées *sans poils au sommet* VU ;  plante à poils rarement glanduleux ; 1-5 d. — **C. vulgaire** TC. *C. vulgatum L.* cultures ; m.-s. ; *a* ou *b.*
        - Bractées *poilues au sommet* P ;  plante à poils glanduleux ; 2-30 c. — **C. nain** C (4). *C. pumilum Curt.* chemins ; av.-m. ; *a.*

11. Mœnquie. *Mœnchia.* — (Fig. ME, p. 25.)

Fruit ne dépassant pas le calice ; feuilles aiguës ; calice à 4, rarement 5, sépales ; pétales 1 à 2 fois plus longs que le calice ; 5-10 c. — **M. dressée** AC. *M. erecta Fl. d. Wett.* mares ; av.-m. ; *a.*

(1) Var. *maxima* Bœnning, tige sans poils, robuste, **AR.** — (2) Var. *Morisonii* Bor., graines (fig. **M**) munies de petits tubercules sur leur pourtour et à ailes rousses, **AR.** — (3) Var. *abortivum,* fleurs toutes du même côté, calice souvent à 4 sépales, fruit presque avorté, **R.** — (4) Var. *litigiosum* de Lens, pétales 2 fois plus longs que le calice, **R.**

12. **Sagine**. *Sagina*. —

4 sépales.

- Pédoncules *fortement courbés* après la floraison PU ; pétales égalant la 1/2 des sépales, parfois nuls ; 3 9 c.

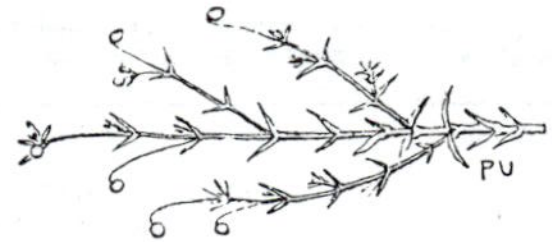

→ **S. couchée** TC (1). *S. procumbens L.* décombres ; av.-o. ; *v*.

- Pédoncules *peu ou pas courbés* après la floraison AP ;

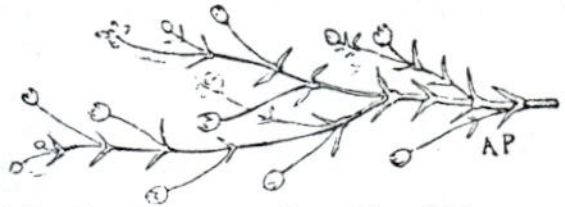

pétales souvent avortés ; tiges plus ou moins dressées ; 3-9 c. → **S. sans pétales** C. *S. apetala L.* chemins ; m.-at. ; *a*.

5 sépales

- Pédoncule *10 à 15 fois plus long* que le calice SU ; feuilles terminées par une longue pointe ;

pétales égaux environ aux sépales ; 3-6 c. → **S. subulée** TR. *S. subulata Wimm.* étangs, rochers ; jt.-at. ; *a*.

- Pédoncule *1 à 5 fois plus long* que le calice N ; feuilles sans longue pointe ;

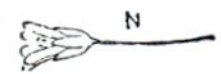

pétales 2 fois plus longs que les sépales ; 10-20 c. → **S. noueuse** AR. *S. nodosa Fenzl.* * marais ; j.-at. ; *v*.

13. **Stellaire**. *Stellaria*. —

Feuilles *ovales*, les inférieures pétiolées M ; tige arrondie ;

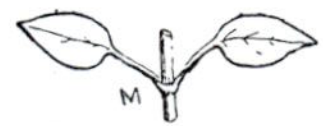

pétales ne dépassant pas les sépales ; 1-4 d. [Mouron-des-Oiseaux.] → **St. intermédiaire** TC (2). *St. media Vill.* terres humides ; jv.-d. ; *a*.

Feuilles *allongées sans pétiole* tige anguleuse.

- Pétale *non divisé jusqu'en bas* H ; bractées vertes ;

sépales sans nervures saillantes, 2 à 3 fois plus courts que les pétales SH ; 3-6 d.

→ **St. Holostée** C. *St. Holostea L.* bois ; m.-j. ; *v*.

- Pétale *divisé jusqu'en bas* ; bractées membraneuses, au moins sur les bords ; sépales à 3 nervures saillantes GR.

  - Pétales *deux fois plus longs* que les sépales GL ;

feuilles très étroites ; bractées sans poils ; 4-8 d. → **St. glauque** TR. *St. glauca With.* marécages ; j.-jt. ; *v*.

  - Pétales *un peu plus longs ou aussi longs* que les sépales G ;

feuilles plus larges vers la base ; bractées un peu *ciliées ;* 3-9 d. → **St. graminée** C. *St. graminea L.* pâturages ; m.-at. ; *v*.

  - Pétales *plus courts* que les sépales A ;

feuilles en fer de lance ; 1-4 d. → **St. aquatique** AC. *St. uliginosa Murr.* marécages ; j.-at. ; *a*, *b*, ou *v*.

14. **Holostée**. *Holosteum*. — (Voy. fig. H, HU, p. 25.)

Feuilles de la base atténuées en pétiole ; fleurs blanches ou d'un blanc rosé ; 5-20 c. → **H. en ombelle** C. *H. umbellatum L.* * terres incultes ; av.-m. ; *a*.

Voyez Album de la Nouvelle Flore, p. 27 et 28
Voyez Atlas des Plantes de France, pl. 52 A et 53

Voyez Album de la Nouvelle Flore, p. 28 et 29
Voyez Atlas des Plantes de France, pl. 52 B

15. **Sabline**. *Arenaria*. —

- Pétales *plus courts* que les sépales; sépales à 3 nervures visibles; plante annuelle.
  - Feuilles *très étroites allongées* AT; fruit s'ouvrant par 3 fentes; pédoncules 3 à 5 fois plus longs que le calice; feuilles à 3 nervures visibles; sépales étroitement membraneux au bord; 1-2 d. **S. à feuilles ténues** TC (3). *A. tenuifolia L.* chemins; m.-at.; *a.*

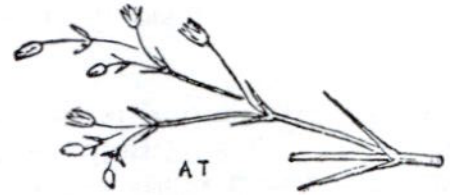

  - Feuilles *ovales* S, TR; fruit s'ouvrant par 6 fentes.
    - Feuilles inférieures *pétiolées* TR, ciliées à 3 fortes nervures; sépales largement membraneux au bord; 10-30 c. **S. à trois nervures** C. *A. trinervia L.* bois; m.-j.; *a.*

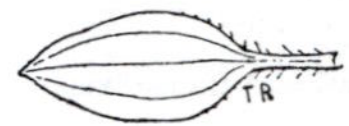

    - Feuilles *toutes sans pétiole* S; 3-30 c. **S. Serpolet** TC (4). *A. serpyllifolia L.* * chemins; m.-at., *a.*

- Pétales *plus longs* que les sépales AG, AS; sépales ordinairement à 1 nervure visible; plante vivace.
  - Sépales *largement membraneux*; pétales dépassant peu les sépales. feuilles à 3 nervures principales; fruit s'ouvrant par 3 fentes; 1-2 d. **S. sétacée** AR. *A. setacea Thuill.* chemins, j.-at.; *v.*

  - Sépales *peu ou pas membraneux*; pétales bien plus longs que les sépales. feuilles à 1 nervure principale; fruit s'ouvrant par 6 fentes; 10-15 c. **S. à grandes fleurs** R. (5) *A. grandiflora L.* coteaux arides; m.-j.; *v.*

ÉLATINÉES. Les Élatinées sont de petites plantes aquatiques dont l'aspect et les caractères varient souvent beaucoup chez la même espèce.

Élatine. *Elatine*. —

- Feuilles *verticillées* E, sans pétiole; pétales blancs, ordinairement non rayés; le plus souvent 4 pétales et 8 étamines; 3-6 c. **E. Fausse-Alsinée** AR. *E. Alsinastrum L.* étangs; j.-s.; *v.*

- Feuilles *opposées* H, les inférieures pétiolées; pétales roses ordinairement rayés; le plus souvent 3 pétales et 6 étamines; 5-10 c. **E. à 6 étamines** AR (6). *E. hexandra DC.* étangs; j.-s.; *a.*

(1) Var. *erecta*, tiges presque dressées, AC. — (2) Var. *apetala* Bor., styles presque nuls, fleurs sans pétales, AC. — (3) Var. *viscidula* Thuill., plante couverte de poils glanduleux, AR. — (4) Var. *leptoclados* Guss., sépales terminés en longues pointes; fruits petits, non renflés, AR. — (5) C'est la var. *triflora* (*A. triflora* L.). — (6) Var. *major* A. Br., fleurs à 4 pétales et à 8 étamines, TR.

LINÉES. Les Linées sont des plantes voisines des Caryophyllées, surtout par la disposition de leurs fleurs. Ces plantes, et en particulier le Lin cultivé, renferment des fibres textiles.

- *4 sépales, divisés au sommet;* 4 pétales; 4 étamines; 4 styles; fleurs très petites R. — 1. **Radiole**, p. 32. *Radiola.*
- *5 sépales, entiers au sommet*; 5 pétales; 5 étamines; 5 styles. — 2. **Lin**, p. 32. *Linum.*

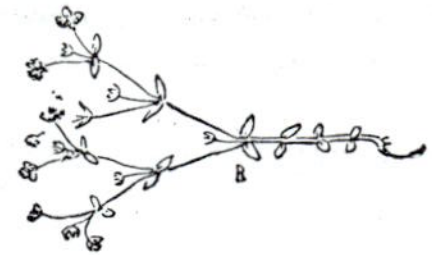

1. **Radiole**. *Radiola.* — (Fig. R.) Feuilles très petites, étalées, opposées, sans pétiole; plante très petite (3-5 c.), sans poils; fleurs blanches. — **R. Faux-Lin** AC. *R. linoides Gmel.* bord des étangs; j.-at.; *a.*

2. **Lin**. *Linum.* —

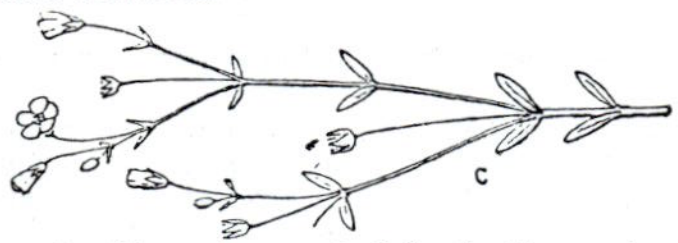

Feuilles *opposées* C; pétales blancs, souvent à onglet jaune; sépales glanduleux aux bords; 1-3 d. — **L. cathartique** C. *L. catharticum L.* ✠ bois, chemins; j.-at.; *a.*

Feuilles *alternes.*

- *Fleurs jaunes,* à pédoncules courts LG; feuilles rudes aux bords; sépales à cils glanduleux; 1-3 d. — **L. de France** TR. *L. gallicum L.* moissons; j.-at.; *a.*

- Fleurs *lilas* ou *bleues.*
  - Fleurs d'un *rose lilas;* sépales ciliés glanduleux, dépassant le fruit T; 1-4 d. — **L. à feuilles ténues** AC. *L. tenuifolium L.* bois, coteaux; j.-at.; *v.*

  - Fleurs d'un *bleu foncé;* sépales non ciliés glanduleux, plus courts que le fruit AL; 1-5 d. — **L. des Alpes** R (1). *L. alpinum Jacq.* endroits pierreux; j.-jt.; *v.*

  - Fleurs d'un *bleu clair;* sépales non ciliés glanduleux, étalés, presque aussi larges que le fruit U; 3-8 d. — **L. usuel** (*Cult.*). *L. usitatissimum L.* ✠ * cultivé et subspontané; j.-at.; *a.*

TILIACÉES. On cultive souvent les Tilleuls comme arbres d'ornement; leurs fleurs sont employées en médecine.

Tilleul. *Tilia.* — (Voyez fig. au Tableau des familles.)

- Nervures secondaires du bord des feuilles *fortement poilues;* fruit à 4 côtes saillantes; arbre. — **T. à grandes feuilles** AC. *T. platyphyllos Scop.* ✠ bois; j.-jt.; *v.*
- Nervures secondaires du bord des feuilles *presque sans poils;* fruit sans côtes saillantes; arbre. — **T. silvestre** AC (2). *T. silvestris Desp.* * bois; jt.-at.; *v.*

Voyez Album de la Nouvelle Flore, p. 29
Voyez Atlas des Plantes de France, pl. 56 et 57

Voyez Album de la Nouvelle Flore, p. 30
Voyez Atlas des Plantes de France, pl. 58

MALVACÉES. Les Malvacées sont employées en médecine comme adoucissantes ; on se sert surtout des racines, des tiges et des feuilles.

Calicule *à 3 bractées libres* (fig. MM, MA) ; stigmate obtus. — 1. **Mauve**, p. 33. *Malva.*

Calicule *à 3-9 bractées soudées* AO ;  AO stigmate en pointe. — 2. **Guimauve**, p. 33. *Althæa.*

1. **Mauve**. *Malva.* —

Plusieurs fleurs à la fois, à l'aisselle des feuilles.
- Bractées du calicule *étroites* MR ; carpelles velus ; fruits renversés ;  MR fleurs blanches à veines roses ; 2-7 d. [Petite-Mauve.] — **M. à feuilles rondes** TC. *M. rotundifolia L.* ✠ chemins ; m.-at. ; *b* ou *v.*
- Bractées du calicule *ovales* MS ; carpelles sans poils ; fruits dressés ; fleurs roses ;  MS 3-8 d. — **M. silvestre** C. *M. silvestris L.* ✠ terres incultes ; m.-at. ; *b.*

Une seule fleur à l'aisselle des feuilles.
- Bractées du calicule *étroites* MM ; carpelles velus ;  MM fleurs roses ou blanches ; feuilles à odeur de musc ; 2-6 d. — **M. musquée** AC. *M. moschata L.* bois, prés ; j.-s. ; *v.*
- Bractées du calicule *ovales* MA ; carpelles sans poils ;  MA fleurs roses ; 5-10 d. — **M. Alcée** AC. *M. Alcea L.* bois, haies ; j.-s. ; *v.*

2. **Guimauve**. *Althæa.* — (fig. AO).
Une seule fleur à l'aisselle des feuilles ; carpelles sans poils ; plante velue ; 2-6 d. — **G. velue** AR *A. hirsuta L.* (3*). chemins ; j.-s. ; *a.*

GÉRANIÉES. Les Géraniées contiennent des essences odorantes diverses, surtout dans leurs poils glanduleux.

10 étamines à anthères GE ; [Regarder les fleurs encore en bouton.]  GE carpelles mûrs restant retenus par le haut ; se roulant en arc G.  G — 1. **Géranium**, p. 34. *Geranium.*

5 étamines à anthères et 5 filets sans anthères ER ;  ER carpelles mûrs se détachant, se roulant en tire-bouchon E ; feuilles à *folioles sur 2 rangs* (fig. EC, p. 35).  E — 2. **Erodium**, p. 35. *Erodium.*

(1) C'est la var. *Leonii* Schultz. — (2) On plante souvent sur les promenades publiques d'autres espèces de Tilleuls. — (3) L'*Althæa officinalis* L.* [Guimauve] ✠, est souvent naturalisée près des villages ; on distingue cette espèce de l'*A. hirsuta*, par ses feuilles blanchâtres et ses fleurs groupées à l'aisselle des feuilles.

Voyez Album de la Nouvelle Flore, p. 31

1. Géranium. *Geranium.* — [Bec-de-Grue]

- Pétales *entiers* (fig. R, L, GR).
  - Feuilles *divisées environ jusqu'au milieu,* à contour arrondi.
    - Sépales *poilus, non ridés* RO;  plante poilue R; carpelles lisses; fleurs rougeâtres; 2-5 d. 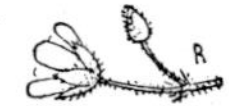 **G. à feuilles rondes** C. *G. rotundifolium L.* chemins; m.-o.; *a.*
    - Sépales *sans poils, ridés* LU;  plante sans poils L; carpelles ridés; fleurs roses; 2-4 d.  **G. luisant** R. *G. lucidum L.* buissons; m.-at.; *a.*
  - Feuilles *profondément divisées* RT;  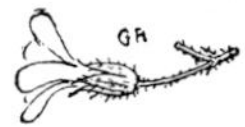 sépales terminés par une pointe GR; plante velue, à odeur forte; fleurs roses veinées de blanc; 2-6 d. **G. Herbe-à-Robert** TC (1). *G. Robertianum L.* ✠ décombres; av.-o.; *a.*
- Pétales plus ou moins *échancrés* (fig. M, S, P, PY).
  - Pétales *égalant* environ les sépales.
    - Sépales *non membraneux* sur les bords D, pédoncules plus courts que les feuilles voisines;  feuilles très découpées; fleurs lilas ou rose foncé; 2-5 d. **G. disséqué** C. *G. dissectum L.* chemins; j.-s.; *a* ou *b.*
    - Sépales *membraneux* sur les bords C, pédoncules plus longs que les feuilles voisines;  feuilles très découpées; fleurs roses; 2-5 d. **G. colombin** C. *G. columbinum L.* champs incultes; j.-s.; *a.*
  - Pétales *plus grands* que les sépales.
    - Carpelles *ridés* en biais, MO, sans poils.  plante à odeur d'encre de Chine par le frottement; fleurs roses ou violettes; 1-4 d.  **G. mou** TC. *G. molle L.* chemins; m.-s.; *a.*
    - Carpelles *non ridés*, plus ou moins poilus. 
      - Fleurs *grandes* S (environ 25mm de largeur), isolées les unes des autres; feuilles très découpées; 2-5 d. 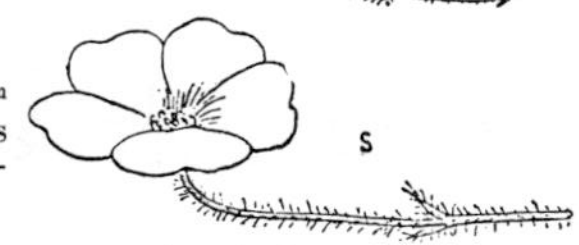 **G. sanguin** AR. *G. sanguineum L.* bois, pâturages; m.-s.; *v.*
      - Fleurs *de 15mm de largeur, ou moins*, groupées sur des pédoncules communs.
        - Pétales *dépassant peu* les sépales P; plante annuelle; 1-6 d.  **G. à tiges grêles** TC. *G. pusillum L.* décombres; m.-s.; *a.*
        - Pétales *2 fois plus longs* que les sépales PY; plante vivace; 3-6 d. 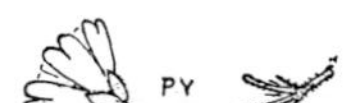 **G. des Pyrénées** AC. *G. pyrenaicum L.* buissons; m.-at.; *v.*

Voyez Album de la Nouvelle Flore, p. 32
Voyez Atlas des Plantes de France, pl. 60

2. **Erodium**. *Erodium*. — [Bec-de-Héron] (2).

Pétales inégaux; divisions des feuilles rapprochées EC; 

fruit à poils roux; fleurs roses ou blanches; 1-4 c. — **E. à feuilles de Ciguë** TC (3). *E. cicutarium L'Hérit.* ✱ champs incultes; av.-o.; *a* ou *b*.

HYPÉRICINÉES. — Les fleurs de Millepertuis, infusées dans l'huile, sont employées contre les blessures; l'Androsème et quelques Millepertuis sont cultivés comme plantes d'ornement.

Fruit *charnu;* pétales ordinairement aussi courts que les sépales A; 

feuilles *très larges* (les plus grandes d'au moins 5 c. de largeur); étamines groupées en 5 faisceaux A. — 1. **Androsème**, p. 35. *Androsæmum.*

Fruit *sec;* pétales ordinairement plus longs que les sépales; feuilles *de moins de 5 c.* de largeur.
- Fleur à petites *écailles colorées g,* en dedans des pétales EP; 

feuilles aussi larges que longues, laineuses. — 2. **Elodès**, p. 35. *Elodes.*
- Fleur *sans écailles* H; 

feuilles poilues ou non, pas laineuses. — 3. **Millepertuis**, p. 36. *Hypericum.*

1. **Androsème**. *Androsæmum.* — (fig. A, p. 35).

Feuilles sans glandes noires; fruit noir à la maturité; fleurs jaunes ou rougeâtres; 4-7 d. — **A. officinal** TR. *A. officinale All.* ✠ forêts; j.-jt.; *v.*

2. **Elodès**. *Elodes.* — (fig. EP, p. 35).

Feuilles sans pétiole, celles de la base plus petites que les autres; fleurs jaunes; 1-3 d. — **E. des marais** R. *E. palustris Spach.* marais; j.-at.; *v.*

---

(1) Le *G. purpureum* Vill., forme qui est intermédiaire entre les *G. lucidum* et *G. Robertianum*, se reconnait à ses fleurs qui rappellent celles du premier et à ses feuilles qui ressemblent à celles du second, TR. — (2) L'*E. moschatum* Willd. ✠, pétales presque égaux, fruits à poils blancs, à forte odeur de musc, est parfois subspontané, TR. — (3) Var. *pilosum* Bor., plante blanchâtre, couverte de poils glanduleux, AC.

Voyez Album de la Nouvelle Flore, p. 32 et 33
Voyez Atlas des Plantes de France, pl. 61 et 62

3. Millepertuis. *Hypericum.* —

- Tige *couchée, très grêle* HU; fleurs petites (moins de 1 c. de largeur);
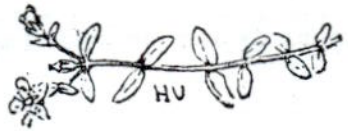

nervure du milieu des feuilles seule saillante; sépales souvent à quelques glandes noires; 1-2 d. — **M. couché** C. *H. humifusum L.* moissons, bois; j.-s.; *v.*
- Tige *dressée.*
  - Sépales *à glandes sur les bords* M, P; tige arrondie.
    - Sépales *aigus* à cils glanduleux M.

      - tige *sans poils* MO;

feuilles sans pétiole, embrassant la tige MO; nervures saillantes; 4-8 d. — **M. des montagnes** C. *H. montanum L.* bois; j.-at.; *v.*
      - tige *poilue* HI;
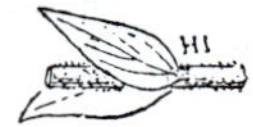

feuilles à pétiole très court, non embrassantes HI; nervures peu saillantes; 4-8 d. — **M. velu** AC. *H. hirsutum L.* bois, buissons; j.-at.; *v.*
    - Sépales *obtus* à glandes sans cils P;

feuilles sans glandes noires, embrassant la tige, à nervures saillantes; fleurs souvent veinées de rouge; 3-8 d. — **M. élégant** C. *H. pulchrum L.* bois; j.-s.; *v.*
  - Sépales *sans glandes;* tige anguleuse ou au moins à lignes saillantes.
    - Tige *à 2 lignes saillantes* PE; [PE, tige coupée en travers]

feuilles à glandes translucides, semblant percées de trous, par transparence; étamines plus courtes que les pétales; 3-8 d. [Millepertuis]. — **M. perforé** TC (1). *H. perforatum L.* ✠ * bois, chemins; j.-at.; *v.*
    - Tige *à 4 lignes saillantes* Q ou à 4 ailes T. [Q, T, tiges coupées en travers]

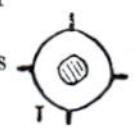

      - Pétales *couverts de glandes noires* Hq; tige à 4 angles non ailés Q; étamines égalant environ les pétales; 3-9 d.
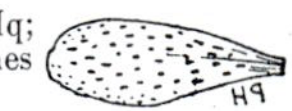

— **M. à 4 angles** AC (2) *H. quadrangulum L.* bois, buissons; j.-at.; *v.*
      - Pétales *à glandes sur le bord* seulement TE; tige à 4 ailes T; étamines égalant environ la 1/2 des pétales; 3-9 d.

— **M. à 4 ailes** AC. *H. tetrapterum Fr.* bois humides; j.-s.; *v.*

ACÉRINÉES. — Plusieurs espèces d'Acérinées sont cultivées comme arbres d'ornement. Ces plantes contiennent beaucoup de sucre.

Érable. *Acer.* —

- Feuilles *à divisions presque entières,* obtuses AC;

fleurs verdâtres, dressées; feuilles à face inférieure vert-pâle. — **E. champêtre** C. *A. campestre L.* bois; m.-jt.; *v.*
- Feuilles à divisions *dentées* AP, PP.
  - Feuilles à divisions *profondément dentées,* à dents aiguës AP;

feuilles vertes sur les 2 faces; fleurs jaunâtres dressées; [Faux-Sycomore]. — **E. Platane** (*Cult.*) *A. platanoides L.* * bois, avenues; av.-jt.; *v.*
  - Feuilles à dents *peu profondes,* peu aiguës PP;
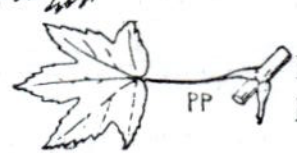

feuilles blanches en dessous; fleurs pendantes. [Sycomore]. — **E. Faux-Platane** (*Cult.*) (3). *A. Pseudo-Platanus L.* bois, avenues; m.-jt.; *v.*

Voyez Album de la Nouvelle Flore, p. 34 et 35
Voyez Atlas des Plantes de France, pl. 63, 64, 65, 66, 67, 68 et 69

AMPÉLIDÉES. — Les *Ampélidées* comprennent, outre la Vigne, plusieurs espèces grimpantes souvent cultivées comme ornement, telles que la Vigne-Vierge.

Vigne. *Vitis*. — Arbuste grimpant par des rameaux transformés en vrille ; pétales soudés ensemble par le haut. — **V. vinifère** (*Cult.*) *V. vinifera L.* ✠ * cultivé et subspontané ; j. ; *v.*

HIPPOCASTANÉES. — Les Marronniers-d'Inde sont des plantes acclimatées dans nos pays et qu'on plante souvent au bord des routes ou des promenades.

Marronnier. *Æsculus*. — Arbre à feuilles composées de folioles réunies au même point par leur base ; fleurs ordinairement à 7 étamines. [Marronnier-d'Inde.] — **M. Faux-Châtaignier** (C. *Æ. Hippocastanum L.* ✠ * bois et promenades ; av.-m. ; *v.*

BALSAMINÉES. — La Balsamine sauvage est parfois cultivée dans les jardins et plus souvent encore la Balsamine vraie, qui n'est pas spontanée.

Impatiente. *Impatiens*. — (Voy. fig. au Tableau des familles). [Balsamine sauvage.] Feuilles molles, ovales, pétiolées ; fleurs à sépales colorés, jaunes, à éperon recourbé, souvent avortées ; 4-8 d. — **I. N'y-touchez-pas** R. *I. noli-tangere L.* ✠ * bois humides ; jt.-s. ; *a.*

OXALIDÉES. — Les Oxalidées renferment dans leurs feuilles de l'acide oxalique (acide abondant dans les feuilles d'Oseille), d'où leur nom.

Oxalis. *Oxalis*. —

- Feuilles toutes à la base O ; fleurs *blanches ou roses* ;  fleurs isolées O ; 6-12 c. — **O. Petite-Oseille** C. *O. Acetosella L.* ✠ * bois ; av.-m. ; *v.*
- Feuilles sur les tiges fleuries ; fleurs *jaunes* ;  fleurs groupées S ; tige sans poils ; 1-4 d. — **O. droite** C. (4). *O. stricta L.* champs ; j.-at. ; *a.*

CÉLASTRINÉES. — On cultive dans les jardins un grand nombre d'espèces de Fusains, qui ne sont pas des plantes de notre région.

Fusain. *Evonymus*. — (Voy. fig. au Tableau des familles.) [Bonnet-de-Prêtre.] Arbrisseau à feuilles simples, opposées, à très petites dents, fleurs blanches. — **F. d'Europe** C. *E. europæus L.* * bois, haies ; av.-at. ; *v.*

ILICINÉES. — Le Houx est parfois cultivé en haies ou planté dans les jardins comme arbre d'ornement.

Houx. *Ilex*. — (Voy. fig. au Tableau des familles). Arbrisseau à feuilles coriaces bordées d'aiguillons ; fruits rouges ; fleurs blanches. — **H. à aiguillons** C. *I. aquifolium L.* * bois ; m.-o. ; *v.*

RHAMNÉES. — L'écorce et les fruits des Nerpruns sont employés en médecine.

Nerprun. *Rhamnus*. —

- Fleurs *d'une seule sorte* F ; 5 étamines ;  styles soudés F ; aucun rameau épineux. — **N. Bourdaine** C. *R. Frangula L.* ✠ * bois humides ; m.-s. ; *v.*
- Fleurs *les unes staminées* R ; *les autres stamino-pistillées* RC *ou pistillées* ; 4 étamines ;   styles libres au sommet RC ; rameaux les uns épineux, les autres non épineux. [Nerprun.] — **N. cathartique** C. *R. catharticus L.* ✠ bois, taillis ; m.-s. ; *v.*

(1) Var. *microphyllum* Jord., feuilles très étroites, à bords souvent roulés en dessous, fleurs très rapprochées les unes des autres, R. — (2) Var. *Desetangsii* Lamotte, feuilles à glandes translucides, sépales aigus, R. — (3) On plante parfois au bord des routes ou des promenades le *Negundo fraxinifolium* Nutt., qui se distingue des *Acer* par ses feuilles profondément divisées en folioles et par ses fleurs de deux sortes, les unes staminées, les autres pistillées, situées sur des pieds différents — (4) L'*Oxalis corniculata* L. à pétales échancrés et à tige velue, se rencontre parfois dans les endroits cultivés, TR.

PAPILIONACÉES. — Les Papilionacées sont appelées aussi Légumineuses ; cette famille contient un certain nombre de plantes (Haricot, Pois, Fève, Lentille, etc.) cultivées pour leurs fruits ou leurs graines. Beaucoup de Papilionacées sont aussi cultivées en grand comme fourrages (Trèfle, Luzerne, Sainfoin, etc.). Plusieurs espèces de cette famille sont des plantes d'ornement (Robinier, Cytise, Baguenaudier, etc.). — Il est souvent utile pour déterminer une Papilionacée d'avoir le fruit développé ou au moins en voie de formation.

- Feuilles *non terminées par une vrille ou par un filet.* **I. LOTÉES**, p. 33.
- Feuilles *terminées par une vrille* ou par un filet. **II. VICIÉES**, p. 40. (Voy. les fig. OT, P, L, p. 40).

I. LOTÉES. — Feuilles non terminées par une vrille ou par un filet.

à *1 à 3 folioles,* sans compter les stipules.

- *munies de stipules* de 1 à 2 mm.; général, herbacée.
- *petites rentes folioles.*

- *Pas de stipules* ou stipules très petites (1 à 2 mm); arbre, arbrisseau ou sous-arbrisseau parfois très petit, presque herbacé.
  - Calice divisé en *2 parties séparées* U ;  feuilles toutes épineuses U ; corolle dépassant à peine le calice. — 1. **Ajonc**, p. 40. *Ulex.*
  - Calice à *sépales soudés* G, CS.
    - Calice *membraneux ;* carène pendante S ; feuilles poilues sur les deux faces, à 1 ou 3 folioles.  — 2. **Sarothamne**, p. 40. *Sarothamnus.*
    - Calice *non membraneux.*
      - Calice à 5 sépales *assez profondément séparés* G ;  — 3. **Genêt**, p. 41. *Genista.*
      - Calice à sépales *peu profondément séparés* CS, CD ;   — 4. **Cytise**, p. 41. *Cytisus.*
- Stipules *très semblables aux folioles* LO.
  - Fruit *sans ailes* LC ; fleurs en général groupées, d'un *jaune brillant.*   — 5. **Lotier**, p. 41. *Lotus.*
  - Fruit *à 4 ailes* TE ; fleurs par 1 ou 2, d'un *jaune pâle.*  — 6. **Tétragonolobe**, p. 41. *Tetragonolobus.*
- *Fleur contournée* P ;  plante grimpante ; stipules libres. — 7. **Haricot**, p. 41. *Phaseolus.*
- *Fleurs en couronnes, par 3 à 7, sans pédoncules* T ; fruits étroits, *longs, en étoile ;* stipules libres.  — 8. **Trigonelle**, p. 41. *Trigonella.*

- **Feuilles** (continued)
  - **Feuilles qui ont plus plante, en**
    - **Stipules diffé- des**
      - Fleurs *ni contournées ni en couronnes;* stipules plus ou moins réunies au pétiole (1).
        - Fleurs *situées au milieu de feuilles ordinaires* O ; carène repliée en bec sur les étamines et le pistil. — **10. Ononis**, p. 44. *Ononis.*

        - Fleurs *non entremêlées de feuilles.*
          - Corolle *persistante et devenant membraneuse* après la floraison ; fleurs en capitule ou en grappe globuleuse. — **9. Trèfle**, p. 42. *Trifolium.*
          - Corolle *non persistante.*
            - Grappe *non effilée ;* fruit *courbé ou enroulé.* — **11. Luzerne**, p. 44. *Medicago.*
            - *Grappe effilée* M ; fruit *droit* AR. — **12. Mélilot**, p. 45. *Melilotus.*

- **Feuilles à *plus de 3 folioles.***
  - Fleurs *en grappe serrée, compacte* presque en capitule ; calice *renflé* A ; feuilles à division terminale plus grande AV. — **13. Anthyllis**, p. 45. *Anthyllis.*

  - Fleurs en *grappe* plus ou moins allongée.
    - *Arbre à fleurs blanches ;* stipules des feuilles se transformant en épines. — **14. Robinier**, p. 45. *Robinia.*
    - *Arbuste à fleurs jaunes ;* fruit très renflé C, à parois membraneuses. — **15. Baguenaudier**, p. 45. *Colutea.*

    - *Herbe.*
      - Fruit *allongé* à 2 loges G ; stipules libres ou réunies au pétiole. — **16. Astragale**, p. 45. *Astragalus.*

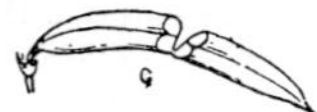

      - Fruit *court*, à 1 seule graine SA ; stipules réunies entre elles ; fleurs presque en épi OS. — **17. Sainfoin**, p. 45. *Onobrychis.*

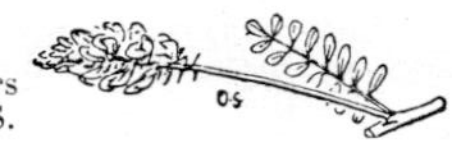

  - Fleurs *en couronne* ou isolées ; fruit divisé en parties successives, à la maturité.
    - Fleurs *petites* (moins de 5 mm.) groupées par petit nombre OP ; carène sans bec ; fruit en chapelet. — **18. Ornithope**, p. 45. *Ornithopus.*

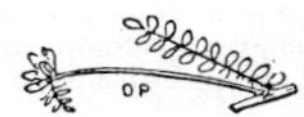

    - Fleurs de *plus de 5 mm.* de long.
      - Calice à dents *presque égales* CV, les 2 dents supérieures du calice presque soudées CV ; fruit sans échancrures VA. — **19. Coronille**, p. 46. *Coronilla.*

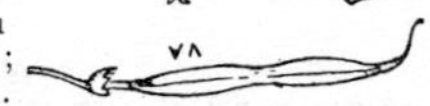

      - Calice à dents *très inégales* H. fruit à échancrures successives HC. — **20. Hippocrépis**, p. 46. *Hippocrepis.*

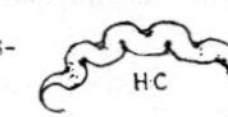

(1) On voit que les stipules sont réunies au pétiole en essayant de les détacher du haut en bas.

Voyez Album de la Nouvelle Flore, p. 36

Voyez Atlas des Plantes de France, pl. 70 et 71

II. VICIÉES. — Feuilles terminées par une vrille ou par un filet.

Feuille terminée par un *filet simple* OT ; feuille à plusieurs folioles.
- Fleurs à ailes marquées de *taches noires* F ;  graines très grosses. — **21. Fève**, p. 46. *Faba.*
- Fleurs *sans taches noires ;*  style aplati ; calice à 2 dents supérieures courtes ; filet des feuilles court OT. — **22. Orobe**, p. 46. *Orobus.*

Feuille terminée par une *vrille enroulée*, souvent divisée (P, L, V) ; ou feuille sans folioles. (fig. Ni, p. 47)
- Fleurs *très petites* (moins de 6 mm.) ; (fig. E).  fleurs 1 à 8 sur un pédoncule commun, allongé E ; fruit petit (environ 11 mm. au plus). — **23. Ervum**, p. 46. *Ervum.*
- Fleurs *de plus de 1 c.* ; fruit de plus de 2 c.
  - Stipules *plus grandes* que les folioles P ; 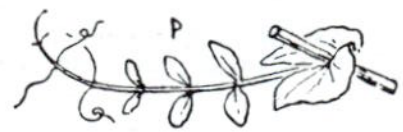 style aplati, avec un sillon en dessous. — **24. Pois**, p. 46. *Pisum.*
  - Stipules *plus petites que les folioles* ou égales aux folioles ou parfois feuilles réduites à 1 vrille.
    - Feuilles à nervures principales *presque parallèles* L, ou *à 2 folioles seulement* LT ; style aplati.   — **25. Gesse**, p. 47. *Lathyrus.*
    - Feuilles à folioles *nombreuses* V (au moins 4) à nervures principales *divergentes ;* style en filet.  — **26. Vicia**, p. 48. *Vicia.*

1. **Ajonc**. *Ulex*. —
- Calice *très velu* UE ;  petite bractée du calice plus large que le pédoncule UE ; 1-2 m. — **A. d'Europe** C. *U. europæus L.* ✠ * buissons ; m.-j. ; *v.*
- Calice *à poils peu nombreux* N ;  petite bractée du calice plus étroite que le pédoncule N ; 3-8 d. [Bruyère-jaune.] — **A. nain** AC. *U. nanus Sm.* bruyères ; jt.-o. ; *v.*

2. **Sarothamne**. *Sarothamnus*. — (fig. S, p. 38).
Style roulé sur lui-même pendant la floraison ; fleurs d'un jaune d'or ; 1-2 m. [Genêt-à-balais — **S. à balais** TC. *S. scoparius Koch.* ✠ * bois ; av.-j. ; *v.*

3. **Genêt**. *Genista*. —
Tiges *largement ailées* GS;  plante presque herbacée; 2-5 d. — **G. à tiges ailées** AC. *G. sagittalis L.* pelouses; m.-jt.; *v.*

Tiges *non ailées*.
- *Pas de rameaux épineux*.
  - Tige *couchée ;* corolle *velue* GP; feuilles poilues en dessous;  2-7 d. — **G. velu** AR. *G. pilosa L.* bruyères; m.-jt.; *v.*
  - Tige *dressée ;* corolle *sans poils* GT; feuilles sans poils;  4-10 d. — **G. des teinturiers** C. *G. tinctoria L.* ✠ bois; j.-at.; *v.*
- Plante à *rameaux épineux*.
  - Etendard et fruit *sans poils* GA;  feuilles, les unes ovales, les autres étroites; 4-10 d. — **G. d'Angleterre** AC. *G. anglica L.* bruyères; av.-jt.; *v.*
  - Etendard et fruit *poilus* GG;  feuilles de même forme; 3-6 d. — **G. d'Allemagne** TR. *G. germanica L.* * bois; m.-j.; *v.*

4. **Cytise**. *Cytisus*. —
Arbre à fleurs en grappes pendantes, jaunes; fruit poilu; feuilles à 3 folioles. — **C. Faux-Ebénier** (*Cult.*). *C. Laburnum L.* ✠ bois; m.-jt.; *v.*

Sous-arbrisseau:
- Feuilles *à 3 folioles ;* pédoncule court S;  fleurs par 2 à 5; calice à tube long S; 2-4 d. — **C. couché** R (1). *C. supinus L.* pelouses; m.-jt.; *v.*
- Feuilles *à 1 seule foliole ;* pédoncule environ 3 à 4 fois plus long que le calice D;  fleurs par 1 à 2; calice à tube court D; 2-4 d. — **C. étalé** TR (1). *C. decumbens Walp.* coteaux arides; m.-jt.; *v.*

5. **Lotier**. *Lotus*. — (fig. LC et LO, p. 38.) [Pied-de-poule]. Carène en bec; fruit sans poils; 2-8 d. — **L. corniculé** TC (2). *L. corniculatus L.* * prairies; m.-at.; *v.*

6. **Tétragonolobe**. *Tetragonolobus*. — (fig. TE, p. 38). Tige poilue; pédoncule très long; 2-4 d. — **T. siliqueux** AC. *T. siliquosus Roth.* prairies humides; m.-jt.; *v.*

7. **Haricot**. *Phaseolus*. — (fig. P, p. 38). Tige s'enroulant en spirale, de longueur variable; fleurs blanches ou violacées. — **H. commun** (*Cult.*) *P. vulgaris L.* ✠ (3 *). cultivé; j.-o.; *a.*

8. **Trigonelle**. *Trigonella*. — (fig. T, p. 38). Tige couchée, velue; fruit velu, arqué; fleurs jaunes; 5-30 d. — **T. de Montpellier** R. *T. monspeliaca L.* champs arides; m.-jt.; *a.*

---

(1) 1° Var. *diffusus*., plante sans poils; 2° var. *prostatus*, plante poilue. — (2) 1° Var. *major* Scop., sépales étalés en dehors dans le bouton, fleurs par 6 à 12, tiges de 5-9 d., C; 2° var. *tenuis* Kit., folioles étroites, pédoncules grêles., AC — (3) Le *P. multiflorus* Willd., fleurs rouges, fruits poilus, est parfois cultivé. *

Voyez Album de la Nouvelle Flore, p. 36 et 37
Voyez Atlas des Plantes de France, pl. 72, 81 et 84

Voyez Album de la Nouvelle Flore, p. 37 et 38
Voyez Atlas des Plantes de France, pl. 79 et 80 B

9. Trèfle. *Trifolium* (1). —

- Fleurs *jaunes* ou *jaunâtres*
  - Folioles *velues*.
    - Folioles *ovales* ou ovales en coin OC ;  calice ayant une dent 2 fois plus longue que les autres ; fleurs jaunâtres ; 3-6 d. — **T. jaunâtre** AC. *T. ochroleucum L.* pâturages ; j.-jt. ; *v.*
    - Folioles *en cœur* SU ;  fleurs rosé ; 1-3 d. jaunâtres à étendard souvent fruits s'enfonçant sous terre ; — **T. enterreur** R. *T. subterraneum L.* coteaux, bois ; m.-jt. ; *a.*
  - Folioles sans ou presque *sans poils*.
    - Étendard *lisse ;* style 6 fois plus court que le fruit TF ; fleurs d'un jaune pâle ; 1-4 d.  5 à 20 fleurs groupées sur un long pédoncule FI. 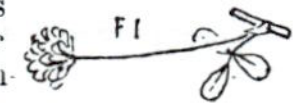 — **T. filiforme** C. (2). *T. filiforme L.* chemins, champs ; m.-s. ; *a.*
    - Étendard *strié*.
      - Folioles presque toujours *attachées toutes 3 au même point* AG ;  stipules étroites au sommet AG ; fleurs très nombreuses TA, d'un beau jaune ; style environ de la longueur du fruit ; 2-4 d.  — **T. des campagnes** TR. *T. agrarium L.* bois, prairies ; j.-at. ; *a* ou *b.*
      - Foliole terminale presque toujours *pétiolée* P ; stipules ovales, pointues PA, PR. 
        - Pédoncule *environ 4 fois* plus long que le capitule PA ; 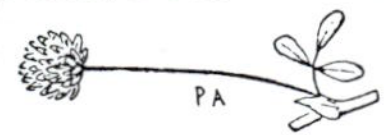 style *égal au fruit ;* fleurs jaune-d'or ; 3-5 d. — **T. étalé** AC. *T. patens Schreb.* prairies humides ; j.-at. ; *a.*
        - Pédoncule *environ 2 à 3* fois plus long que le capitule PR ;  style *6 fois plus court* que le fruit ; fleurs jaune-soufre ; 1-4 d. — **T. couché** C. *T. procumbens L.* * chemins ; m.-at. ; *a.*
- Fleurs *pourpres*.
  - Tige et feuilles *sans poils*.
    - Dents du calice *ciliées* RU ;  calice à dents *très inégales ;* fleurs en capitule allongé ; feuilles à folioles ovales, les supérieures sans pétiole ; fleurs roses ; 2-4 d. — **T. rougeâtre** AR. *T. rubens L.* bois, pelouses ; j.-jt. ; *v.*
    - Calice *sans poils ;* capitule presque globuleux.
      - Capitule *sans pédoncule* G.  feuilles à dents raides presque tout autour ; fleurs d'un blanc-rosé ; 5-15 c. — **T. aggloméré** TR. *T. glomeratum L.* terres sablonneuses ; m.-j. ; *a.*
      - Capitule *à pédoncule* R.
        - Fleurs *blanches ;* tiges rampantes portant des racines adventives R ; feuilles ovales en coin ; 1-6 d. [Trèfle blanc.]  — **T. rampant** TC. *T. repens L.* ✠. * chemins, prairies ; m.-s. ; *v.*
        - Fleurs *roses ;* en général ; pas de tiges rampantes à racines adventives.
          - Folioles *étroites* ST ; stipules larges, ovales ;  fleur et fruit sans pédoncule TS ; fleurs blanc-rose ; 5-15 c.  — **T. raide** TR. *T. strictum L.* pelouses ; m.-j. ; *a.*
          - Folioles *ovales* E stipules longues aiguës ;  fleur et fruit avec long pédoncule TE ; fleurs roses ; 2-5 d. 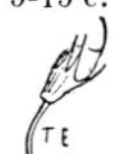 — **T. élégant** R. *T. elegans Savi.* bois, chemins. ; j.-s. *v.*

Voyez Atlas des Plantes de France, pl. 78 et 80 A

Fleurs *blanches, roses ou*

- Tige et feuilles *plus ou moins poilues.*
  - Capitule *renflé-épaissi* F dur, à fleurs presque soudées.

    Feuilles à long pétiole, à folioles arrondies; fleurs roses; 1-4 d. — **T. Porte-fraise** TC. *T. fragiferum L.* chemins; j.-s.; *v.*
  - Capitule *non renflé-épaissi.*
    - Capitule allongé TI; *de 4 à 6 c. de longueur.*
      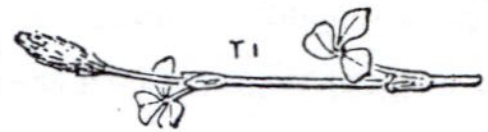

      calice à 10 nervures visibles, à dents presque égales; feuilles non rapprochées du capitule; fleurs rouges ou blanches; 2-6 d. [Trèfle anglais.] — **T. incarnat** (*Cult.*). *T. incarnatum L.* ✠ champs; m.-jt.; *a.*
    - Capitule *arrondi ou de moins de 3 c.*
      - Fleurs *roses.*
        - Stipules *brusquement en pointe* TP; calice muni de poils PR; 1-3 d. [Trèfle rouge.]

          T. des prés C. *T. pratense L.* ✠ * bois, chemins, prés; m.-s.; *a* ou *b.*
        - Stipules *longuement en pointe* TM; calice presque sans poils à la base ME; 1-4 d.

          T. intermédiaire AC. *T. medium L.* bois, chemins, j.-jt.; *v.*
      - Fleurs *blanches* ou *blanc-rosé.*
        - Capitule allongé, velu, comme une *touffe cotonneuse* A;
          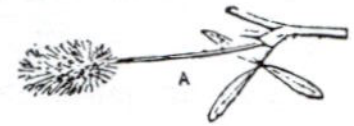

          folioles étroites; dents du calice longues; 1-4 d. [Pied-de-Lièvre.] — **T. des champs** TC (3). *T. arvense L.* * moissons; m.-at.; *a.*
        - Capitule *non en touffe cotonneuse.*
          - Folioles à *nervures secondaires très saillantes* et courbées en dehors SC;
            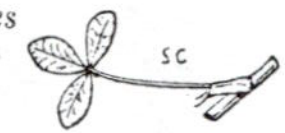

            capitule *sans pédoncule*; 1-2 d. — **T. scabre** AC. *T. scabrum L.* bois secs; m.-jt.; *a.*
          - Folioles à nervures secondaires *non saillantes.*
            - Folioles *ovales en coin*, au moins celles de la base SR, à poils sur les 2 faces; 2-4 d.
              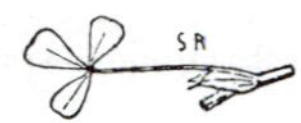

              T. strié AC. *T. striatum L.* bois, pelouses, m.-jt.; *a.*
            - Folioles *allongées* M, à poils en dessous; 1-2 d.

              T. des montagnes R. *T. montanum L.* bois; m.-jt.; *v.*

(1) Les espèces de ce genre sont souvent difficiles à déterminer. Il est parfois indispensable de recueillir la plante avec des fleurs passées, ayant des fruits presque mûrs, au milieu des corolles persistantes. — (2) Var. *micranthum* Viv., à folioles toutes 3 attachées au même point, à capitules de 2-6 fleurs, R. (3) Var. *gracile* Thuill., sépales seulement ciliés, à partie libre 2 fois plus longue que la corolle.

10. Ononis. *Ononis.* —

- Fleurs *roses.*
  - Fruit *égalant ou dépassant* le calice S ;  tige souvent dressée ; feuilles poilues, visqueuses ; 3-6 d. [Arrête-Bœuf]. — **O. épineux** AC. *O. spinosa L.* ✠ * chemins, pâturages ; j.-s. ; *v.*
  - Fruit *plus court* que le calice R ;  tige étalée ; feuilles peu poilues ; 2-6 d. — **O. rampant** TC. *O. repens L.* chemins, pâturages ; j.-s. ; *v.*
- Fleurs *jaunes.*
  - Fleur *sans pédoncule* C  calice à peu près égal à la corolle C et au fruit ; 1-3 d. — **O. de Columna** AR. *O. Columnæ All.* coteaux pierreux ; j.-jt. ; *v.*
  - Fleur *à long pédoncule* N  calice plus court que la corolle N et que le fruit ; 3-5 d. [Coqsigrue]. — **O. Natrix** AR. *O. Natrix L.* chemins, côteaux ; jt.-s. ; *v.*

11. Luzerne. *Medicago.* —

- Fruit *sans aiguillons.*
  - Fleurs violettes ou bleuâtres à pédoncule *plus court* que la bractée SA ; fruit enroulé en 1 à 3 tours S ; 4-9 d.   — **L. cultivée** (*Cult.*). *M. sativa L.* ✠ * chemins, champs ; j.-s. ; *v.*
  - Fleurs *jaunes,* rarement violacées.
    - Stipules *découpées en lanières fines ;* fruit enroulé *en 4 à 6 tours* O ; 1-4 d. 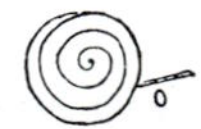 — **L. orbiculaire** TR (1). *M. orbicularis All.* vieux murs ; m.-jt. ; *a.*
    - Stipules *ovales* fruit *courbé* L, F.
      - Folioles ovales élargies au sommet ; [Minette.]  fruit *courbé arrondi* L, velu ; 1-5 d. — **L. lupuline** TC (2). *M. lupulina L.* ✠ * prairies et cultivé ; m.-s. ; *a* ou *b.*
      - Folioles allongées étroites ;  fruit *en faux* F, sans poils ; 5-9 d. — **L. en faux** C (3). *M. falcata L.* terres pierreuses ; j.-s. ; *v.*
- Fruit *couvert d'aiguillons* (fig. G, MI, A, MA).
  - Fruit *très velu* à aiguillons crochus, espacés G  stipules très découpées ; fleurs jaunes, groupées par 1 à 4 ; 1-4 d. — **L. de Gérard** TR (4). *M. Gerardi Willd.* pelouses ; m.-jt. ; *a.*
  - Fruit *sans poils ou presque sans poils.*
    - Stipules *entières ;* tige poilue ; fruit à aiguillons crochus au sommet MI ; 1-3 d.  — **L. minime** C. *M. minima Lam.* coteaux, chemins ; m.-jt. ; *a*
    - Stipules *découpées,* tige sans poils ou presque sans poils.
      - Fruit à aiguillons *crochus dès la base* M ;  folioles en cœur, souvent tachées de noir ; 3-5 d. — **L. tachée** C. *M. maculata Willd.* * prairies ; m.-jt. ; *a.*
      - Fruit à aiguillons *presque droits* A ;  folioles ovales en coin, non tachées ; 2-5 d. — **L. apiculée** C (5). *M. apiculata Willd.* moissons ; m.-jt. ; *a.*

Voyez Album de la Nouvelle Flore, p. 39 et 40
Voyez Atlas des Plantes de France, pl. 73, 75 76 A et 76 B

Voyez Album de la Nouvelle Flore, p. 40 et 41
Voyez Atlas des Plantes de France, pl. 74, 77, 82, 83, 91 et 93

12. **Mélilot**. *Melilotus*. —

Fleurs *blanches;* étendard plus long que les ailes AL;  fruit glabre ; 5-19 d. — **M. blanc** AR. *M. alba Lam.* chemins ; j.-s. ; *b.*

Fleurs *jaunes*.
- Fruit *velu* OF ;  à bord supérieur aigu ; *plante de 5-20 d.*, souvent dressée. étendard égal aux ailes. — **M. élevé** C. *M. altissima Thuill.* ✠ bois, chemins ; j.-s. ; *b.*
- Fruit *sans poils*, à bord supérieur presque obtus; *plante de 3-5 d.*, souvent étalée ; étendard plus long que les ailes. — **M. des champs** C. *M. arvensis Wallr.* ✠ * moissons, chemins ; j.-s. ; *b.*

13. **Anthyllis**. *Anthyllis*. —(fig. A et AV, p. 39). Fleurs jaunes, rarement rougeâtres; feuilles supérieures à folioles plus étroites que les feuilles inférieures; fruit à 1 graine ; 2-4 d. — **A. Vulnéraire** C. *A. Vulneraria L.* ✠ * bois, coteaux ; m.-jt. ; *v.*

14. **Robinier**. *Robinia*. — Feuilles à folioles nombreuses dont une terminale ; fleurs odorantes en grappes pendantes; fruit sans poils; arbre. — **R. Faux-Acacia** (*Cult.*). *R. Pseudacacia L.* ✠ bois, chemins de fer ; m.-jt. ; *v.*

15. **Baguenaudier**. *Coluiea*. — (fig. C, p. 39) 7 à 11 folioles par feuille, d'un vert-blanchâtre en dessous; fleurs jaunes, parfois à veines rougeâtres ; arbrisseau plus ou moins élevé. — **B. arborescent** (*Cult.*). *C. arborescens L.* ✠ * bois, chemins de fer ; j.-at. ; *v.*

16. **Astragale**. *Astragalus*. —
- Fleurs *jaunes-verdâtres ;* stipules libres GL ;  feuilles à 9-15 folioles ; grappe de fleurs assez serrée AG ; 5-10 d.  — **A. Réglisse** C. *A. glycyphyllos L.* * bois ; j.-at. ; *v.*
- Fleurs *roses-violettes ;* stipules réunies MO;  feuilles à 17-35 folioles ; grappe peu serrée AM ; 1-3 d.  — **A. de Montpellier** R. *A. monspessulanus L.* pelouses arides ; m.-jt. ; *v.*

17. **Sainfoin**. *Onobrychis*. — (fig. SA, OS, p. 39). Feuilles à folioles nombreuses; fleurs roses, striées, rarement blanches ; 2-6 d. — **S. cultivé** (*Cult.*). *On. sativa Lam.* ✠ * bois, coteaux et cultivé ; m.-jt. ; *v.*

18. **Ornithope**. *Ornithopus*. — (fig. OP, p. 39). Feuilles à folioles nombreuses ; stipules très petites, membraneuses ; fleurs petites, couleur de chair ; 5-30 c. [Pied-d'Oiseau.] — **O. délicat** C. *Or. perpusillus L.* * chemins ; m.-at. ; *a.*

---

(1) C'est la variété *ambigua* Jord. — (2) Var. *Willdenowii* Bœnningh., fruit couvert de poils glanduleux. — (3) Var. *media* Pers., à fleurs d'abord jaunes, puis vertes, puis violettes, à fruit contourné complètement sur lui-même ; considérée souvent comme hybride entre les *M. falcata* et *M. sativa*. AR. — (4) C'est la variété *cinerascens* Jord. — (5) Var. *denticulata* Willd., aiguillons crochus au sommet AR.

19. Coronille. *Coronilla.* —

- Fleurs *roses mêlées de blanc ;* chaque fleur sur un pédoncule presque 2 fois plus long que le calice V ; stipules libres ; feuilles non glauques ; 4-7 d.  — **C. variée** C. *C. varia L.* ✱ bois, chemins ; j.-s. ; *v.*
- Fleurs *jaunes ;* chaque fleur sur un pédoncule très court M ; stipules réunies eu une seule ; feuilles d'un vert glauque ; 1-3 d.  — **C. minime** AR. *C. minima L.* pelouses arides ; m.-at. ; *v.*

20. Hippocrepis. *Hippocrepis.* — (fig. H et HC, p. 39) ; fleurs jaunes, par groupes de 2 à 8, un peu pendantes ; fruit articulé, rugueux ; 2-4 d. [Fer-à-cheval.] — **H. à toupet** C. *H. comosa L.* ✱ chemins, bois ; m.-at. ; *v.*

21. Fève. *Faba.* — (fig. F, p. 40). — Feuilles à 2-6 folioles, terminées par une arête droite ou courbée ; fleurs blanches ou rosées ; 4-8 d. [Fève-de-marais.] — **F. vulgaire** (*Cult.*). *F. vulgaris Mœnch.* ✠ ✱ cultive ; j.-at. ; *a.*

22. Orobe. *Orobus.* —

- Tige *ailée* T  groupe de 2 à 5 fleurs rougeâtres et bleuâtres ; tige souterraine *à tubercules* TU ; 3-6 d. 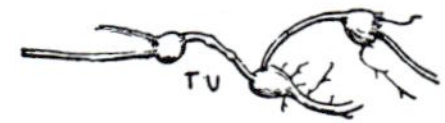 — **O. tubéreux** TC. *O. tuberosus L.* bois ; av.-j. ; *v.*
- Tige *non ailée* ON pas de tubercules. 
  - Feuilles *glauques en dessous ;* fruit mûr, noir ; fleurs roses devenant noirâtres ; 3-7 d. — **O. noir** R. *O. niger L.* bois, rochers ; j.-at. ; *v.*
  - Feuilles *d'un vert-clair sur les* deux faces ; fruit mûr, brun ; fleurs grandes bleues ; 2-4 d. — **O. printanier** TR. *O. vernus L.* bois ; av.-m. ; *v.*

23. Ervum. *Ervum.* —

- Fruit *velu* H ;  fleurs par 3 à 8 sur un pédoncule commun aussi long que la feuille voisine ; fleurs d'un blanc bleuâtre ; 2-8 d. — **E. velu** AR. *E. hirsutum L.* champs, bois ; m.-s. ; *a.*
- Fruit *sans poils*, ET, G.
  - *1 fleur*, rarement *2*, sur un pédoncule *égal* environ à la feuille TE ;  fruit à 2-5 graines ET ; fleurs violettes ; 2-5 d.  — **E. à 4 graines** C. *E. tetraspermum L.* champs ; j.-s. ; *a.*
  - *2 à 5 fleurs*, sur un pédoncule commun plus long que la feuille GR ; 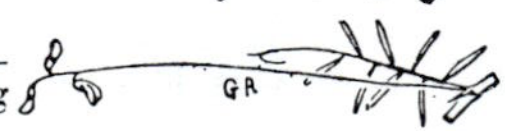 fruit à 5-8 graines G ; fleurs violet-pâle ; 2-6 d.  — **E. élégant** AC (1 ✱). *E. gracile DC.* champs ; j.-s. ; *a.*

24. Pois. *Pisum.* — (fig. P., p. 40). Tiges sans poils ; feuilles à 4-6 folioles ; fleurs blanches ; graines rondes ; 8-15 d. — **P. cultivé** (*Cult.*) (2). *P. sativum L.* ✠ ✱ champs ; j.-s. ; *a.*

Voyez Album de la Nouvelle Flore, p. 41 et 42
Voyez Atlas des Plantes de France, pl. 86, 88, 90 et 92

Voyez Album de la Nouvelle Flore, p. 43
Voyez Atlas des Plantes de France, pl. 87, 89 A et 89 B

25. **Gesse**. *Lathyrus*. —

- Feuilles *sans folioles* A, NI.
  - Feuille entièrement transformée en *vrille* sauf les 2 stipules, en flèche A; [Pois-de-Serpent.]
    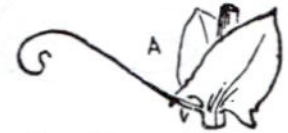

    fleurs *jaunes;* fruit d'environ 2 à 3 c.; 4-8 d. — **G. Aphaca** TC. *L. Aphaca L.* * moissons, prés; m.-at.; *a.*
  - Feuille à *pétiole élargi* ressemblant à une feuille de graminée, stipules à peine visibles NI; fleurs *roses;* fruit d'environ 5 c. de longueur; 4-7 d.

    — **G. de Nissole** TR. *L. Nissolia L.* * champs; m.-at.; *a.*
- Feuilles *à folioles développées.*
  - Fleurs groupées par *plus de* 3.
    - Feuilles à *2 folioles.*
      - Fleurs *jaunes*, rarement violettes; stipules des feuilles inférieures *à 2 pointes en bas* L;

        tige presque ailée; fruit comprimé; 4-8 d. — **G. des prés** TC. *L. pratensis L.* bords des eaux, prés; j.-at.; *v.*
      - Fleurs *roses;* stipules à 1 pointe en bas LT, LS.
        - Tige *non ailée;* tige souterraine à tubercules; folioles à nervures divergentes LT; fleurs odorantes; 4-10 d.

          — **G. tubéreuse** AR. *L. tuberosus L.* ✠ bois, moissons; j.-at.; *v.*
        - Tige *ailée* SI;

          pas de tubercules; folioles à nervures principales parallèles; 10-20 d.
          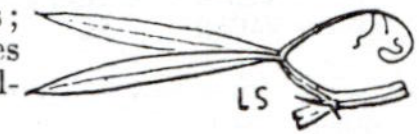

          — **G. des bois** AC. *L. silvestris L.* buissons, bois; j.-at.; *v.*
    - Feuilles *à 4-8 folioles* PA; fleurs *bleuâtres.*

      tige ailée; 6-8 d. — **G. des marais** R. *L. palustris L.* prairies humides; j.-at.; *v.*
  - Fleurs *par 1 à 3.*
    - Tige *anguleuse, non ailée;* folioles étroites A; fleurs isolées; fruit sans poils; fleurs d'un bleu rosé; 1-5 d.

      — **G. anguleuse** TR. (3). *L. angulatus L.* champs; m.-jt.; *a.*
    - Tige *ailée;* folioles ovales allongées H; fleurs par 1 à 3; fruit velu; fleurs rouges-bleuâtres; 4-8 d.
      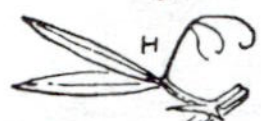

      — **G. velue** AR (4). *L. hirsutus L.* moissons; j.-s.; *b.*

(1) L'*Ervum Lens* L. * ✠ [Lentille] se reconnait à ses stipules entières et à ses fruits sans poils, à deux graines aplaties; cultivé ou subspontané. — (2) Le *Pisum arvense* L. ✠ (Pois des champs) [Pois-gris], à fleurs d'un rouge-violet, est cultivé et se trouve parfois dans les moissons; le *Cicer arietinum* L. ✠ [Pois-Chiche], cultivé quelquefois dans les champs, se distingue des Pois par son fruit velu, renflé, à 2 graines. — (3) Le *Lathyrus sphæricus* Retz., à pédoncule plus court que le pétiole de la feuille voisine, à graines globuleuses, lisses, peut se rencontrer dans les moissons, TR. — (4) Le *Lathyrus Cicera* L. (G. Chiche) ✠ [Jarosse] à fruit sans poils et dont le bord supérieur est droit, ainsi que le *L. sativus* L. ✠ [G. cultivée], à fruit sans poils et dont le bord supérieur est courbé, se trouvent parfois dans les moissons.

26. **Vicia**. *Vicia*. —

Voyez Album de la Nouvelle Flore, p. 44
Voyez Atlas des Plantes de France, pl. 85

Fleurs *isolées* ou *par 2*, non en grappes.

- Fleurs *jaunes*, isolées, à pédoncule très court, fruit velu L. folioles arrondies ; 3-7 d.

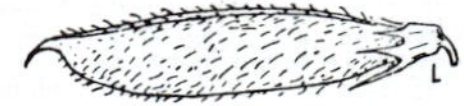

→ **V. jaune** AR. (1). *V. lutea L.* moissons, bois ; j.-s. ; *a.*

- Fleurs *roses* ou *bleues* ; fruit sans poils.
  - Stipules *à tache noire* SA ;

10 à 14 folioles V ; fleurs par 1 à 2 ; 2-10d. [Vesce].

→ **V. cultivée** TC (2). *V. sativa L.* ✠* moissons ; m.-at. ; *a.*

  - Stipule *sans tache noire* LA ;

4 à 8 folioles VL ; fleurs isolées ; 1-3 d.

→ **V. Fausse-Gesse** AC. *V. lathyroides L.* pelouses, bois ; av.-j. ; *a.*

Fleurs en grappes.

- Grappe à pédoncule *court* S, P ayant moins de 8 fleurs.
  - *4 à 6 folioles* N

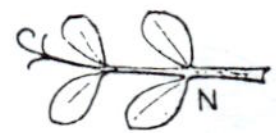

grappes à 1-4 fleurs ; fleurs rouge-foncé ; fruit poilu, tuberculeux sur les bords ; 3-6 d.

→ **V. de Narbonne** TR (3). *V. narbonensis L.* bois ; m.-j. ; *a* ou *b.*

  - *8 à 20 folioles*, S, P.
    - Etendard *sans poils ;* fleurs dressées S ; fruit sans poils ;

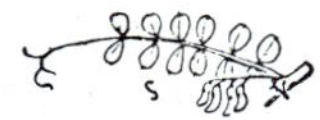

fleurs bleuâtres rosées ; 3-9 d.

→ **V. des haies** C. *V. sepium L.* bois ; m.-jt. ; *v.*

    - Etendard *velu ;* fleurs renversées P ; fruit velu ;

fleurs roses ; 3-9 d.

→ **V. pourprée** R. *V. purpurascens DC.* moissons ; m.-jt. ; *a.*

- Grappe à *long* pédoncule, en général à plus de 8 fleurs ; fleurs violettes.
  - Étendard rétréci vers le milieu C, vers le haut V ou vers le bas T ; fruit de forme variable VC, VV, VT ; 5-15 d.

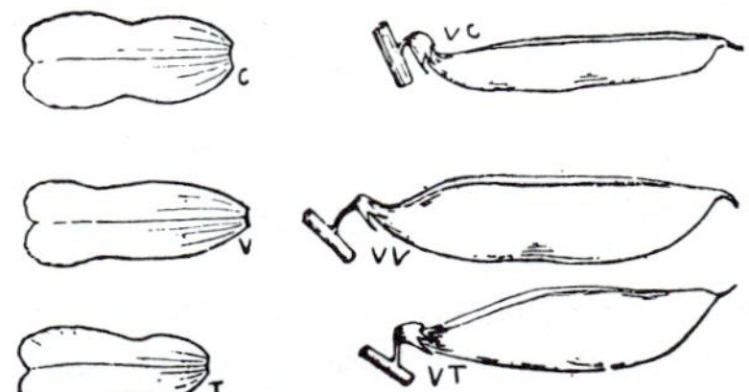

→ **V. Cracca** TC (4) *V. Cracca L.* champs ; j.-at. ; *v.*

ROSACÉES. Les Rosacées comprennent la plupart des arbres fruitiers cultivés dans les vergers. Un grand nombre d'espèces de cette famille sont des plantes d'ornement. Beaucoup de Rosacées sont employées en médecine.

Arbre ou arbrisseau.

- *Un seul carpelle libre* au milieu de la fleur P;  feuilles entières, roulées en long quand elles sont jeunes; fruit à noyau. — 1. **Prunier**, p. 51. *Prunus.*
- *Plusieurs carpelles libres*, saillants RU ou placés dans une sorte de bouteille, placée au-dessous des pétales RO; feuilles à plusieurs folioles séparées.
  - Carpelles placés sur un réceptacle *saillant* RU; fruit à plusieurs parties charnues.  — 9. **Ronce**, p. 54. *Rubus.*
  - Carpelles placés sur un réceptacle *creux* RO; fruits secs dans le calice devenu charnu.  — 8. **Rosier**, p. 53. *Rosa.*
- Ovaire *soudé au calice* CO. Couper la fleur en long.
  - Fleurs *isolées*, *grandes* (environ 3 c. de largeur); sépales *aigus* M; 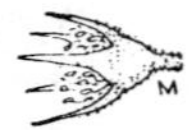  feuilles entières ou presque entières MG. — 14. **Néflier**, p. 54. *Mespilus.*
  - Fleurs *groupées* (de moins de 3 c. de largeur).
    - *Arbrisseau*
      - Pétales larges CO;  feuilles *divisées* CR; 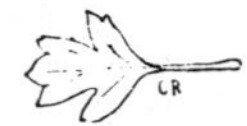 — 13. **Aubépine**, p. 54. *Cratægus.*
      - Pétales étroits AV;  feuilles *dentées*, poilues, laineuses. — 15. **Amélanchier**, p. 54. *Amelanchier.*
    - *Arbre*
      - Fleurs en *grappe rameuse* SA; 3 styles, rarement 5; feuilles ordinairement divisées.  — 17. **Sorbier**, p. 55. *Sorbus.*
      - Fleurs en *grappe simple* P; 5 styles; feuilles simples à petites dents.  — 16. **Poirier**, p. 55. *Pirus.*

Plante *herbacée*, sans aiguillons sur la tige. (*Voir à la page suivante, p. 50.*)

(1) Le *Vicia hybrida* L., à fleurs jaunâtres, à étendard velu, à calice dont les dents, sont velues ciliées est parfois naturalisé, TR. — (2) 1° Var. *angustifolia* All., fruits étroits, peu comprimés, noirs à la maturité, feuilles supérieures à folioles étroites; fruit ne fendant pas le calice à la maturité; 2° Var. *segetalis* Thuill., diffère de la précédente par les folioles des feuilles supérieures arrondies et le fruit fendant le calice à la maturité. — (3) C'est la var. *serratifolia* Jacq. — (4) 1° Var. *villosa* Roth. étendard rétréci vers le haut (fig. V) AR; 2° Var. *tenuifolia* Roth, étendard rétréci vers le bas (fig. T) AC.

Suite du Tableau des genres de Rosacées.

Plante *herbacée*, sans aiguillons.

- Fleur *ayant calice et corolle.*
  - Calice doublé d'un *calicule* P.

    - Réceptacle *non renflé-charnu*, G, PR, poilu.
      - Styles *très longs* G, placés au sommet des carpelles ;  réceptacle allongé G. — 3. **Benoite**, p. 51. *Geum.*
      - Styles *très courts* PR, placés sur le côte des carpelles ;  réceptacle globuleux PR. — 6. **Potentille**, p. 52. *Potentilla.*
    - Réceptacle *renflé-charnu*, F, C, sans poils.
      - Feuilles à *3 folioles* FV; pétales non aigus F ; fleurs blanches. 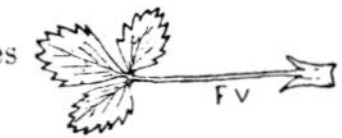  — 4. **Fraisier**, p. 51. *Fragaria.*
      - Feuilles à *5 ou 7 folioles* CP ; pétales aigus C ; fleurs d'un pourpre foncé. 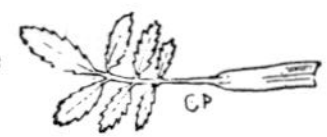  — 5. **Comaret**, p. 52. *Comarum.*
  - Calice *sans* calicule.
    - Fleurs *blanches ou roses*, en grappe rameuse ; 3 à 12 carpelles séparés. — 2. **Spirée**, p. 51. *Spiræa.*
    - Fleurs *jaunes*, en épi AE ; 1 à 2 carpelles entourés par le calice A.   — 7. **Aigremoine**, p. 53. *Agrimonia.*
- Fleur n'ayant *pas de corolle.*
  - Feuilles *non divisées jusqu'à leur base*, dentées AV ou à divisions dentées AA ; 1 style.  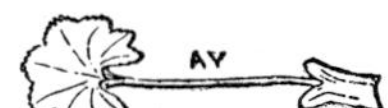 — 10. **Alchémille**, p. 54. *Alchimilla.*
  - Feuilles à *folioles séparées* ; fleurs en épi serré.
    - *4 étamines* S, dressées ; fleurs toutes stamino-pistillées, d'un pourpre foncé ;  — 11. **Sanguisorbe**, p. 54. *Sanguisorba.*
    - *20 à 30 étamines*, à la fin pendantes PS ; fleurs les unes staminées, les autres pistillées ou stamino-pistillées.  — 12. **Pimprenelle**, p. 54. *Poterium.*

Voyez Album de la Nouvelle Flore, p. 45 et 46
Voyez Atlas des Plantes de France, pl. 94, 95, 96, 97, 98, 99 et 103

1. Prunier. *Prunus*. — (fig. P, p. 49). —

Arbrisseau ordinairement *épineux* SP; fleurs blanches, paraissant avant les feuilles; fruit bleuâtre. [Epine-noire.] — **P. épineux** TC (1). *P. spinosa L.* ✠ * bois; av.-m.; *v.*

Arbre non épineux.
- Fleurs *en longues grappes* PA. feuilles à dents non glanduleuses; fruit amer. [Bois-joli.] — **P. Putiet** (*Cult.*). *P. Padus L.* ✠ planté et naturalisé; av.-m.; *v.*

- Fleurs *non disposées en longues grappes*.
  - Feuilles *portant des renflements* (nectaires) *g*, sur le pétiole A; fruit doux; feuilles ayant quelques poils en dessous; 5-10 m. [Griottier.] — **P. des Oiseaux** C. (2 *). *P. avium L.* ✠ bois; av.-m.; *v.*
  - Feuilles *sans renflements* sur le pétiole MA; fruit amer; feuilles sans poils en dessous; 3-5 m. [Bois de Sainte-Lucie. * — **P. Mahaleb** AC. *P. Mahaleb L.* ✠ bois; ms.-m.; *v.*

2. Spirée. *Spiræa.* —
- Feuilles à 11-15 folioles sans tubercules; *très inégales* UL; 5 à 8 carpelles S; racines sans tubercules; 3-6 d. [Reine-des-prés]. — **S. Ulmaire** C. (3). *S. Ulmaria L.* ✠ * bords des eaux; j.-jt.; *v.*
- Feuilles à 31-41 folioles *peu inégales* F; 5 à 12 carpelles SF; racines tuberculeuses; 6-12 d. — **S. Filipendule** AC. *S. Filipendula L.* ✠ bois, coteaux; j.-jt.; *v.*

3. Benoite. *Geum*. — (fig. G, p. 50).
- Calice *vert* à sépales *renversés* après la floraison U; style poilu dans son 1/4 supérieur; fleurs jaunes; 3-9 d. — **B. commune** TC. *G. urbanum L.* ✠ bois, décombres; j.-jt.; *v.*

- Calice *rougeâtre* à sépales *dressés* après la floraison R; style poilu dans sa 1/2 supérieure; fleurs rougeâtres; 2-8 d. — **B. des ruisseaux** R. (4). *G. rivale L.* bois humides; m.-jt.; *v.*

4. Fraisier. *Fragaria*. — (fig. F, p. 50).
- Calice *appliqué* sur le fruit C; fruit luisant à la partie inférieure, qui est presque sans carpelles développés; 1-2 d. — **F. des collines** AR. (5). *F. collina Ehrh.* bois; m.j-.; *v.*

- Calice *étalé* ou *renverse* à la maturité FV,
  - Pédoncules *à poils appliqués* FV; fruit garni de carpelles jusqu'en bas; 1-3 d. — **F. comestible** TC. *F. vesca L.* ✠ * bois; av.-j.; *v.*
  - Pédoncules *à poils étalés* E; fruit dépourvu de carpelles à la base; 1-4 d. — **F. élevé** AR. *F. elatior Ehrh.* bois; av.-j.; *v.*

(1) Var. *fruticans* Weihe, feuilles ordinairement ovales, plus grandes, sans poils en dessous; fruit deux fois plus gros, AR. — (2) On cultive la var. *Cerasus* L. ✠ * [Cerisier], le *P. domestica* L. ✠ [Prunier], le *P. insititia* L. ✠ [Reine-Claude] et le *P. Armeniaca* L. ✠ [Abricotier] ainsi que l'*Amygdalus communis* L. ✠ * [Amandier] et l'*A. Persica* L. ✠ * [Pêcher]. (3) Le *S. hypericifolia* L. [Petit-Mai], sous-arbrisseau à feuilles ovales, est parfois naturalisé, R. — (4) On rencontre rarement un hybride des deux espèces; c'est le *G. intermedium* Ehrh, TR. — (5) Var. *Hagenbachiana* Lange., tiges rampantes munies d'une écaille au milieu de chaque entre-nœud; foliole moyenne assez longuement pétiolée, R.

5. **Comaret.** *Comarum.* — (fig. C et CP, p. 50). Tiges rampantes, portant des racines adventives; carpelles disposés sur un réceptacle mou; 2-5 d. — **C. des marais** R. *C. palustre L.* ✠ marais; j.-jt; *v.*

6. **Potentille.** *Potentilla.* — (fig. P et PR, p. 50).

- Fleurs *blanches.*
  - Folioles *dentées dans plus de leur moitié supérieure*, pétales dépassant peu les sépales;

    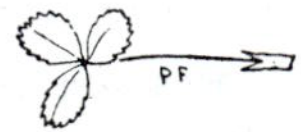

    carpelles lisses; 5-15 c. — **P. Faux-Fraisier** C. *P. Fragariastrum Ehrh.* * forêts; ms.- m.: *v.*
  - Folioles *dentées seulement à leur sommet*; pétales 2 fois plus longs que les sépales;

    carpelles rugueux; 5-20 c. — **P. brillante** AR. *P. splendens Ram.* bois, bruyères; m.-j.; *v*
- Fleurs *jaunes.*
  - Feuilles à folioles *sur 2 rangs* SU, AN.
    - Feuilles *presque sans poils;* 6 à 10 folioles.

      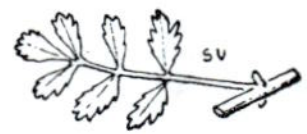

      tiges couchées, rameuses, sans rejets à racines; 5-35 c. — **P. couchée** AR. *P. supina L.* bords des étangs; j.-o; *v.*
    - Feuilles *blanches soyeuses;* 12 à 20 folioles;

      tiges rampantes, avec des rejets portant des racines. — **P. Ansérine** TC. *P. Anserina L.* ✠ * chemins, mares; m.-jt; *v.*
  - Feuilles à folioles *portant du même point* PA, RE.
    - Feuilles *blanches-velues en dessous* PA.

      carpelles mûrs finement ridés; 1-5 d. — **P. argentée** C. *P. argentea L.* coteaux arides; j.-jt.; *v.*
    - Feuilles *vertes sur les 2 faces.*
      - Tige *rampante, avec des racines adventives* RE;

        feuilles dentées presque depuis la base; fleurs isolées; tiges très longues. [Quintefeuille.] — **P. rampante** TC. *P. reptans L.* ✠ pâturages: j.-at.; *v.*
      - Tige dressée ou couchée *sans rejets munis de racines.*
        - Stipules des feuilles supérieures *ressemblant aux folioles* T; 4 pétales, rarement 5; 1-4 d.

          P. Tormentille C (1). *P. Tormentilla Sibth.* * bois, pâturages; m.-jt.; *v.*
        - Stipules des feuilles supérieures *petites, étroites* V; 5 pétales; 5-20 c.

          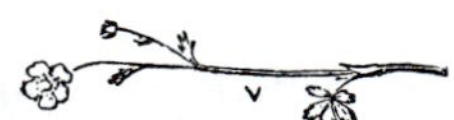

          P. printanière TC *P. verna L.* * pelouses; av.-j.; *a.*

Voyez Album de la Nouvelle Flore, p. 46 et 47

Voyez Atlas des Plantes de France, pl. 100 A, 100 B, 101 et 102

Voyez Album de la Nouvelle Flore, p. 47 et 48
Voyez Atlas des Plantes de France, pl. 106 et 107

7. **Aigremoine.** *Agrimonia.* -- (fig. AE, A, p. 50). Feuilles d'un vert-cendré en dessous, à 5-9 segments; fruit couvert d'aiguillons crochus; 3-6 d. — **A. Eupatoire** C. (2) *A. Eupatoria L.* ✠ * bois, chemins; j.-o.; *v.*

8. **Rosier.** *Rosa.* — (fig. RO, p. 49). [Eglantine.] (3).

Aiguillons *droits* T, P.

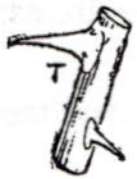

- Folioles *à dents simples* RP, sans poils;

  aiguillons épais (fig. T); fleurs blanches rarement roses; 5-20 d. — **R. très épineux** R. *R. spinosissima L.* coteaux, rochers; jt.-at. *v.*
- Folioles *à dents denticulées* RT à poils glanduleux;
  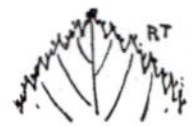
  aiguillons grêles (fig. P); fleurs roses; 1-2 m. — **R. tomenteux** R. *R. tomentosa Sm.* bois, taillis; j.-jt.; *v.*

Aiguillons plus ou moins *crochus* C.

- Sépales *presque entiers* RA; folioles sans poils; styles soudés entre eux; fleurs blanches; 1-2 m. — **R. des champs** TC (4). *R. arvensis Huds.* collines, bois; j.-jt.; *v.*

- Sépales *très divisés* RC.

  - Folioles à dents simples CN ou très faiblement denticulées; *pas de poils couleur de rouille et odorants*; fleurs odorantes, blanches ou roses; 1-3 m.

    R. de chien C. (5). *R. canina L.* ✠ * bois; j.-jt.; *v.*
  - Folioles à dents fortement denticulées, *portant en dessous des poils glanduleux, couleur de rouille, à odeur de pomme;* fleurs petites, roses; 1-2 m.
    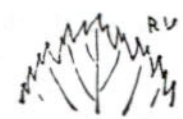
    R. rouillé C. (6). *R. rubiginosa L.* chemins; j.-jt.; *v.*

(1) Var. *mixta* Nolte, 3-6 d.; feuilles presque toutes pétiolées; carpelles rugueux. — (2) Var. *odorata* Mill., 6-9 d.; fruit plus ou moins strié; feuilles à poils glanduleux odorants, R. — (3) Le genre *Rosa* comprend un grand nombre de formes très difficiles à caractériser, même pour ceux qui en ont fait une étude spéciale. — (4) La var. *stylosa* Desv. a des caractères intermédiaires entre le *R. arvensis* et le *R. canina*, TR. — (5) Var. *dumetorum* Thuill., feuilles poilues, C. — (6) Var. *micrantha* Sm., feuilles peu odorantes, styles presques sans poils, AR.

Voyez Album de la Nouvelle Flore, p. 48, 49 et 50
Voyez Atlas des Plantes de France, pl. 104, 105, 108, 109 et 110

9. **Ronce.** *Rubus.* — (fig. RU, p. 49) (1).

Feuilles *blanches en dessous.*

- Folioles de côté *sans pétioles* I ; fleurs blanches ; fruit mûr rouge ; 1-2 m.

R. Framboisier AC. *R. idæus L.* ✠* bois humides ; m.-jt. ; *v.*

- Folioles de côté *avec courts pétioles* RF ; fleurs blanches ou roses ; fruit mûr noir ; 1-2 m.

R. frutescente TC. *R. fruticosus L.* ✠ chemins, bois ; j.jt. ; *v.*

Feuilles *vertes en dessous.*

- Sépales *appliqués sur le fruit* RC

folioles sans poils ; fruit d'un noir bleuâtre ; 1-2 m.

R. bleue TC (2). *R. cæsius L.** bois, buissons ; j.-jt. ; *v.*

- Sépales *renversés sous le fruit* S

folioles à poils glanduleux ; fruit rouge ; tiges plus ou moins longues.

R. des rochers TR. *R. saxatilis L.* bois ; m.-jt. ; *v.*

10. **Alchémille.** *Alchimilla.* —

- Feuilles *à 3 divisions profondes* AA ; pétiole beaucoup plus court que le limbe ; 4-9 c.

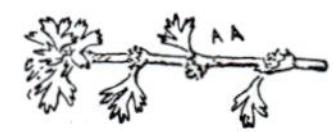

A. des champs TC. *A. arvensis Scop.* champs, chemins ; m.-at. ; *a.*

- Feuilles *arrondies, dentées* AV ; pétiole plus long que le limbe ; 1-4 d.

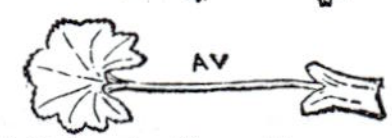

A. vulgaire TR. *A. vulgaris L.* bois ; m.-jt. ; *v.*

11. **Sanguisorbe.** *Sanguisorba.* — (fig. S, p. 50). Feuilles sans poils, à 5-15 folioles dentées ; tige anguleuse ; 5-12 d. — **S. officinale** TR. *S. officinalis L.* ✠ marais ; jt.-s. ; *v.*

12. **Pimprenelle.** *Poterium.* — (fig. PS, p. 50). Feuilles sans poils à 11-15 folioles ; 4-9 d. — **P. Sanguisorbe** TC (3). *P. Sanguisorba L.* ✠* prairies ; m.-s. ; *v.*

13. **Aubépine.** *Cratægus.* — (fig. CO et CR, p. 49). Plante sans poils, feuilles en coin à la base ; fruits d'un rouge foncé ; arbrisseau. — **A. épineuse** TC (4). *C. Oxyacantha L.** haies, bois ; av.-m. ; *v.*

14. **Néflier.** *Mespilus.* — (fig. M et MG. p. 49). Fleurs isolées, blanches ; fruit couvert de poils ; arbre peu élevé. — **N. d'Allemagne** AR. *M. germanica L.** bois ; m.-j. ; *v.*

15. **Amélanchier.** *Amelanchier.* — (fig. AV. p. 49). Feuilles ovales ; fruits noirs ; arbrisseau non épineux. — **A. vulgaire** R. *A vulgaris Mœnch.* rochers ; av.-m. ; *v.*

Voyez Album de la Nouvelle Flore, p. 50 et 51
Voyez Atlas des Plantes de France, pl. 111, 112, 113 et 114

16. **Poirier**. *Pirus*. —

Styles *réunis à la base ;* fleurs presque en ombelle M ;  fruit déprimé en haut et en bas. — **P. Pommier** AC. *P. Malus L.* ✠ * bois et cultivé ; av.-m. ; *v.*

Styles *libres jusqu'à la base ;* fleurs en grappe P ;  fruit déprimé en haut seulement. — **P. commun** AC (5). *P. communis L.* ✠* bois et cultivé ; av.-m. ; *v.*

17. **Sorbier**. *Sorbus*. — (fig. SA, p. 49).

Feuilles à *folioles séparées* AU. 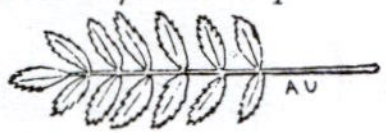

- Fruit en poire D ;  bourgeons *sans poils, gommeux.* [Cormier]. — **S. domestique** AC, *S. domestica L.* ✠ bois ; m.-j. ; *v.*
- Fruit globuleux A ; 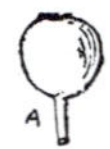 bourgeons *très poilus, blanchâtres.* — **S. des Oiseleurs** AR. *S. aucuparia L.* ✠* bois ; m.-j. ; *v.*

Feuilles *dentées ou divisées* L, ST.  

- Styles *sans poils ;* feuilles non cotonneuses en dessous ; fruit brun, ovale. — **S. Alisier** AR. *S. torminalis Crantz.* ✠ forêts ; m.-j. ; *v.*
- Styles *très velus à la base ;* feuilles cotonneuses en dessous ; fruit orangé, globuleux. — **S. à larges feuilles** TR (6). *S. latifolia Pers.* forêts ; m.-j. ; *v.*

CUCURBITACÉES. On cultive dans les potagers plusieurs espèces de cette famille (Concombre *, Melon, Potiron, Citrouille, etc.).

Bryone. *Bryonia*. — (Voir fig. au Tableau des familles). Plante grimpante à fleurs d'un blanc verdâtre. Plantes ayant les unes des fleurs staminées seulement, les autres des fleurs pistillées seulement. — **B. dioïque** TC. *B. dioica Jacq.* buissons ; j.-jt. ; *v.*

---

(1) Le genre *Rubus* comprend un très grand nombre de formes extrêmement difficiles à caractériser, même pour ceux qui en font une étude spéciale. — (2) Var. *dumetorum* W. et N., foliole du sommet de la feuille en cœur à la base ; fruits noirs luisants, AR. — (3) Var. *polygamum* W. et K, fruit creusé de fossettes profondes, à angles ailés, AR. — (4) Var. *monogyna* Jacq., rameaux velus ; un seul style, TC. — (5) Le *P. Cydonia* L. ✠ [Cognassier] à pétales très grands arrondis, à fleurs solitaires, à fruit jaune, est souvent cultivé dans les vergers. Le *P. nivalis* Jacq., [Sauger] à feuilles entières, non denticulées, laineuses en dessous, est souvent planté, AC. — (6) Le *Sorbus Aria* Crantz, [Alouchier] à feuilles dont les dents inférieures sont plus petites que les supérieures, blanches et non grisâtres en dessous, est souvent cultivé et parfois planté dans les bois, R.

MYRIOPHYLLÉES. Les Myriophyllées sont des plantes aquatiques dont les tiges et les feuilles varient souvent de formes, suivant qu'elles sont émergées ou submergées,

Myriophylle. *Myriophyllum* (1). —

Fleurs *rapprochées au sommet* V ; bractées divisées.

M. verticillée AC.
M. verticillatum L.
fossés, étangs ; j.-at. ; *v*

Fleurs *espacées au sommet* S ; bractées non divisées.

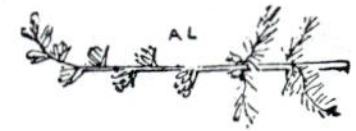

M. en épi C. (2).
M. spicatum L. *
étangs ; j.-at. ; *v.*

ONAGRARIÉES. Plusieurs espèces de cette famille sont cultivées comme plantes d'ornement.

2 étamines, 2 pétales : fleurs blanches ou rosées en grappe C ; feuilles opposées, pétiolées CL.

1. **Circée**, p. 56. *Circæa.*

4 étamines, pas de pétales I ;

fleurs verdâtre ; feuilles sans poils, opposées I.

3. **Isnardie**, p. 56. *Isnardia.*

8 étamines, 4 pétales.

Fleurs *jaunes ;* graines sans aigrette B.

2. **Onagre**, p. 56. *Œnothera.*

Fleurs *roses ;* graines portant une aigrette E.

4. **Epilobe**, p. 57. *Epilobium.*

1. **Circée.** *Circæa.* — (fig. C, p. 56). Calice à 2 sépales, 2 pétales divisés en deux lobes ; un style ; fruit portant des aiguillons crochus (fig. C, à droite) ; fruits à pédoncules renversés ; 4-6 d.

C. de Paris C.
C. lutetiana L. *
bois humides ; j.-at. ; *v.*

2. **Onagre** *Œnothera.* — (fig. B, p. 56). Calice à 4 sépales dont la partie libre est renversée en dehors ; feuilles alternes, entières ou un peu dentées ; fruit s'ouvrant par 4 valves ; 6-12 d.

O. bisannuelle AC.
Œ. biennis L. *
décombres ; j.-s. *b.*

3. **Isnardie.** *Isnardia.* — (fig. L, p. 56). Calice entièrement persistant ; étamines situées en face des sépales, plante aquatique ; 1-4 d.

I. des marais TR.
I. palustris L.
étangs ; j.-at. ; *v.*

Voyez Album de la Nouvelle Flore, p. 52
Voyez Atlas des Plantes de France, pl. 116, 117 et 118

4. **Epilobe**. *Epilobium*. —

- Corolle *grande* (au moins 20 mm. de largeur).
  - Style et étamines *courbés*, *renversés* ES ; plante sans poils ;

    feuilles n'embrassant pas la tige ; 5-15 d. — **E. en épi** AR. *E. spicatum Lam.* ✠ *
    bois ; j.-at. ; *v.*
  - Styles et étamines *dressés* H ; plante velue ;
    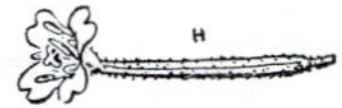

    feuilles embrassant la tige à la base ; 5-12 d. — **E. velu** C. *E. hirsutum L.*
    bords des eaux ; jt.-s. ; *v.*
- Corolle *petite* (au plus 10 mm. de largeur).
  - Tiges ayant *2 à 4 côtes saillantes* R, T.
    - Feuilles *sans pétiole* T ;

      fleurs roses ; 4-8 d. — **E. tétragone** C (3). *E. tetragonum L.*
      terres humides ; j.-s. ; *v.*
    - Feuilles *pétiolées* R ;

      fleurs d'un rose pâle, souvent marquées de lignes plus foncées ; 3-8 d. — **E. rosé** AR. *E. roseum Schreb.*
      terres humides ; j.-s. ; *v.*
  - Tiges *sans côtes saillantes*.
    - Stigmates rapprochés ; *en massue* P ;

      feuilles étroites, peu dentées ; plante des endroits humides ; 3-8 d. — **E. des marais** AR. *E. palustre L.*
      marais ; j.-s. ; *v.*
    - Stigmates *étalés en croix* PV, dans la fleur épanouie.

      - Feuilles *velues* finement dentées EP ; tige très velue ; 4-8 d.

        E. à petites fleurs TC. *E. parviflorum Schreb.*
        fossés humides ; j.-s. ; *v.*
      - Feuilles *presque sans poils*, assez fortement dentées M ; tige sans poils ou à petits poils crépus ; 3-8 d.

        E. des montagnes AC. (4). *E. montanum L.*
        bois humides ; j.-at ; *v.*

(1) Le *Trapa natans* L [Châtaigne-d'eau], à feuilles supérieures nageantes en losange, à racines vertes ressemblant à des feuilles submergées, à fruit portant à 4 épines est parfois naturalisé dans les étangs, TR. — (2) Var. *alterniflorum* DC, à groupes de fleurs supérieures alternes (fig. AL.), TR. — (3) 1° Var. *Lamyi* Schultz, *a* ou *b* ; tige à côtes très peu saillantes ; feuilles d'un vert clair, presque entières, R ; 2° Var. *obscurum* Schreb., rejets allongés, R. — (4) Var. *collinum*. Gmel. plante plus petite, à feuilles supérieures alternes, AR.

Voyez Album de la Nouvelle Flore, p. 52 et 53
Voyez Atlas des Plantes de France, pl. 115

HIPPURIDÉES. Plantes aquatiques à tiges et feuilles de formes différentes suivant qu'elles sont émergées ou submergées.

Hippuris. *Hippuris*. — (Voir fig. au Tableau des familles). Fleurs très petites, isolées à l'aisselle des feuilles ; plante à l'aspect variable suivant qu'elle est dans l'eau ou hors de l'eau. — **H. vulgaire** AR. *H. vulgaris L.* * marais ; j.-at. ; *v.*

CALLITRICHINÉES. Les Callitriches sont des plantes aquatiques. On en a décrit plusieurs espèces assez mal caractérisées.

Callitriche. *Callitriche*. — (Voir fig. au Tableau des familles). Feuilles ovales ou étroites, de formes variables suivant qu'elles sont flottantes ou submergées ; fleurs très petites, isolées. — **C. aquatique** C (1). *C. aquatica Huds.* eaux vives ; j.-s ; *a* ou *v.*

CÉRATOPHYLLÉES. Les Cératophyllées sont des plantes aquatiques, ordinairement submergées.

Cornifle. *Ceratophyllum*. —

- Feuilles à divisions fortement denticulées, presque lisses ; fruit terminé par une *pointe aussi longue que le fruit* D. 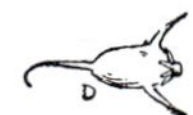 — **C. émergée** TC. *C. demersum L.* rivières ; jt.-s. ; *v.*
- Feuilles à divisions très finement denticulées, rudes ; fruit terminé par une *pointe courte* S.  — **C. submergée** AC. *C. submersum L.* rivières ; j.-at. ; *v.*

LYTHRARIÉES. Les Lythrariées sont remarquables par les formes différentes des fleurs chez la même espèce. Tantôt le pistil, tantôt les étamines sont relativement plus développés.

- Feuilles *ovales ou étroites* (voir plus bas fig. LH, LS) ; tube du calice strié ; style allongé ; fruit plus long que large. — 1. **Lythrum**, p. 58. *Lythrum.*
- Feuilles *arrondies et plus larges au sommet* PP ; 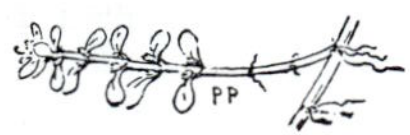 tube du calice court, en cloche ; style court ; fruit globuleux. — 2. **Péplis**, p. 58. *Peplis.*

1. **Lythrum**. *Lythrum*. —

- Fleurs *en groupes de 3 à 10*, disposées en une inflorescence allongée LS ;  feuilles en cœur à la base ; fleurs roses ; 3-12 d. — **L. Salicaire** TC. *L. Salicaria L.* ✠ * bords des eaux ; jt.-s. ; *v.*
- Fleurs *isolées* à l'aisselle des feuilles LH ;  feuilles non en cœur à la base ; fleurs d'un rose pâle ; 1-3 d. — **L. à feuilles d'Hysope** AR. *L. hyssopifolium L.* ✠ étangs ; jt.-s ; *a.*

2. **Péplis**. *Peplis*. — (fig. PP. p. 58). Tige couchée, à racines adventives nombreuses, parfois flottant sur l'eau ; fleurs d'un rose pâle. — **P. Pourpier** TC. *P. Portula L.* bords des mares ; j.-s. ; *a*, *b.* ou *v.*

Voyez Album de la Nouvelle Flore, p. 53 et 54
Voyez Atlas des Plantes de France, pl. 119 et 120

Voyez Album de la Nouvelle Flore, p. 54
Voyez Atlas des Plantes de France, pl. 121

PORTULACÉES. Les jeunes pousses des Portulacées sont comestibles. On cultive une variété de Pourpier comme salade. Une espèce de ce genre se trouve souvent dans les jardins comme plante d'ornement.

- *6 à 15 étamines; fleurs jaunes;* feuilles en rosette autour des fleurs, opposées ou non O; fruit s'ouvrant en travers. — 1. **Pourpier**, p. 59. *Portulaca.*

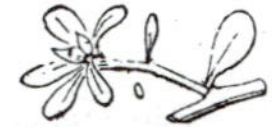

- *3 étamines, rarement 4 à 5 ; fleurs blanches ;* feuilles opposées F ; fruit s'ouvrant par 3 valves. — 2. **Montia**, p. 59. *Montia.*

1. **Pourpier**. *Portulaca.* — (fig. O, p. 59). Tige couchée, souvent rougeâtre; feuilles très épaisses, portant des poils courts à leur aisselle; 1-3 d. — **P. potager**. C (2). *P. oleracea L.* ✠* décombres; j.-o.; *a.*

2. **Montia**. *Montia.* — (fig. F, p. 59). Feuilles entières, sans poils; pétales soudés en un tube, fendu d'un côté; tiges de 2-25 c., souvent en touffes. — **M. des fontaines** AC. *M. fontana L.* ✠ sables humides; av.-j.; *a.*

PARONYCHIÉES. Les Paronychiées sont des plantes dont les tiges s'étalent souvent sur le sol ; ces plantes ont de petites fleurs dont les pétales sont avortés ou réduits à de petits filets.

- Feuilles *toutes alternes* CL; fleurs blanches; stipules très petites, argentées; fruit pierreux. — 1. **Corrigiola**, p. 60. *Corrigiola.*

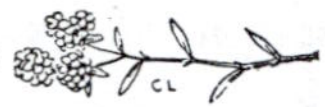

- Feuilles *opposées*, au moins les inférieures.
  - Feuilles *sans stipules*, soudées 2 à 2 à la base A, SP; 2 styles; calice à sépales réunis. — 2. **Scléranthe**, p. 60. *Scleranthus.*

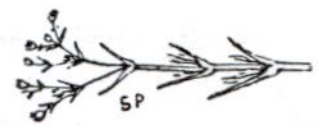

  - Feuilles *à stipules membraneuses* HH, TE.
    - Sépales *blanc de lait;* fleurs par groupes de 3 à 6; (fig. I); sépales épais, aigus. — 3. **Illecèbre**, p. 60. *Illecebrum.*

    - Sépales *verts en dehors;* fleurs par groupes de beaucoup de fleurs HH; sépales jaunâtres en dedans. — 4. **Herniaire**, p. 60. *Herniaria.*

    - Sépales *verts au milieu;* fleurs en *grappes rameuses* TE; feuilles opposées ou par 4. — 5. **Polycarpon**, p. 60. *Polycarpon.*

(1) 1° Var. *platycarpa* Kutz., feuilles supérieures ovales, styles persistants, renversés à la maturité; 2° var. *hamulata* Kutz., feuilles toutes étroites, bractées tombant tôt, styles persistants, renversés à la maturité; 3° var. *vernalis* Koch., feuilles supérieures ovales; styles dressés, tombant tôt. — (2) La variété *sativa* Haw., parfois cultivée dans les jardins, est à tiges redressées et à feuilles plus grandes que dans la variété spontanée.

Voyez Album de la Nouvelle Flore, p. 54 et 55
Voyez Atlas des Plantes de France, pl. 122

1. **Corrigiola**. *Corrigiola*. — (fig. CL, p. 59). Feuilles étroites ; plante appliquée sur le sol ; fleurs groupées au sommet des rameaux ; 1-4 d. — **C. des grèves** AR. *C. littoralis L.* bords des étangs ; j.-s. ; *a*.

2. **Scléranthe**. *Scleranthus*. —

- Calice à sépales *obtus*, *largement blancs* sur les bords, rapprochés après la floraison ; fleurs toutes au sommet des rameaux SP ; 5-15 c.  — **S. vivace** AC. *S. perennis L.* terres sablonneuses ; j.-s. ; *v*.
- Calice à sépales *aigus*, *à peine blancs* sur les bords, (environ 1/2 mm.) ; souvent quelques fleurs à l'aisselle des feuilles A ; 5-15 c.  — **S. annuel** TC. *S. annuus L.* champs ; m.-o. ; *a* ou *b*.

3. **Illecèbre** *Illecebrum*. — (fig, I, p. 59). Tiges couchées, très minces ; feuilles arrondies, fleurs sans pédoncule ; 5-25 c. — **I. verticillé** R. *I. verticillatum L.* terres sablonneuses ; jt.-s. ; *a* ou *b*.

4. **Herniaire**. *Herniaria*. — [Turquette.]

- Plante *sans poils*, verte G ;  feuilles sans poils ; 5-20 c. — **H. glabre** C. *H. glabra L.* * champs ; m.-s. ; *a,b* ou *v*.
- Plante *velue*, grisâtre HH ;  feuilles ciliées ; 5-20 c. — **H. velue** C. *H. hirsuta L.* champs ; m.-s. ; *a,b* ou *v*.

5. **Polycarpon.** *Polycarpon*. — (fig. IF, p. 59). Feuilles larges ; bractées membraneuses argentées ; 5-15 c. — **P. à 4 feuilles** TR. *P. tetraphyllum L.* naturalisé ; jt.-s. ; *a*.

CRASSULACÉES. Cette famille renferme des *plantes grasses*, c'est-à-dire des plantes dont les feuilles épaisses renferment une provision d'eau qui permet au végétal de supporter la sécheresse sur les rochers ou les terrains secs.

- *3 à 4 étamines* plante très petite (ordinairement moins de 6 c.)
  - Fleurs *blanches ;* sans pédoncules TM ; carpelles rétrécis en travers T.   — 3. **Tillée**, p. 62. *Tillæa.*
  - Fleurs *roses ;* **avec** pédoncules B ; carpelles non rétrécis BV.   — 4. **Bulliarde**, p. 62. *Bulliarda.*
- *5 étamines ou plus* (plante ayant ordinairement plus de 6 c.)
  - Corolle à *6-20 pétales* ST ; écailles de la base des carpelles *dentées ;* 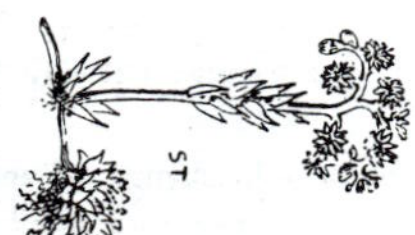 fleurs roses, striées. — 2. **Joubarbe**, p. 62. *Sempervivum.*
  - Corolle à *5 pétales, rarement 4, 6 ou 8* ; écailles de la base des carpelles *entières* ou *fendues ;* fleurs roses, blanches ou jaunes. — 1. **Sédum**, p. 61. *Sedum.*

Voyez Album de la Nouvelle Flore, p. 55
Voyez Atlas des Plantes de France, pl. 123 A et 123 B

1. Sédum. *Sedum*. —

- **Fleurs *jaunes*.**
  - *6 à 8 pétales ;* rameaux de l'inflorescence recourbés ; feuilles aiguës E, R ; branches sans fleurs en cône renversé R, E ; 1-4 d.   — **S. réfléchi** TC (1). *S. reflexum L.* ✠ terres pierreuses ; jt.-at. ; *v.*
  - *5 pétales* A, rarement 4.
    - Sépales *prolongés* à la base A ;  feuilles non prolongées à la base AC ; 8-15 c.  — **S. âcre** TC. *S. acre L.* * murs, décombres ; j.-jt. ; *v.*
    - Sépales *non prolongés* à la base BO ;  feuilles un peu prolongées à la base SB ; 1-2 d.  — **S. de Boulogne** R. *S. boloniense Lois.* * terres pierreuses ; j.-jt. ; *v.*
- **Fleurs *blanches ou rougeâtres*.**
  - Feuilles *très velues ;* plante de 5-10 c. H ;  pétales 2 à 3 fois plus longs que les sépales; fleurs blanches ou roses. — **S. hérissé** TR. *S. hirsutum All.* rochers ; m.-jt. ; *v.*
  - Feuilles *dentées* TE ;  plante de 3-6 d. ; fleurs roses ; racines renflées. [Orpin] — **S. Reprise** C. *S. Telephium L.* ✠ bois humides ; jt.-s. ; *v.*
  - Feuilles *ni très velues ni dentées.*
    - Tiges isolées *sans rameaux feuillés* à la base.
      - *5 étamines ;* fleurs presque *sans pédoncules* RU ;  fleurs d'un blanc rosé ; 4-10 c. — **S. rougeâtre** AC. *S. rubens L.* vieux murs, champs ; m.-jt. ; *a.*
      - *10 étamines ;* fleurs à pédoncules.
        - Feuilles *opposées ou verticillées* C, plates ; 1-3 d. 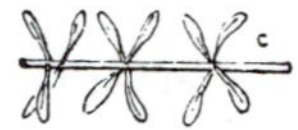 — **S. Pourpier** AC. *S. Cepæa L.* ✠ chemins ; j.-at. ; *a* ou *b.*
        - Feuilles *alternes* V, arrondies ; 7-15 c.  — **S. velu** R. *S. villosum L.* tourbières ; j.-jt. ; *a* ou *b.*
    - Tiges ayant à la base des *rameaux feuillés.*
      - Plante *sans poils ;* feuilles allongées, assez écartées les unes des autres AL ; 1-2 d. [Raisin-de-Rat].  — **S. blanc** TC. (2). *S. album L.* ✠ murs, rochers ; j.-at. ; *v.*
      - Plante *velue au sommet ;* feuilles courtes, rapprochées D ; 1-2 d.  — **S. à feuilles épaisses** R (3). *S. dasyphyllum L.* vieux murs ; j.-at. ; *v.*

(1) Var. *elegans* Lej., à branches sans fleurs en cône renversé épais (fig. E), à feuilles très pointues, à fleurs d'un jaune vif, dont les étamines ont les filets sans poils, AR. — (2) Var. *micranthum* DC., à tiges grêles, à fleurs plus petites, AR. — (3) Var. *corsicum* Dub. feuilles toutes à poils glanduleux, TR.

Voyez Album de la Nouvelle Flore, p. 56
Voyez Atlas des Plantes de France, pl. 124, 125 et 126

2. **Joubarbe.** *Sempervivum.* — (fig. ST, p. 60). Tige velue glanduleuse. Rameaux sans fleurs portant des rosettes de feuilles en forme d'artichaut ; 3-6 d. — **J. des toits** AC. *S. tectorum L.* ✠ * vieux murs ; jt.-at. ; *v*,

3. **Tillée.** *Tillæa.* — (fig. TM et T, p. 60). Feuilles petites, réunies 2 à 2 par la base ; fleurs très petites ; plante à tiges rougeâtres, souvent aplaties ; 2-6 c. — **T. mousse** AR. *T. muscosa L.* bois, rochers ; j·-at. ; *a*.

4. **Bulliarde.** *Bulliarda.* — (fig. BV et B, p. 60). Feuilles opposées, assez épaisses ; 2-6 c. — **B. de Vaillant** R. *B. Vaillantii DC.* marécages ; j.-at. ; *a*.

SAXIFRAGÉES. Les Saxifragées, peu nombreuses dans nos régions, comprennent beaucoup d'espèces qui croissent dans les montagnes.

{ Fleurs *jaunâtres ;* pas de corolle CH ; calice à 4, rarement à 5 divisions. — 1. **Dorine,** p. 62. *Chrysosplenium.*
{ Fleurs *blanches ;* corolle à 5 pétales GR ; calice à 5 divisions. — 2. **Saxifrage,** p. 62. *Saxifraga.*

1. **Dorine.** *Chrysosplenium.* —

{ Feuilles *opposées*, celles de la base à courts pétioles O ; 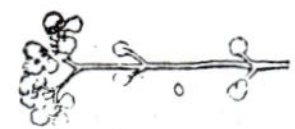 tige à 4 angles ; 1-2 d — **D. à feuilles opposées** R. *C. oppositifolium L.* bois et rochers humides ; av.-m. ; *v*.
{ Feuilles *alternes*, celles de la base à longs pétioles A ; 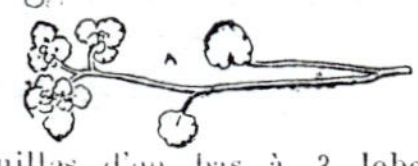 tige à 3 angles ; 1-2 d. — **D. à feuilles alternes** R. *C. alternifolium L.* ✠ bois et rochers humides ; ms.-m. ; *v*.

2. **Saxifrage.** *Saxifraga.* —

{ *Plante de 3-10 c.*, sans bulbes à la base TR ; feuilles d'en bas à 3 lobes ; 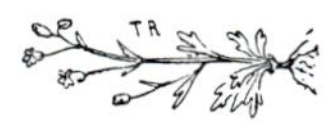 — **S. à trois doigts** TC. *S. tridactylites L.* vieux murs, champs : ms.-m. ; *a*.
{ *Plante de 20-30 c.*, avec bulbes à la base G ; feuilles de la base crénelées G.  — **S. granulée** TC. *S. granulata L.* * bois, prés ; av.-j. ; *v*,

GROSSULARIÉES. Les Groseilliers sont cultivés dans les jardins pour leurs fruits comestibles.

Groseillier. *Ribes.* —

Arbrisseau *épineux ;* calice velu U ;  feuilles à deux ou trois pointes. [Groseillier-à-maquereau.] — **G. Raisin-crépu** C (1). *R. Uva-crispa L.* ✠ * buissons ; av.-m. ; *v*.

Arbrisseau *non épineux.*
{ Calice *sans poils* R ; fruit rouge ;  fleurs jaunâtres ou d'un jaune verdâtre ; — **G. rouge** C. *R. rubrum L.* ✠ bois, haies ; av.-m. ; *v*.
{ Calice *poilu* N ; fruit noir ;  fleurs verdâtres, rougeâtres en dedans. [Cassis.] — **G. noir** (*Cult.*). *R. nigrum L.* ✠ cultivé ; av.-m. ; *v*.

OMBELLIFÈRES. Les plantes de cette famille sont, en général, *très difficiles* à déterminer. Il est nécessaire, le plus souvent, pour les reconnaître, d'avoir les fruits mûrs ou au moins déjà bien formés. La plupart des Ombellifères contiennent des essences dont beaucoup sont utilisées (Anis, Angélique, Fenouil, Coriandre, etc.); certaines espèces renferment des alcalis organiques vénéneux (Ciguë, Cicutaire).

- Feuilles *simples* ou *épineuses* (exemples : fig. F, SE, H, E, R). 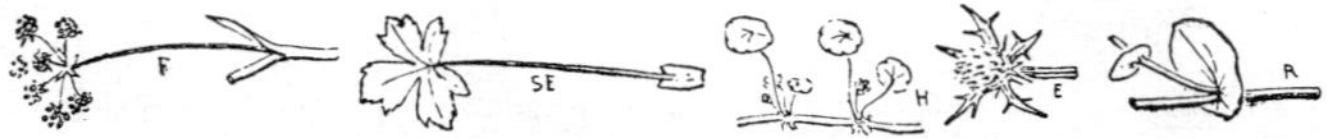

1er GROUPE, p. 64.
- Feuilles *divisées* jusqu'à la nervure du milieu.
  - Fruit *velu* ou *couvert de pointes* (exemples : fig. P, D, AV, M, T). 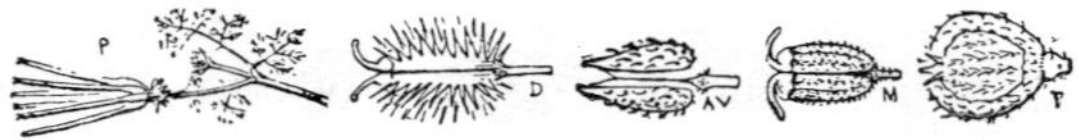

2e GROUPE, p. 64.
  - Fruit *lisse* et non velu.
    - Fleurs de couleur *jaune, jaunâtre* ou jaune-verdâtre. **3e GROUPE**, p. 65.
    - Fleurs *blanches*, *rosées* ou verdâtres
      - Plante à la fois *sans involucres et sans involucelles* (2). **4e GROUPE**, p. 65.
      - Plante ayant *involucre* ou *involucelle*, ou les deux à la fois.
        - Feuilles de la base *une fois* complètement divisées (exemples : L, F, V). 

5e GROUPE, p. 66.
        - Feuilles de la base *deux fois* complètement divisées (exemples : PE, PA). 

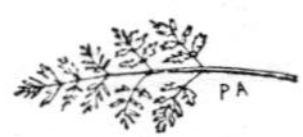

          - Fruit *ailé* (exemples de coupe en travers du fruit ailé : A, L). 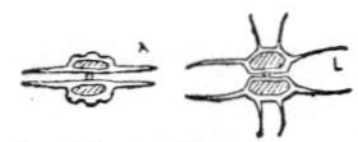

6e GROUPE, p. 66.
          - Fruit *non ailé*. **7e GROUPE**, p. 67.

(1) La Var. *Grossularia* L ✠ à feuilles presque sans poils et luisantes en dessus est souvent cultivée. — (2 Il faut avoir soin de regarder les ombelles jeunes, car les bractées des involucres ou des involucelles peuvent tomber quand les ombelles sont passées.

1er GROUPE. —

- Feuilles *épineuses;* fleurs en capitule E; 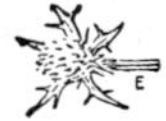 plante sans poils. — 1. **Panicaut**, p. 68. *Eryngium.*
- Feuilles *très profondément lobées* SE; 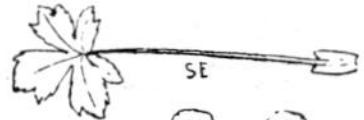 fleurs en ombelle irrégulière S. 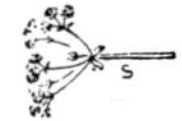 — 2. **Sanicle**, p. 68. *Sanicula.*
- Feuilles *entières* ou presque entières.
  - Feuilles arrondies *crénelées* H;  fleurs *blanches;* plante aquatique. — 4. **Hydrocotyle**, p. 68. *Hydrocotyle.*
  - Feuilles *entières;* fleurs *jaunes*; fruit strié; plante ordinairement non aquatique. — 3. **Buplèvre**, p. 68. *Buplevrum.*

2e GROUPE. —

- Fruit *velu.*
  - Fruit prolongé *en long bec* P; 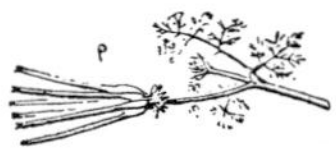 ombelle simple. — 5. **Scandix**, p. 68. *Scandix.*
  - Fruit *sans long bec.*
    - Fruit aplati, *entouré d'un rebord* jaunâtre T; involucre à plus de 2 bractées, en général.  — 6. **Tordyle**, p. 68. *Tordylium.*
    - Fruit aplati, *sans rebord* (fig. H, p. 66). [Voy. 23. **Berse,** p. 70].
    - Fruit ovale, *sans rebord* M; involucre à 0, 1 ou 2 bractées.  — 7. **Seséli**, p. 68. *Seseli.*
- Fruit couvert de *pointes raides,* épaisses à la base (D, AV, C, TA).
  - Fruit *sans côtes, terminé en bec pointu* AV;  bec lisse. — 8. **Anthrisque**, p. 69. *Anthriscus.*
  - Fruit *sans bec pointu, allongé.*
    - Involucre à bractées *profondément divisées* DC.  fruit à pointes raides, non crochues D. 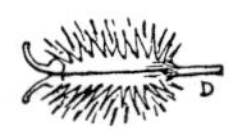 — 9. **Daucus**, p. 69. *Daucus.*
    - Involucre à bractées *entières.*
      - Fruit à pointes *disposées régulièrement* C.  — 10. **Caucalis**, p. 69. *Caucalis.*
      - Fruit à pointes *irrégulièrement disposées,* un peu crochues TA.  — 11. **Torilis**, p. 69. *Torilis.*

3e GROUPE. —

Feuilles *velues ;* à divisions larges, dentées PA ; 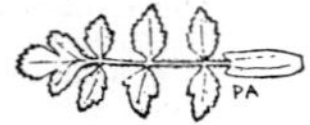

fruit *aplati.* — 12. **Panais**, p. 69. *Pastinaca.*

Feuilles *non velues ;* fruit non aplati.

- Feuilles à divisions *étroites en filets* F ; 

bractées de l'involucre plus ou moins avortées. — 13. **Aneth**, p. 69. *Anethum.*
- Feuilles *à divisions aplaties ;* involucre à 1-3 bractées.
  - Feuilles *rudes sur les bords ;* fleurs jaunâtres fruit à côtes *tranchantes* SI. 

— 14. **Silaüs**, p. 70. *Silaus.*
  - Feuilles *lisses sur les bords ;* fleurs d'un jaune verdâtre ; fruit à *côtes fines.*
    - Fruit *large* PE. 

— 15. **Persil**, p. 70. *Petroselinum.*
    - Fruit *allongé.* [Voy. **40. Palimbie**, p. 73.]

4e GROUPE. —

Fleurs d'un blanc *verdâtre ;* plante *très aromatique ;* pétales entiers AG. 

— 16. **Céleri**, p. 70. *Apium.*

Fleurs *blanches ou rosées.*

- Feuilles *à lanières étroites* TR ; 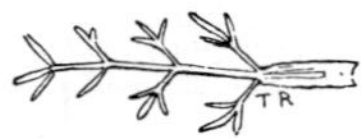

fleurs staminées sur une plante et fleurs pistillées sur une autre. — 17. **Trinia**, p. 70. *Trinia.*
- Feuilles à divisions *non en lanières ;* fleurs stamino-pistillées.
  - Feuilles de la base *1 fois divisées* PM, PS. 

— 18. **Boucage**, p. 70. *Pimpinella.*
  - Feuilles de la base *2 fois divisées ;* divisions portant elles-mêmes 3 divisions finement dentées Æ ; fruit ovale. 

— 19. **Egopode**, p. 70. *Ægopodium.*

5e GROUPE. —

- Feuilles à divisions *6 à 10 fois plus longues que larges* FR ; avec une bordure cartilagineuse ;  pistil ou étamines souvent avortés. — 21. **Falcaire**, p. 70. *Falcaria.*
- Feuilles à divisions *en filets étroits* V,  comme verticillées. — 22. **Bunium**, p. 70. *Bunium.*
- Feuilles à divisions *1 à 4 fois* plus longues que larges.
  - Pétales des fleurs extérieures de l'ombelle *plus grands* que les autres.
    - Feuilles *velues ;* fruit *aplati* H. 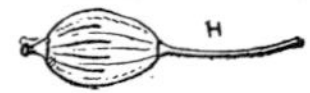 — 23. **Berce**, p. 70. *Heracleum.*
    - Feuilles *non velues ;* fruit *globuleux* CO.  — 24. **Coriandre**, p. 71. *Coriandrum.*
  - Pétales des fleurs extérieures de l'ombelle sensiblement *égaux* aux autres.
    - Plante *non aquatique ;* ombelle à 2-6 rayons. — 25. **Sison**, p. 71. *Sison.*
    - Plante *aquatique.*
      - Pétales *échancrés* SA ;  feuilles de la base ordinairement de plus de 15 c. — 26. **Berle**, p. 71. *Sium.*
      - Pétales *entiers* HN ;  feuilles de la base ordinairement de moins de 10 c. — 27. **Helosciadie**, p. 71. *Helosciadium.*

6e GROUPE. —

- Involucre *à plus de 2 bractées ;* folioles dentées LL, à bord cartilagineux ; 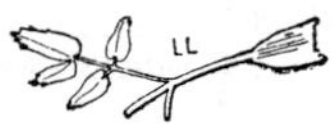 fruit à 8 ailes (L, coupe du fruit). 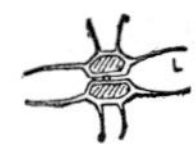 — 28. **Laser**, p. 71. *Laserpitium.*
- Involucre à *0, 1 ou 2 bractées.*
  - Tige *creuse, presque lisse ;* odeur d'angélique ; feuilles à gaine large AS.  fruit à 4 ailes A.  — 29. **Angélique**, p. 72. *Angelica.*
  - Tige *pleine* non lisse ; pas d'odeur d'angélique.
    - Tige *striée ;* fruit à *10 ailes peu développées* (CN, coupe du fruit) ; lobes des feuilles peu divisés CA.   — 30. **Cnide**, p. 72. *Cnidium.*
    - Tige *à angles marqués ;* fruit *à 4 ailes développées* (S, coupe du fruit) ; lobes des feuilles très divisés SC.   — 31. **Sélin**, p. 72. *Selinum.*

7e GROUPE. —

- *Sépales libres au sommet.*
  - Fruit *globuleux;* sépales larges, membraneux ; plante à odeur forte ; feuilles à divisions dentées CV.  32. **Cicutaire**, p. 72. *Cicuta.*
  - Fruit *plus long que large, non aplati ;* sépales *s'accroissant après la floraison ;* involucre avorté ou tombant tôt. 33. **Œnanthe**, p. 72. *Œnanthe.*
  - Fruit plus ou moins *aplati;* involucre à bractées étalées ou renversées. 36. **Peucédan**, p. 73. *Peucedanum.*
- Sépales *non distincts.*
  - Fleurs *blanches ou rosées.*
    - Tige *sans bulbe* à la base.
      - Involucelles à bractées renversées et rejetées d'un côté, *plus longues que l'ombellule* CY ;  ombelle à 5-10 rayons. 35. **Éthuse**, p. 72. *Æthusa.*
      - Involucelles à bractées *plus courtes que l'ombellule.*
        - Plante *submergée* (Voy. 27. **Hélosciadie**, p. 71.)
        - Plante non submergée.
          - *Odeur de cerfeuil ;* ombelles rapprochées, à leur base, d'une feuille ordinaire ; fruit allongé CE.  37. **Cerfeuil**, p. 73. *Cerefolium.*
          - Ombelles *longuement pédonculées.*
            - *Fruit presque aussi large que long, à côtes marquées ;* ombelle à 10-20 rayons CM.  34. **Ciguë**, p. 72. *Conium.*
            - *Fruit beaucoup plus long que large* AS, *lisse ;* ombelle à 5-15 rayons.  20. **Chérophylle**, p. 70. *Chærophyllum.*
    - Tige sortant d'un *bulbe.*
      - Involucre à *5-8 bractées;* feuilles à divisions très étroites B.  38. **Carum**, p. 73. *Carum.*
      - Involucre à *0-3 bractées;* feuilles à divisions assez étroites CD.  39. **Conopode**, p. 73. *Conopodium.*
  - Fleurs d'un *blanc verdâtre ou jaunâtre ;* feuilles à folioles disposées *en croix* CH ;  pas d'involucre. 40. **Palimbie**, p. 73. *Palimbia.*

1. **Panicaut**. *Eryngium.* — (fig. E, p. 64). Feuilles à lobes terminés par des épines; fleurs d'un blanc bleuâtre ; 4-6 d. [Chardon-Roland]. — **P. champêtre** TC. *E. campestre L.* ✠ chemins ; jt.-s. ; *v.*

2. **Sanicle**. *Sanicula.* — (fig. S, SE, p. 64). Feuilles toutes à la base, à lobes au coin; fleurs d'un blanc rose ; 4-6 d. — **S. d'Europe** AC. *S. europæa L.* ✠* bois ; av.-m. ; *v.*

3. **Buplèvre**. *Buplevrum.* —

Feuilles *ovales, arrondies, à limbe traversé par la tige* R ;  involucelle à bractées inégales, jaunâtres en dedans ; 2-5 d. — **B. à feuilles rondes** AR. *B. rotundifolium L.* ✠* champs ; j.-at. ; *a.*

Feuilles *étroites.*
- Ombelle à *5-10 rayons* F ; involucelles dépassés par les fleurs 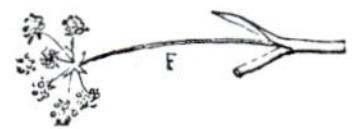 feuilles supérieures souvent courbées en faux ; 4-10 d. [Oreille-de-Lièvre]. — **B. en faux** C. *B. falcatum L.* ✠ coteaux, bois ; at.-o. ; *v.*
- Ombelle *à 2-4 rayons ;* rarement 5 ; involucelles dépassant les fleurs.
  - Involucre à bractées *de 10-25 mm. de longueur* fleurs pédonculées ; fruit *lisse ;* 1-2 d.  — **B. aristé** TR. *B. aristatum Bartl.* coteaux arides ; j.-at. ; *a.*
  - Involucre à bractées *de 3-5 mm. de longueur* fleurs sans pédoncule ; fruit *tuberculeux ;* 1-6 d.  — **B. ténu** AR. *B. tenuissimum L.* chemins ; jt.-o. ; *a.*

4. **Hydrocotyle**. *Hydrocotyle.* — (fig. H, p. 64). Pétiole rattaché au milieu du limbe des feuilles; fleurs disposées par 3 à 6 ; tige grêle, à racines adventives. — **H. vulgaire** C. *H. vulgaris L.* ✠* marais ; j.-s. ; *v.*

5. **Scandix**. *Scandix.* — (fig. P, p. 64). Feuilles très découpées; fleurs blanches, à pétales inégaux ; 2-4 d. [Aiguille-de-Berger.] — **S. Peigne-de-Vénus** TC. *S. Pecten-Veneris L.** moissons ; m.-at. ; *a.*

6. **Tordyle**. *Tordylium.* — (fig. T, p. 64). Tige très velue; feuilles à folioles largement dentées ; fleurs blanches, les extérieures rougeâtres ; 3-9 d. — **T. élevé** AR. *T. maximum L.* chemins ; j.-at. ; *a.*

7. **Séséli**. *Seseli.* —

Involucre *à 0, 1 ou 2 bractées ;* feuilles à divisions larges SL ;  6-12 d. — **S. Libanotis** AR. *S. Libanotis Koch.* coteaux ; jt.-s. ; *b* ou *v.*

Involucre à *plus de 2 bractées.*
- Ombelle à *6-12 rayons ;* gaine des feuilles entourant la tige sur une grande longueur M ; 3-5 d.  — **S. des montagnes** C. *S. montanum L.* chemins ; jt.-o. ; *v.*
- Ombelle à *15-30 rayons ;* gaine des feuilles n'entourant la tige qu'à la base C ; 3-7 d.  — **S. coloré** AR. *S. coloratum Ehrh.* bois ; jt.-o. ; *v.*

Voyez Album de la Nouvelle Flore, p. 57 et 58
Voyez Atlas des Plantes de France, pl. 134, 140, 145 et 146

Voyez Album de la Nouvelle Flore, p. 58, 59 et 60
Voyez Atlas des Plantes de France, pl. 127, 129 et 131

8. **Anthrisque**. *Anthriscus*. — (fig. AV, p. 64). Ombelles sur des rameaux très courts ; feuilles molles, velues ; fleurs blanches ; 2-4 d. — **A. vulgaire** TC. *A. vulgaris Pers.* décombres ; av.-j. ; *a.*

9. **Daucus**. *Daucus*. — (fig. DC, D, p. 64). Feuilles très divisées, à divisions étroites ; fleurs blanches ; souvent une fleur rouge mal formée, au centre de l'ombelle ; 4-8 d. — **D. Carotte** TC. *D. Carota L.* ✠ * prairies, champs ; j.-s. ; *b.*

10. **Caucalis**. *Caucalis*. —

- Involucre *avorté ;* ombelle à 2-3 rayons ; feuilles très divisées D ; fleurs blanches ;  1-5 d. — **C. Faux-Daucus** C. *C. daucoides L.* champs ; m.-jt. ; *a.*
- Involucre *à 2-4 bractées ;* ombelle à 2-5 rayons ; feuilles 1 fois divisées L ; fleurs roses rarement blanches ;  2-6 d. — **C. à larges feuilles** AR. *C. latifolia L.* ✠ moissons ; j.-at. ; *a.*
- Involucre *à 5-8 bractées ;* ombelle à 5-8 rayons CG ; 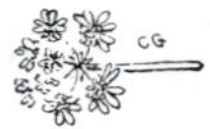 pétales extérieurs beaucoup plus grands CG ; feuilles très divisées ; fleurs blanches ; 2-4 d. — **C. à grandes fleurs** AR. *C. grandiflora L.* ✠ moissons ; j.-s. ; *a.*

11. **Torilis**. *Torilis*. —

- Rameau, portant l'ombelle, *très court*, TN, à 2-3 rayons ;  involucelle à bractées plus longues que les pédoncules des fleurs ; plante à poils appliqués ; 1-5 d. — **T. noueux** C. *T. nodosa Gærtn.* terres arides ; m.-jt. ; *a.*
- Ombelles sur des rameaux *nettement visibles ou même allongés.*
  - Fleurs du pourtour *presque régulières ;* fruit à pointes courbées dès la base TA ; styles sans poils ; involucre *à 5 bractées ;* 5-10 d.  — **T. Anthrisque** AC. *T. Anthriscus Gmel.* chemins ; j.-s. ; *b.*
  - Fleurs du pourtour *très irrégulières ;* fruit à pointes crochues au sommet I ; styles poilus à la base ; involucre *à 0-4 bractées ;* 2-5 d.  — **T. infestant** AC. *T. infesta Hoffm.* champs ; jt.-s. ; *b.*

12. **Panais**. *Pastinaca*. — (fig. PA, p. 65). Feuilles à divisions dentées ; tige très anguleuse ; plante aromatique ; 8-12 d. — **P. silvestre** AC (1 *). *P. silvestris Mill.* ✠ moissons ; jt.-at. ; *b.*

13. **Aneth**. *Anethum*. —

- Feuilles supérieures sur une gaine *plus longue* que le reste de la feuille ; 8-15 d. — **A. Fenouil** AC. *A. Fœniculum L.* ✠ * décombres ; jt.-s. ; *b.* ou *v.*
- Feuilles supérieures sur une gaine *plus courte* que le reste de la feuille ; 1-5 d. [Fenouil-bâtard.] — **A. odorant** (*Cult.*). *A graveolens L.* ✠ chemins ; jt.-at. ; *a.*

(1) Var. *sativa* L ✠ * [Panais], à racine très épaisse, cultivée.

Voyez Album de la Nouvelle Flore, p. 60, 61, 62 et 63
Voyez Atlas des Plantes de France, pl. 130, 136, 137, 138 et 142

14. **Silaüs**. *Silaus*. — (fig. SI, p. 65). Feuilles très divisées; involucelles à bractées rougeâtres au sommet; pétales poilus au milieu, extérieurement; 5-10 d. [Cumin-des-prés.] — **S. des prés** AC. *S. pratensis Bess.* marécages; jt.- s.; *v.*

15. **Persil**. *Petroselinum*. — (fig. PE, p. 65). Feuilles luisantes, très divisées; ombelles à rayons nombreux; involucelles à bractées nombreuses; 4-8 d. — **P. cultivé** (*Cult.*). *P. sativum Hoffm.* ✠ * villages; j.-at.; *a* ou *b.*

16. **Céleri**. *Apium*. — (fig. AG, p. 65). Feuilles luisantes à divisions larges; tige anguleuse, sillonée; fleurs d'un blanc verdâtre; 3-9 d. — **C. odorant** (*Cult.*). *A. graveolens L.* ✠ * villages; jt.-s.; *b.*

17. **Trinia**. *Trinia*. — (fig. TR, p. 65). Feuilles supérieures à divisions peu nombreuses; racine épaisse; fleurs blanches; 1-3 d. — **T. vulgaire** R. *T. vulgaris DC.* bois; m.-j.; *b* ou *v.*

18. **Boucage**. *Pimpinella*. — (1).

Folioles à pourtour aigu PM;  tiges *anguleuses*, fortement creusées de sillons; fleurs blanches ou roses; 1-10 d. [Persil-de-Bouc.] — **B. grande** AR (2). *P. magna L.* bois humides; j.-s.; *v.*

Folioles à pourtour arrondi PS;  tiges *arrondies*, finement striées; fleurs blanches ou roses; 1-10 d. — **B. saxifrage** AC (3). *P. saxifraga L.* chemins, coteaux; j.-o.; *v.*

19. **Égopode**. *Ægopodium*. — (fig. Æ, p. 65). Ombelles à rayons nombreux; feuilles à folioles dentées, pointues; fleurs blanches rarement rougeâtres; 6-10 d. [Herbe-aux-Goutteux.] — **E. podagraire** AR. *Æ. podagraria L.* ✠ * bords des eaux; j.-at.; *v.*

20. **Chérophylle**. *Chærophyllum*. —

Feuilles à lobes *aigus* profondément divisés; fruit ayant un *anneau de poils* à la base AS; 6-12 d.  — **C. silvestre** AC. *C. silvestre L.* ✠ décombres; m.-j.; *v.*

Feuilles à lobes *obtus*, crénelés CH;  fruit sans anneau de poils à la base; 3-10 d. [Cerfeuil-des-Fous.] — **C. penché** AC. *C. temulum L.* ✠ * chemins, bois; j.-jt.; *b.*

21. **Falcaire**. *Falcaria*. — (fig. FR, p. 66). Feuilles de la base non divisées ou divisées en trois, à bordure cartilagineuse; fleurs blanches; 4-6 d. — **F. de Rivin** TR. *F. Rivini Host.* champs; jt.-s.; *v.*

22. **Bunium**. *Bunium*. — (fig. V, p. 66). Tige souterraine portant des racines renflées en fuseau; ombelles à rayons nombreux; 3-7 d. — **B. verticillé** R. *B. verticillatum G.G.* bois humides; j.-s.; *v.*

23. **Berce**. *Heracleum*. — (fig. H, p. 66). Pétales divisés en deux; feuilles à divisions profondément découpées; fleurs blanches; 10-15 d. [Branc-Ursine.] — **B. Spondyle** TC (4). *H. Sphondylium L.* ✠ * prés humides; j.-s.; *v.*

Voyez Album de la Nouvelle Flore, p. 63, 64 et 65
Voyez Atlas des Plantes de France, pl. 135

24. **Coriandre**. *Coriandrum*. — (fig. CO, p. 66). Feuilles à odeur forte ; ombelle à 3-6 rayons ; pétales des fleurs extérieurs divisés en deux ; 4-6 d. — **C. cultivée** (*Cult.*) *C. sativum L.* ✠ parfois subspontané : j.-jt. ; *a*.

25. **Sison**. *Sison*. —

- Feuilles de la base à *5-9 folioles* SA ; 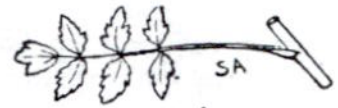 foliole terminale à 3 pointes principales ; pétales divisés en deux ; 6-10 d. — **S. Amome** R. *Sis. Amomum L.* ✠ haies humides ; jt.-o. : *b*.
- Feuilles de la base à *nombreuses folioles* PS ; 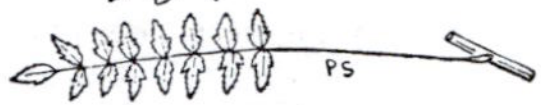 foliole terminale à 1 pointe principale ; pétales entiers ou échancrés ; 4-6 d. — **S. des moissons** R. *Sis. segetum L.* champs ; jt.-s. ; *a* ou *b*.

26. **Berle** *Sium*. —

- Feuilles *finement dentées* L ;  bractées de l'involucre ordinairement entières ; styles étroits ; 8-12 d. — **B. à feuilles larges** R. *S. latifolium L.* marécages ; jt.-s. ; *v*.
- Feuilles *profondément découpées* A ;  bractées de l'involucre ordinairement découpées ; styles élargis à la base ; 4-8 d. — **B. à feuilles étroites** C. *S. angustifolium L.* * étangs ; jt.-s. ; *v*.

27. **Heloscíadie**. *Helosciadium*. —

- Feuilles inférieures *divisées en lanières étroites* H ;  ombelle à 2-3 rayons HI ; 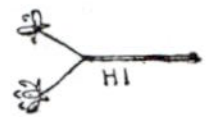 feuilles supérieures à 5 folioles ; 1-9 d. — **H. inondée** R. *H, inundatum Koch.* marécages ; j.-jt.-s. ;
- Feuilles *non en lanières étroites*.
  - Feuilles à folioles *arrondies* R ; feuilles de la base souvent à 9 folioles ; ombelle à 5-6 rayons ; 1-8 d.  — **H. rampante** AR. *H. repens Koch.* marécages ; j-jt. *v*.
  - Feuilles à folioles *ovales en pointe* N ; feuilles de la base souvent à 5-7 folioles ; ombelle à 6-8 rayons ; 1-12 d. 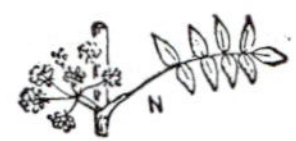 — **H. nodiflore** C. *H. nodiflorum Koch.* fossés herbeux ; jt.-s. ; *v*.

28. **Laser**. *Laserpitium*. — (fig. LL, L, p. 66). Ombelle à 30-50 rayons ; involucre à folioles membraneuses ; folioles en cœur à la base ; 1-12 d. — **L. à feuilles larges** AR. *L. latifolium L.* bois, rochers ; j.-at. ; *v*.

---

(1) Le *Pimpinella Anisum* L ✠ [Anis], à fruits poilus et à feuilles de la base réduites au lobe terminal, est cultivé pour ses fruits aromatiques. — (2) Var. *dissecta* Retz, à feuilles dont les divisions sont très étroites, R. — (3) Var. *pratensis* Thuill., à feuilles divisées, à divisions étroites plus ou moins arquées. — (4) Var. *stenophyllum* Jord., feuilles à lobes étroits, TR.

29. **Angélique**. *Angelica*. — (fig. AS, p. 66). Ombelle à 20-30 rayons, plus petits au centre de l'ombelle; tige lisse; involucelle à bractées renversées; 5-15 d. — **A. silvestre** C. *A. silvestris L.* ✠ * bords des fossés; jt.-s.; *v.*

30. **Cnide**. *Cnidium*. — (fig. CN, CA, p. 66). Ombelle à 30-40 rayons, rudes vers l'intérieur; involucre à bractées bordées de blanc; 8-12 d. — **C. Faux-Céleri** TR. *C. apioides Spreng.* bois; jt.-at.; *v.*

31. **Sélin**. *Selinum*. — (fig. S, SC, p. 66). Ombelle à 15-20 rayons, poilus vers l'intérieur; tige à angles ailés, membraneux; 4-8 d. — **S. à feuilles de Carvi** AC. *S. carvifolium L.* bois humides; jt.-s.; *v.*

32. **Cicutaire**. *Cicuta*. — (fig. CV, p. 67). Feuilles à folioles étroites, dentées; ombelle à 10-15 rayons; 8-12 d. [Ciguë aquatique.] — **C. vireuse** AR. *C. virosa L.* ✠ * marais; jt.-at.; *v.*

33. **Œnanthe**. *Œnanthe*. —

Ombellules à fleurs *toutes pédonculées;*

ombelle à 6-12 rayons PH; feuilles 2 à 3 fois divisées P; 5-15 d.

— **Œ. Phellandre** AC. *Œ. Phellandrium Lam.* ✠ * marais; jt.-s.; *b* ou *v.*

Fleurs du milieu des ombellules *presque sans pédoncules.*

- Tige *pleine;* feuilles de la base très divisées LA, à pétioles peu élargis en ailes membraneuses; ombelle à 6-12 rayons; 5-9.

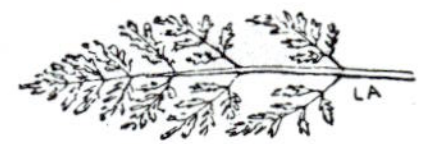

— **Œ. de La Chenal** AC. *Œ. Lachenalii Gmel.* marais; jt.-s.; *v.*

- Tige *creuse.*
  - Ombelle à 5-10 *rayons* PC;

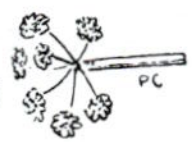

feuilles moyennes 2 fois divisées PE; 6-10 d.

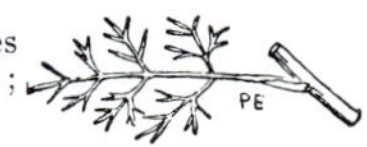

— **Œ. à feuil^les de Peucédan** C. *Œ. peucedanifolia Poll.* marécages; m.-jt.; *v.*

  - Ombelle à 2-3 *rayons* F; rarement 4 à 5.

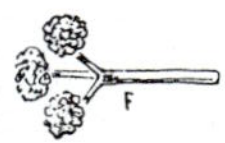

feuilles moyennes seulement 1 fois divisées; 5-8 d. — **Œ. fistuleuse** C. *Œ. fistulosa L.* ✠ fossés humides; j.-jt.; *v.*

34. **Ciguë**. *Conium*. — (fig. CM, p. 67). Involucre à bractées renversées; feuilles molles, luisantes; tige ordinairement tachée de pourpre dans le bas; 1-2 mètres. [Grande-Ciguë.] — **C. tachée** C (1). *C. maculatum L.* ✠ * décombres; j.-at.; *b.*

35. **Éthuse**. *Æthusa*. — (fig. CY, p. 67). Involucelle à 3 bractées renversées plus longues que l'ombellule; feuilles à divisions pointues; 1-6 d. [Petite-Ciguë.] — **E. Ciguë** AC. *Æ. Cynapium L.* ✠ * jardins, champs; jt.-o.; *a.*

Voyez Album de la Nouvelle Flore, p. 65, 66 et 67
Voyez Atlas des Plantes de France, pl. 128, 132, 133, 139, et 143

Voyez Album de la Nouvelle Flore, p. 68 et 69
Voyez Atlas des Plantes de France, pl. 141

36. **Peucédan.** *Peucedanum.* —

Feuilles à divisions *très étroites* PR ; 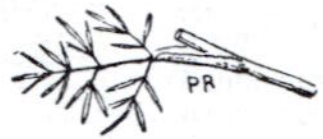

involucre à bractées *dressées :* ombelle à 10-20 rayons ; base de la tige portant les restes des feuilles détruites ; 8-12 d. — **P. de Paris** C. *P. parisiense DC.* bois ; jt.-o. ; *v.*

Feuilles à divisions *ovales en pointe* O, C, PA ; involucre à bractées *renversées.*

- Tige *pleine.*
  - Feuilles inférieures *non glauques en dessous*, à divisions très écartées O et n'étant pas toutes dans un même plan ; 9-12 d. 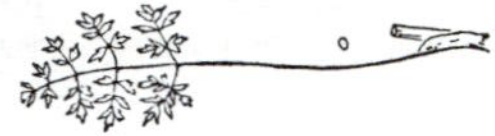

— **P. Oréosélin** AC. *P. Oreoselinum Mœnch.* paturages ; jt.-s. ; *v.*
  - Feuilles inférieures *glauques en dessous*, à divisions non très écartées C et toutes presque dans un même plan ; folioles dentées en scie ; 9-12 d. 

— **P. des Cerfs** R. *P. Cervaria Lap.* bois, coteaux ; jt.-o. ; *v.*
- Tige *creuse* dans le bas ; involucre à bractées membraneuses sur les bords ; feuilles à folioles très découpées PA ; 8-12 d. 

— **P. des marais** TR. *P. palustre Mœnch.* marécages ; jt.-s. ; *v.*

37. **Cerfeuil.** *Cerefolium.* — (fig. CE, p. 67). Ombelles appliquées sur la tige, opposées aux feuilles ; tige striée ; 4-8 d. — **C. cultivé** (*Cult.*). *C. sativum Bess.* ✠ * jardins ; m.-at. ; *a.*

38. **Carum.** *Carum.* — (fig. B, p. 67). Feuilles de la base très divisées ; involucre à folioles pointues ; ombelles à rayons nombreux ; 1-7 d. — **C. Noix-de-terre** R. *C. Bulbocastanum Koch.* bois, coteaux ; j.-jt. *v.*

39. **Conopode.** *Conopodium.* — (fig. CD, p. 67). Ombelles à 8-12 rayons ; feuilles de la base très divisées ; 1-4 d. — **C. dénudé** TR. *C. denudatum Koch.* prés, bois ; m.-jt. ; *v.*

40. **Palimbie.** *Palimbia.* — (fig. CH, p. 67). Ombelle à 6-12 rayons inégaux ; tiges d'un vert glauque ; fleurs d'un blanc verdâtre ou jaunâtre ; 6-8 d. — **P. de Chabrey** AR. *P. Chabræi DC.* prés humides ; j.-s. ; *v.*

(1) L'*Ammi majus* L, à feuilles supérieures dont les divisions sont très étroites, à involucre dont les bractées sont divisées en lobes étroits, se rencontre parfois dans les champs, TR.

ARALIACÉES. On cultive plusieurs espèces ou variétés de Lierre dont les feuilles ont des formes très diverses.

Lierre. *Hedera.* — (Voy. fig. au Tableau des familles). Arbrisseau à feuilles alternes, persistantes, grimpant par des racines transformées en crampons; fleurs d'un jaune verdâtre. — **L. grimpant** TC. *H. Helix L.* ✠ * vieux murs, bois; s.-o.; *v.*

CORNÉES. Les Cornouillers sont des arbrisseaux ou des arbres peu élevés, ayant des fruits charnus à noyau.

Cornouiller. *Cornus.* —

- Fleurs *blanches,* paraissant *après* les feuilles, sans involucre S;  fruits noirs à la maturité. — **C. sanguin** TC. *C. sanguinea L.* bois; m.-j.; *v.*
- Fleurs *jaunes*, paraissant *avant* les feuilles, avec involucre M;  fruits rouges à la maturité. — **C. mâle** AR. *C. mas L.* ✠ * bois; ms.-av.; *v.*

LORANTHACÉES. Le Gui est parasite sur les vieux arbres (Poiriers, Peupliers, Pommiers, etc.)

Gui. *Viscum.* — (Voy. fig. au Tableau des familles). Arbrisseau parasite sur les branches des arbres; à fleurs staminées et fleurs pistillées sur des plantes différentes; fleurs jaunâtres; fruits blancs. — **G. blanc** C. *V. album L.* ✠ * vieux arbres; ms.-av.; *v.*

CAPRIFOLIACÉES. Plusieurs arbustes ou arbrisseaux grimpants de cette famille sont cultivés comme plantes ornementales.

- Feuilles *entières;* un seul style; un seul stigmate à peine divisé en 3. — 1. **Lonicera**, p. 74. *Lonicera.*
- Feuilles finement *dentées, découpées ou très divisées.*
  - Feuilles *à 3 divisions* A;  fleurs en tête globuleuse. — 2. **Adoxa**, p. 75. *Adoxa.*
  - Feuilles à *folioles nombreuses;* fruit à 3-5 graines. — 3. **Sureau**, p. 75. *Sambucus.*
  - Feuilles *simples*, dentées ou à lobes dentés; fruit à 1 graine. — 4. **Viorne**, p. 75. *Viburnum.*

1 **Lonicera.** *Lonicera.* —

- Fleurs groupées *par deux* X;  fleurs très velues; feuilles pétiolées; corolle d'un rose jaunâtre; à tube bossu; arbrisseau non grimpant. [Camérisier.] — **L. Xylostée** C. *L. Xylosteum L.* bois; m.-j.: *v.*
- Fleurs *en tête* P, C.
  - Feuilles supérieures *soudées 2 par 2.* C;  fleurs roses ou d'un blanc jaunâtre, odorantes; arbrisseau grimpant. — **L. Chèvrefeuille** (*Cult.*). *L. Caprifolium L.* ✠ * jardins; m.-jt.; *v.*
  - Feuilles supérieures *distinctes jusqu'à la base* P;  fleurs d'un blanc jaunâtre; odorantes; arbrisseau grimpant. — **L. Périclymène** C. *L. Periclymenum L.* haies, bois: j.-s.; *v.*

Voyez Album de la Nouvelle Flore, p. 69, 70 et 71
Voyez Atlas des Plantes de France, pl. 147, 148, 149 et 152

Voyez Album de la Nouvelle Flore, p. 71 et 72
Voyez Atlas des Plantes de France, pl. 150 et 151

2. **Adoxa.** *Adoxa.* — (fig. A, p. 74). Feuilles de la base à long pétiole; filets des étamines divisés en 2 jusqu'à la base; plante à odeur de musc; 10-15 c. — **A. Moscatelline** C. *A. Moschatellina L.* bois; m.-av.; *v.*

3. **Sureau.** *Sambucus.* —

Tige *herbacée;* stipules larges vertes E;  feuilles à 5-11 divisions; fleurs blanches ou rougeâtres, à odeur d'amande amère; fruits noirs; 8-15 d. — **S. Yèble** C. *S. Ebulus L.* ✠ terres incultes; j.-at.; *v.*

Arbre ou *arbrisseau;* pas de stipules ou stipules petites N. 

- Inflorescence à rameaux souvent par 5, SN; fleurs *sur un même plan;*  fleurs de côté sans pédoncules; fruit mûr noir. — **S. noir** C. *S. nigra L.* ✠ * bois, haies; j.-jt.; *v.*
- Inflorescence *en grappe allongée* R;  fleurs toutes à pédoncules; fruit mûr rouge. — **S. rameux** (*Cult.*). *S. racemosa L.* bois; av.-m.; *v.*

4. **Viorne.** *Viburnum.* —

- Feuilles *régulièrement dentées* L;  fleurs toutes semblables; fruit mûr noir. [Mancienne.] — **V. Lantane** C. *V. Lantana L.* bois; m.-j.; *v.*
- Feuilles *lobées* et dentées O;  fleurs du pourtour plus grandes, ne produisant pas de fruits; fruit mûr rouge. — **V. Obier** C (1). *V. Opulus L.* * bois; m.-j.; *v.*

RUBIACÉES. Les Rubiacées de notre région ont presque toujours les feuilles en apparence verticillées, mais deux de ces feuilles seulement peuvent produire des rameaux à leur aisselle; on considère donc les feuilles des Rubiacées comme opposées, les stipules forment, en apparence, d'autres feuilles semblables aux vraies feuilles. — C'est aux Rubiacées qu'appartiennent certaines plantes exotiques bien connues, comme le Café, le Quinquina.

Calice *à 6 sépales;* fleurs entourées d'un involucre de bractées soudées par la base SA.  corolle à tube étroit S. 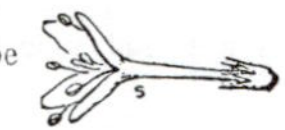 — 2. **Schérardie**, p. 77. *Sherardia.*

Calice à *sépales peu ou pas distincts*

- Corolle *en entonnoir* AC: 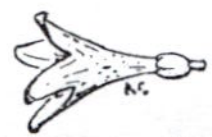 fruit sec. — 3. **Aspérule**, p. 77. *Asperula.*
- Corolle *en roue* GS. 
  - Feuilles *membraneuses*, bordées de dents en pointe RP; fruit *charnu.*  — 4. **Garance**, p. 77. *Rubia.*
  - Feuilles *non membraneuses;* fruit *sec.* — 1. **Gaillet**, p. 76. *Galium.*

(1) On cultive dans les jardins une variété à fleurs toutes grandes et sans étamines ni pistil [Boule-de-neige].

1. **Gaillet.** *Galium.* —

- Fleurs *jaunes.*
  - Feuilles *par 4*, ovales, ciliées GC ;  fleurs parfois sans étamines ou sans pistil ; 3-9 d. — **G. Croisette** TC. *G. Cruciata Scop.* bois ; av.-j. ; *v.*
  - Feuilles *par 6 à 12*, étroites V ;  fleurs toutes stamino-pistillées ; 2-5 d. [Caille-lait.] — **G. vrai** TC. *G. verum L.* ✠ pelouses, bois ; j.-s. ; *v.*
- Fleurs *blanches ou rougeâtres.*
  - Feuilles *sans pointe et arrondies au sommet* P ; 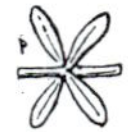 feuilles par 4-5, rarement 6 ; anthères d'un rose foncé ; 5-15 d. — **G. des marais** C (1). *G. palustre L.* marais ; m.-jt. ; *v.*
  - Feuilles *terminées en pointe.*
    - Tige *sans aiguillons* sur les angles, parfois poilue.
      - Feuilles du milieu de la tige *de 4-6 mm. de longueur*  [GS, grandeur naturelle] ; feuilles généralement par 4 à 6 ; fruit tuberculeux ; 2-4 d. — **G. des rochers** TR. *G. saxatile L.* bois humides ; jt.-at. ; *v.*
      - Feuilles du milieu de la tige de *11-15 mm. de longueur*, par 6 à 8 M. 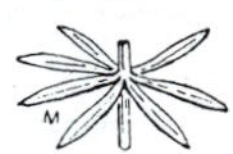
        - Pétales *terminés par une petite pointe* GM ; *5-15 d.*  — **G. Mollugine** TC (2). *G. Mollugo L.* bois, chemins ; m.-at. ; *v.*
        - Pétales *en coin* GS ; *2-5 d.*  — **G. silvestre** C (3). *G. silvestre Poll.* bois, chemins ; j.-jt. ; *v.*
    - Tige à *aiguillons sur les angles.*
      - Fruit de *1-2 mm. de largeur.*
        - Feuilles à la fin *renversées* A ; 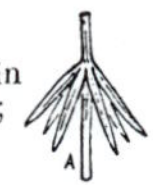 corolle un peu rougeâtre en dehors ; feuilles à petits aiguillons dirigés en haut ; 1-4 d. — **G. d'Angleterre** AC (4). *G. anglicum Huds.* moissons ; j.-at. ; *a.*
        - Feuilles à la fin *dressées* U ou étalées ;  corolle blanche ; feuilles à petits aiguillons dirigés en haut et en bas ; 3-8 d. — **G. fangeux** AC. *G. uliginosum L.* tourbières ; j.-s. ; *v.*
      - Fruit de *3-6 mm. de largeur.*
        - Fruit couvert de *poils crochus* GA, rarement sans poils ;  pédoncules plus longs que les feuilles ; 4-14 d. — **G. Gratteron** TC (5). *G. Aparine L.* ✠ * cultures, bois ; m.-at. ; *a.*
        - Fruit couvert de *tubercules* GT, souvent à 1 carpelle avorté ; 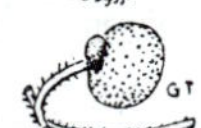 pédoncules plus courts que les feuilles ; 1-5 d. — **G. à 3 cornes** C. *G. tricorne With.* moissons ; j.-at. ; *a.*

Voyez Album de la Nouvelle Flore, p. 72, 73 et 74
Voyez Atlas des Plantes de France, pl. 154

2. Schérardie. *Sherardia.* — (fig. SA, S, p. 75). Calice à sépales ciliés persistants au-dessus du fruit; fleurs roses violacées, rarement blanches; 1-4 d. — **S. des champs** TC. *S. arvensis L.* moissons; m.-o.; *a.*

3. Aspérule. *Asperula.* —

Fleurs *bleues,* en capitule, entourées d'un involucre de bractées AA;

bractées bordées de longs poils; 2-3 d. — **A. des champs** AR. *A. arvensis L.* champs; m.-jt.; *a.*

Fleurs *blanches ou roses.*

- Feuilles supérieures *par 6-9* AO;

fruit couvert de poils en crochets; plante odorante lorsqu'elle est sèche; 2-4 d. [Reine-des-bois.] — **A. odorante** R. *A. odorata L.* ✠ * bois; m.-j.; *v.*

- Feuilles supérieures *par 2-4.*
  - Corolle *rugueuse* en dehors AC;

fruit pointillé C.

— **A. à l'Esquinancie** TC. *A. cynanchica L.* ✠ chemins; j.-s.; *v.*

  - Corolle *lisse* en dehors AT;

fruit lisse T.

— **A. des teinturiers** AR. *A. tinctoria L.* ✠ * bois; j.-jt.; *v.*

4. Garance. *Rubia.* — (fig. RP, p. 75). Feuilles à nervures des feuilles peu saillantes en dessous; feuilles persistantes; anthères arrondies; 3-12 d. — **G. voyageuse** AR (6). *R. peregrina L.* rochers; j.jt.; *v.*

VALÉRIANÉES. Plusieurs plantes de cette famille sont cultivées comme plantes alimentaires (Mâche) ou comme plantes d'ornement (Valériane, Centranthe).

Feuilles, au moins les supérieures, *profondément divisées;* fruit surmonté d'une aigrette OF.

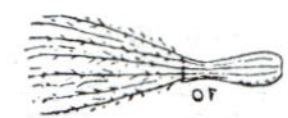

— 1. **Valériane**, p. 78. *Valeriana.*

Feuilles *entières ou dentées.*

- Fleur *à éperon* C;

1 seule étamine; fruit à aigrette. — 2. **Centranthe**, p. 78. *Centranthus.*

- Fleur *sans éperon* OA;

3 étamines; fruit sans poils plumeux; feuilles allongées OL;

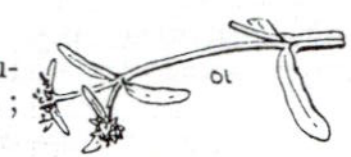

— 3. **Valérianelle**, p. 78. *Valerianella.*

---

(1) 1° Var. *elongatum* Presl., plante robuste à rameaux étalés, à fleurs grandes, AC; 2° Var. *constrictum* Chaub., tiges grêles; feuilles par 6 sur les principaux rameaux, à fruits rapprochés, R. — (2) 1°, Var. *elatum* Thuill., feuilles un peu transparentes, fleurs d'un blanc sale ou jaunâtre; 2° Var. *erectum* Huds., feuilles non transparentes, fleurs d'un beau blanc. — (3) Var. *læve* Thuill., plante sans poils. — (4) Var. *divaricatum* Lam., feuilles souvent par 7, tiges lisses dans leur partie supérieure, TR. — (5) 1° Var. *Vaillantii* DC. tige non renflée aux nœuds, fruits poilus, AR; 2° Var *spurium* L, tige non renflée aux nœuds; fruits petits, sans poils, AR. — (6) Le *Rubia tinctorum* L ✠ [Garance] à feuilles dont les nervures forment un réseau saillant en dessous est parfois naturalisée, AR.

Voyez Album de la Nouvelle Flore, p. 74
Voyez Atlas des Plantes de France, pl. 153 et 155

Voyez Album de la Nouvelle Flore, p. 74 et 75
Voyez Atlas des Plantes de France, pl. 156 et 157

1. **Valériane**. *Valeriana*. —

Feuilles moyennes *à 15-21 divisions* O ; 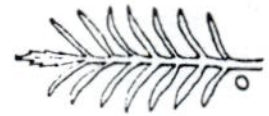 fleurs stamino-pistillées, blanches ou roses ; 5-10 d. — **V. officinale** C. (1). *V. officinalis L* ✠ ✱ marécages, bois humides ; j.-at. ; *v.*

Feuilles moyennes *à 7-11 divisions* D ;  fleurs staminées sur une plante et pistillées sur une autre, blanches ou rosées ; 2-4 d. — **V. dioïque** C. *V. dioica L.* ✠ bois humides ; av.-j. ; *v.*

2. **Centranthe**. *Centranthus*. — (fig. C, p. 77). Feuilles ovales, les inférieures à pétiole ; éperon 2 fois plus long que l'ovaire ; fleurs rouges, rarement blanches ; 4-7 d. [Valériane rouge]. — **C. rouge** AC. *C. ruber DC.* décombres ; j.-at. ; *v.*

3. **Valérianelle**. *Valerianella*. —

Calice à 4-6 *sépales surmontant le fruit* VE, VC.
- Fruit surmonté de *6 dents terminées en arête* VC ;  fruit velu ; 2-5 d. — **V. couronnée** R. *V. coronata DC.* moissons : j.-at. ; *a.*
- Fruit surmonté de *dents très inégales* VE ;  fruit à lignes de poils ; 1-2 d. — **V. à fruit velu** AR. *V. eriocarpa Desv.* cultures ; j.-jt. ; *a.*

Calice à *sépales non distincts.*
- Fruit *en poire* VA, VM ;
  - Fruit creusé d'un *sillon* VA, *à 3 loges*, [Couper le fruit en travers].  avec 3 fines côtes de l'autre côté ; 2-5 d. — **V. Oreillette** C. *V. Auricula DC.* champs ; m.-at. ; *a.*
  - Fruit creusé d'une *fossette* VM, *à 1 seule loge* bien formée, [Couper le fruit en travers.]  avec 1 fine côte de l'autre côté ; 2-5 d. — **V. de Morison** C. *V. Morisonii DC.* moissons ; m.-at. ; *a*
- Fruit *arrondi* VO ;  fruit comprimé ; 2-5 d. [Mâche, Doucette.] — **V. potagère** TC. *V. olitoria Poll* ✠ ✱ champs ; av.-j. ; *a.*
- Fruit *allongé* VC ;  fruit creusé d'un côté ; 1-4 d. [Mâche, Doucette.] — **V. carénée** C. *V. carinata Lois.* ✠ champs ; av.-j. ; *a.*

DIPSACÉES. Plusieurs plantes de cette famille sont cultivées, soit dans les jardins comme plantes d'ornement (Scabieuse), soit dans les champs comme plantes industrielles (Chardon-à-foulons).

Tige portant des *aiguillons*, au moins vers le haut ; bractées, entre les fleurs, en forme d'écailles épineuses. — 1. **Cardère**, p. 79. *Dipsacus.*

Tige *sans aiguillons*.
- Calice surmonté de *6 à 8 arêtes* K ; pas d'écailles entre les fleurs.  feuilles ordinairement à larges divisions KN.  — 3. **Knautia**, p. 79. *Knautia.*
- Calice surmonté de *5 arêtes* (fig. U et S, p. 79) ; des écailles entre les fleurs. — 2. **Scabieuse**, p. 79. *Scabiosa.*

Voyez Album de la Nouvelle Flore, p. 76 et 77
Voyez Atlas des Plantes de France, pl. 158 et 159

1. Cardère. *Dipsacus.* —

Involucre du capitule à bractées portant des *aiguillons* DS ;

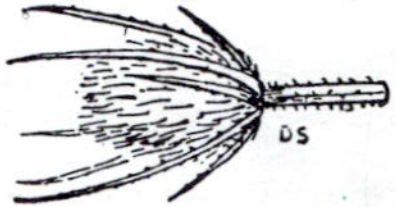

feuilles dentées ou crénelées, soudées 2 par 2 en un godet à la base; fleur d'un rose lilas ou blanches; 8-16 d. **C. silvestre** TC.(2). *D. silvestris Mill.* ✱
champs ; jt.-s. ; *b.*

Involucre du capitule à bractées portant des *poils* DP ;

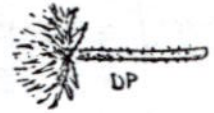

feuilles divisées en 3 lobes, celui du milieu plus grand ; fleurs d'un blanc jaunâtre ; 8-16 d. **C. poilue** AR. *D. pilosus L.*
ruisseaux. ; j.-at. ; *b.*

2. Scabieuse. *Scabiosa.* —

Feuilles toutes *entières* SS ;

corolle à 4 divisions ; fleurs bleues rarement blanches ; souvent groupées en 3 capitules ; 3-12 d. **S. Succise** TC. *S. Succisa L.* ✠
pâturages ; at.-o. ; *v.*
[Mors-du-Diable.]

Feuilles du milieu des tiges *profondément divisées* SU, CO.

- Fleurs d'un *blanc jaunâtre;* fruit poilu inférieurement, marqué de 8 côtes, surmonté d'une couronne membraneuse dentée et de 5 arêtes rousses U; 6-12 d.

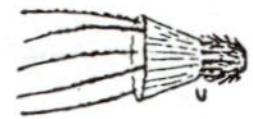

S. de l'Ukraine AR. *S. ucranica L.*
sables; jt.-s.; *v.*

- Fleurs *bleuâtres ou violettes.*
  - Fleurs odorantes; feuilles du milieu de la tige à divisions *entières* SU ;

fruit à 5 arêtes *blanchâtres,* environ 2 fois plus longues que la couronne membraneuse ; 2-4 d. **S. odorante** R. *S. suaveolens Desf.*
bois arides. ; jt.-s. ; *v.*

  - Fleurs sans odeur ; feuilles du milieu de la tige à divisions *souvent divisées* CO ;

fruit à 5 arêtes *noirâtres* beaucoup plus longues que la couronne membraneuse S; 3-8 d.

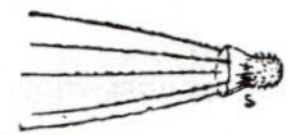

S. Colombaire TC. *S. columbaria L.*
chemins ; j.-o. ; *v.*

3. Knautia. *Knautia.* — (fig. KN, K, p. 78). Fleurs du pourtour du capitule à corolle beaucoup plus grande ; fruit velu ; tige creuse ; fleurs violettes ; 3-10 d. **K. des champs** TC. *K. arvensis Coult.* ✠✱
prairies ; j.-at. : *v.*

(1) Var. *excelsa* Poir., feuilles d'un vert sombre, à 7-8 divisions, AC. — (2) Le *Dipsacus fullonum* Mill. ✠ [Chardon-à-foulons] involucre dont les bractées sont un peu plus courtes que le capitule ; écailles entre les fleurs terminées en pointe recourbée au sommet ; parfois cultivé.

COMPOSÉES. Pour déterminer la plupart des plantes de cette famille, il est nécessaire de récolter des capitules défleuris, portant des fruits mûrs ou au moins déjà bien formés. — Plusieurs Composées sont cultivées comme plantes alimentaires (Artichaut, Salsifis, Laitue, Chicorée, etc), d'autres comme plantes d'ornement ou comme plantes médicinales.

Fleurs *en tube*, au moins celles du centre, (exemples : fig. CS, CY, CR, AV).

- Feuilles munies de *pointes piquantes*. — **1er GROUPE**, p. 81.
- Feuilles *sans pointes piquantes*.
  - Feuilles *opposées*, au moins à la base de la tige. — **2e GROUPE**, p. 81.
  - Feuilles *alternes* ou toutes à la base.
    - Capitule à fleurs *de 2 couleurs différentes*, les fleurs en tube jaunes; les fleurs en languette blanches ou violettes. — **3e GROUPE**, p. 82.
    - Fleurs *de la même couleur*.
      - Involucre à bractées *sur 1 ou 2 rangs*, presque égales dans le rang principal. (exemples : fig. E, VU). — **4e GROUPE**, p. 82.

      - Involucre à bractées inégales *sur plusieurs rangs* (exemples : fig. CO, HE).

        - Fruits *sans aigrette* (exemple : TH). — **5e GROUPE**, p. 83.

        - Fruits surmontés d'une *aigrette* parfois très courte, au moins ceux du centre.
          - Des *écailles* entre les fleurs (exemple : fig. CO). — **6e GROUPE**, p. 83.

          - *Pas d'écailles* entre les fleurs (exemple : fig. I). — **7e GROUPE**, p. 83.

Pas de fleurs en tube ; toutes les fleurs *en languette* (exemples : fig. VI et fig. suivante) [Ne pas confondre les fleurs en languette du centre, non encore épanouies, avec des fleurs en tube.] — **8e GROUPE**, p. 84. **(Chicoracées).**

1er GROUPE. —

Fleurs réunies *en forme de globe* E;  fruits poilus, presque sans aigrette. — 1. **Échinops**, p. 86. *Echinops.*

Fleurs *non réunies en forme de globe.*

- Involucre à *bractées extérieures ressemblant aux feuilles* (C, K); fleurs jaunes ou d'un blanc-jaunâtre.
  - Involucre à bractées intérieures *disposées en rayons* C.  — 2. **Carline**, p. 86. *Carlina.*
  - Involucre à bractées intérieures *dressées* K.  — 3. **Centrophylle**, p. 86. *Kentrophyllum.*
- Involucre à bractées extérieures *très différentes* des feuilles; fleurs roses ou d'un blanc-jaunâtre.
  - Aigrette du fruit à *poils plumeux* CE; 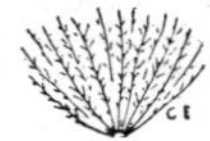 — 4. **Cirse**, p. 86. *Cirsium.*
  - Aigrette à poils *simples ou denticulés* S. 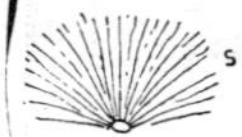
    - Bractées de l'involucre *élargies brusquement et pointues* SM. 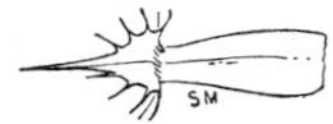 — 5. **Silybe**, p. 87. *Silybum.*
    - Bractées de l'involucre *non élargies en lame épineuse.*
      - Rameau *très fortement ailé* sous le capitule O; *pas d'écailles* entre les fleurs. 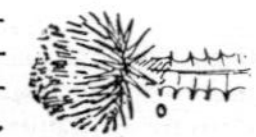 — 6. **Onopordon**, p. 87. *Onopordon.*
      - Rameau *presque non ailé* sous le capitule; des écailles entre les fleurs. — 7. **Chardon**, p. 87. *Carduus.*

2e GROUPE. —

Feuilles *entières* AM;  bractées de l'involucre disposées sur 2 rangs. — 14. **Arnica**, p. 88. *Arnica.*

Feuilles *divisées ou dentées*; bractées de l'involucre très inégales.

- Fleurs *rougeâtres*, en capitules nombreux, rapprochés EU; 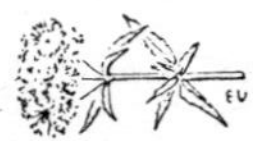 involucre à bractées nombreuses; plus petites que les fleurs. — 20. **Eupatoire**, p. 89. *Eupatorium.*
- Fleurs *jaunes*; involucre à bractées plus longues que les fleurs.
  - Capitule de *1 à 2 c. de largeur*; bractées extérieures allongées B; 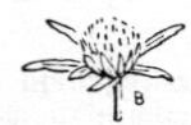 tige de 1 à 7 d. — 12. **Bident**, p. 88. *Bidens.*
  - Capitule de *8 à 20 c. de largeur*; tige de 1 à 2 m. — 13. **Hélianthe**, p. 88. *Helianthus.*

3e GROUPE. —

- Réceptacle du capitule *non bombé;* feuilles entières ou dentées.
  - Fleurs du pourtour *étalées en rayons* A, bleues, violettes, rarement blanches. 

    — 15. **Aster**, p. 88. *Aster.*
  - Fleurs du pourtour *dressées*, rose-violet ou blanchâtres. — 33. **Erigeron**, p. 93. *Erigeron.*
- Réceptacle du capitule *bombé* M ou *conique* AC.
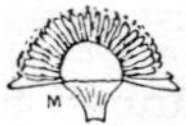

  - Involucre à bractées *sur 2 rangs ;* feuilles *toutes ou presque toutes à la base* B ; 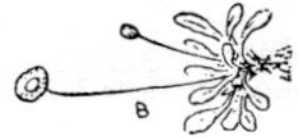

    fleurs blanches ou rosées. — 16. **Pâquerette**, p. 88. *Bellis.*
  - Involucre à bractées *sur plusieurs rangs ;* feuilles alternes.
    - Feuilles *dentées* VU *ou à divisions larges* PA ; 

      fruit portant des côtes tout autour. — 17. **Marguerite**, p. 88. *Leucanthemum.*
    - Feuilles à *divisions étroites* MC, M. 

      - *Pas d'écailles* entre les fleurs I; 

        (plante sans poils). — 18. **Matricaire** p. 88. *Matricaria.*
      - *Des écailles* entre les fleurs CO; 

        (plante plus ou moins velue ou sinon fruit à côtes tuberculeuses). — 19. **Anthémis**, p. 89. *Anthemis.*

4e GROUPE. —

- Tiges fleuries paraissant *avant* les feuilles développées, couvertes de feuilles écailleuses F, PV.
  - Capitules *isolés* F ; 

    fleurs *jaunes.* — 21. **Tussilage**, p. 89. *Tussilago.*
  - Capitules *en grappe* PV ; 

    fleurs *roses.* — 22. **Pétasités**, p. 89. *Petasites.*
- Tiges fleuries *portant des feuilles développées.*
  - Fruit *courbé, sans aigrette,* à pointes sur le dos ; 

    fleurs jaunes ou d'un jaune orangé. — 23. **Souci**, p. 89. *Calendula.*
  - Fruit *allongé,* à aigrette (au moins ceux du centre).
    - Involucre à bractées les plus grandes *sur 1 rang* J, S, presque égales ; fruits tous à aigrette. 

      — 25. **Séneçon**, p. 90. *Senecio.*
    - Involucre à bractées *sur 2 rangs;* fruits du pourtour sans aigrette, ceux du centre à aigrette. — 24. **Doronic**, p. 89. *Doronicum.*

5e GROUPE. —

Fleurs du pourtour *en languette.*
- Fleurs *blanches ou rosées;* capitules rapprochés, presque sur un même plan. — 26. **Achillée**, p. 91. *Achillea.*
- Fleurs *jaunes;* capitules isolés CS. 

— 27. **Chrysanthème**, p. 91. *Chrysanthemum.*

Fleurs toutes *en tube.*
- Capitules *isolés;* fleurs roses, rarement blanches (Voy. 9. **Centaurée**, p. 87).
- Capitules *rapprochés* en groupes.
  - Capitules *en grappe* AV; 

fleurs à couleur peu voyante. — 28. **Armoise**, p. 91. *Artemisia.*
  - Capitules *disposés sur un même plan* TV; 

fleurs d'un jaune vif. — 29. **Tanaisie**, p. 91. *Tanacetum.*
  - Capitules *en groupes compactes* ME; 

plante cotonneuse, à fruits renfermés dans les bractées de l'involucre MI. 

— 31. **Micrope**, p. 91. *Micropus.*

6e GROUPE. —

Involucre à bractées extérieures *en crochet* LA; 

feuilles entières ou presque entières. — 11. **Bardane**, p. 88. *Lappa.*

Involucre à bractées *sans crochet.*
- Feuilles toutes ou presque toutes *à la base* CM; 

involucre à bractées extérieures vertes et ressemblant un peu aux feuilles, à bractées intérieures membraneuses. — 8. **Cardoncelle**, p. 87. *Carduncellus.*
- Feuilles *alternes;* involucre à bractées très différentes des feuilles.
  - Involucre à bractées *ou épineuses ou dentées ou ciliées.* — 9. **Centaurée**, p. 87. *Centaurea.*
  - Involucre à bractées *aiguës* ST, *ni épineuses ni dentées ni ciliées.* 

— 10. **Serratule**, p. 88. *Serratula.*

7e GROUPE. —

Plante *plus ou moins blanchâtre* à feuilles non dentées; fleurs peu visibles dans les capitules. — 32. **Gnaphale**, p. 92. *Gnaphalium.*

Plante *verte* à feuilles presque toujours dentées ou ondulées.
- Fleurs du pourtour *blanchâtres ou d'un rose-violet.* — 33. **Erigeron**, p. 93. *Erigeron.*
- Fleurs *toutes jaunes.*
  - Fleurs *toutes tubuleuses.* feuilles très étroites LV; 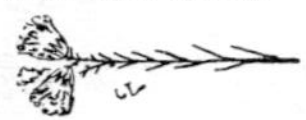

réceptacle creusé d'alvéoles bordés de membranes dentées. — 30. **Linosyris**, p. 91. *Linosyris.*
  - Fleurs *du pourtour*, en languette, *au nombre de 5 à 10,* SO; réceptacle creusé d'alvéoles. 

— 35. **Solidage**, p. 93. *Solidago.*
  - Fleurs *du pourtour en général nombreuses*, en languette, parfois presque en tube; réceptacle sans alvéoles; involucre à bractées étalées au sommet. — 34. **Inule**, p. 93. *Inula.*

8e GROUPE. (Chicoracées). —

- Fruits *tous sans aigrette* L, C.
  - Fleurs *jaunes;* fruit sans couronne L; 
    - Feuilles *alternes,* dentées LC.  — 36. **Lampsane**, p. 94. *Lampsana.*
    - Feuilles *toutes à la base* AM. 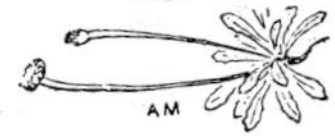 — 37. **Arnoséris**, p. 94. *Arnoseris.*
  - Fleurs *bleues;* fruit à couronne d'écailles C;  feuilles alternes. — 38. **Chicorée**, p. 94. *Cichorium.*
- Fruits du centre du capitule *à aigrette portée sur un bec de 1 à 14 mm.* F. 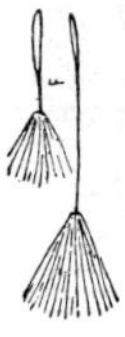
  - Feuilles *toutes ou presque toutes à la base;* fruit portant sur les côtés de petits aiguillons.
    - Tige *creuse;* feuilles ordinairement sans poils, T. 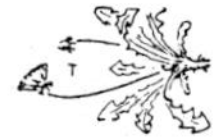 — 39. **Pissenlit**, p. 94. *Taraxacum.*
    - Tige *pleine;* feuilles poilues ou non. — 40. **Porcelle**, p. 94. *Hypochæris.*
  - Feuilles *alternes,* le long de la tige.
    - Capitule *à 5 fleurs,*  involucre ordinairement à 5 bractées. — 41. **Phénope**, p. 94. *Phænopus.*
    - Capitule *à plus de 5 fleurs.*
      - Feuilles de la base *entières ou dentées.*
        - Bractées de l'involucre *à aiguillons* H;  feuilles dentées, à poils épineux. — 42. **Helminthie**, p. 94. *Helminthia.*
        - Bractées de l'involucre *sans aiguillons;* feuilles sans poils épineux TP.  — 43. **Salsifis**, p. 94. *Tragopogon.*
      - Feuilles de la base *profondément* divisées.
        - Feuilles supérieures *en lanière étroite* CJ.  — 44. **Chondrille**, p. 95. *Chondrilla.*
        - Feuilles supérieures *non en lanière étroite.*
          - Involucre *sans poils;* fruit de 1 à 3 mm. de largeur, à bec comme un cheveu P. 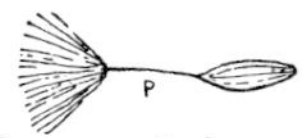 — 45. **Laitue**, p. 95. *Lactuca.*
          - Involucre *poilu;* fruit de moins de 1 mm. de largeur, insensiblement prolongé en bec mince BT. 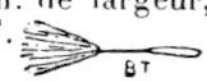 — 46. **Barkhausie**, p. 95. *Barkhausia.*
- Fruits du centre du capitule *à aigrette non portée sur un bec.* (Voyez ci-dessous p. 85.)

Fruits du centre du capitule *à aigrette non portée sur un bec* T.

- Fruit de *8 à 10 mm.* de longueur.

  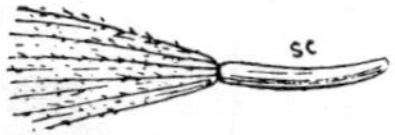

  [fig. SC, grandeur naturelle.]

  - Feuilles *entières* SH.

    47. **Scorzonère**, p. 95. *Scorzonera.*

  - Feuilles *profondément divisées* PL.

    48. **Podosperme**, p. 96. *Podospermum.*

- Fruit de *2 à 6 mm.* de longueur.
  - Involucre à bractées *étalées en dehors ou recourbées,* sur plusieurs rangs P;

    plante très rude, velue; fruit ridé en travers.

    49. **Picris**, p. 96. *Picris.*

  - Involucre à bractées *non étalées en dehors;* plante n'ayant pas à la fois les caractères précédents.
    - Feuilles *embrassant la tige* à leur base.
      - Feuilles à bords *dentés épineux;*

        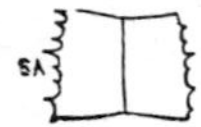

        fruit aplati.

        [SA, fragment des feuilles.]

        50. **Laiteron**, p. 96. *Sonchus.*

      - Feuilles à bord non épineux; fruit cylindrique.

        51. **Crépis**, p. 96. *Crepis.*

    - Feuilles *n'embrassant pas la tige.*
      - Fruits *de 2 formes* les uns à aigrette T, les autres sans aigrette TH.

        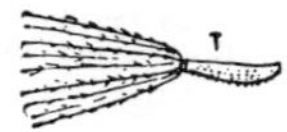

        52. **Thrincie**, p. 97. *Thrincia.*

      - Fruits *tous à aigrette.*
        - Feuilles ordinairement dentées et toutes à la base L; fruit un peu aminci au sommet; réceptacle *sans alvéoles bien marqués.*

          53. **Léontodon**, p. 97. *Leontodon.*

        - Réceptacle *à alvéoles très marqués* HI; fruit non aminci au sommet.

          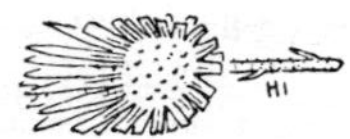

          54. **Epervière**, p. 97. *Hieracium.*

Voyez Album de la Nouvelle Flore, p. 77, 78 et 79
Voyez Atlas des Plantes de France, pl. 161

1. **Echinops.** *Echinops.* — (fig. E, p. 81.) Capitules à une seule fleur, tous réunis, les uns à côté des autres, en une tête globuleuse ; fleurs d'un blanc bleuâtre ; 8-15 d. — **E. à tête ronde** (*Cult.*). *E. sphærocephalus L.* subspontané ; jt.-at. ; *v.*

2. **Carline.** *Carlina.* — (fig. C, p. 81). Involucre à bractées intérieures d'un jaune pâle ; feuilles à lobes écartés ; fleurs jaunâtres ; 3-8 d. — **Carl. vulgaire** TC. *C. vulgaris L.* ✠ chemins ; jt.-s. ; *b.*

3. **Centrophylle.** *Kentrophyllum.* — (fig. K, p. 81.) Involucre à bractées intérieures terminées en pointe épineuse ; tige velue ; fleurs d'un jaune intense ; 3-7 d. — **Cent. laineuse** AR. *K. lanatum DC.* ✠ chemins, coteaux ; jt.-s. ; *a.*

4. **Cirse.** *Cirsium.* — [L'Artichaut, *Cynara Scolymus* L. ✠, à fleurs bleues, est voisin de ce genre.]

- Tige *ailée-épineuse* LA, PA.
  - Involucre *presque sans poils* ; capitules *par 2 à 3* LA ;  fleurs roses ; fruits jaunâtres ; 5-15 d. — **C. lancéolé** TC. *C. lanceolatum Scop.* chemins ; j.-s. ; *b.*
  - Involucre *poilu cotonneux* ; capitules *par groupes nombreux* PA ; [Bâton-du-Diable.]  fleurs roses ; fruits blanchâtres ; 10-15 d. — **C. des marais** TC. *C. palustre Scop.* marécages ; j.-at. ; *b.*
- Tige *non ailée-épineuse.*
  - Fleurs *jaunâtres ;* involucre entouré de grandes bractées pâles ; feuilles à divisions portant des épines assez molles OL ; 8-13 d. 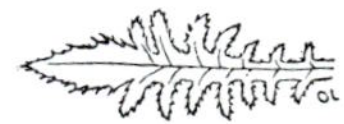 — **C. maraîcher** C (1). *C. oleraceum All.* marécages ; jt.-at. ; *v.*
  - Fleurs *roses.*
    - Face supérieure des feuilles *couverte de petites épines ;* involucre à bractées en spatule au sommet ER ; capitules très gros ; 5-16 d.  — **C. laineux** AR. *C. eriophorum Scop.* coteaux pierreux ; j.-s. ; *b.*
    - Face supérieure des feuilles *sans épines.*
      - Plante à *tige très courte ;* feuilles presque toutes à la base AC ;  involucre sans poils ; 2-6 c. rarement 6-20 c. — **C. acaule** TC. *C. acaule All.* pelouses ; jt.-s. ; *v.*
      - Tige de *plus de 2 d. de longueur.*
        - Tige souterraine portant des *racines renflées r,* BU ; feuilles profondément divisées ; 3-8 d.  feuilles presque toutes à la base. — **C. bulbeux** AR. *C. bulbosum DC.* fossés humides ; j.-at. ; *v.*
        - *Pas de racines renflées.*
          - Tige *à un seul capitule* AN ; feuilles laineuses en dessous ; 3-7 d. 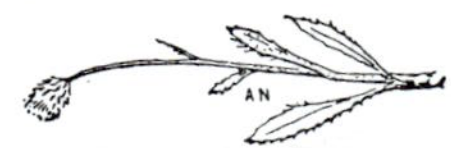 — **C. d'Angleterre** C. *C. anglicum Lam.* marécages ; m.-jt. ; *v.*
          - Tige rameuse *à plusieurs capitules* AR ; feuilles souvent presque sans poils en dessous ; 5-10 d.  — **C. des champs** TC (2). *C. arvense Scop.* * chemins ; j.-s. ; *b* ou *v.*

Voyez Album de la Nouvelle Flore, p. 79, 80 et 81
Voyez Atlas des Plantes de France, pl. 160, 162, 163 et 164

5. **Silybe.** *Silybum.* — (fig. SM, p. 81.) Capitules isolés ; feuilles veinées de blanc le long des nervures, embrassant la tige à leur base ; fleurs roses ; 3-15 d. [Chardon-Marie.] — **S. de Marie** AR. *S. Marianum Gærtn.* ✠ chemins ; j.-at. ; *a* ou *b*.

6. **Onopordon.** *Onopordon.* — (fig. O, p. 81). Involucre à bractées très étroites, tige cotonneuse ; feuilles dentées ; rameaux écartés ; fleurs roses ; 5-20 d. [Chardon-aux-Anes.] — **O. Acanthe** TC. *O. acanthium L.* * chemins ; j.-s. ; *b*.

7. **Chardon.** *Carduus.* —

Capitules *isolés*, rarement par deux, *de 3 à 16 c. de largeur* ; *sur de longs rameaux*, involucre à écailles rétrécies au milieu, terminées en pointe N ; 5-10 d. — **Ch. penché** TC (3). *C. nutans L.* * champs, chemins ; j.-s. ; *b*.

Capitules *de moins de 3 c. de largeur, sur des rameaux courts.*
- Tige à ailes *plus larges que la tige* au sommet, TE ; bractées de l'involucre ayant vers le milieu de petites ponctuations dorées ; fruits bruns ; 3-10 d. — **Ch. à petits capitules** TC. *C. tenuiflorus Curt.* décombres ; j.-at. ; *a* ou *b*.

- Tige à ailes *moins larges que la tige* au sommet, CR ; bractées de l'involucre sans ponctuations dorées ; fruits gris ; 4-12 d. — **Ch. crépu** C. *C. crispus L.* chemins ; jt.-s. ; *b*.

8. **Cardoncelle.** *Carduncellus.* — (fig. CM, p. 83.) Tiges très courtes, rarement de 5-20 c., à un seul capitule ; fleurs bleues. — **Card. molle** AR. *Card. mitissimus DC.* terrains secs ; j.-s.. ; *v*.

9. **Centaurée.** *Centaurea.* —

Involucre à bractées *en épine* CA.

- Fleurs *jaunes ;* tige largement ailée SO ; 3-7 d. — **C. du solstice** AR. *C. solstitialis L.* champs ; jt.-s. ; *a* ou *b*.

- Fleurs *roses* rarement blanches ; tige non ailée CL ; 4-8 d. [Chardon étoilé.] — **C. Chausse-trape** TC (4). *C. Calcitrapa L.* ✠ chemins ; jt.-s. ; *b*.

Involucre à bractées *non épineuses.*
- Fleurs *bleues* rarement blanches CY ; feuilles blanchâtres ; 4-7 d. — **C. Bleuet** TC. *C. Cyanus L.* ✠* moissons ; m.-jt. ; *a* ou *b*.

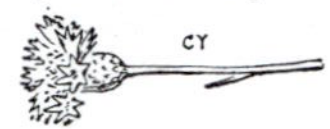

- Fleurs *roses.*
  - Feuilles supérieures *entières* J ; 3-8 d. [Barbeau.] — **C. Jacée** TC (5). *C. Jacea L.* ✠* prairies. j.-s. ; *v*.

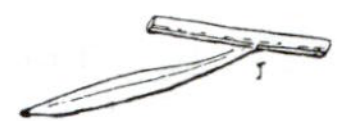

  - Feuilles *très découpées* SC ; 4-8 d. — **C. Scabieuse** C. *C. Scabiosa* L. pâturages ; j.-at. ; *v*.

(1) Le *C. rigens* Wallr., est sans doute un hybride de cette espèce et du *C. acaule.* — (2) Var. *discolor*, feuilles blanches en dessous. — (3) Le *C. acanthoides* L., à bractées de l'involucre étalées, est peut-être un hybride entre cette espèce et le *C. crispus.* — (4) Var. *myacantha* DC., tige presque sans poils, épines peu développées, TR. — (5) Cette espèce comprend un grand nombre de formes ou variétés difficiles à caractériser. Les principales sont . 1° Var. *nigra* L., fruits à aigrettes ; bractées de l'involucre en peigne, brunes ou noires ; 2° Var. *decipiens* Thuill., involucre à bractées arquées en dehors ; 3° Var. *amara* L., feuilles blanchâtres, fruits sans aigrette.

10. **Serratule.** *Serratula.* — (fig. ST, p. 83.) Feuilles à divisions finement dentées, sans poils ou un peu rudes en dessus ; capitules allongés ; fleurs roses ; 5-10 d.
S. des teinturiers C.
S. tinctoria L. *
bois ; jt.-o. ; *v.*

11. **Bardane.** *Lappa.* — (fig. LA, p. 83.) Feuilles à poils courts, les inférieures en cœur à la base ; capitules presque globuleux ; tige anguleuse ; 6-12 d.
Bard. commune TC (1).
L. communis L. *
chemins ; j.-s. ; *b.*

12. **Bident.** *Bidens.* — (fig. B, p. 81).

Feuilles *divisées en trois,* plus ou moins profondément TR ;  fruits à petits aiguillons dirigés en bas ; 2-7 d.
B. tripartit TC (2).
B. tripartita L. *
marécages, fossés ; jt.-o. ; *a.*

Feuilles *non divisées* CE, soudées 2 à 2 par la base ;  fruits à 2 côtes ; 2-9 d.
B. penché AR (3).
B. cernua L. *
étangs ; at.-o. ; *a.*

13. **Hélianthe.** *Helianthus.* —

Tige souterraine *à tubercules ;* capitules *dressés ;* 1-2 m. [Topinambour.]
H. tubéreux (*Cult.*).
H. tuberosus L. ✠
cultures ; s.-o. ; *v.*

Tige souterraine *sans tubercules ;* capitules *penchés ;* 1-2 m. [Grand-Soleil.]
H. annuel. (*Cult.*)
H. annuus L. ✠
jardins ; jt.-s. ; *a.*

14. **Arnica.** *Arnica.* — (fig. AM, p. 81). Feuilles à poils mous et glanduleux, celles de la base en rosette ; fleurs d'un jaune intense ; 2-6 d.
Arn. des montagnes TR.
Arn. montana L. ✠ *
bois ; j.-jt. ; *v.*

15. **Aster.** *Aster.* — (fig. A, p. 82). Feuilles ovales ; involucre à folioles arrondies au sommet ; plante velue ; fleurs en languette violettes, rarement blanches ; 2-7 d.
A. Amelle TR.
A. Amellus L. *
bois ; jt.-s. ; *v.*

16. **Pâquerette.** *Bellis.* — (fig. B, p. 82). Feuilles larges au sommet, crénelées ; capitules isolés ; fruits velus ; fleurs roses ou blanches ; 5-20 c.
P. vivace TC.
B. perennis L. *
prairies, chemins ; toute l'année ; *v.*

17. **Marguerite.** *Leucanthemum.* —

Feuilles *dentées* plus ou moins fortement ;  fruits mûrs noirs, à côtes blanches ; 1-8 d.
M. vulgaire TC.
L. vulgare Lam. ✠ *
prairies ; m.-at. ; *v.*

Feuilles *profondément divisées* PA ;  fruits mûrs blanchâtres ou bruns ; 3-8.d.
M. Parthénie AC.
L. Parthenium G. G.
villages ; j.-at. ; *v.*

18. **Matricaire.** *Matricaria.* —

Réceptacle *plein* M ; feuilles à divisions *ayant un sillon en dessous* I, IN ; 2-6 d.
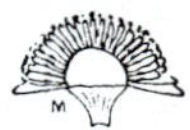
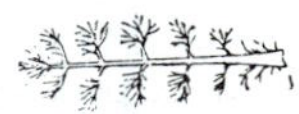

Mat. inodore TC.
M. inodora L.
moissons ; jt.-o. ; *a.*

Réceptacle *creux* CH ; feuilles à divisions *sans sillon* MC, CA ; 2-6 d.

Mat. Camomille C.
M. Chamomilla L. ✠ *
moissons ; m.-jt. ; *a.*

Voyez Atlas des Plantes de France, pl. 165, 166, 167 A, 167 B, 174, 175, 180, 181 et 182

Voyez Album de la Nouvelle Flore, p. 84 et 85
Voyez Atlas des Plantes de France, pl. 168, 169, 170, 171 et 183

19. **Anthémis.** *Anthemis.* —

Feuilles, au moins les inférieures, *sans poils ou presque sans poils;* les écailles, placées entre les fleurs, sont *très étroites* CT ; 2-5 d.

A. Cotule C.
A. Cotula L.
moissons ; j.-s. ; *a.*

Feuilles *toutes velues.*

- Fleurs en languette *jaunes à la base;* écailles, entre les fleurs, aiguës au sommet MX.

A. mixte R.
A. mixta L.
champs ; jt.-o. ; *a.*

- Fleurs en languette *entièrement blanches.*
  - Les écailles, placées entre les fleurs, sont souvent *dentées* au sommet, *sans pointe raide* N ; fruits mûrs verdâtres à 3 côtes blanches ; 1-3 d. [Camomille romaine.]

A. noble C.
A. nobilis L. ✠
pâturages ; jt.-s. ; *v.*

  - Les écailles, placées entre les fleurs, sont terminées par *une pointe raide* A ; fruits à 10 côtes ; 2-5 d. [Fausse-Camomille.]

A. des champs C.
A. arvensis L. *
champs ; j.-s. ; *a.*

20. **Eupatoire.** *Eupatorium.* — (fig. EU, p. 81.) Fleurs toutes en tube, 5 à 6 seulement par capitule ; feuilles profondément divisées ; fruits à aigrette ; 8-12 d.

E. Chanvrine TC.
E. cannabinum L. ✠ *
marécages, fossés ; jt.-s. ; *v.*

21. **Tussilage.** *Tussilago.* — (fig. F, p. 82.) Fleurs du pourtour en languette très étroite ; fruits à aigrette ; feuilles très grandes à la base ; 1-2 d. [Pas-d'Ane]

T. Farfara TC.
T. Farfara L. ✠ *
chemins ; ms.-av. ; *a.*

22. **Pétasitès.** *Petasites.* — (fig. PV, p. 82.) Feuilles pétiolées, très grandes, en cœur, dentées ; fleurs presque toutes staminées ou presque toutes pistillées ; 2-5 d.

P. vulgaire R.
P. vulgaris Desf. ✠ *
marécages ; ms.-av. ; *v.*

23. **Souci.** *Calendula.* — (fig. CA, p. 82). Feuilles poilues, peu ou pas divisées ; les inférieures pétiolées ; 1-4 d.

S. des champs TC.
C. arvensis L. ✠ *
cultures ; toute l'année ; *a.*

24. **Doronic.** *Doronicum.* —

- Feuilles de la base *ovales allongées* PL ; plante presque sans poils.

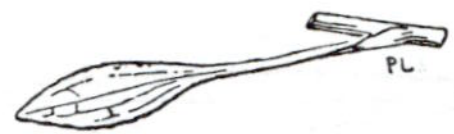

D. Plantain AR.
D. plantagineum L.
bois ; av.-m. ; *v.*

- Feuilles de la base *arrondies, en cœur* PA ; plante très poilue. [Herbe-aux-Panthères.]

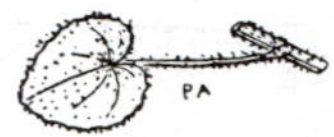

D. Pardalianche TR.
D. Pardalianches L.
bois ; m.-jt. ; *v.*

(1) 1° Var. *officinalis* All., capitules inférieurs sur des rameaux plus allongés ; fruit à face supérieure ondulée, AR ; 2° Var. *pubens* Bor., feuilles à poils en toile d'araignée, en dessous. — (2) Var. *radiata* Thuill., capitules de 2 c. de largeur, R. — (3) Var. *ligulata*, fleurs du pourtour en languette.

Voyez Album de la Nouvelle Flore, p. 85, 86 et 87
Voyez Atlas des Plantes de France, pl. 176 et 177

25. Séneçon. *Senecio.* —

- Feuilles *entières ou dentées* N, L, P.
  - Feuilles *sans poils ou presque sans poils ;* involucre ayant à la base 3-5 petites bractées ; fleurs en languette peu nombreuses ; 1-2 m.

    → **S. des forêts** TR. *S. nemorensis L.* forêts ; jt.-at. ; *v.*
  - Feuilles *blanches-velues*, au moins en dessous.
    - Feuilles de la base *en spatule* L ; capitules presque en ombelle ; 5-10 d.

      → **S. spatulé** AR. *S. spathulæfolius DC.* prairies marécageuses ; m.-j. ; *v.*
    - Feuilles toutes *sans pétiole* P ; capitules en grappe ; 8-15 d.

      → **S. des marais** C. *S. paludosus L.* marécages, bord des eaux ; j.-jt. ; *v.*
- Feuilles *profondément divisées.*
  - Feuilles *à divisions nombreuses, très étroites* A ; 4-8 d.

    → **S à feuilles d'Adonis** R. *S. adonidifolius L.* pelouses ; jt.-s. ; *v.*
  - Feuilles *à divisions non très étroites.*
    - Plante *à poils glanduleux* VI, visqueuse ; bractées inférieures de l'involucre dépassant ordinairement le tiers des autres ; 2-8 d.

      → **S. visqueux** AC. *S. viscosus L.* vieux murs, chemins ; j.-at. ; *a.*
    - Plante *non glanduleuse-visqueuse.*
      - Capitules *cylindriques ou rétrécis en haut* VU, S ; fleurs en languette peu ou pas développées ; plantes annuelles.
        - Bractées extérieures de l'involucre *8-10, noires au sommet* VU ; feuilles à divisions presque égales ; 1-10 d.

          → **S. vulgaire** TC. *S. vulgaris L.* * décombres, murs ; jv.-d. ; *a.*
        - Bractées extérieures de l'involucre *4-5, non noires ;* feuilles à divisions très inégales ; 4-8 d.

          → **S. des bois** AC. *S. silvaticus L.* bois sablonneux ; j.-s. ; *a.*
      - Capitule *évasé* J, E ; fleurs en languette rayonnantes ; plantes vivaces.
        - Bractées extérieures assez nombreuses *égalant la moitié des autres* E ; feuilles velues en dessous ; 5-12 d.

          → **S. à feuilles de Roquette** C. *S. erucæfolius L.* bois, chemins ; jt.-s. ; *v.*
        - Bractées extérieures *2-5, très courtes* J.

          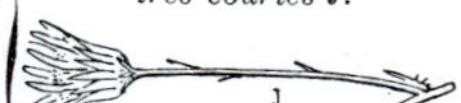

          - Feuilles *très découpées* JA ; 5-10 d.

            → **S. Jacobée** TC. *S. Jacobæa L.* ✠ * fossés, chemins ; j.-s. ; *v.*
          - Feuilles à *division du sommet plus grande* AQ ; 5-10 d.

            → **S. aquatique** AR (1). *S. aquaticus Huds.* marécages ; j.-at. ; *v.*

Voyez Album de la Nouvelle Flore, p. 87 et 88
Voyez Atlas des Plantes de France, pl. 178, 179 et 184

26. Achillée. *Achillea.* —

Feuilles *très divisées* AM ;  4 à 5 fleurs en languette ; 2-7 d. — **A. Millefeuille** TC. *A. Millefolium L.* ✠ * chemins, prés ; j.-o. ; *v.*

Feuilles *finement dentées* AP ;  8 à 12 fleurs en languette ; 4-8 d. — **A. sternutatoire** C. *A. Ptarmica L.* ✠ marécages ; jt.-s. ; *v.*

27. Chrysanthème. *Chrysanthemum.* — (fig. CS, p. 83.) Feuilles à dents inégales ; involucre à bractées intérieures largement membraneuses ; plante sans poils ; 3-6 d. — **C. des moissons** AC. *C. segetum L.* moissons ; j.-at. ; *a.*

28. Armoise. *Artemisia.* —

Involucre *sans poils, luisant ;* feuilles divisées en lanières AC ; 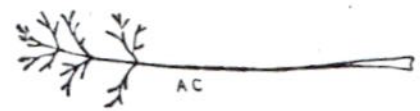 4-9 d. — **Ar. des champs** C. *A. campestris L.* terres pierreuses ; jt.-o. ; *v.*

Involucre *velu.*
- Feuilles *velues sur les deux faces*, très divisées AB ; réceptacle poilu ; 5-9 d.  — **Ar. Absinthe** (*Cult.*). *A. Absinthium L.* ✠ * cultivé ; jt.-s. ; *v.*
- Feuilles *vertes en dessus*, blanches en dessous à divisions larges VU ; réceptacle sans poils ; 6-13 d. 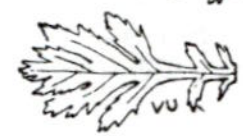 — **Ar. vulgaire** TC (2). *A. vulgaris L.* ✠ chemins ; jt.-o. ; *v.*

29. Tanaisie. *Tanacetum.* — (fig. TV, p. 83.) Feuilles très divisées ; involucre à bractées sans poils, membraneuses au sommet ; 8-12 d. — **T. vulgaire** TC. *T. vulgare L.* ✠ * haies, rivières, décombres ; jt.-s. ; *v.*

30. Linosyris. *Linosyris.* — (fig. LV, p. 83.) Fleurs jaunes, toutes en tube ; tiges grêles, raides ; feuilles nombreuses ; 3-6 d. — **L. vulgaire** R. *L. vulgaris DC.* paturages, coteaux ; s.-o. ; *v.*

31. Micrope. *Micropus.* — (fig. MI, ME, p. 83.) Plante cotonneuse blanchâtre ; capitules presque globuleux, à 5-7 angles marqués ; 1-3 d. — **M. dressé** AR. *M. erectus L.* terres arides ; j.-at. ; *a.*

(1) Var. *barbareæfolius* Krock., feuilles d'un vert foncé, capitules sur des rameaux grêles, écartés les uns des autres, R. — (2) Var. *selengensis* Turcz., tiges violettes, fleurs rougeâtres, TR.

32 **Gnaphale.** *Gnaphalium.* —

Capitules en épis disposés en une *longue grappe*;

involucre à bractées brunes au sommet; feuilles très allongées; 2-6 d. — **G. des bois** C. *G. silvaticum L.* bois; jt.-s.; *v.*

Capitules *par petits groupes*, d'aspect laineux.

- Capitules *longuement dépassés* par les feuilles supérieures GA, U.
  - Feuilles *très étroites* GA; tige très *rameuse* en fourches successives;

    fleurs d'un blanc jaunâtre; 1-4 d. — **G. de France** C. *G. gallicum Huds.* champs; jt.-o.; *a.*
  - Feuilles *ovales allongées;* tige peu rameuse au sommet U; feuilles plus étroites vers leur base; fleurs jaunes; 1-3 d.

    G. des endroits humides TC. *G. uliginosum L.* terres humides; jt.-o.; *a.*
- Capitules *peu ou pas dépassés* par les feuilles supérieures.
  - Feuilles *vertes et presque sans poils en dessus*, en spatule, les inférieures en rosette D;

    fleurs staminées sur une plante et fleurs pistillées sur une autre, roses ou blanchâtres; 1-3 d. — **G. dioïque** AR. *G. dioicum L.* ✠ bruyères, prés secs; m.-j.; *v.*
  - Feuilles *poilues sur les deux faces.*
    - Involucre *à bractées sans poils* presque entièrement membraneuses (LU, une bractée de l'involucre).

      feuilles laineuses; fleurs *jaunes*; 2-5 d.

      G. jaunâtre C. *G. luteo-album L.* bords des étangs; jt.-s., *a.*
    - Involucre *à bractées velues*; fleurs d'un blanc jaunâtre.
      - Bractées de l'involucre *à longue pointe* jaunâtre SP; capitules *par 10 à 30.*

        - Feuilles *non rétrécies* à la base GE, capitules *non entourés de feuilles longues* GG; 1-3 d.

          G. d'Allemagne AC (1). *G. germanicum Willd.* ✠ * champs; j.-s.; *a.*
        - Feuilles *rétrécies* à la base GS; capitules *entourés de feuilles longues* SM; 1-3 d

          G. en spatule C. *G. spathulatum B. et de L.* champs; jt.-o.; *a.*
      - Bractées de l'involucre *sans longue pointe jaunâtre*; M, AR; capitules *par 2 à 8.*

        - Bractées de l'involucre *laineuses jusqu'au sommet* AR; capitules *à 8 angles peu marqués* (fig. GA); 2-4 d.

          G. des champs AC. *G. arvense Willd.* * champs; jt.-s.; *a.*
        - Bractées de l'involucre *non laineuses au sommet* M; capitules *à 5 angles marqués* (fig. MO); 1-3 d.

          G. nain C. *G. minimum B. et de L.* terres arides; j.-s.; *a.*

Voyez Album de la Nouvelle Flore, p. 89
Voyez Atlas des Plantes de France, pl. 187 A et 187 B

Voyez Album de la Nouvelle Flore, p. 89, 90 et 91
Voyez Atlas des Plantes de France, pl. 172, 173, 185 et 186

33. Erigeron. *Erigeron* —

- Involucre à bractées *presque sans poils* C, membraneuses aux bords ;  fleurs du pourtour d'un *blanc-jaunâtre ;* 3-8 d. — **E. du Canada** TC. *E. canadensis L.* décombres ; jt.-o. ; *a.*
- Involucre à bractées *très poilues* A ;  fleurs du pourtour d'un *rose violacé;* 1-4 d. — **E. âcre** C. *E. acris L.* * bois, pelouses j.-s. *v.*

34. Inule. *Inula.* —

- Plante *portant des capitules presque dès la base* G ; involucre à poils glanduleux ; feuilles glanduleuses ;  3-6 d. — **I. odorante** R. *I. graveolens Desf.* endroits pierreux ; a.-n. ; *a.*
- *Capitules seulement au sommet de la plante.*
  - Feuilles *ondulées ou frisées* sur les bords ; fruit à aigrette entourée d'une couronne D. 
    - Feuilles *embrassant la tige par 2 lobes* à la base DY ;  fleurs plus grandes que l'involucre ; 4-8 d. — **I. dysentérique** TC. *I. dysenterica L.* ✠ * marécages, fosssés ; jt.-s. ; *v.*
    - Feuilles *arrondies à la base* V ;  fleurs ne dépassant pas l'involucre ; 1-5 d. — **I. Pulicaire** C. *I. Pulicaria L.* fossés humides ; jt.-s. ; *a.*
  - Feuilles *ni ondulées ni frisées ;* fruit à aigrette sans couronne.
    - Feuilles *très grandes* (6 à 8 c. de largeur) ; blanches en dessous, dentées, embrassant la tige ; involucre à bractées extérieures ovales HE, très poilues ;  1-2 m. — **I. Aunée** R. *I. Helenium L.* ✠ * prairies humides ; jt.-s. ; *v.*
    - Feuilles *de moins de 4 c. de largeur,* peu ou pas dentées.
      - Feuilles *sans poils* luisantes ; feuilles du milieu de la tige sans pétiole, à demi embrassantes à la base SA ; 4-7 d.  — **I. à feuilles de Saule** AC. *I. salicina L.* bois, prés ; j.-at. ; *v.*
      - Feuilles *velues.*
        - Feuilles supérieures *embrassant complètement la tige* B ; 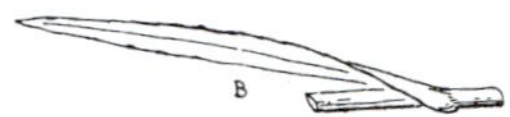 involucre à bractées étroites, en pointe ; 3-8 d. — **I. britannique** AC. *I. britannica L.* fossés humides ; jt.-s. ; *v.*
        - Feuilles *n'embrassant la tige qu'à moitié* ou pas du tout.
          - Involucre à bractées *rudes, très poilues, non recourbées* en dehors HI ; fruits sans poils ; 2-4 d. 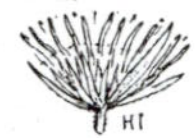 — **I. hérissée** R. *I. hirta L.* bois, ; m.-jt. ; *v*
          - Involucre à bractées *presque sans poils, recourbées* en dehors CO ; fruit velu ; 5-11 d.  — **I. Conyze** C. *I. Conyza DC.* bois, chemins ; jt.-s. ; *b.*

35. Solidage. *Solidago.* — (fig. SO, p. 83.) Involucres à bractées d'un vert jaunâtre ; feuilles toutes allongées ; capitules en grappe au sommet ; 3-10 d. — **S. Verge-d'or** TC. *S. Virga-aurea L.* * bois, pâturages ; jt.-s.[1] ; *v.*

(1) Var. *apiculatum.* B. et de L., plante jaunâtre ou verdâtre et involucre à bractées rougeâtres au sommet, AC.

Voyez Album de la Nouvelle Flore, p. 91, 92 et 93
Voyez Atlas des Plantes de France, pl. 188, 189, 190, 192 et 193

36. **Lampsane.** *Lampsana.* — (fig. L, LC, p. 84.) Feuilles inférieures à division terminale très grande ; fleurs jaunes ; 2-8 d. — **L. commune** TC. *L. communis L.* ✠* cultures ; j.-at. ; *a.*

37. **Arnoséris.** *Arnoseris.* — (fig. AM, p. 84.) Feuilles toutes à la base, à dents aiguës ; tige creuse, épaissie au sommet ; fleurs d'un jaune pâle ; 1-2 d. — **A. minime** AR. *A. minima Koch.* champs ; j.-at. ; *a.*

38. **Chicorée.** *Cichorium.* — (fig. C, p. 84.) Feuilles inférieures à division terminale plus grande et aiguë ; feuilles très poilues sur les nervures principales ; 5-10 d. — **C. Intybe** TC (1). *C. Intybus L.* ✠* pturages ; jt.-at. ; *v.*

39. **Pissenlit.** *Taraxacum.* — (fig. T, p. 84.) Feuilles étalées en rosette, à dents en forme de triangle ; fleurs jaunes ; 1-4 d. — **T. Dent-de-Lion** TC (2). *T. Dens-leonis L.* ✠* prairies ; av.-o. ; *v.*

40. **Porcelle.** *Hypochœris.* —

Plante sans poils ou presque sans poils, à feuilles peu dentées HG ;

fruits du pourtour non amincis en bec au-dessous de l'aigrette ; 2-7 d. — **P. glabre** AC (3). *H. glabra L.* champs ; j.-at. ; *a.*

Plante velue.

- Involucre *couvert de poils noirs* HM ;

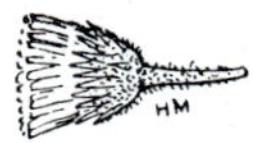

capitule d'environ 3-4 c. de largeur ; feuilles peu divisées, souvent à taches rougeâtres ; 3-8 d. — **P. tachée** R. *H. maculata L.* pelouses, bois ; j.-at. ; *v.*

- Involucre *presque sans poils* HR ;

capitule d'environ 1 c. de largeur ; feuilles très divisées ; 3-8 d. — **P. enracinée** TC. *H. radicata L.* * chemins ; m.-s. ; *b* ou *v.*

41. **Phénope.** *Phænopus.* — (fig. M, p. 84). Fruit brusquement aminci en un bec très fin, au dessous de l'aigrette ; feuilles supérieures étroites ; fleurs jaunes ; 5-9 d. — **Ph. des murs** C. *P. muralis Coss. et Germ.* vieux murs ; j.-s. ; *a.*

42. **Helminthie.** *Helminthia.* — (fig. H, p. 84). Involucre à bractées extérieures en cœur à la base ; plante couverte de poils durs ; fleurs jaunes. — **H. Fausse-Vipérine** AR. *H. echioides Gærtn.* chemins, champs ; jt.-o. ; *a.*

43. **Salsifis.** *Tragopogon.* — (4).

- Involucre à 6-8 bractées *égalant presque les fleurs* ;

rameau à peine renflé sous le capitule TP ; 4-12 d. [Barbe-de-Bouc.] — **S. des prés** TC. *T. pratensis L.* * bois, prairies ; m.-s. ; *b.*

- Involucre à 8-12 bractées *dépassant les fleurs* TM ; rameau *très renflé* sous le capitule TM ; 3-6 d.

S. majeur AR. *T. major Jacq.* prés secs ; j.-jt. ; *b.*

44. Chondrille. *Chondrilla.* — (fig. CJ, p. 84.) Tige couverte, dans sa partie inférieure, de poils durs, recourbés ; fruit à 5 dents autour du bec portant l'aigrette ; 6-12 d. — **C. joncée** AR. *C. juncea L.* champs arides ; j.-at. ; *b.*

45. Laitue. *Lactuca.* — (5).

Fleurs d'un *bleu violet ;* fruit de 7 mm. de largeur environ [P, grandeur naturelle] ;

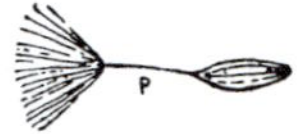

feuilles inférieures très divisées ; 2-5 d. — **L. vivace** AR. *L. perennis L.* champs calcaires ; j.-jt. ; *v.*

Fleurs *jaunes ;* fruit de moins de 1 mm. de largeur [LS, grandeur uaturelle].

- Feuilles *lisses au bord* ; celles du milieu de la tige à lobes de la base *pointus* SA ;

tige rarement couverte d'aiguillons à la base ; 5-12 d. — **L. à feuilles de Saule** AC. *L. saligna L.* terres arides ; j.-at. ; *b.*

- Feuilles ordinairement *poilues au bord ;* celles du milieu de la tige à lobes de la base *arrondis* SC ;

tige assez souvent couverte d'aiguillons à la base ; 8-13 d. — **L. Scariole** C (6). *L. Scariola L.* ✠ * chemins ; j.-at. ; *b.*

46. Barkhausie. *Barkhausia.* —

Plante *à odeur d'amande amère* lorsqu'on froisse les feuilles ;

fruits du centre à bec moins long que ceux du pourtour F ; plante velue ; 2-5 d. — **B. fétide** C. *B. fœtida DC.* friches ; j.-at. ; *a.*

Pas d'odeur forte ; fruits tous assez semblables S.

- Bractées de l'involucre *à poils noirs, glanduleux* TA ; avec des poils blancs ;

feuilles très poilues 4-8 d. — **B. à feuilles de Pissenlit** TC. *B. taraxacifolia DC.* prairies ; m.-jt. ; *b.*

- Bractées de l'involucre *à poils raides, non glanduleux* SE ;

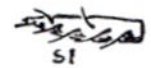

feuilles presque sans poils ; 3-6 d. — **B. hérissée** C. *B. setosa DC.* cultures ; j.-at. ; *a.-b.*

47. Scorzonère. *Scorzonera.* — (7).

- *Pas de débris des feuilles détruites* HU ; feuilles supérieures allongées ; 2-6 d.

S. humble C. *S. humilis L.* bois humides ; m.-jt. ; *v.*

- *Débris des feuilles détruites* de l'année précédente à la base de la plante SA ; feuilles supérieures peu allongées ; 1-3 d.

S. d'Autriche TR. *S. austriaca Willd.* pelouses ; m.-jt. ; *v.*

(1) Le *C. Endivia* L. ✠ [Endive, Escarole], à feuilles supérieures ovales, en cœur à la base, est souvent cultivé [Barbe-de-Capucin, quand la plante est maintenue à l'abri de la lumière]. — (2) 1° Var. *lævigatum* DC., bractées de l'involucre à 2 dents ; fruits d'un rouge brique, AC ; 2° var. *palustre* DC., feuilles allongées entières ou peu dentées ; bractées extérieures de l'involucre non étalées en dehors, AR. — (3) 1° Var. *Balbisii* Lois., fruits tous à long bec, TR ; 2° var. *erostris*, fruits tous sans bec, R. — (4) Le *T. porrifolius* L. ✠ [Salsifis blanc], à fleurs violettes, est souvent cultivé. — (5) Le *L. sativa* ✠ [Laitue romaine, pommée, frisée] à feuilles obtuses, est souvent cultivé. — (6) Var. *virosa* L ✠, feuilles étalées horizontalement, AR. — (7) Le *S. hispanica* L. ✠ [Salsifis noir], à tige portant plusieurs capitules, est souvent cultivé.

Voyez Album de la Nouvelle Flore, p. 93 et 94
Voyez Atlas des Plantes de France, pl. 194

48. **Podosperme.** *Podospermum.* — (fig. PL, p. 85.) Feuilles à divisions étroites ; involucre cotonneux à la base ; fruit porté sur un pied creux : 1-7 d. — **Pod. lacinié** C (1). *Pod. laciniatum DC.* décombres ; j.-at. ; *b.*

49. **Picris.** *Picris.* — (fig. P, p. 85.) Feuilles de la base ondulées ; plante rude, velue ; fleurs dépassant beaucoup les bractées de l'involucre ; 3-11 d. — **P. Fausse-Epervière** C. *P. hieracioides L.* * terres incultes ; jt.-s. ; *b.*

50. **Laiteron.** *Sonchus.* —

Involucre et rameau du capitule *presque sans poils.*

- Feuilles embrassant la tige par *deux lobes pointus* OL ; 2-8 d. — **L. maraîcher** TC. *S. oleraceus L.* cultures ; j.-o. ; *a.*

- Feuilles embrassant la tige par deux lobes *à contour arrondi en hélice* AS ; 2-8 d. — **L. âpre** TC. *S. asper* **Vill.** décombres ; j.-o. ; *a.*

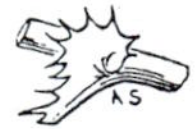

Involucre et rameau du capitule *à nombreux poils* glanduleux.

- Feuilles embrassant la tige par deux lobes *arrondis* AR ; 5-10 d. — **L. des champs** C. *S. arvensis L.* * champs ; jt.-s. ; *v.*

- Feuilles embrassant la tige par deux lobes *aigus* PA ; 1 à 3 m. — **L. des marais** R. *S. palustris L.* marais ; jt.-at. ; *a.*

51. **Crépis.** *Crepis.* —

Involucre *sans poils*, non blanchâtre ; feuilles poilues glanduleuses ; bractées de l'involucre presque régulièrement disposées, les extérieures très petites PU ; 3-8 d. — **C. élégant** AR. *C. pulchra L.* chemins ; j.-jt. ; *a.*

Involucre *poilu*, à poils blanchâtres, entremêlés de poils noirs.

- Bractées de l'involucre *sans poils en dedans ;* feuilles *presque sans poils ;* involucre à bractées *appliquées* sur le capitule VI ; 2-8 d. — **C. verdoyant** TC (2). *C. virens L.* prairies ; j.-ô. ; *a.*

- Bractées de l'involucre *portant des poils en dedans ;* les extérieures étalées B ; feuilles poilues.
  - Feuilles supérieures *étroites*, *à 2 lobes pointus*, à la base T ; feuilles peu poilues ; 3-5 d. — **C. des toits** AR. *C. tectorum L.* * vieux murs ; m.-jt. *b.*

  - Feuilles supérieures *plus ou moins divisées ;* feuilles velues hérissées ; 6-12 d. — **C. bisannuel** C. *C. biennis L.* prairies humides ; j.-jt. ; *b.*

Voyez Album de la Nouvelle Flore, p. 94, 95 et 96

Voyez Atlas des Plantes de France, pl. 191, 195 et 196

52. Thrincie. *Thrincia.* — (fig. T, TH, p. 85.) Feuilles toutes à la base, velues ; involucre à bractées nombreuses, sur plusieurs rangs ; 5-50 c. — **T. hérissée** TC. *T. hirta Roth.* terres arides ; jt.-at. ; *v* ou *b*.

53. Léontodon. *Leontodon.* —

Feuilles *sans poils ou seulement ciliées* LA ; aigrette à poils disposés sur 1 rang ; 2-7 d. — **L. d'automne** TC. *L. autumnalis L.* fossés, prairies. ; jt.-o. ; *v*.

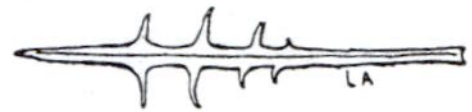

Feuilles *très poilues ;* aigrette à poils disposés sur 2 rangs ; 2-5 d. — **L. hispide** C.(3). *L. hispidus L.* pâturages ; j.-s. ; *v*.

54. Epervière. *Hieracium.* —

Tige *rampante ;* rameaux fleuris *sans feuilles.*

- Feuilles *poilues blanchâtres en dessous ;* rameaux ordinairement à 1 seul capitule PI ; 1-2 d. — **E. Piloselle** TC (4). *H. Pilosella L.* * chemins, prés ; m.-s. ; *v*.

- Feuilles *vertes sur les deux faces,* un peu ciliées ; rameaux ordinairement à 2-5 capitules AU ; 1-4 d. — **E. Oreillette** AC. *H. Auricula L.* bois humides ; m.-s. ; *v*.

Tige *dressée dès la base ;* rameaux fleuris *à 1 ou plusieurs feuilles.*

- Feuilles de la base *persistant* quand la plante fleurit M ; involucre à bractées appliquées sur le capitule ; feuilles souvent rougeâtres ou tachetées ; plante à poils blancs et noirs ; 3-11 d. — **E. des murs** TC (5). *H. murorum L.* bois secs ; j.-at. ; *v*.

- Feuilles de la base *détruites* quand la plante fleurit.
  - Feuilles diminuant *insensiblement* du bas au haut de la tige *sans poils ;* 5-12 d. — **E. en ombelle** TC. *H. umbellatum L.* * bois ; jt.-o. ; *v*.

  - Feuilles diminuant *brusquement* du bas au haut de la tige L, *poilues en dessous ;* 5-12 d. — **E. lisse** AC (6). *H. lævigatum Willd.* bois ; jt.-o. ; *v*.

(1) Var. *subulatum* DC., feuilles étroites, entières, AR. — (2) Var. *diffusa* DC, tiges très rameuses, à feuilles ordinairement entières, AC. — (3) Var. *hastilis* L, feuilles n'ayant que quelques poils, R. — (4) Var. *Peleterianum* Mérat, plante à longs poils roux, à tiges rampantes très courtes, TR. — (5) Var. *silvaticum* Lam., tige portant 3 à 8 feuilles au-dessus de la rosette. — (6) Var. *boreale* Fr., tige rude et non creuse, AR.

Voyez Atlas des Plantes de France, pl. 197 et 198

AMBROSIACÉES. Les Ambrosiacées sont des plantes qui sont très voisines des Composées.
Lampourde. *Xanthium.* —

- Plante *sans épines* X ; feuilles d'un vert cendré en dessous ; 3 8 d. 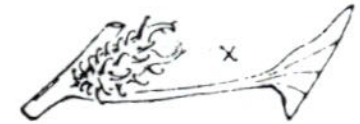 — **L. Glouteron** R. *X. strumarium L.* * chemins, fossés ; jt.-s. : *a.*
- Plante *portant des épines* S ; feuilles blanchâtres en dessous ; 2-6 d.  — **L. épineuse** TR. *X. spinosum L.* décombres ; jt.-at. ; *a.*

LOBÉLIACÉES. Les Lobéliacées, quoique voisines des Campanulacées, sont des plantes vénéneuses.
Lobélie. *Lobelia.* — (Voy. fig. au tableau des familles.) Corolle formant deux lèvres, la supérieure à 2 divisions, l'inférieure à 3 divisions ; feuilles dentées ; 2-7 d. — **Lob. brûlante** AR. *L. urens L.* ✠ bois, bruyères ; jt.-at. ; *v.*

CAMPANULACÉES. Les racines du *Campanula Rapunculus* et du *Phyteuma spicatum* sont comestibles. Plusieurs Campanules sont cultivées comme plantes ornementales.

- Corolle *divisée jusqu'à la base*, à divisions étroites.
  - Feuilles *toutes étroites*, *sans pétiole* J ; anthères soudées à la base et formant une étoile ; fruit allongé.  — 1. **Jasione**, p. 98. *Jasione.*
  - Feuilles de la base *pétiolées ;* anthères non en étoile ; fruit renflé. — 2. **Raiponce**, p. 98. *Phyteuma.*
- Corolle *non divisée jusqu'à la base*, à divisions élargies.
  - Feuilles *aussi larges que longues* W ;  fruit s'ouvrant par 3 valves. — 3. **Campanille**, p. 99. *Wahlenbergia.*
  - Feuilles *plus longues que larges* ; fruit s'ouvrant par des trous, de côté.
    - Corolle *en cloche* (fig. G, R, P, p. 99) ; ovaire en cône renversé. — 4. **Campanule**, p. 99. *Campanula.*
    - Corolle *non en cloche* (fig. H, S, p. 99) ; ovaire allongé. — 5. **Spéculaire**, p. 99. *Specularia.*

1. **Jasione.** *Jasione.* — (fig. J, p. 98). Fleurs en ombelle globuleuse, presque en capitule ; feuilles poilues ; fleurs bleues rarement blanches ; 2-6 d. [Herbe bleue]. — **J. des montagnes** C. *J. montana L.* * champs, bois ; j.-s. ; *a* ou *b.*

2. **Raiponce.** *Phyteuma.* —

- Feuilles de la base *en cœur ;* fleurs blanchâtres ou bleues *en épi* PS ; 5-7 d.  — **R. en épi** AR. *P. spicatum L.* ✠ * bois humides ; m.-j. ; *v.*
- Feuilles de la base *non en cœur ;* fleurs bleues *en capitule* PO ; 2-6 d.  — **R. orbiculaire** AR. *P. orbiculare L.* pâturages ; j.-at. ; *v.*

Voyez Album de la Nouvelle Flore, p. 97 et 98
Voyez Atlas des Plantes de France, pl. 199, 200 et 201

3. **Campanille**. *Wahlenbergia*. — (fig. W, p. 98.) Plante sans poils, à tiges grêles ; fleurs bleues ; 1-3 d. — **C. à feuilles de Lierre** TR. *W. hederacea Rchb.* bois, pâturages ; j.-at. ; *v.*

4. **Campanule**. *Campanula*. —

- Fleurs *sans pédoncules*, en épi ou en capitule.
  - Calice à *sépales aigus* G ;  feuilles de la base à long pétiole ; 2-5 d. — **C. agglomérée** AC. *C. glomerata L.* bois, pâturages ; m.-s. ; *v.*
  - Calice à *sépales arrondis au sommet* C ;  feuilles de la base sans pétiole net ; 6-10 d. — **C. Cervicaire** R. *C. Cervicaria L.* bois ; j.-at. ; *v.*
- Fleurs *sur des pédoncules* plus ou moins allongés, en grappes.
  - Feuilles du bas de la plante *arrondies* à leur base ; (parfois détruites sur les tiges fleuries) ; fruit sur un pédoncule *courbé*.
    - Calice à sépales *très étroits au sommet* R, *sans poils* ; corolle sans poils ; feuilles de la base arrondies ; les autres étroites ; 1-5 d.  — **C. à feuilles rondes** TC. *C. rotundifolia L.* * champs, pelouses ; j.-at. ; *v.*
    - Calice *à sépales ciliés*, ovales, allongés ; feuilles poilues.
      - Sépales *dressés* T ;  feuilles un peu en triangle ; 6-12 d. — **C. Gantelée** C (1). *C. Trachelium L.* ✠ bois, buissons ; j.-at. ; *v.*
      - Sépales *renversés* RO ;  feuilles ovales ; 6-9 d. — **C. Fausse-Raiponce** AR. *C. rapunculoides L.* terres incultes ; j.-at. ; *v.*
  - Feuilles du bas de la plante *en coin* à leur base ; fruit sur un pédoncule *dressé*.
    - Fleurs d'*environ 1 à 2 c.* ; tige *poilue* ; sépales très étroits RA ; 4-9 d.  — **C. Raiponce** TC (2). *C. Rapunculus L.* ✠ bois, chemins ; j.-at. ; *b.*
    - Fleurs d'*environ 3 à 4 c.* ; tige *sans poils* ; sépales élargis à la base P ; 4-9 d.  — **C. à feuilles de Pêcher** AC. *C. persicæfolia L.* bois ; j.-at. ; *v.*

5. **Spéculaire**. *Specularia*. —

- α. Corolle *aussi longue que les sépales* S ; 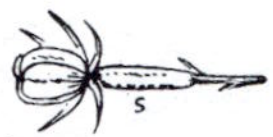 fleurs violettes ; 1-5 d. [Miroir-de-Vénus.] — **S. Miroir** C. *S. Speculum Alph. DC.* moissons ; m.-at. ; *a.*
- Corolle *plus courte que les sépales* H ; 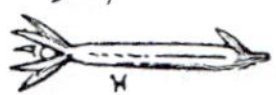 fleurs rougeâtres ; 1-3 d. — **S. hybride** AC. *S. hybrida Alph. DC.* terres pierreuses ; m.-jt. ; *a.*

(1) Var. *urticæfolia* Schm., calice et ovaire couverts de poils raides, **C.** — **(2) Le** *C. patula* **L.** a la tige garnie de poils blancs renversés et les sépales étroits, TR.

Voyez Album de la Nouvelle Flore, p. 98, 99 et 100
Voyez Atlas des Plantes de France, pl. 202

VACCINIÉES. Les fruits du Myrtille sont comestibles et servent à faire **une boisson fermentée** dans les contrées du nord de l'Europe.

Airelle. *Vaccinium.* —

- Feuilles *pointues*, minces, non roulées sur les bords M ;  fleurs isolées, blanchâtres **ou** rosées ; fruit noir ; 4-7 d. — **A. Myrtille** AR. *V. Myrtillus L.* * bruyères ; av.-m. ; *v.*
- Feuilles *arrondies au sommet*, coriaces, roulées sur les bords V ;  fleurs en grappes, blanches ou rosées ; fruit rouge ; 1-3 d. — **A. Vigne-du-m[t]-Ida** TR. *V. Vitis-idæa L.* bruyères, bois ; av.-m. ; *v.*

ÉRICINÉES. Les Bruyères et en particulier le Calluna et la Bruyère-à-balais sont utilisées dans l'industrie et l'agriculture.

- Corolle *globuleuse* plus longue que le calice (fig. EC, EV, TE). — 1. **Bruyère**, p. 100. *Erica.*
- Calice et corolle *profondément divisés en 4* C ; calice coloré plus grand que la corolle.  — 2. **Calluna**, p. 100. *Calluna.*

1. **Bruyère.** *Erica.* —

- Sépales et feuilles *non ciliés.*
  - Étamines *plus longues que la corolle,* faisant saillie en dehors EV ; feuilles étroites, par 4 à 5 ; fleurs rosées ; 4-8 d.  — **B. vagabonde** TR. *E. vagans L.* forêts ; jt.-s. ; *v.*
  - Étamines *renfermées dans la corolle.*
    - Fleurs *roses ;* corolle à pétales séparés seulement au sommet EC ; 3-6 d.  — **B. cendrée** TC. *E. cinerea L.* bois ; j.-s ; *v.*
    - Fleurs d'un *vert-jaunâtre ;* corolle à pétales séparés dans la 1/2 supérieure ; fleurs nombreuses, formant une grappe allongée ES ; 6-14 d.  — **B. à balais** TR. *E. scoparia L.* bois ; m.-j. ; *v.*
- Sépales et feuilles *ciliés.*
  - Corolle en forme d'*œuf* TE ;  feuilles allongées T ; fleurs roses ou blanches ; 4-7 d.  — **B. à 4 angles** AR. *E. Tetralix L.* * bois, marais ; j.-s. ; *v.*
  - Corolle en forme de *tube* E ;  feuilles ovales CI ; fleurs d'un rose foncé ; 4-7 d.  — **B. ciliée** TR. *E. ciliaris L.* landes ; jt.-s. ; *v.*

2. **Calluna.** *Calluna.* — (fig. C, p. 100.) Calice membraneux, coloré en rose ; corolle très petite ; cachée par le calice ; feuilles sur 4 rangs ; fleurs roses ; 3-8 d. — **C. vulgaire** TC. *C. vulgaris Salisb.* * landes, bois ; jt.-s. ; *v.*

Voyez Album de la Nouvelle Flore, p. 100 et 101
Voyez Atlas des Plantes de France, pl. 203, 204 et 205

Voyez Album de la Nouvelle Flore, p. 101
Voyez Atlas des Plantes de France, pl. 206, 207, 208 et 209

PYROLACÉES. Les espèces du genre Pyrola sont surtout répandues dans les montagnes et dans les contrées du nord de l'Europe.

Pyrole. *Pyrola.* —

- Sépales *très aigus* R ; style *courbé ;*  fleurs en grappes d'environ 6 à 15 c. de long ; 2-4 d. [Verdure-d'Hiver.] — **P. à feuilles rondes** AR. *P. rotundifolia L.* ✠ * bois ; j.-jt. ; *v.*
- Sépales *en triangles* MI ; style *droit ;*  fleurs en grappes d'environ 3 à 5 c. de long ; 2-3 d. — **P. mineure** AR. *P. minor L.* bois ; j.-jt. ; *v.*

MONOTROPÉES. Les Monotropées sont des plantes non vertes qui vivent au pied des arbres, sur les débris de branches et de feuilles mortes.

Monotropa. *Monotropa.* — (Voy. fig. au tableau des familles.) Feuilles blanchâtres en forme d'écailles ; inflorescence recourbée, puis dressée ; fleurs d'un blanc jaunâtre ; 1-3 d. — **M. Sucepin** AR. *M. Hypopitys L.* * bois ; j.-at. ; *v.*

LENTIBULARIÉES. Les plantes de cette petite famille rappellent certaines Scrofularinées par la forme de leur corolle.

- Feuilles *toutes à la base, entières ;* calice à 5 sépales distincts au sommet. 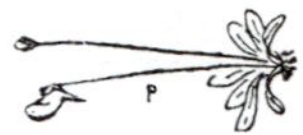 — 1. **Grassette**, p. 101. *Pinguicula.*
- Feuilles le long des rameaux, *très divisées* (fig. V, UM) ; calice à 2 lobes. — 2. **Utriculaire**, p. 101. *Utricularia.*

1. **Grassette.** *Pinguicula.* — (fig. P, p. 101). Feuilles appliquées sur le sol, à bords enroulés en dessous, charnues ; fleurs isolées, d'un bleu rougeâtre ; 4-15 c. — **G. vulgaire.** AC. *P. vulgaris L.* * bruyères, tourbières ; m.-j. ; *v.*

2. **Utriculaire.** *Utricularia.* —

- Feuilles *à divisions principales disposées des deux côtés de la feuille* V ;  corolle à éperon arrondi au sommet UV ; rameau fleuri de 2-3 d.  — **U. vulgaire** C (1). *U. vulgaris L.* * mares ; j.-at. ; *v.*
- Feuilles *à divisions principales disposées en éventail* UM 
  - Divisions des feuilles à très petites dents *épineuses ;* corolle à éperon *très aigu* UI ; rameau fleuri de 1-2 d.  — **U. intermédiaire** TR. *U. intermedia Hayne.* mares ; j.-at. ; *v.*
  - Divisions des feuilles à petites dents *non épineuses ;* corolle à éperon *arrondi* M ; rameau fleuri de 5-15 c.  — **U. mineure** AR. *U. minor L.* mares ; j.-jt. ;

(1) Var. *neglecta* Lehm., bord inférieur de la corolle étalé horizontalement, R.

Voyez Album de la Nouvelle Flore, p. 102
Voyez Atlas des Plantes de France, pl. 210 et 211

PRIMULACÉES. Plusieurs Primulacées, en particulier des variétés du *Primula grandiflora*, sont cultivées comme plantes d'ornement.

Fleurs *jaunes.*
- Feuilles *toutes à la base ;* corolle à tube allongé ; fleurs presque en ombelle. — **1. Primevère**, p. 102. *Primula.*
- Feuilles *le long de la tige ;* corolle à tube très court ; fleurs en grappe ou isolées. — **3. Lysimaque**, p. 103. *Lysimachia.*

Fleurs *non jaunes.*
- Feuilles *à divisions très étroites* H ; 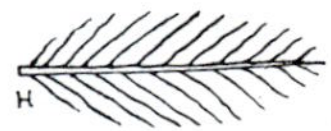 plante ordinairement dans l'eau. — **2. Hottonie**, p. 102. *Hottonia.*
- Feuilles *peu ou pas divisées.*
  - Feuilles *opposées ou par 3 ;* pétales soudés seulement à la base. — **4. Mouron**, p. 103. *Anagallis.*
  - Feuilles *alternes*, au moins celles du haut (SV, CM).
    - Fleurs *sur des pédoncules allongés* SV ; feuilles de la base en rosette ; 10 à 60 c.  — **5. Samole**, p. 103. *Samolus.*
    - Fleurs *presque sans pédoncules* CM ; feuilles de la base non en rosette ; 1 à 8 c.  — **6. Centenille**, p. 103. *Centunculus.*

1 Primevère. *Primula.* —

Calice *renflé*, très ouvert, à lobes larges O ;  corolle jaune foncé, à taches oranges ; calice écarté du fruit ; 1-3 d. [Coucou.] — **P. officinale** TC (1). *P. officinalis Jacq.* ✠✱ bois, prairies ; ms.-av. ; *v.*

Calice *non renflé* à lobes aigus G ;  fleurs d'un jaune pâle ;
- Feuilles à limbe *brusquement* rétréci à la base E ; ombelle des fleurs sur une tige allongée ; 1-3 d.  — **P. élevée** AC. *P. elatior Jacq.* prairies ; ms.-av. ; *v.*
- Feuilles à limbe *graduellement* rétréci à la base PG ; pédoncules des fleurs partant souvent de la base ; 1-3 d.  — **P. à grandes fleurs** AR. *P. grandiflora Lam.* prairies humides ; ms.-m. ; *v.*

2. Hottonie. *Hottonia.* — (fig. H, p. 102.) Sépales très étroits ; corolle plus grande que le calice ; fleurs d'un blanc rosé ou violacé ; rameau fleuri de 1 à 3 d. [Millefeuille aquatique.] — **H. des marais** AR. *H. palustris L.*✱ marais ; m.-j. ; *v.*

3. **Lysimaque**. *Lysimachia.* —

Feuilles *arrondies* N ; sépales *en cœur* LN ; 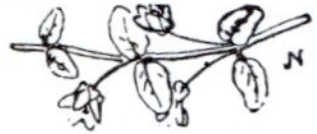  tige et pédoncules à 4 angles ; plante couchée sur le sol ; 1-6 d. [Herbe-aux-écus]. — **L. nummulaire** C. *L. Nummularia L.* ✠ prés et bois marécageux ; j.-at. *v.*

Feuilles *ovales* ; sépales *non en cœur* NE, LV.
- Sépales *ciliés* LV à bordure rougeâtre ; tige *dressée*, poilue ; 6-10 d. [Chasse-bosse.]  — **L. vulgaire** C. *L. vulgaris L.* * bords des eaux ; j.-at. ; *v.*
- Sépales *non ciliés* NE sans bordure rougeâtre ; tige *couchée*, sans poils ; 1-4 d.  — **L. des forêts** R. *L. nemorum L.* bois humides ; j.-jt. ; *v.*

4. **Mouron**. *Anagallis.* —

- Feuilles *ovales, sans pétiole* A ;  sépales à bords membraneux ; fleurs rouges, bleues, roses ou blanches ; 1-3 d. [Faux-Mouron.] — **M. des champs** TC (2). *A. arvensis L.* * champs ; j.-o. ; *a.*
- Feuilles *rondes, à court pétiole* T ;  sépales à bords non membraneux ; fleurs roses veinées ; 5-25 c. — **M. délicat** AC. *A. tenella L.* marais ; j.-at. ; *v.*

5. **Samole**. *Samolus.* — (fig. SV, p. 102). Feuilles entières, sans poils ; pistil soudé avec le calice ; corolle portant 5 écailles ; fleurs blanches ; 1-5 d. [Mouron-d'eau.] — **S. de Valerand** AC. *S. Valerandi L.* marécages ; j.-at. ; *v.*

6. **Centenille**. *Centunculus.* — (fig. CM, p. 102.) Feuilles entières, tiges très grêles ; fleurs très petites, à corolle presque globuleuse ; calice à 4 sépales ; 1-6 c. — **C. minime** AC. *C. minimus L.* bois, champs ; j.-at. ; *v.*

OLÉINÉES. Les Oléinées doivent leur nom à l'Olivier (*Olea*) qui appartient à cette famille.

Arbre à feuilles *composées de 9 à 15 folioles* F ;  bourgeons noirs ; feuilles opposées ; fleurs sans calice ni corolle ; fruit aplati E.  — 1. **Frêne**, p. 104. *Fraxinus.*

Arbuste à feuilles *simples* V, S.
- Feuilles *presque sans pétiole*, rétrécies à la base V ;  fruit charnu, noir. — 2. **Troëne**, p. 104. *Ligustrum.*
- Feuilles *pétiolées*, élargies vers leur base S ;  fruit sec, à 2 valves. — 3. **Lilas**, p. 104. *Syringa.*

(1) On trouve souvent des plantes ayant des caractères intermédiaires entre le *P. officinalis* et le *P. grandiflora* ; ce sont des hybrides entre ces deux espèces. — (2) 1° Var. *cærulea*, Schreb., fleurs bleues ; pédoncules égalant environ les feuilles, TC ; 2° Var. *phœnicea* Lam., fleurs rouges ou roses, pédoncules plus longs que les feuilles, TC.

Voyez Album de la Nouvelle Flore, p. 102 et 103
Voyez Atlas des Plantes de France, pl. 212 et 213

Voyez Album de la Nouvelle Flore, p. 103 et 104
Voyez Atlas des Plantes de France, pl. 214, 216, 217 et 218

1. **Frène**. *Fraxinus*. — (fig. F, FE, p. 103). Fleurs verdâtres ou brunâtres, à 2 étamines, se développant avant les feuilles ; fruits pendants ; arbre. — **F. élevé** C. *F. excelsior L.* ✠* bois, haies ; av. ; *v.*

2. **Troëne**. *Ligustrum*. — (fig. V, p. 103.) Calice à 4 sépales réunis ; corolle à tube dépassant beaucoup le calice ; rameaux à écorce grise ; fleurs blanches ; arbuste. — **T. vulgaire** TC. *L. vulgare L.* ✠* buissons, bois ; j.-jt. ; *v.*

3. **Lilas**. *Syringa*. — (fig. S, p. 103.) Calice à 4 sépales réunis ; corolle à tube dépassant beaucoup le calice ; fleurs lilas ou blanches ; arbuste. — **L. vulgaire** (*Cult.*) *S. vulgaris L.* cultivé et subspontané ; av.-m. ; *v.*

APOCYNÉES. Les Pervenches et le Laurier-rose, Apocynée qu'on trouve dans le midi de la France, sont cultivées comme plantes d'ornement.

Pervenche. *Vinca*. —

Feuilles *sans poils ;* sépales sans poils, beaucoup plus courts que le tube de la corolle M, MI ;

feuilles ordinairement en coin à la base ; pédoncules ordinairement plus longs que la feuille voisine ; 2-9 d. — **P. mineure** C. *V. minor L.* ✠* bois ; ms.-m. ; *v.*

Feuilles *ciliées aux bords ;* sépales ciliés, dépassant la moitié du tube de la corolle MA ;

feuilles ordinairement un peu en cœur à la base ; pédoncules ordinairement plus courts que la feuille voisine ; 4-12 d. — **P. majeure** (*Cult.*) *V. major L.* ✠ parcs, parfois subspontané ; ms.-m. ; *v.*

ASCLÉPIADÉES. Le Domptevenin est une plante dangereuse qui n'est plus employée en médecine.

Fleurs *en grappes* V ; étamines à 5 appendices *ovales ;* fleurs blanchâtres ou jaunâtres.

1. **Domptevenin**, p. 104. *Vincetoxicum.*

Fleurs *en ombelle* A ; étamines à 5 appendices *en cornet ;* fleurs d'un blanc rosé.

2. **Asclépiade**, p. 104. *Asclepias.*

1. **Domptevenin**. *Vincetoxicum*. — (fig. V, p. 104.) Feuilles pétiolées, opposées, en pointe au sommet ; calice à sépales aigus ; corolle sans poils ; 4-8 d. — **D. officinal** TC. *V. officinale Mœnch.** bois ; j.-at. ; *v.*

2. **Asclépiade**. *Asclepias*. — (fig. A, p. 104.) Feuilles très larges, presque sans poils en dessus, blanchâtres en dessous, fleurs odorantes ; 8-14 d. [Herbe-à-la-ouate.] — **A. de Cornuti** (*Cult.*) *A. Cornuti Dcsne.* jardins, parfois subspont. ; j.-at. ; *v.*

Voyez Album de la Nouvelle Flore, p. 104 et 105
Voyez Atlas des Plantes de France, pl. 221

GENTIANÉES. Les Gentianées contiennent, principalement dans leurs racines, une substance jaune (*gentianine*) très amère ; c'est à cause des propriétés de cette substance que les Gentianées sont employées en médecine.

Feuilles *à 3 divisions* T ; 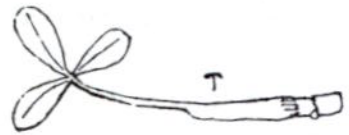 corolle rosée ou blanche, à nombreux cils crépus. — 1. **Ménianthe**, p. 105. *Menyanthes.*

Feuilles *nageant à la surface de l'eau*, arrondies L;  corolle jaune, barbue en dedans. — 2. **Limnanthème**, p. 105. *Limnanthemum.*

Feuilles *ni à 3 divisions ni nageantes.*
- Calice à *8 sépales ;* 8 étamines ; fleurs jaunes ; feuilles soudées par paires P.  — 3. **Chlora**, p. 105. *Chlora.*
- Calice à *4-7 sépales.*
  - Plante *de 2 à 10 c.*, à tiges grêles C ; fleurs roses, jaunâtres ou jaunes.  — 4. **Cicendie**, p. 105. *Cicendia.*
  - Plante ordinairement *de plus de 10 c. ;* fleurs bleues, roses ou blanches.
    - Corolle *étalée en étoile* S ; feuilles de la base en rosette.  — 5. **Swertie**, p. 106. *Swertia.*
    - Corolle à *tube allongé ;* feuilles non en rosette.
      - Corolle à tube élargi au sommet ; anthères *non contournées ;* fleurs bleues, lilas ou blanches. — 6. **Gentiane**, p. 106. *Gentiana.*
      - Corolle à tube non élargi E ; anthères *contournées ;* fleurs roses, rarement blanches.  — 7. **Erythrée**, p. 106. *Erythræa.*

1. **Ményanthe**. *Menyanthes.* — (fig. T, p. 105.) Plante aquatique, feuilles à longs pétioles et à gaines membraneuses ; fleurs en grappe ; 2-6 d. [Trèfle-d'eau.] — **M. trifolié** AC. *M. trifoliata L.* ✠ * marais ; av.-m. ; *v.*

2. **Limnanthème**. *Limnanthemum.* — (fig. L, p. 105.) Plante aquatique ; feuilles en cœur à la base ; fleurs jaunes à longs pédoncules. — **L. Faux-Nénuphar** AC. *L. Nymphoides Hoffms et Link.* étangs, rivières ; jt.-s. ; *v.*

3. **Chlora**. *Chlora.* — (fig. P, p 105.) Corolle à tube membraneux ; feuilles et tiges d'un vert glauque ; feuilles du bas rétrécies à leur base ; 2-6 d. — **Chl. perfoliée** AC. *Chl. perfoliata L.* ✠ pâturages, bois ; j.-at. ; *a.*

4. **Cicendie.** *Cicendia.* —
- Calice à sépales *séparés seulement au sommet* F  fleurs jaunes ; 3-10 c. — **C. filiforme** AR. *C. filiformis Delarb.* bois humides ; j.-o. ; *a.*
- Calice à sépales *séparés presque jusqu'en bas* PU ;  fleurs roses ou d'un jaune pâle ; 1-8 c — **C. naine** R. *C. pusilla Griseb.* mares, bois ; j.-o. ; *a.*

Voyez Album de la Nouvelle Flore, p. 105 et 106
Voyez Atlas des Plantes de France, pl. 219, 222 et 223

5. **Swertie**. *Swertia*. — (fig. S, p. 105.) Fleurs bleues ou violettes ; corolle à 10 fossettes bordées de cils, à la base des pétales ; 2-7 d. — **S. vivace** TR. *S. perennis L.* marais ; jt.-s. ; *v.*

6. **Gentiane**. *Gentiana*. —

Fleurs *sans pédoncule, en groupes* à l'aisselle des feuilles CR ; corolle à 4 pétales, non barbue en dedans ;

fleurs bleues en dedans ; 2-5 d. — **G. Croisette** AR *G. cruciata L.* ✠ bois, pâturages ; jt.-at. ; *v.*

Fleurs *pédonculées*, isolées, non en groupes à l'aisselle d'une feuille.

- Corolle *barbue en dedans*, *à* 5 lobes allongés G ;

feuilles ovales ; fleurs violacées ; 1-5 d. — **G. d'Allemagne** AR (1). *G. germanica Willd.* pâturages ; at.-o. ; *a.*

- Corolle *non barbue en dedans*, à 5 lobes courts PN ; feuilles étroites ; fleurs d'un beau bleu ; 2-6 d.

— **G. Pneumonanthe** AC. *G. Pneumonanthe L.* marécages ; jt.-s. ; *v.*

7. **Erythrée**. *Erythræa*. —

Fleurs *pédonculées*, en inflorescence lâche EP ;

1-2 d. ; tige rameuse souvent dès la base. — **E. rameuse** AC. *E. ramosissima Pers.* bois, prairies ; j.-s. ; *a* ou *b.*

Fleurs *sans pédoncules*, en inflorescence serrée EC ;

2-8 d. ; tige à rameaux vers le haut. — **E. Petite-Centaurée** TC. *E. Centaurium Pers.* ✠ * bois, prairies ; j.-s. ; *a* ou *b.*

CONVOLVULACÉES. — Les Convolvulacées ont des tiges qui s'enroulent autour des autres plantes.

Liseron. *Convolvulus*. —

2 bractées *juste au-dessous* de la fleur S ;

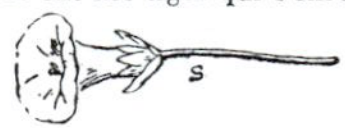

bractées en cœur, plus longues que le calice ; fleurs blanches ; 1-5 m. — **L. des haies** TC. *C. sepium L.* bords des eaux, haies ; j.-o. ; *v.*

2 bractées *distantes de la fleur* A ;

bractées étroites ; fleurs blanches ou rosées ; 2-8 d. [Vrillée.] — **L. des champs** TC. *C. arvensis L.* * champs, chemins ; m.-s. ; *v.*

CUSCUTACÉES. Les Cuscutacées sont des plantes parasites, non vertes, très nuisibles aux cultures.

Cuscute. *Cuscuta*. —

Fleurs *pédonculées*, munies d'une bractée à la base R ; stigmates *presque globuleux ;*

fleurs blanches, odorantes. [parasite sur la Luzerne cultivée.] — **C. odorante** TR. *C. suaveolens Ser.* prairies artificielles ; at.-s. ; *a.*

Fleurs *sans pédoncule* ou presque sans pédoncule ; stigmates *allongés.*

- Fleurs *sans bractée à la base ;* corolle *large, globuleuse* D ; [parasite sur le Lin.]

étamines renfermées dans la corolle. — **C. densiflore** R. *C. densiflora Soy.-Will.* champs de lin ; jt.-at. ; *a.*

- Fleurs *avec bractée à la base ;* corolle *en cloche* M, E ;
  - Sépales *arrondis* M ; étamines dans la corolle. [parasite sur l'Ortie, le Chanvre et le Houblon.]

— **C. majeure** AR. *C. major C. Bau.* ✠ * terres incultes ; j.-at. ; *a.*

  - Sépales *aigus* E ; étamines saillantes. [parasite sur les Papilionacées, le Serpolet, la Bruyère.]

— **C. du Thym** C (2), *C. epithymum Murray.* prairies, coteaux ; jt.-at. ; *a.*

BORRAGINÉES. Les Borraginées contiennent toutes de l'azotate de potasse (salpêtre) en forte proportion ; c'est surtout à cette particularité qu'on attribue les propriétés médicinales de ces plantes.

- Corolle *n'ayant pas le tube fermé* par 5 lobes intérieurs développés O, LA.
  - Corolle *irrégulière* EV ;  étamines inégales, plus longues que la corolle ; fruits rugueux. — 1. **Vipérine**, p. 108. *Echium.*
  - Corolle *régulière ;* étamines égales.
    - Feuilles *arrondies au sommet* H ; 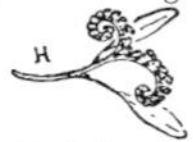 fleurs sans bractées. — 2. **Héliotrope**, p. 108. *Heliotropium.*
    - Feuilles *aiguës au sommet.*
      - Corolle ayant des *groupes de poils* en dedans, entre les étamines O ; fruits rugueux. 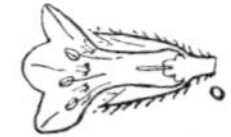 — 4. **Pulmonaire**, p. 108. *Pulmonaria.*
      - Corolle ayant des *lobes intérieurs peu développés* ou des *lignes de poils* LA.  — 3. **Grémil**, p. 108. *Lithospermum.*
- Corolle ayant le tube *presque fermé par 5 lobes intérieurs développés*, B, P.
  - Feuilles *à limbe prolongé sur la tige* SO ;   fleurs sans bractées, à corolle en cloche S. — 5. **Consoude**, p. 108. *Symphytum.*
  - Feuilles supérieures *rapprochées par 2 ou par 4*, tige et feuilles à aiguillons A.  — 6. **Rapette**, p. 108. *Asperugo.*
  - Feuilles à limbe *non longuement prolongé sur la tige, et n'étant pas rapprochées par 2 ou par 4.*
    - Étamines *soudées par leurs anthères*, saillantes B ;  lobes intérieurs sans poils ; fruits lisses. — 7. **Bourrache**, p. 108. *Borrago.*
    - Étamines *non soudées entre elles.*
      - Corolle à *tube courbé* à la base AR ;  lobes intérieurs poilus ; fruits rugueux. — 8. **Lycopsis**, p. 108. *Lycopsis.*
      - Corolle à *tube droit.*
        - Fruits *couverts d'aiguillons* EL, C.
          - Fleurs *bleues ;* fruits à aiguillons sur le dos EL ; feuilles étroites E. 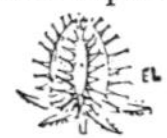  — 9. **Echinosperme**, p. 108. *Echinospermum.*
          - Fleurs *rougeâtres ;* fruits à aiguillons tout autour C ;  feuilles inférieures larges. — 11. **Cynoglosse**, p. 109. *Cynoglossum.*
        - Fruits *sans aiguillons*
          - Fleurs *avec bractées* I ; corolle en entonnoir ; fruits rugueux.  — 10. **Buglosse**, p. 108. *Anchusa.*
          - Fleurs *sans bractées* H ; corolle à pétales étalés P ; fruits lisses.   — 12. **Myosotis**, p. 109. *Myosotis.*

(1) Le *G. campestris* L. se reconnait à sa corolle dont 2 lobes sont plus grands que les 2 autres, TR. — (2) Var. *Trifolii* Bab., fleurs plus grandes.

Voyez Album de la Nouvelle Flore, p. 106, 107 et 108
Voyez Atlas des Plantes de France, pl. 224, 225, 226, 227 et 228

1. **Vipérine.** *Echium.* — (fig. EV, p. 107.) Feuilles ovales allongées, presque sans pétiole ; corolle d'abord rouge, puis bleue ; tige à poils piquants et glanduleux à leur base ; 3-6 d. — **V. vulgaire** TC (1). *E. vulgare L.* ✱ chemins, décombres ; j.-s. ; *b.*

2. **Héliotrope.** *Heliotropium.* — (fig. H, p. 107.) Calice à sépales obtus, étalés en étoile au dessous du fruit mûr ; fleurs blanches ; 1-5 d. [Tournesol.] — **H. d'Europe** C. *H. europæum L.* décombres, champs ; j.-at. ; *a.*

3. **Grémil.** *Lithospermum.* —

Fleurs *bleues*, à corolle *bien plus longue que le calice* PC ;

feuilles à nervure du milieu seule saillante ; 2-5 d. — **G. rouge-bleu** R. *L. purpureo-cæruleum L.* bois ; m.-at. ; *v.*

Fleurs *blanches* ou blanchâtres ; corolle dépassant peu le calice.

- Feuilles *à plusieurs nervures saillantes* LO ; corolle munie de poils en haut du tube ; fruits luisants ; 4-8 d. [Herbe-aux-perles.]

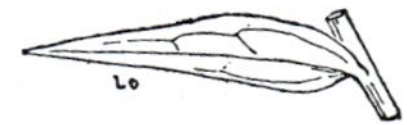

— **G. officinal** C. *L. officinale L.* bois ; m.-jt. ; *v.*

- Feuilles *à une seule nervure saillante* AV ; corolle à 5 lignes de poils (fig. LA, p. 107) ; fruits rugueux ; 2-5 d.

— **G. des champs** TC (2). *L. arvense L.* ✱ chemins, champs ; m.-jt. ; *a.*

4. **Pulmonaire.** *Pulmonaria.* — (fig. O, p. 107.) Fleurs d'abord rouges, puis violettes ou bleues ; feuilles allongées, les inférieures presque pétiolées ; 1-4 d. — **P. à feuilles étroites** TC (3). *P. angustifolia L.* ✠ bois ; av.-m. ; *v.*

5. **Consoude.** *Symphytum.* — (fig. SO, S, p. 107.) Feuilles de la base longuement pétiolées ; tige couverte de poils renversés ; fleurs blanches, jaunâtres, rougeâtres ou violettes ; 6-9 d. — **C. officinale** C. *S. officinale L.* ✠ ✱ fossés humides ; m.-j. ; *v.*

6. **Rapette.** *Asperugo.* — (fig. A, p. 107.) Feuilles rétrécies à la base ; calice très développé après la floraison, comprimé ; fleurs groupées par 2 à 4 ; fleurs violettes ; 3-6 d. — **R. couchée** AR. *A. procumbens L.* chemins, champs ; m.-jt. ; *a.*

7. **Bourrache.** *Borrago.* — (fig. B, p. 107). Feuilles inférieures longuement pétiolées ; corolle étalée en étoile ; fleurs renversées, bleues, roses ou rarement blanches ; 3-6 d. — **B. officinale** C. *B. officinalis L.* ✠ ✱ jardins, décombres ; j.-o. ; *a.*

8. **Lycopsis.** *Lycopsis.* — (fig. AR, p. 107.) Feuilles allongées, ondulées, les supérieures embrassant à moitié la tige ; fleurs bleues ; 2-5 d. [Petite Buglosse.] — **L. des champs** TC. *L. arvensis L.* ✱ moissons ; m.-o. ; *a.*

9. **Echinosperme.** *Echinospermum.* — (fig. EL, E, p. 107.) Feuilles étroites ; fruit portant des aiguillons terminés par 2 à 4 crochets ; fleurs bleues ; 2-6 d. — **E. Bardanette** AC. *E. Lappula Lehm.* vieux murs ; j.-at. ; *a* ou *b.*

10. **Buglosse.** *Anchusa.* — (fig. I, p. 107.) Feuilles ovales, allongées ; lobes intérieurs de la corolle découpés en lanières ; fleurs roses, puis bleues, rarement blanches ; 2-6 d. [Langue-de-Bœuf.] — **B. d'Italie** AR. *A. italica Retz.* ✠ moissons ; m.-at. ; *b.*

11. Cynoglosse. *Cynoglossum.* — (fig. C, p. 107.)

- Calice *très velu* OF ;  feuilles poilues blanchâtres sur les deux faces.
  - Fleurs *rougeâtres, puis bleu clair*, en grappes allongées ; pédoncule du fruit *renversé*, égal environ au calice ; 2-8 d. — **C. rayé** TR. *C. pictum Ait.* chemins ; m.-jt. ; *b*.
  - Fleurs *rougeâtres*, en grappes étalées ; pédoncule du fruit *non renversé*, plus court que le calice ; 2-8 d. — **C. officinale** AC. *C. officinale L.* ✠ * terres incultes ; m.-jt. ; *b*.
- Calice *à poils peu nombreux* M ;  feuilles presque sans poils à la face supérieure ; pédoncule du fruit plus long que le calice ; corolle d'un bleu violet ; 2-8 d. — **C. des montagnes** AR. *C. montanum Link.* bois ; j.-jt. ; *b*.

12. Myosotis. *Myosotis.* — [Ne-m'oubliez-pas, Aimez-moi.]

- Calice *à poils appliqués, non en crochet* PA ;  fruits noirs, luisants ; calice à sépales étalés, quand le fruit est mûr ; 1-6 d. — **M. des marais** C (4). *M. palustris With.* * marais ; m.-jt. ; *b* ou *v*.
- Calice à poils *en crochet* MI. [regarder à la loupe] 
  - Calice des fleurs passées inférieures *dressé*, plus ou moins rapproché de la tige S ; feuilles souvent avec poils en crochet ; fleurs bleues ; 1-2 d.  pédoncule *plus court que le calice* des fleurs passées S ; — **M. raide** AC. *M. stricta Link.* vieux murs ; av.-j. ; *a*.
  - Calice des fleurs passées inférieures *plus ou moins écarté de la tige* V, I, H ; feuilles sans poils en crochet.
    - Corolle jaune puis blanchâtres, puis rougeâtre, puis bleue ; à *tube beaucoup plus long* que le calice (*c*, fig. V) ; 2-6 d.  — **M. versicolore** C. *M. versicolor Pers.* champs, chemins ; av.-j. ; *a*.
    - Corolle bleue à gorge jaune, *à tube à peine plus long* que le calice (*c*, fig. I).
      - Pédoncules inférieurs environ *2 fois plus longs* que le calice I ; calice à la fin fermé ; 2-6 d.  — **M. intermédiaire** TC (5). *M. intermedia Link.* chemins ; m.-s. ; *a* ou *b*.
      - Pédoncules inférieurs environ *égaux* au calice H ; calice à la fin ouvert ; 1-2 d.  — **M. hérissé** C. *M. hispida Schlecht.* champs ; av.-j. ; *a*.

(1) Var. *Wierzbickii* Lamotte, fleurs plus petites, étamines non saillantes, R. — (2) Var. *medium* Chev., fleurs bleues, R. — (3) Var. *tuberosa* Schrank., fleurs d'un violet très foncé, feuilles tachetées, AC. — (4) Var. *lingulata* Lehm., tige souterraine non rampante ; tiges dressées arrondies ; style ne dépassant pas les divisions de l'ovaire, AR. — (5) Var. *sparsiflora* Mik., pédoncules étalés ou renversés après la floraison, très longs, TR.

Voyez Album de la Nouvelle Flore, p. 108 et 109
Voyez Atlas des Plantes de France, pl. 230 et 231

SOLANÉES. Presque toutes les Solanées sont vénéneuses par les alcalis organiques qu'elles renferment (*solanine, atropine, hyoscyamine*, etc.); à faible dose, plusieurs de ces substances sont employées en médecine.

Voyez Album de la Nouvelle Flore, p. 109
Voyez Atlas des Plantes de France, pl. 232

Arbrisseau épineux; fleurs violettes à corolle en entonnoir, un peu irrégulière L. 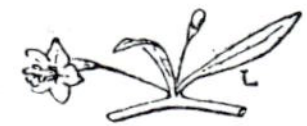 **1. Lyciet**, p. 110. *Lycium.*

Plante *herbacée.*

- Corolle *étalée en coupe ou en étoile* A, N.
  - Calice *devenant très grand après la floraison* P et renfermant le fruit; fleurs blanchâtres à gorge verdâtre; corolle en coupe A.   **2. Coqueret**, p. 111. *Physalis.*
  - Calice *ne devenant pas très grand après la floraison;* fleurs blanches, violettes ou roses; corolle étalée N; anthères réunies.  **3. Morelle**, p. 111. *Solanum.*
- Corolle *à tube allongé* HN, B, D.
  - Fleurs *jaunâtres* veinées de violet ou de brun, toutes d'un même côté HN;  feuilles à lobes pointus; fruit en forme de boîte arrondie s'ouvrant par un couvercle HY.  **4. Jusquiame**, p. 111. *Hyoscyamus.*
  - Fleurs *blanches ou violettes.*
    - Feuilles *entières* B; fruit charnu, arrondi B, noir à la maturité.  **5. Atropa**, p. 111. *Atropa.*
    - Feuilles *à dents pointues* D; corolle pliée en long; fruit sec s'ouvrant par 4 valves DS.   **6. Datura**, p. 111. *Datura.*

1. Lyciet. *Lycium.* — (fig. L, p. 110.) Feuilles sans poils, allongées, en pointe; calice membraneux; fruit charnu, rouge ou d'un jaune rougeâtre; 1-5 m. **L. de Barbarie** AC (1). *L. barbarum L.* * haies; j.-s.; *v.*

Voyez Album de la Nouvelle Flore, p. 109 et 110
Voyez Atlas des Plantes de France, pl. 233, 234, 235, 236, 237 et 239

2 **Coqueret.** *Physalis.* — (fig. A, P, p. 110.) Feuilles ovales; fleurs isolées; fruit charnu, rouge, entouré par le calice agrandi qui devient rouge; 3-6 d. — **C. Alkékenge** AC. *P. Alkekengi L.* ✠* cultures, décombres; j.-s.; *v.*

3. **Morelle.** *Solanum.* —

Feuilles *divisées profondément, à plus de 3 divisions;* fleurs blanches ou violettes; fruit jaunâtre; branches souterraines à renflements tuberculeux; 3-6 d. [Pomme-de-terre.] — **M. tubéreuse** (*Cult.*) *S. tuberosum L.* ✠* cultivé et subspontané; j.-s.; *v.*

Feuilles *entières, dentées ou à 3 divisions.*

- Fleurs *violettes;* feuilles un peu en cœur à la base, les supérieures souvent à 3 divisions DU; fruit rouge, ovale; 1-2 m. — **M. Douce-amère** C (2). *S. Dulcamara L* ✠* bois, haies; j.-s.; *v.*

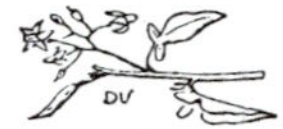

- Fleurs *blanches;* feuilles entières ou dentées; fruit noir, jaune ou rougeâtre, globuleux; 5-60 c. [Tuc-Chien.] — **M. noire** C (3). *S. nigrum L.* ✠ décombres; j.-o.; *a.*

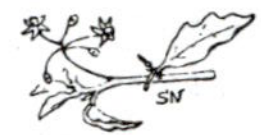

4. **Jusquiame.** *Hyoscyamus.* — (fig. HN, HY, p. 110.) Feuilles poilues, parfois profondément divisées; fruit mûr entouré par le calice beaucoup plus grand; 2-8 d. [Herbe-aux-Chevaux.] — **J. noire** C. *H. niger L.* ✠* décombres; m.-jt.; *a* ou *b.*

5. **Atropa.** *Atropa.* — (fig. B, p. 110.) Feuilles ovales, en pointe; fleurs d'un brun plus ou moins violacé; fruit noir, luisant; 5-20 d. — **A. Belladone** AR. *A. Belladona L.* ✠* bois; j.-at.; *b* ou *v.*

6. **Datura.** *Datura.* — (fig. D, DS, p. 110.) Feuilles sans poils ou presque sans poils; calice à long tube; fruit couvert d'aiguillons; 4-10 d. [Pomme-épineuse.] — **D. Stramoine** AC (4). *D. Stramonium L.* ✠* décombres; jt.-s.; *a.*

---

(1) Var. *sinense* Lam., feuilles glauques, larges; calice à sépales égaux, AR. — (2) Var. *littorale* Raab., feuilles toutes entières très velues, AR. — (3) 1° Var. *villosum* Lam., tige et feuilles poilues, grisâtres, AR; 2° var. *miniatum* Bernh., fruit mûr rouge, feuilles à odeur de musc, R; 3° Var. *ochroleucum* Bast., fruit jaune, tiges anguleuses, AC. — (4) Var. *Tatula* L., fleurs d'un violet bleu; tige et feuilles violacées, R.

VERBASCÉES. Les Verbascées sont des plantes difficiles à déterminer, surtout par suite des nombreux hybrides qui se produisent entre les espèces, et qui présentent des caractères intermédiaires.

Molène. *Verbascum.* —

Voyez Album de la Nouvelle Flore, p. 111

Voyez Atlas des Plantes de France, pl. 240

- Corolle jaune *à gorge violette ;* étamines à *poils violets.*
  - Feuilles *poilues en dessus, très velues en dessous ;* feuilles de la base *à long pétiole* NI ; pédoncule égal environ à 2 fois la longueur du calice au dessous du fruit ; 5-10 d. [Bouillon-noir.]

    M. noire AR. *V. nigrum L.* bois, chemins ; jt.-at. ; *b* ou *v.*
  - Feuilles *sans poils ou presque sans poils, luisantes ;* feuilles de la base *presque sans pétiole* BL ; pédoncule égal environ à 3 ou 4 fois la longueur du calice au-dessous du fruit ; 5-10 d. [Herbe-aux-Mites.]

    M. Blattaire C (1). *V. Blattaria L.* chemins ; j.-s. ; *b.*
- Corolle *jaune ou blanche ;* étamines *sans poils ou à poils blancs.*
  - Feuilles à limbe *non prolongé sur la tige* PV, LC ; filets des étamines tous couverts de poils.
    - Tige *ronde*, même en haut PV ; pédoncule égalant le calice au-dessous du fruit ou plus court PU ; feuilles à poils cotonneux qui se détachent par flocons ; 8-14 d.

      M. floconneuse C. *V. floccosum W. et K.* chemins ; j.-s. ; *b.*
    - Tige *anguleuse* vers le haut LC ; pédoncule plus long que le calice au-dessous du fruit LY ; feuilles poilues ; 8-12 d.

      M. Lychnite C. *V. Lychnitis L.* terres incultes ; j.-s. ; *b.*
  - Feuilles à limbe *prolongé sur la tige ;* filets des étamines les uns sans poils, les autres couverts de poils blancs.
    - Stigmate *globuleux* I ; feuilles à limbe prolongé sur la tige jusqu'à la feuille située au dessous ; corolle en forme de coupe ; 5-20 d. [Bouillon-blanc.]

      M. Thapsus C (2). *V. Thapsus L.* ✠ chemins ; jt.-at. ; *b.*
    - Stigmate *non globuleux* PH ; feuilles à limbe prolongé, mais non jusqu'à la feuille située en dessous ; corolle étalée ; 5-15 d.

      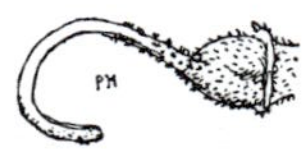

      M. Faux-Phlomis C (3). *V. phlomoides L.* * terres incultes ; jt.-s. ; *b.*

SCROFULARINÉES. — Les plantes de cette famille sont très variées dans leur forme. Les espèces des genres Pédiculaire, Rhinanthe, Euphraise, Odontitès, Mélampyre, bien que munies de feuilles vertes, sont parasites sur les racines ou sur les tiges souterraines d'autres plantes et, en particulier, des Graminées ; plusieurs de ces espèces sont, par suite, nuisibles aux cultures.

Corolle *à tube en bosse à la base* M, OR.   — 1. **Muflier**, p. 114. *Antirrhinum.*

Corolle *prolongée en éperon plus ou moins allongé, à la base* SU, ST.   — 2. **Linaire**, p. 114. *Linaria.*

Corolle *sans bosse ni éperon.*

- Feuilles *opposées ou alternes.*
  - Feuilles *toutes à la base* L, entières, à long pétiole ;  plante aquatique ; fleurs blanchâtres ou roses. — 3. **Limoselle**, p. 115. *Limosella.*
  - 4 étamines et *une 5e étamine en forme d'écaille* (*e*, fig. S) ; fleurs *d'un rouge brun ou d'un jaune verdâtre.*  — 4. **Scrofulaire**, p. 115. *Scrofularia.*
  - *4 étamines* portant des anthères.
    - Feuilles *profondément divisées*, à divisions parallèles P ;  corolle à 2 lèvres ; fleurs roses. — 5. **Pédiculaire**, p. 115. *Pedicularis.*
    - Feuilles *entières ou dentées.*
      - Feuilles *alternes ;* fleurs pendantes D.  — 6. **Digitale**, p. 115. *Digitalis.*
      - Feuilles *opposées*, au moins les inférieures.
        - Calice *renflé* MA ; corolle *en casque ;*  anthères sans pointes et velues. — 7. **Rhinanthe**, p. 115. *Rhinanthus.*
        - Calice *non renflé.*
          - Corolle à lèvre supérieure *à 2 lobes* E ; fleurs *blanches striées* (fig. O).   — 8. **Euphraise**, p. 115. *Euphrasia.*
          - Lèvre supérieure *entière ou presque entière* V, R.
            - Corolle à lèvre inférieure *à 2 bosses* V ; fruit à 2-4 graines. 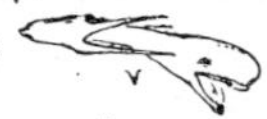 — 10. **Mélampyre**, p. 117. *Melampyrum.*
            - Corolle à lèvre inférieure *sans bosses* R ; fruit à graines nombreuses.  — 11. **Odontitès**, p. 118. *Odontites.*
  - *2 étamines* et parfois, en outre, 2 filets sans anthères.
    - Corolle à *tube allongé ;* 2 étamines et 2 filets sans anthères G ;  fleurs isolées GO.  — 12. **Gratiole**, p. 118. *Gratiola.*
    - Corolle *étalée, à tube très court ;* fleurs bleues ou bleuâtres, rarement blanches. — 9. **Véronique**, p. 116. *Veronica.*

(1) Var. *blattarioides* Lam., plante à poils simples entremêlés aux poils glanduleux, R. — (2) Var. *montanum* Schrad., feuilles à limbe ne se prolongeant pas jusqu'à la feuille suivante TR. — (3) Var. *thapsiforme* Shrad., feuilles à limbe se prolongeant jusqu'à la feuille suivante, C.

Voyez Album de la Nouvelle Flore, p. 112 et 113
Voyez Atlas des Plantes de France, pl. 242 et 243

1. Muflier. *Antirrhinum.* —

- Calice à sépales *étroits, plus longs que la corolle* OR;  fleurs roses, rarement blanches; 2-5 d. [Tête-de-Mort.] — **M. Orontium** C. *A. Orontium L.* champs; j.-s.; *a.*
- Calice à sépales *larges, plus courts que la corolle* M;  fleurs rouges ou blanches à gorge jaune; 4-8 d. [Gueule-de-Loup]. — **M. majeur**, AC. *A. majus L* ✠ * murs des jardins; j.-s.; *v.*

2. Linaire. *Linaria.* —

- Feuilles *pétiolées* S, EL, C.
  - Feuilles *ovales arrondies* S;  calice velu; à sépales presque en cœur à la base; fleurs jaunes et violettes; 2-5 d. — **L. bâtarde** TC. *L. spuria Mill.* champs, décombres; jt.-o.; *a*
  - Feuilles *à 2 pointes à la base* EL; 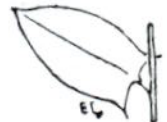 calice velu, à sépales en coin; fleurs jaunes et violettes; 2-6 d. — **L. Elatine** AC. *L. Elatine Desf.* ✠. champs; jt.-o.; *a.*
  - Feuilles *arrondies, à cinq lobes peu profonds* C;  calice sans poils; fleurs violettes; 1-8 d. — **L. Cymbalaire** TC. *L. Cymbalaria Mill.* vieux murs; jt.-o.; *a.*
- Feuilles *sans pétiole.*
  - Corolle à tube *entr'ouvert;* pédoncule 3 à 4 fois plus long que le calice MI;  calice à sépales inégaux; corolle velue glanduleuse; fleurs d'un violet pâle; 2-6 d. — **L. mineure** C. (1) *L. minor Desf.* champs; j.-s.; *a.*
  - Corolle à *tube fermé;* pédoncule n'étant pas 3 à 4 fois plus long que le calice.
    - Corolle *jaune.*
      - Calice *sans poils* V; fleurs jaune soufre;  fleurs en grappes allongées; 2-6 d. — **L. vulgaire** TC. (2) *L. vulgaris Mœnch.* * chemins, décombres; jt.-s.; *v.*
      - Calice *velu-glanduleux* SV; fleurs jaune-pâle;  fleurs en grappes courtes SP; 1-3 d.  — **L. couchée** TC. *L. supina Desf.* champs, décombres; ms.-s.; *a.*
    - Corolle *violette ou bleuâtre.*
      - Calice *velu glanduleux* AR;  pédoncule plus court que le calice; fleurs lilas, veinées de bleu; 1-3 d. — **L. des champs** R. *L. arvensis Desf.* moissons; j.-s.; *a.*
      - Calice *sans poils* ST, PE.
        - Corolle rayée de violet; éperon *égal à peine au tube de la corolle* ST; fruit plus long que le calice; 2-6 d.  — **L. striée** TC. *L. striata DC.* chemins, décombres; jt.-s.; *v.*
        - Corolle rayée de blanc; éperon *bien plus long que le tube de la corolle* PE; fruit plus court que le calice; 2-5 d, 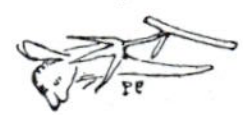 — **L. de Pellicier** R. *L. Pelliceriana Mill.* rochers; j.-jt.; *a.*

Voyez Album de la Nouvelle Flore, p. 113 et 114
Voyez Atlas des Plantes de France pl. 241, 245, 246, 247 et 248

3. **Limoselle.** *Limosella.* — (fig. 4, p. 113). Tiges souterraines minces, produisant çà et là des tiges et des feuilles aériennes; fleurs nombreuses à pédoncules courts; 2-9 c. — **Lim. aquatique** AR. *Lim. aquatica L.* étangs; j.-s.; *a* ou *b*.

4. **Scrofulaire.** *Scrofularia.* —

Fleurs *jaune-verdâtre*; tige *velue* V;  feuilles presque en cœur à la base, velues, dentées; 4-8 d. — **S. printanière** TR. *S. vernalis L.* endroits humides; m.-jt.; *b*.

Fleurs *rouge-brun.*
- Feuilles *aiguës, à dents inégales* N;  tige à 4 angles non tranchants; tige souterraine, renflée, tuberculeuse; 5-10 d. — **S. noueuse** C. *S. nodosa L.* ✠* bois humides; j.-at.; *v*.
- Feuilles *arrondies au sommet, à dents arrondies* A;  tige à 4 angles tranchants, sans tubercules à la base; 5-12 d. — **S. aquatique** C. *S. aquatica L.* marécages; j.-at.; *v*

5. **Pédiculaire.** *Pedicularis.* —

- Corolle portant *2 dents* vers le milieu de la lèvre supérieure PA; calice à sépales non ciliés; fruit plus long que le calice; 1-3 d. 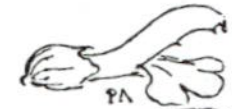 — **P. des marais** AR. *P. palustris L.* marais; m.-at.; *b* ou *v*.
- Corolle *sans dents* vers le milieu de la lèvre supérieure SI; calice à sépales ciliés; fruit plus court que le calice; 2-6 d. 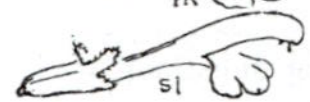 — **P. des bois** C. *P. silvatica L.** bois; m.-jt.; *v*.

6. **Digitale.** *Digitalis.* —

- Fleurs *roses ou blanches; calice velu* P;  sépales ovales; feuilles velues en dessous; 5-12 d. [Gant de Notre-Dame.] — **D. pourpre** C. *D. purpurea L.* ✠* bois; j.-at.; *b*.
- Fleurs *d'un jaune pâle; calice sans poils* L;  sépales étroits; feuilles ordinairement sans poils; 4-8 d. — **D. jaune** AR. (3) *D. lutea L.* rochers, bois; j.-jt.; *v*.

7. **Rhinanthe.** *Rhinanthus.* —

Calice à dents écartées MA, ou rapprochées MI;   fleurs jaunes; 2-7 d. [Cocriste.] — **R. Crête-de-Coq** TC. (4) *R. Crista-Galli L.** prairies; m.-j.; *a*.

8. **Euphraise.** *Euphrasia.* — (fig. E, O, p. 113). Feuilles supérieures alternes; anthères à loges inégalement prolongées en pointe; barbues à la base; calice velu-glanduleux; 10-15 c. [Casse-lunettes.] — **E. officinale** AC. (5) *E. officinalis L.* ✠* prairies; jt.-o.; *a*.

---

(1) Var. *prætermissa* Delastre, plante sans poils, R. — (2) On trouve parfois des hybrides entre cette plante et le *L. striata.* — (3) Var. *hirsuta,* feuilles plus ou moins poilues, R. — (4) 1° Var *major* Ehrh., calice à dents écartées (fig. MA), bractées supérieures membraneuses; 2° var *minor* Ehrh., calice à dents rapprochées (fig. MI), bractées supérieures vertes; 3° var. *hirsutus* Lam., calice très velu, graines à bordure membraneuse très étroite, AC. — (5) Cette plante varie beaucoup de forme. On peut citer: 1° var. *ericetorum* Jord., tige à poils non glanduleux; feuilles presque sans poils, AC; 2° var. *campestris* Jord., fruit plus long que la feuille voisine, AC.

9. Véronique. *Veronica.* –

- Calice à 5 *sépales* inégaux T, dont un *très petit* ;  corolle plus grande que le calice ; feuilles dentées TE ou entières P ; 1-5 d.   — **V. Germandrée** AC. (1) *V. Teucrium L.* ✠ * bois, coteaux, prés : av.-jt. ; *v.*
- Calice à 4 sépales, *plus long que le pédoncule des fleurs passées* A, O.
  - Feuilles *entières ou dentées.*
    - Feuilles du milieu de la tige *à 6-7 divisions* V ;  fruit très échancré, plus court que le calice ; fleurs d'un bleu pâle ; 5-15 c. — **V. printanière** AR. *V. verna L.* pelouses : av.-m. : *a.*
    - Fleurs d'un bleu vif *en grappe aiguë, serrée* S ; feuilles allongées ; 1-5 d.  — **V. en épi** AC. *V. spicata L.* ✠ bois, coteaux : jt.-s. : *v.*
    - Fleurs d'un bleu clair ou rosées ; *en grappe peu serrée* A, O.
      - Feuilles *plus ou moins poilues,*
        - Tiges *dressées* ou étalées ; feuilles ovales A fruit *plus court* que le calice A.  fleurs bleu-clair ; 5-30c. — **V. des champs** TC. *V. arvensis L.* champs : ms.-o. ; *a.*
        - Tiges *couchées* O, portant des racines ; feuilles ovales allongées ; fruit *plus long* que le calice O ; fleurs d'un bleu pâle ou roses ; 1-4 d. [Thé d'Europe.]  — **V. officinale** C. *V. officinalis L.* ✠ * bois ; m.-jt. ; *v.*
      - Feuillles *sans poils, luisantes ;* style dépassant l'échancrure du fruit. — **V. à feuilles de Serpolet** C. *V. serpyllifolia L.* pâturages ; av.-o. ; *v.*

doncule les *fleurs passées.*

- Feuilles *alternes,* au moins les supérieures.
  - Feuilles *sans poils, luisantes,* ovales SE ; 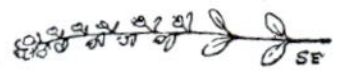 style environ aussi long que le fruit ; fleurs veinées ; 1-2 d. — **V. à feuilles de Serpolet** C.
  - Feuilles *couvertes de poils.*
    - Feuilles *à 3-4 divisions* TR ;  calice plus long que la corolle ; fleurs d'un bleu foncé ; 5-20 c. — **V. à trois lobes** AC. *V. triphyllos L.* champs ; ms.-m. ; *a.*
    - Feuilles *dentées ou peu profondément divisées.*
      - Feuilles *supérieures étroites, de forme différente des inférieures ;* pédoncules un peu plus longs que les calices PR ; feuilles souvent violettes en dessous ; 5-20 c.  — **V. précoce** AR. *V. præcox All.* champs ; av.-m. *a.*
      - Feuilles *toutes sensiblement de même forme.*
        - Sépales *en cœur* à la base ; fruit *sans poils,* renflé ; feuilles à lobes du milieu plus grand H ; fleurs pâles ; 1-3 d.  — **V. à feuilles de Lierre** TC. *V. hederæfolia L.* cultures ; ms.-j. ; *a.*
        - Sépales *non en cœur ;* fruit *plus ou moins poilu.*
          - Pédoncules *dépassant plus ou moins les feuilles* AG, fruit à lobes renflés non écartés ; 1-3d.  — **V. agreste** TC. (2) *V. agrestis L.* chemins ; ms.-o. ; *a.*
          - Pédoncules *dépassant beaucoup les feuilles* PE ; fruit à lobes aplatis, écartés ; 1-3 d.  — **V. de Perse** AR. *V. persica Poir.* prairies ; toute l'année ; *a.*

Voyez Album de la Nouvelle Flore, p. 114 et 115

Voyez Atlas des Plantes de France, pl. 244 A et 244 B

Voyez Album de la Nouvelle Flore, p. 115 et 116
Voyez Atlas des Plantes de France, pl. 249

Calice à 4 sépales, plus court que le pé- | Feuilles *toutes opposées*. | Feuilles plus ou moins *ovales*.

- Feuilles *étroites allongees* SC, SCU; pédoncules étalés ou renversés;   fleurs pâles; 1-6 d. — **V. à écussons** AC. (3) *V. scutellata L.* fossés; m.-s.; *v.*
- Feuilles *sans poils*.
  - Feuilles *pétiolées* B; 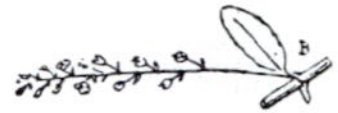 tige *arrondie;* fleurs bleues; 2-6 d. [Cresson de Cheval.] — **V. Beccabonga** C. *V. Beccabunga L.* ✠ marécages; m.-s.; *v.*
  - Feuilles *sans pétiole* AN;  tige *presque à 4 angles;* fleurs pâles; 2-8 d. — **V. Mouron** C. (4) *V. Anagallis L.* marécages; m.-s.; *a.*, *b* ou *v.*
- Feuilles *couvertes de poils*.
  - Feuilles *pétiolées*, même les supérieures M; fruit aplati, denticulé et cilié sur les bords; fleurs d'un bleu pâle, veinées; 1-3 d. 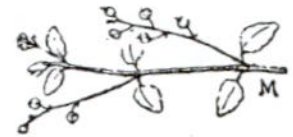 — **V. des montagnes** R. *V. montana L.* forêts; m.-jt.; *v.*
  - Feuilles toutes ou presque toutes *sans pétiole*.
    - Feuilles un peu en cœur à la base, *fortement dentées, à dents nombreuses* C; pas de grappe terminant la tige C; 2-5 d.  — **V. Petit-Chêne** TC. *V. Chamædrys L.* ✠ bois; av.-at.; *v.*
    - Feuilles non en cœur, *à 4-6 dents arrondies* AC; grappe de fleurs terminant la tige AC; 4-12 c. 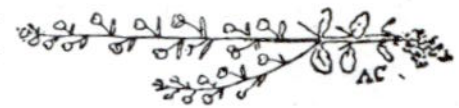 — **V. à feuilles d'Acinos** AR. *V. acinifolia L.* champs; av.-m.; *a.*

10. Mélampyre. *Melampyrum.* —

- Fleurs *par 2, tournées du même côté* PR;  bractées vertes comme les feuilles; fleurs jaunâtres ou blanchâtres; 2-5 d. — **M. des prés** TC. *M. pratense L.* * bois; j.-at.; *a.*
- Fleurs *en épi compacte*.
  - *Bractées verdâtres*, en cœur à la base, non divisées C; fleurs jaunâtres ou blanchâtres mêlées de rouge; 2-5 d.  — **M. à crêtes** AC. *M. cristatum L.* bois; j.-at.; *a.*
  - *Bractées rouges*, non en cœur, profondément divisées AR; fleurs roses à gorge jaune; 3-6 d. [Queue-de-Renard.] 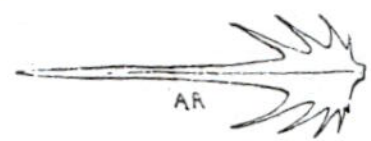 — **M. des champs** TC. *M. arvense L.* ✠ moissons; j.-at.; *a.*

(1) 1° Var. *prostrata* L., tiges couchées, feuilles étroites (fig. P); calice et fruit sans poils, AR; 2° var. *latifolia* L., tiges dressées dès la base; feuilles larges, en cœur à la base, AC; 3° var. *satureiæfolia* Poit. et Turp., feuilles allongées très étroites, à bords roulés en dessous, TR. — (2) Var. *polita* Fries., calice à sépales presque aigus; fruit à 8-12 graines, AC. — (3) Var. *parmularia* Poit. et Turp., plante à poils glanduleux, AR. — (4) Var. *anagalliformis*, sommet des tiges à poils glanduleux, AR.

11. Odontitès. *Odontites.* —

- Fleurs *roses ou rouges ;* étamines à anthères situées *sous la lèvre superieure* de la corolle R ; 2-6 d.  **O. rouge** C. (1) *O. rubra Pers.* bois ; j.-o. ; *a.*
- Fleurs *jaunes ;* étamines à anthères situées *vers la lèvre inférieure* de la corolle LU ; style dépassant la corolle ; corolle très ouverte, à lobes ciliés ; 1-4 d.  **O. jaune** R. *O. lutea Rchb.* terres incultes ; jt.-s. ; *a.*
- Fleurs d'un *jaune rougeâtre ;* étamines et style *cachés sous la lèvre supérieure* de la corolle J ; corolle peu ouverte, à lobes non ciliés ; 2-6 d.  **O. de Jaubert** TR. *O. Jaubertiana Dietr.* pâturages ; at.-o. ; *a.*

12. Gratiole. *Gratiola.* — (fig. G, GO, p. 113). Feuilles sans pétiole, non poilues, bordées de petites dents à leur partie supérieure ; tige sans poils ; 2-5 d. [Herbe-au-pauvre-Homme.] **G. officinale** AR. *G. officinalis L.* ✠ prairies humides ; j.-s. ; *v.*

OROBANCHÉES. Les Orobanchées sont des plantes parasites, non vertes, fixées sur les racines ou sur les tiges souterraines d'un grand nombre d'espèces de plantes vertes. Certaines d'entre elles, parasites sur le Chanvre, la Luzerne ou le Sainfoin, peuvent être particulièrement nuisibles aux cultures. — Pour recueillir les Orobanchées, il est bon de les déterrer avec grand soin afin de reconnaître d'une manière précise sur quelles plantes elles sont développées.

- *Une seule bractée* au-dessous de chaque fleur O ; calice à 2 parties à peine réunies à la base.   **2. Orobanche,** p. 119. (2). *Orobanche.*
- *Trois bractées* au-dessous de chaque fleur P ;  calice à sépales réunis, à 4 dents. **1. Phélipée,** p. 118. *Philipæa.*

1. Phélipée *Phelipæa.* —

- Tige *rameuse* R ;  corolle jaunâtre, légèrement teintée de bleu ; stigmate blanc ou bleuâtre ; 1-4 d, [Parasite sur le Chanvre.] **P. rameuse** AR. *P. ramosa C. A. Mey.* champs ; j.-s. ; *a.*
- Tige *non rameuse*
  - Corolle à pétales *aigus* P ;  fleurs d'un beau bleu ; stigmate blanc ; 2-5 d. [Parasite sur le Millefeuille, *Achillea Millefolium.*] **P. bleue** R. *P. cærulea C. A. Mey.* pelouses ; j.-jt. ; *v.*
  - Corolle à pétales *arrondis* A ;  fleur d'un bleu violet ; stigmate jaune-pâle ; 1-4 d. [Parasite sur l'Armoise, *Artemisia campestris.*] **P. des sables** TR. *P. arenaria Walp.* champs incultes ; j.-at. ; *v,*

Voyez Album de la Nouvelle Flore, p. 116

Voyez Album de la Nouvelle Flore, p. 117

2. **Orobanche.** *Orobanche.* —

- **Stigmate *jaune.***
  - Étamines *attachées au milieu* du tube de la corolle H;  corolle jaune pâle, veinée de violet; à bord crispé; 2-6 d. [Parasite sur le Lierre.] — **O. du Lierre** TR. *O. Hederæ Duby.* bois; j.-jt.; *v.*
  - Étamines attachées *vers la base* du tube de la corolle RA, C.
    - Étamines à filets *sans poils* RA, au moins à la base; corolle rose-jaunâtre; 3-7 d. [Parasite sur le Genêt, *Sarothamnus scoparius.*]  — **O. Rave** C. *O. Rapum Thuill.* bois; m.-j.; *v.*
    - Étamines à filets *velus sur toute leur longueur* C; corolle rouge ou jaune; 1-5 d. [Parasite sur le Sainfoin et sur d'autres Papilionacées.]  — **O. sanglante** AR. (3) *O. cruenta Bert.* pelouses; j.-jt.; *v.*
- **Stigmate *pourpre, rose ou violet.***
  - Etamines attachées *au-dessous* du tiers inférieur de la corolle; stigmate pourpre-foncé ou violet-noir
    - Étamines à filets *portant quelques poils çà et là* E; corolle non rétrécie à la base; jaunâtre ou brune; [Parasite sur le Serpolet, *Thymus Serpyllum*, et sur le *Calamintha Clinopodium.*] 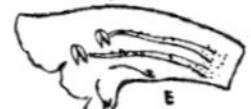 1-3 d. — **O. du Thym** C. *O. epithymum DC.* pelouses; j.-jt. *v.*
    - Étamines à *filets velus*, au moins à la base.
      - Stigmate *pourpre foncé;* corolle s'élargissant de bas en haut G, O; 1-5 d. [Parasite sur les Gaillets.] 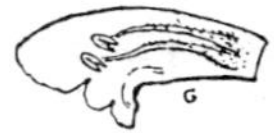  — **O. du Gaillet** C. *O. Galii Duby.* pâturages; j.-jt.; *v.*
      - Stigmate *violet-noir*; corolle rétrécie au-dessus de la base T, TE; 1-3 d. [Parasite sur les Germandrées, *Teucrium.*]   — **O. de la Germandrée** AR. *O. Teucrii Schultz.* coteaux; j.-jt.; *v.*
  - Étamines attachées *au-dessus* du tiers inférieur de la corolle; stigmate violet, rose ou brun.
    - Étamines *très velues;* corolle à lèvre supérieure entière P;  stigmate violet; 2-4 d. [Parasite sur le *Picris hieracioides.*] — **O. du Picris** TR. *O. Picridis Schultz.* pâturages; j.-jt.; *a.*
    - Étamines *presque sans poils;* corolle à lèvre supérieure légèrement échancrée; stigmate rose ou violet.
      - Corolle *peu courbée* M; bractées dépassant peu ou pas les fleurs; 1-3 d.  [Parasite sur le Panicaut, sur la Pimprenelle, sur les Hélianthèmes et les Papilionacées.] — **O. mineure** TR. *O. minor Sutt.* terres pierreuses; j.-jt.; *v.*
      - Corolle *à tube brusquement coudé* AM; bractées dépassant beaucoup les fleurs; 2-6 d. [Parasite sur le Panicaut.]  — **O. améthyste** AR. *O. amethystea Thuill.* chemins, coteaux; j.-jt.; *v.*

(1) Var. *serotina* Rchb., rameaux étalés, bractées étroites plus courtes que les fleurs, C. — (2) Le *Lathræa squamaria* L., à fleurs pédonculées et à tige souterraine portant de nombreuses écailles a été rarement observé, TR. — (3) Var. *citrina*, plante d'un jaune citron, R.

LABIÉES. Les Labiées contiennent diverses essences dont les propriétés font que beaucoup de plantes de cette famille sont employées en médecine. — On cultive un grand nombre de Labiées dans les jardins comme plantes médicinales ou condimentaires (Thym, Sauge, Romarin, Mélisse, Hysope, etc.)

- Corolle *non nettement à 2 lèvres ;* fleur presque régulière L, M.
  - *2 étamines* L ;  fleurs blanches tachées de rouge; feuilles très dentées LY.  — 6. **Lycope,** p. 122. *Lycopus.*
  - *4 étamines* M ;  fleurs roses lilas, ou blanches. — 7. **Menthe,** p. 123. *Mentha.*
- Corolle *à une seule lèvre* A, T ; lèvre supérieure peu ou pas développée.
  - Lèvre inférieure *à 3 lobes* A ; 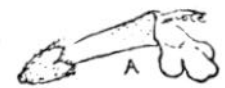 lèvre supérieure très courte. — 20. **Bugle,** p. 127. *Ajuga.*
  - Lèvre inférieure *à 5 lobes* T ;  pas de lèvre supérieure. — 21. **Germandrée,** p. 127. *Teucrium.*
- *deux lèvres.*
  - *2 étamines* à filet divisé en deux branches, l'une des branches portant la loge développée de l'anthère. — 10. **Sauge,** p. 124 (1). *Salvia.*
  - *4 étamines.*
    - Calice *sans dents, bossu* G ;  tube de la corolle dépassant beaucoup le calice. — 9. **Scutellaire,** p. 124. *Scutellaria.*
    - Calice *irrégulier, à 5 dents inégales,* 3 d'un côté et 2 de l'autre.
      - Tiges *non nettement à 4 angles,* couchées ou étalées; feuilles *sans dents* S, petites (environ 3-7 mm. de largeur) ; fleurs roses.  — 3. **Thym,** p. 122. *Thymus.*
      - Tiges *à 4 angles très nets.*
        - Fleurs *en épi serré* V, entremêlées de bractées larges ; étamines non courbées en dedans ; calice à lèvre supérieure aplatie I.   — 8. **Brunelle,** p. 123. *Brunella.*
        - Fleurs *non en épi serré ;* étamines courbées en dedans CL.
          - Fleurs *blanches ;* feuilles grossièrement dentées M ;  tube de la corolle *courbé.* — 4. **Mélisse,** p. 122. *Melissa.*
          - Fleurs *roses ou bleuâtres ;* tube de la corolle *droit* CL. 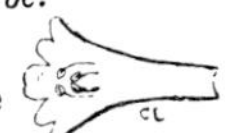 — 5. **Calament,** p. 122. *Calamintha.*

- Corolle nettement à … (continued)
  - Fleurs ayant ordinairement toutes …
    - Calice régulier ou presque régulier, à dents presque égales.
      - Calice à dents épineuses.
        - Calice *à 10-20 dents crochues* MA ;  fleurs blanches. — **16. Marrube,** p. 126. *Marrubium.*
        - Corolle à *lèvre inférieure portant 2 bosses* G ;  lèvre supérieure en voûte. — **11. Galéopsis,** p. 124. *Galeopsis.*
        - Corolle *sans bosses.*
          - Calice *régulièrement plié en long* (Voy. 18. **Ballota**, p. 126.)
          - Calice *non* régulièrement plié en long.
            - Ovaire et fruits *plats* au-dessus L, LE ; feuilles inférieure *à 3 lobes* LC.    — **12. Agripaume,** p. 125. *Leonurus.*
            - Ovaire et fruits *arrondis* voy. plus bas fig. A ; feuilles *non à 3 lobes.* — **13. Epiaire,** p. 125. *Stachys.*
      - Calice à dents *ni épineuses ni crochues.*
        - Calice *très large* MM, *membraneux.*  fleurs grandes, blanchâtres, groupées par 2-3 ou isolées ME.  — **14. Mélitte,** p. 125. *Melittis.*
        - C. *non très ample ni membraneux.*
          - Feuilles *peu ou pas dentées* ; étamines à filets écartés I. 
            - Fleurs *toutes rejetées d'un côté* HY ; feuilles étroites.  — **1. Hysope,** p. 122. *Hyssopus.*
            - Fleurs *en groupes arrondis* O ; feuilles larges OR.   — **2. Origan,** p. 122. *Origanum.*
          - Feuilles *nettement dentées* ; étamines à filets rapprochés et placés sous la lèvre supérieure.
            - Ovaires et fruits *plats* en dessus B. 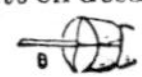 Calice à 5 dents non crochues LA ;  — **15. Lamier,** p. 126. *Lamium.*
            - Ovaire et fruits *arrondis* A. 
              - Anthères *disposées en croix* G, dans les fleurs jeunes ; feuilles arrondies GH ; fleurs violettes. 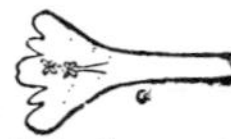  — **17. Glechoma,** p. 126. *Glechoma.*
              - Anthères *non disposées en croix.*
                - Étamines *saillantes* F ;  calice à plis F. — **18. Ballota,** p. 126. *Ballota.*
                - Étamines *cachées* N ; calice sans plis N.  — **19. Népéta,** p. 126. *Nepeta.*

(1) Le *Rosmarinus officinalis* L. ✠ [Romarin], à 2 étamines complètes, dentées vers la base, à feuilles très étroites, roulées en dessous, est souvent cultivé.

1. **Hysope**. *Hyssopus*. — (fig. HY. p. 120.) Feuilles étroites, portant souvent des rameaux très courts qui développent des feuilles plus petites ; tige ligneuse à la base ; 2-6 d. — **H. officinale** R. *H. officinalis L.* ✠* rochers ; jt.-s. ; *v.*

2. **Origan.** *Origanum* — (fig. OR, O, p. 120.) Feuilles pétiolées : fleurs roses, rarement blanches ; bractées ordinairement colorées en pourpre ; 4-8 d. [Marjolaine sauvage.] — **O. vulgaire** TC (1). *O. vulgare L.* ✠* bois, pâturages ; jt.-s. ; *v.*

3. **Thym**. *Thymus*. — (fig. S. p. 120.) Feuilles ovales, en coin à la base ; calice à 2 lèvres ; étamines parfois peu développées : 1-5 d. — **T. Serpolet** TC (2). *T. Serpyllum L.* ✠* bois, pâturages ; j.-o. ; *v.*

4. **Mélisse.** *Melissa*. — (fig. M, p. 121.) Feuilles beaucoup plus grandes que les groupes de fleurs ; calice à 2 lèvres ; 5-9 d. [Citronelle.] — **M. officinale** (*Cult.*) (3). *M. officinalis. L.* ✠* cultivé et subspontané ; j.-s. ; ***v.***

5. **Calament**. *Calamintha*. —

Feuilles *de moins de 8 mm. de largeur ; dentées dans leur moitié supérieure*, en coin à la base AC ;  fleurs groupées par 2 à 4 (fig. AC) ; calice bossu à la base ; 1-3 d. — **C. Acinos** TC. *C. Acinos Clairville.** chemins, endroits arides ; j.-s. ; *a.*

Feuilles *de plus de 8 mm. de largeur*, dentées tout autour.

- Fleurs en *groupe serré* CC ;  fleurs entourées de nombreuses bractées pointues à longs cils ; feuilles ovales ou ovales allongées ; corolle rose, rarement blanche ; 2-8 d. — **C. Clinopode** TC. *C. Clinopodium Benth.* bois ; jt.-o. ; *v.*
- Fleurs en groupe *non serré* C, entourées d'un petit nombre de bractées. 
  - Calice à dents *très longuement ciliées* CO ; ayant un anneau de poils situé en dedans, *au-dessous des dents* O ; 3-6 d.   — **C. officinale** AC (4). *C. officinalis Mœnch.* ✠ bois, buissons ; jt.-s. ; *v.*
  - Calice à dents *peu ciliées* CN ; ayant un anneau de poils *à la base même des dents* NE ; 3-6 d.   — **C. Népéta** TR. *C. Nepeta Clairville.* coteaux pierreux ; jt.-s. ; *v.*

6. **Lycope.** *Lycopus*. — (fig. L, LY, p. 120.) Calice à dents un peu épineuses ; plante presque sans odeur ; 4-10 d. [Pied-de-Loup.] — **L. d'Europe** TC. *L. europæus L.** bords des eaux ; jt.-s. ; *v.*

Voyez Album de la Nouvelle Flore, p. 117, 118 et 119
Voyez Atlas des Plantes de France, pl. 253, 254, 255, 256, 257 et 258

7. Menthe. *Mentha.* — (5). Les espèces de ce genre sont souvent difficiles à déterminer, à cause des nombreux hybrides qui se produisent.

Calice *très velu en dedans, à la base des dents* PU [on a enlevé deux dents du calice, sur la figure] ;  feuilles presque sans pétiole P, même à la base ; 2-5 d.  **M. Pouliot** TC. *M. Pulegium L.* ✠ marécages ; jt.-o. ; *v.*

Calice *non très velu en dedans* SA.

- Tiges ordinairement terminées *par des feuilles dépassant les fleurs* S, A.  
  - Dents du calice *plus longues que larges* SA : feuilles du bas beaucoup plus grandes que les supérieures ; 3-8 d. [Cette plante est considérée comme hybride entre les deux suivantes.]  **M. cultivée** C. *M. sativa L.* ✠ bord des eaux ; jt.-s. ; *v.*
  - Dents du calice *aussi larges que longues* AR ; feuilles du bas un peu plus grandes que les supérieures ; 1-6 d.  **M. des champs** TC (6). *M. arvensis L.* champs humides ; jt.-s. ; *v.*
- Tiges terminées *par des groupes de fleurs* AQ, R.
  - Feuilles *à pétiole assez long*, même les supérieures AQ ; groupes de fleurs *arrondis* AQ ; 3-8 d.  **M. aquatique** TC. *M. aquatica L.* marécages ; j.-s. ; *v.*
  - Feuilles *peu ou pas pétiolées*, groupes de fleurs *très allongés* R.
    - Feuilles *arrondies au sommet* R ; bractées ovales ; calice à dents *en triangle* RO ; 4-6 d.   **M. à feuilles rondes** TC. *M. rotundifolia L.* ✠ fossés humides ; jt.-s. ; *v.*
    - Feuilles *aiguës au sommet ;* bractées étroites ;  calice à dents *étroites* SI ; 4-6 d. **M. silvestre** TR (7). *M. silvestris L.* * bois ; jt.-s. ; *v.*

8. **Brunelle.** *Brunella.* — (fig. I et V, p. 120),

- Etamines à filets *portant une pointe* V ;  lèvre supérieure du calice à 3 dents presque égales (fig. I, p. 120) ; fleurs violettes ou blanchâtres ; 1-4 d. **B. vulgaire** TC (8). *B. vulgaris L.* ✠* bois, pâturages ; j.-s. ; *v.*
- Etamines à filets *arrondis, sans pointe* G ;  lèvre supérieure du calice à 3 dents dont celle du milieu plus courte ; fleurs violettes, rarement blanches ; 1-5 d. **B. à grandes fleurs** AC. *B. grandiflora Jacq.* bois, pâturages ; j.-s. ; *v.*

(1) Var. *virens* G. G., fleurs blanches, bractées pâles, R. — (2) Var. *Chamædrys* Fr., tiges ordinairement à 2 lignes de poils opposées, feuilles à nervures peu saillantes, AC. On cultive souvent le *T. vulgaris* L. ✠ [Thym vrai] qui se distingue à ses feuilles allongées, à bords roulés en dessous. — (3) Le *Satureia montana* L. (Sarriette) à calice dont les dents sont presque égales, à feuilles étroites et raides, à fleurs blanchâtres ou rosées, est parfois naturalisé, TR. — (4) Var. *menthæfolia* Host., feuilles à dents peu saillantes, fleurs blanches ou d'un violet pâle, R. — (5) On cultive fréquemment le *M. piperita* L. ✠ [Menthe poivrée], plante presque sans poils, à feuilles pétiolées. — (6) Var. *rubra* Lam., plante presque sans poils, à tige rougeâtre, cultivée et parfois subspontanée. — (7) Var. *viridis* L., feuilles vertes sur les deux faces, presque sans poils ; cultivée et parfois subspontanée. — (8) Var. *alba* Pallas, fleurs d'un blanc jaunâtre.

Voyez Album de la Nouvelle Flore, p. 119 et 120
Voyez Atlas des Plantes de France, pl. 252 et 267

Voyez Album de la Nouvelle Flore, p. 120 et 121
Voyez Atlas des Plantes de France, pl. 260 et 266

9. **Scutellaire**. *Scutellaria*. —

Feuilles *entières* ou seulement à 1-2 petites dents à la base MI;  calice à poils courts, non glanduleux; corolle d'un rose bleuâtre, à tube droit; 1-2 d. — **S. mineure** AR. *S. minor L.* marécages; jt.-s.; *v.*

Feuilles *dentées* corolle à tube courbé;
- Fleurs *à bractées très courtes* CO; calice à poils glanduleux; fleurs roses; 4-6 d.  — **S. de Columna** R. *S. Columnæ All.* bois; j.-jt.; *v.*
- Fleurs *à bractées semblables aux autres feuilles* GA; calice sans poils; fleurs violettes; 2-4 d.  — **S. en casque** C. *S. galericulata L.* ✠* étangs; j.-s.; *v.*

10. **Sauge**. *Salvia*. —

Bractées *membraneuses, ciliées, violacées, plus longues que le calice* SS;  feuilles poilues, laineuses; corolle d'un blanc violet; 4-8 d. [Toute-bonne.] — **S. Sclarée** AR. *S. Sclarea L.* ✠ bois, carrières; jt.-at.; *v.*

Bractées *plus courtes que le calice*.
- Corolle *ayant 3 à 4 fois la longueur du calice* P, d'un bleu violet, rarement rose ou blanche;  bractées velues, glanduleuses; feuilles supérieures embrassant la tige; 3-8 d. — **S. des prés** TC. *S. pratensis L.* * chemins; m.-jt.; *v.*
- Corolle *ayant 1 à 2 fois la longueur du calice*.
  - Corolle *dépassant le calice*, à tube portant *un anneau de poils* en dedans; [Fig. T, corolle fendue et ouverte.]  feuilles toutes pétiolées; fleurs d'un bleu violet; 3-12 d. — **S. verticillée** TR (1). *S. verticillata L.* carrières; jt.-at.; *v.*
  - Corolle *dépassant à peine le calice*; à tube *sans anneaux de poils*; feuilles supérieures sessiles VB; fleurs violacées ou roses; 5-7 d.  — **S. Fausse-Verveine** R. *S. verbenaca L.* pelouses arides; m.-at.; *v.*

11. **Galéopsis**. *Galeopsis*. —

Tige *à poils raides piquants*, très renflée aux nœuds; calice à dents longuement *épineuses* T; fleurs roses ou blanches; 3-10 d.  — **G. Tétrahit** C. *G. Tetrahit L.* bois, fossés; jt.-at.; *a.*

Tige *sans poils piquants*, peu ou pas renflée aux nœuds; calice à dents épineuses seulement à l'extrémité LA, D.
- Fleurs *roses, rarement blanches*; bractées plus longues que le calice LA; feuilles souvent étroites L; 1-5 d.   — **G. Ladanum** TC. *G. Ladanum L.* terres pierreuses; jt.-o.; *a.*
- Fleurs *d'un jaune pâle ou rosé*; bractées plus courtes que le calice D;  2-6 d. — **G. douteux** R. *G. dubia Leers.* moissons; jt.-s.; *a.*

12. Agripaume. *Leonurus.* — (fig. L, LE, LC, p. 121.) Feuilles inférieures à 3 divisions profondes ; fruits poilus (Voy. fig. LE) ; fleurs roses ; 8-14 d. — **A. Cardiaque** AC. *L. Cardiaca L.* ✠ * chemins ; j.-s. ; *v.*

13. Epiaire. *Stachys.* —

- Fleurs d'un *blanc-jaunâtre.*
  - Feuilles *velues ; épines des dents du calice sans poils* R ; feuilles inférieures presque sans pétiole E ; 1-6 d. [Crapaudine. — **E. droite** C. *S. recta L.* bois ; j.-s. ; *v.*

  - Feuilles presque *sans poils ; épines des dents du calice poilues* A ; feuilles inférieures pétiolées AN ; 1-4 d. — **E. annuelle** C. *S. annua L.* champs maigres ; j.-s. ; *a.*

- Fleurs *roses ou rouges,* rarement d'un blanc non jaunâtre.
  - Feuilles *blanches-laineuses* GE ; bractées presque aussi longues que le calice ; fleurs roses ; 3-12 d. — **E. d'Allemagne** AR. *S. germanica L.* chemins ; jt.-at. ; *b* ou *v.*

  - Feuilles *non blanches-laineuses.*
    - Tube de la corolle *sans anneau de poils en dedans ;* étamines non rejetées en dehors après l'ouverture des étamines ; corolle dépassant le calice BE ; fleurs en groupes serrés O ; roses, rarement blanches ; 2-6 d. — **E. Bétoine** TC. *S. Betonica Benth.* ✠ bois ; j.-s. ; *v.*

    - Tube de la corolle *avec anneau de poils.*
      - Petites bractées presque *aussi longues que le calice* AL ; feuilles ovales en cœur, crénelées, poilues ; corolle d'un rose rougeâtre, tachée de blanc ; 3-7 d. — **E. des Alpes** R. *S. alpina L.* bois ; j.-at. ; *v.*

      - Petites bractées *très petites ou non développées.*
        - Feuilles *sans pétiole* SP, un peu en cœur à la base ; fleurs roses tachées de blanc, rarement blanches ; 4-12 d. [Ortie-morte.] — **E. des marais** C (2). *S. palustris L.* fossés, marais ; j.-s. ; *v.*

        - Feuilles *pétiolées* ST, S.
          - Feuilles *arrondies au sommet* ST ; corolle rougeâtre dépassant peu le calice ; 1-5 d. — **E. des champs** C. *S. arvensis L.* moissons ; jt.-o. ; *a.*

          - Feuilles *pointues au sommet* S ; corolle rouge foncé dépassant beaucoup le calice ; 3-9 d. — **E. des bois** TC (2). *S. silvatica L.* * bois ; j.-at. ; *v.*

14. Mélitte. *Melittis.* — (fig. MM, ME, p. 121). Feuilles pétiolées, ovales, dentées, à odeur forte lorsqu'on les froisse ; 3-6 d. [Mélisse-des-bois.] — **M. à feuilles de Mélisse** C. *M. Melissophyllum L.* ✠ bois ; m.-j. ; *v.*

Voyez Album de la Nouvelle Flore, p. 121, 122 et 123
Voyez Atlas des Plantes de France, pl. 263 et 265

(1) Le *Salvia officinalis* L. ✠ (Sauge officinale), se reconnait à ses tiges ligneuses à la base, à ses fleurs odorantes, violettes, rarement blanches ; cultivé. —
(2) Le *S. ambigua* Sm., considéré comme hybride entre les *S. palustris* et *S. silvatica*, présente des caractères intermédiaires entre ces deux espèces, TR.

15. Lamier. *Lamium.* —

Fleurs *jaunes ;* anthères *sans poils ;* feuilles à dents denticulées GA, souvent tachées de blanc ; tube de la corolle ayant un anneau de poils en dedans, à la base G ; 3-6 d. [Ortie jaune.]

→ **L. Galéobdolon** AC. *L. Galeobdolon Crantz.* ✠ bois ; av.-j. ; *v.*

Fleurs *roses ou blanches.*

- Feuilles supérieures sans pétiole, *embrassant la tige* AM ;

  tube de la corolle allongé, mince, sans anneau de poils en dedans à la base LA ; fleurs roses ; 1-2 d.

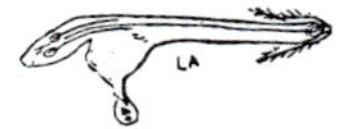

  → **L. amplexicaule** TC. *L. amplexicaule L.* chemins ; ms.-o. ; *a.*

- Feuilles *pétiolées* n'embrassant pas la tige.
  - Corolle à lèvre supérieure *non pliee* et non relevée sur les bords ; tige sans feuilles sur une grande longueur
    - Feuilles *à dents arrondies et peu profondes* PU ; tube de la corolle ayant un anneau de poils en dedans ; fleurs roses, rarement blanches ; 1-3 d.

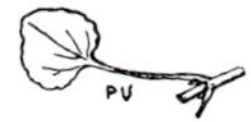

      → **L. pourpre** C. *L. purpureum L.* * chemins ; ms.-o. ; *a.*
    - Feuilles *à dents plus ou moins pointues et profondes* H, tube de la corolle sans anneau de poils en dedans ; fleurs roses ; 1-3 d.

      → **L. hybride** AC. *L. hybridum Vill.* chemins ; av.-j. ; *a.*
  - Corolle à lèvre supérieure portant *deux plis* saillants, *s'écartant* l'un de l'autre ; tige régulièrement feuillée.
    - Corolle *blanche* à tube renversé en arrière A ;

      fleurs ordinairement 10 à 20 par groupe ; 2-6 d. → **L. blanc** TC. *L. album L.* ✠ villages ; av.-o. ; *v.*
    - Corolle *rose*, très rarement blanche, à tube non renversé M ;

      fleurs ordinairement 6 à 10 par groupe ; 2-6 d. → **L. tacheté** TR. *L. maculatum L.* décombres ; av.-o. ; *v.*

16. Marrube. *Marrubium.* — (fig. MA, p. 121.) Feuilles très poilues en-dessous ; plante à odeur forte ; fleurs blanches ; 4-8 d. → **M. vulgaire** TC. *M. vulgare L.* ✠ décombres j.-o. ; *v.*

17. Gléchoma. *Glechoma.* — (fig. GE, GM, p. 121.) Feuilles en cœur renversé ; tiges rampantes, à racines adventives ; 2-6 d. [Lierre terrestre.] → **G. Faux-Lierre** TC. *G. hederacea L.* ✠ * bois humides ; av.-m. ; *v.*

18. Ballota. *Ballota.* — (fig. F, p. 121.) Feuilles velues ; calice en entonnoir ; odeur fétide ; corolle rose, rarement blanche ; 5-8 d. → **B. fétide** TC. *B. fœtida Koch.* chemins ; j.-s. *v.*

19. Népéta. *Nepeta.* — (fig. N, p. 121.) Feuilles blanchâtres en dessous ; fleurs blanches tachées de rouge ; 6-12 d. [Herbe-aux-Chats.] → **N. Chataire** AC. *N. Cataria L.* ✠ terres pierreuses ; jt.-s. ; *v.*

Voyez Album de la Nouvelle Flore, p. 123 et 124
Voyez Atlas des Plantes de France, pl. 261 et 262

Voyez Album de la Nouvelle Flore, p. 124 et 125
Voyez Atlas des Plantes de France, pl. 268 et 269

20. Bugle. *Ajuga.* —

Fleurs *jaunes ;* feuilles à 3 divisions C ;  tiges couchées ; feuilles velues visqueuses ; 1-2 d. — **B. Petit-Pin** TC. *A. Chamæpitys Schreb.* ✠. moissons ; m.-at. ; *a.*

Fleurs *bleues, roses ou blanches.*

- Tige *velue sur les 4 faces* G ;  pas de branches rampantes ; fleurs bleues ou roses ; 1-4 d. — **B. de Genève** C (1). *A. genevensis L.* bois ; m.-j. ; *v.*
- Tige *velue sur 2 faces* RE ;  branches rampantes nombreuses, portant des racines adventives RE ; fleurs bleues, rarement roses ou blanches ; 1-4 d.  — **B. rampante** TC. *A. reptans L.* * bois ; m.-j. ; *v.*

21. Germandrée. *Teucrium.* —

Feuilles *entières*, étroites M, blanches en dessous ; 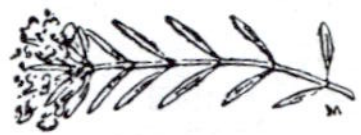 fleurs groupées au sommet des tiges ; fleurs d'un blanc jaunâtre ; 1-2 d. — **G. des montagnes** AR. *T. montanum L.* ✠ coteaux arides ; j.-at. ; *v.*

Feuilles *très divisées* B, velues, visqueuses ;  fleurs roses, par petits groupes ; 1-2 d. — **G. Botryde** C. *T. Botrys L.* * coteaux ; jt.-s. ; *a.*

Feuilles *dentées,* SC, S, TC.

- Feuilles *sans pétiole* SC ; fleurs par 2 ;  fleurs lilas ; 1-2 d. — **G. Scordium** AC. *T. Scordium L.* ✠ marécages ; j.-o. ; *v.*
- Feuilles *pétiolées,* S, TC.
  - Fleurs *jaunâtres ;* calice à dents inégales SA ;  feuilles en cœur à la base S ; 3-6 d.  — **G. Scorodoine** TC. *T. Scorodonia L.* ✠ bois ; jt.-s. ; *v.*
  - Fleurs *roses ;* calice à dents presque égales CH ;  feuilles en coin à la base TC ; 1-2 d.  — **G. Petit-Chêne** C. *T. Chamædrys L.* ✠ terres pierreuses ; jt.-s. ; *v.*

(1) Var. *pyramidalis* L., feuilles supérieures ayant environ deux fois la longueur des fleurs ; fleurs en grappe serrée, TR.

Voyez Album de la Nouvelle Flore, p. 125 et 126
Voyez Atlas des Plantes de France, pl. 270 et 271

VERBÉNACÉES. On cultive dans les jardins de nombreuses espèces étrangères du genre Verveine.

Verveine. *Verbena.* — (Voy. fig. au tableau des familles.) Feuilles opposées ; corolle d'un rose lilas, en entonnoir ; 5-8 d. — **V. officinale** TC. *V. officinalis L.* ✠* chemins j.-o. ; *v.*

PLANTAGINÉES. Plusieurs espèces de Plantains sont utilisées en médecine.

Feuilles *très étroites et toutes à la base* L ; fleurs les unes staminées, les autres pistillées ;

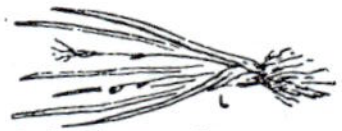

plante aquatique. — 1. **Littorelle**, p. 128. *Littorella.*

Feuilles *n'étant pas à la fois très étroites et toutes à la base ;* fleurs ayant en même temps des étamines et un pistil. — 2. **Plantain**, p. 128. *Plantago.*

1. **Littorelle.** *Littorella.* — (fig. L, p. 128.) Fleurs staminées très visibles ; étamines à filets très longs par rapport à la corolle ; fleurs pistillées cachées par la base des feuilles ; 5-10 c. — **L. des étangs** AR. *L. lacustris L.* étangs ; j.-s. ; *v.*

2. **Plantain.** *Plantago.* —

Feuilles *très étroites, non toutes à la base* A, avec des rameaux qui ne développent que leurs premières feuilles ;

plante finement poilue-glanduleuse ; 1-4 d. — **P. des sables** C. *P. arenaria W. et K.* terres sablonneuses ; j.-at. ; *a.*

Feuilles *toutes à la base.*

- Feuilles *allongées, plates et entières* à 3-5 nervures principales ;

  tige fleuries à 5 sillons ; épi ovale ; 1-5 d. — **P. lancéolé** TC. *P. lanceolata L.* ✠ prairies ; av.-o ; *v.*

- Feuilles *allongées divisées* C ;

  tige sans sillons ; feuilles poilues ; épi allongé ; 3-30 c. — **P. Corne-de-Cerf** C. *P. Coronopus L.* terres sablonneuses ; j.-s. ; *a* ou *b.*

- Feuilles *ovales ou arrondies.*
  - Feuilles *brusquement* amincies en pétiole MA ;

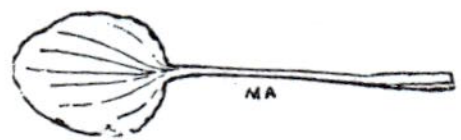

    feuilles sans poils ; tige fleurie dépassant peu les feuilles ; 1-4 d. — **P. majeur** TC (1). *P. major L.* ✠* chemins ; m.-o. ; *v.*
  - Feuilles *en coin à la base*, à pétiole court ME, finement poilues ; tige fleurie dépassant beaucoup les feuilles ME ; 2-3 d.

    — **P. moyen** TC. *P. media L.* ✠ pelouses ; m.-at. ; *v.*

- Feuilles *en filets très étroits, entières ;* plante formant gazon ; 5-15 c. — **P. caréné** TR. *P. carinata Schrad.* coteaux ; jt.-s. ; *v.*

Voyez Album de la Nouvelle Flore, p. 126 et 127
Voyez Atlas des Plantes de France, pl. 273 et 274

PLOMBAGINÉES. De nombreuses espèces de cette famille croissent au bord de la mer.

Arméria. *Armeria.* — (Voyez fig. au tableau des familles.) Feuilles étroites, toutes à la base, à 3-7 nervures principales ; fleurs roses ; 1-6 d. — **A. Faux-Plantain** C. *A. plantaginea Willd.* pelouses ; j.-s. ; *v.*

GLOBULARIÉES. Plusieurs Globulaires sont employées en médecine.

Globulaire. *Globularia.* — (Voyez fig. au tableau des familles.) Feuilles de la base arrondies, les supérieures allongées aiguës ; fleurs bleues, rarement blanches ; 1-4 d. — **G. vulgaire** AR. *G. vulgaris L.* ✠* pelouses ; m.-j. ; *v.*

AMARANTACÉES. On cultive plusieurs espèces étrangères d'Amarantes comme plantes d'ornement.

- Feuilles *très étroites, sans pétiole* P ; 

étamines à filets soudés à la base. — 1. **Polycnème**, p. 129. *Polycnemum.*
- Feuilles *ovales*, pétiolées (fig. B, V, R) ; étamines à filets libres jusqu'à la base. — 2. **Amarante**, p. 129. *Amarantus.*

1. **Polycnème.** *Polycnemum.* — (fig. P, p. 129.) Feuilles presque piquantes, à 3 angles ; bractées et sépales membraneux ; fleurs verdâtres ; 1-4 d. — **P. des champs** AR. *P. arvense L.* champs arides ; j.-s. ; *a.*

2. **Amarante.** *Amarantus.* —

Tige *poilue* ; feuilles *ovales arrondies* avec une petite pointe R ; 5 étamines ; 

bractées épineuses 2 fois plus longues que les fleurs ; 2-7 d. — **A. réfléchie** C. *A. retroflexus L.** décombres ; jt.s. ; *a.*

Tige *sans poils* ; 3 étamines.
- Bractées *plus courtes que les fleurs* ; calice à divisions ovales aiguës ; feuilles souvent échancrées au sommet ; 2-6 d. (fig. B). 

— **A. Blite** C *A. Blitum L.* murs ; jt.-s. ; *a.*
- Bractées *égalant environ les fleurs* ; calice à divisions très étroites ; feuilles rarement échancrées au sommet ; 2-6 d. (fig. V). 

— **A. verte** TC. *A. viridis L.* décombres ; jt.-s. ;

(1) Var. *minima* DC., à pédoncules de 3 à 8 c., AC.

SALSOLACÉES. Les Salsolacées sont, en général, difficiles à déterminer; il est souvent utile pour cela de les recueillir en fruits. On cultive plusieurs plantes de cette famille comme alimentaires. (Epinard, Betterave.)

Fleurs *de plusieurs sortes*, les unes staminées, d'autres pistillées, d'autres stamino-pistillées ; les fleurs pistillées à 2 sépales ; feuilles de forme variable, ovales, en triangle ou étroites AP.

1. **Arroche,** p. 130 (1 ✱). *Atriplex.*

Fleurs *d'une seule sorte* ayant toutes à la fois étamines et pistil.

- Calice *soudé à l'ovaire;* feuilles luisantes à nervures blanchâtres ou rougeâtres; fleurs en épis très allongés BV.

2. **Bette,** p. 130. *Beta.*

- Calice *non soudé à l'ovaire;* feuilles n'ayant pas ordinairement les nervures blanchâtres ou rougeâtres. — 3. **Chénopode,** p. 130. *Chenopodium.*

1. **Arroche**. *Atriplex.* — (fig. AP, p. 130). Feuilles vertes sur les deux faces, entières ou dentées ; 2-8 d. — **A. étalée** TC (2). *A. patula L.* villages ; jt.-o. ; *a.*

2. **Bette**. *Beta.* — (fig. BV, p. 130). Feuilles ovales ; tiges anguleuses ; fleurs supérieures disposées par 3 à 4 ; 8-15 d. [Betterave.] — **B. vulgaire** (*Cult.*) (3). *B. vulgaris L.* ✠✱ cultivé ; jt.-s. ; *a* ou *b*.

3. **Chénopode**. *Chenopodium.* — [Ansérine.]

Feuilles *en fer de flèche, à 2 pointes en bas* BH ;

grappes sans grandes feuilles ; graines brunes et lisses ; 1-8 d. [Épinard sauvage.] — **C. Bon-Henri** C. *C. Bonus-Henricus L.* ✠✱ villages ; jt.-s. ; *v.*

Feuilles ayant *au moins 20 dents très irrégulières* M ;

feuilles vertes, luisantes, farineuses quand elles sont jeunes ; graines finement rugueuses ; 3-7 d. — **C. des murs** TC. *C. murale L.* décombres ; jt.-s. ; *a.*

moins de 20 dents. — Feuilles *non farineuses.*

- Feuilles *entières*, ovales PO ;

fleurs entremêlées de feuilles ; graines noires luisantes ; 1-8 d. — **C. polysperme** C. *C. polyspermum L.* vignes, cultures ; jt.-s. ; *a.*

- Feuilles *dentées ou échancrées.*
  - Rameaux fleuris *sans feuilles à leur base*, au sommet des tiges ; graines rugueuses ; 4-10 d.

C. hybride C. *C. hybridum L.* cultures ; jt.-s. ; *a.*

  - Rameaux fleuris *avec feuilles à leur base*, au sommet des tiges ; graines presque lisses ; 1-6 d.

C. rouge C (4). *C. rubrum L.* villages ; jt.-s. ; *a.*

Voyez Album de la Nouvelle Flore, p. 127 et 128
Voyez Atlas des Plantes de France, pl. 276 et 277

Voyez Album de la Nouvelle Flore, p. 128 et 129
Voyez Atlas des Plantes de France, pl. 275

Feuilles non en fer de flèche et à

- Feuilles *farineuses* au moins sur une face.
  - Feuilles supérieures 6 *à 10 fois plus longues que larges* AL ; étroites, presque entières ou entières ; graines à bords aigus ; 2-10 d. [Poule grasse.]  **C. blanc** TC (5). *C. album L.* décombres ; jt.-s. ; *a.*
  - Feuilles supérieures *moins de* 6 *fois plus longues que larges*
    - Feuilles *entières*, *ovales* O, blanchâtres sur les 2 faces ;  plante à très mauvaise odeur ; tiges rameuses couchées ; 2-5 c. **C. fétide** TC. *C. olidum Curt.* villages ; jt.-o. ; *a.*
    - Feuilles *non entières* ; plante non fétide.
      - Feuilles *en triangle*, *aiguës* U ; graines finement ponctuées UR ; 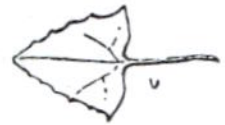 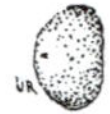 grappes de fleurs serrées contre la tige ; 2-8 d. **C. des villages** R (6). *C. urbicum L.* murs, décombres ; jt.-s. ; *a.*
      - Feuilles *en coin à la base*, non aiguës au sommet ; graines lisses ou presque lisses G.
        - Feuilles *presque aussi larges que longues ;* graines presque lisses, à bord non aigu ; 3-5 d.  **C. à feuilles d'Obier** TR. *C. opulifolium Schrad.* décombres ; jt.-s. ; *a.*
        - Feuilles *moins larges que longues ;* graines lisses G, à bord aigu ; 1-4 d.   **C. glauque** C. *C. glaucum L.* décombres ; jt.-s. ; *a.*

POLYGONÉES. Les espèces de cette famille sont souvent difficiles à déterminer ; il est généralement nécessaire de les recueillir avec leurs fruits développés.

- Calice *à 6 divisions* C ;  stigmates *en pinceau* RC ;  fleurs verdâtres ou rougeâtres. 1. **Rumex,** p. 132. *Rumex.*
- Calice *à moins de 6 divisions* F ;  stigmates *arrondis* FA, PE ; 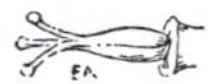 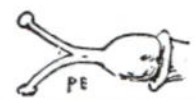 fleurs blanches, roses, rouges ou d'un blanc verdâtre. 2. **Renouée,** p. 133. *Polygonum.*

(1) Le genre *Spinacia* [Epinard] dont on cultive deux espèces : *S. glabra* Mill. ✠, à calices sans épines et *S. oleracea* L. ✠, à calice épineux, se reconnaît à ses fleurs pistillées ayant 3-4 styles, et non 2 comme dans les *Atriplex ;* plantes non farineuses. — (2) Var. *hastata* L., à feuilles ordinairement en forme de fer de hallebarde, TC. L'*A. hortensis* L. ✠ [Arroche des jardins], à fleurs pistillées dont les sépales sont entièrement libres ; plante de 3-15 d. ; est souvent cultivée. — (3) C'est la var. *rapacea*. — (4) Var. *blitoides* Lej., feuilles en spatule, groupes de fleurs en tête, TR. — (5) Var. *viride* L., feuilles vertes, à peine farineuses, AR. Le *C. ficifolium* Sm., parfois subspontané, se distingue du *C. album* par ses graines non lisses et par ses feuilles la plupart presque à 3 lobes, TR. — 6) Var. *intermedium* M. et K., feuilles profondément dentées, blanchâtres par dessous, TR.

1. Rumex. *Rumex.* —

Voyez Album de la Nouvelle Flore, p. 129 et 130

Voyez Atlas des Plantes de France, pl. 278

- Feuilles *ayant 2 lobes à la base ou sur les côtés du limbe* (S, A, AL); fleurs de plusieurs sortes soit sur la même plante, soit sur des plantes différentes.
  - Feuilles *environ aussi larges que longues*;  calice entourant le fruit par des sépales membraneux ; 2-7 d. — **R. à écussons** TR. *R. scutatus L.* murailles, rochers ; m.-at. ; *v.*
  - Feuilles *beaucoup plus longues que larges* A, AL.
    - Lobes de la feuille *dirigés vers le bas* A ; 6-10 d.  — **R. Oseille** C. *R. Acetosa L.* ✠ prairies ; m.-j. ; *v.*
    - Lobes de la feuille *dirigés de côté ou vers le haut* AL ; 1-5 d.  — **R. Petite-Oseille** TC. *R. Acetosella L.* chemins, bois ; m.-j. ; *v.*
- Feuilles *n'ayant pas 2 lobes à la base ou sur les côtés du limbe.*
  - Feuilles de la base *très grandes, de 30 c. à 80 c. de longueur*, à limbe se prolongeant sur le pétiole ; groupes de fleurs supérieurs sans bractées AQ ; *tiges de 1-2 m.*  — **R. Patience-d'eau** (1) C. *R. Hydrolapathum Huds.* rivières ; jt.-at. ; *v.*
  - Feuilles de la base ayant bien *moins de 30 c. de longueur.*
    - Feuilles de la base *disposées en rosette* PU ;  feuilles de la base ayant une forme de violon PU ; groupes de fleurs tous munis d'une petite bractée ; sépales à dents raides ; 3-8 d. — **R. élégant** AC. *R. pulcher L.* chemins, murs ; j.-at. ; *b* ou *v.*
    - Feuilles de la base *non en rosette* et non en forme de violon.
      - Feuilles *développées jusqu'au sommet des rameaux fleuris.*
        - Les sépales intérieurs entourant le fruit portent des *dents plus longues que la largeur du sépale* M ; rameaux courts ; 2-6 d. 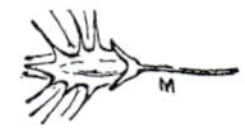 — **R. maritime** AC. *R. maritimus L.* * étangs ; jt.-s. ; *a* ou *b.*
        - Les sépales intérieurs entourant le fruit portent des *dents plus courtes que la largeur du sépale* PA ; rameaux grêles ; 2-6 d.  — **R. des marais** R. *R. palustris Sm.* marécages ; jt.-s. *b.*
      - Rameaux fleuris *sans feuilles au sommet.*
        - Sépales du fruit *en cœur* C ; 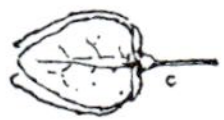 feuilles crépues, rarement planes ; 5-10 d. — **R. crépu** TC. *R. crispus L.* chemins, prairies ; jt.-s.
        - Sépales entourant le fruit *non en cœur* O, N, NE, CG.
          - Sépales du fruit à *3-5 grandes dents* de chaque côté O ; 5-10 d.  — **R. à feuilles obtuses** C. *R. obtusifolius L.* chemins ; j.-s. ; *v.*
          - Sépales *denticulés* N *ou entiers* NE, CG.   
            - *Un seul sépale à épaississement bien marqué* ; 5-10 d. — **R. des bois** C (2). *R. nemorosus Schrad.* bois ; j.-at. ; *v.*
            - *Les 3 sépales à épaississements bien marqués* ; 5-10 d. — **R. aggloméré** TC. *R. conglomeratus Murr.* bord des eaux ; jt.-s. ; *v.*

Voyez Album de la Nouvelle Flore, p. 131 et 132
Voyez Atlas des Plantes de France, pl. 279 et 280

2. Renouée. *Polygonum.* —

- Feuilles *en cœur* ou *en fer de flèche* (FG, CO).
  - Tige *non grimpante*, dressée, feuilles en cœur FG ; fleurs blanches ou roses ; 3-6 d. [Blé noir.] — **Ren. Sarrasin.** (*Cult.*) *P. Fagopyrum L.* ✠* cultivé ; j.-at. ; *a.*

  - Tige *grimpante* CO.
    - Sépales extérieurs *à crêtes aplaties* D ; fruits luisants ; tiges *arrondies ;* 2-15 d. — **Ren. des buissons** AC. *P. dumetorum L.* ✠ bois, buissons ; jt.-s. ; *a.*
    - Sépales *sans crêtes* CV ; fruits non luisants ; tiges *anguleuses ;* 3-20 d. — **Ren. Liseron** TC. *P. Convolvulus L.* champs ; j.-s. ; *a.*

- Feuilles non en cœur ni en fer de flèche.
  - Etamines *dépassant beaucoup le calice.*
    - Feuilles inférieures *à limbe se continuant sur le pétiole* P ; un seul épi de fleurs ; fruit à 3 angles ; tige souterraine épaissie, contournée ; 2-6 d. — **Ren. Bistorte** R. *P. Bistorta L.* ✠* prairies ; m.-jt. ; *v.*

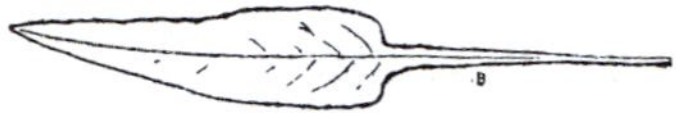

    - Feuilles *à limbe brusquement terminé* A ; en général, plusieurs épis de fleurs ; fruit ovale aplati ; plante de longueur variable. — **Ren. amphibie** C. *P. amphibium L.* mares ; j.-s. ; *v.*

  - Etamines *égales au calice ou plus courtes* P.

    - Gaine des feuilles *très divisées* AV sans poils ; feuilles *presque sans pétiole* AVI ; styles très courts ; 1-4 d. — **Ren. des oiseaux** TC. *P. aviculare L.* chemins ; j.-o. ; *a* ou *b.*

    - Gaine des feuilles *peu profondément ou pas divisées.*
      - Plante *ayant le goût de poivre ;* gaine à cils longs mêlés de cils très courts ; feuilles à pétiole sans poils H ; 3-10 d. — **Ren. Poivre-d'eau** C. *P. Hydropiper L.* fossés humides ; jt.-o. ; *a.*

      - Plante *sans goût poivré ;* pétioles ou gaines ordinairement poilus L, PS.
        - Gaine à *cils très courts ou sans cils* L ; sépales portant quelques glandes et à 3 nervures principales ; 3-9 d. — **R. à feuilles de Patience** C. *P. lapathifolium L.* marécages ; j.-s. ; *a.*

        - Gaine à *longs cils* PS ; sépales *sans glandes ni nervures saillantes.*
          - Fleurs en *épis compactes* dressés PC ; 1-9 d. — **Ren. Persicaire** TC. *P. Persicaria L.* ✠ champs humides ; jt.-s. ; *a.*
          - Fleurs en *épis grêles, interrompus,* ordinairement pendants ; 1-9 d. — **Ren. douce** AC (3). *P. mite Schrank.* fossés humides ; jt.-s. ; *a.*

(1) Var. *maximus* Schreb., feuilles de la base de 3 à 6 d, et non de 6 à 8 d, à limbe brusquement coupé ou en cœur du côté du pétiole, TR. Le *R. Patientia* L. ✠ [Patience], dont les sépales entourant le fruit sont très grands et arrondis, entiers, plante de 8 à 18 d., est quelquefois cultivé dans les potagers. — (2) Var. *sanguineus* L. [Sang-de-Dragon], à tiges et nervures des feuilles très rouges ; parfois cultivé et subspontané. — (3) Var. *minus* Huds., plante à rameaux nombreux étalés, à épis dressés, feuilles très étroites, R.

DAPHNOÏDÉES. Les Daphnés sont parfois cultivés dans les jardins, à cause de leurs fleurs odorantes et précoces.

Sous-arbrisseau ; fruit charnu ; calice tombant avant la maturité du fruit (fig. M, L). — 1. **Daphné,** p. 134. *Daphne.*

Plante *herbacée ;* fruit sec ; calice persistant ; fleurs groupées par 1 à 5 (fig. P).  — 2. **Passérine,** p. 134. *Passerina.*

1. Daphné. *Daphne.* —

Fleurs *d'un jaune verdâtre ;* feuilles coriaces, persistantes ; fleurs ou fruits groupés près des feuilles supérieures M ; 5-10 d. [Bois-gentil.]  — **D. Lauréole** AR. *D. Laureola L.* bois ; ms.-av. ; *v.*

Fleurs *roses, rarement blanches ;* feuilles molles ne se développant qu'après les fleurs ; fleurs ou fruits espacés L ; 5-10 d.  — **D. Morillon** AR. *D. Mezereum L.* ✠* bois ; f.-ms. ; *v.*

2. Passérine. *Passerina.* — (fig. P, p. 134). Feuilles allongées, entières, sans pétiole ; fleurs isolées ou par groupes de 2 à 5 ; fleurs verdâtres ; 2-5 d. — **P. annuelle** AR. *P. annua Wickstr.* champs ; jt.-s. ; *a.*

SANTALACÉES. Les Santalacées sont des plantes vertes, mais en même temps parasites sur les racines ou sur les tiges souterraines d'un grand nombre de plantes.

Thésium. *Thesium.* — (voir fig. au tableau des familles). Feuilles alternes, allongées ; racines à suçoirs, parasites sur les parties souterraines de diverses plantes ; fleurs d'un blanc-verdâtre ; 2-5 d. — **T. couché** AR (1). *T. humifusum DC.* bois, pelouses ; j.-s. ; *v.*

ARISTOLOCHIÉES. On cultive souvent comme plante d'ornement l'Aristoloche Sipho, à tiges grimpantes et à fleurs recourbées.

Calice globuleux à la base CL, *en entonnoir allongé au-dessus ;*  *6 étamines ;* tige dressée. — 1. **Aristoloche,** p. 135. *Aristolochia.*

Calice *en cloche* E ; *12 étamines ;* tiges souterraines allongées E.  — 2. **Asaret,** p. 135. *Asarum.*

Voyez Album de la Nouvelle Flore, p. 132
Voyez Atlas des Plantes de France, pl. 281

1. Aristoloche. *Aristolochia.* — (fig. CL, p. 134). Feuilles alternes, pétiolées, en triangle ; calice en forme d'entonnoir allongé, coupé obliquement ; fleurs jaunâtres ; 4-8 d. [Sarrasine.] — **Ar. Clématite** C, *A. Clematitis L.* ✠ * bois, haies ; m.-s. ; *v.*

2. Asaret. *Asarum.* — (fig. E, p. 134). Feuilles opposées, à long pétiole ; fleurs isolées, d'un rouge noir ; plante à odeur de poivre ; pédoncules d'environ 1 c. [Oreille d'Homme.] — **As. d'Europe** TR. *A. europæum L.* ✠ bois humides ; av.-m. ; *v.*

EUPHORBIACÉES. Les espèces du genre Euphorbe sont souvent difficiles à déterminer ; il est parfois très utile d'avoir des fruits, au moins en voie de formation.

Arbuste ;

fleurs, les unes staminées, les autres pistillées, sur la même plante ; feuilles entières BU, coriaces, persistant pendant l'hiver. — **1. Buis**, p. 135. *Buxus.*

Tige *herbacée.*

- Plante *sans suc laiteux ;* fleurs de deux sortes, les unes staminées à 8-12 étamines A, les autres pistillées, ordinairement sur des plantes différentes PE, AN.

— **2. Mercuriale**, p. 135. *Mercurialis.*

- Plante *à suc laiteux, blanc,* qui s'écoule lorsqu'on casse la tige ; fleurs à 4 étamines et à pistil porté sur une tige recourbée P, E ;

fleurs souvent disposées en ombelles. — **3. Euphorbe**, p. 136. *Euphorbia.*

1. Buis. *Buxus.* — (fig. BU, p. 135). Feuilles opposées, luisantes en dessus ; fleurs par groupes ; 4 sépales ; 3 styles ; fleurs d'un jaune verdâtre ; 3-40 d. — **B. toujours vert** AR. *B. sempervirens L.* ✠ * forêts ; ms.-av. ; *v.*

2. Mercuriale. *Mercurialis.* —

- Tige fleurie non rameuse dès la base, *rattachée à une tige souterraine ;* fleurs pistillées sur un long pédoncule M ; 2-4 d.

— **M. vivace** C. *M. perennis L.* * bois ; ms.-m. ; *v.*

- Tige fleurie souvent très rameuse dès la base, *rattachée à une racine grêle ;* fleurs pistillées presque sans pédoncule ; 2-7 d. — **M. annuelle** TC. *M. annua L.* ✠ villages ; toute l'année ; *a.*

(1) Var. *divaricatum* Jan., tiges plus ou moins dressées, pédoncule égalant environ la moitié de la longueur du fruit, TR.

Voyez Album de la Nouvelle Flore, p. 132 et 133
Voyez Atlas des Plantes de France, pl. 284, 286 et 287

3. Euphorbe. *Euphorbia.* —

Sépales échancrés plus ou moins eu forme de croissant P, E.

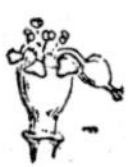

- Feuilles *opposées ;* feuilles de l'involucre en croix L ;

  feuilles glauques en dessous ; ombelle à 2-5 rayons ; fruit charnu ; 6-13 d. — **E. Epurge** AR. *E. Lathyris L.* ✠ villages ; j.-jt. ; *b.*

- Feuilles *rapprochées en rosette* vers le milieu des tiges fleuries S ;

  bractées arrondies, réunies 2 à 2 par la base ; fruit presque lisse ; 4-9 d. — **E. des bois** TC. *E. silvatica L.* bois ; m.-j. ; *v.*

- Feuilles *ni opposées ni en rosette vers le milieu de la tige.*
  - Ombelle principale ordinairement *à plus de 5 rayons* C, ES
    - La plupart des rameaux, au-dessous de l'ombelle, *ne portant pas de fleurs* C ;

      feuilles étroites, surtout celles des rameaux sans fleurs ; 2-5 d. — **E. Petit-Cyprès** TC. *E. Cyparissias L.* chemins ; j.-s. ; *v.*
    - La plupart des rameaux, au-dessous de l'ombelle, *portant des fleurs* ES ;
      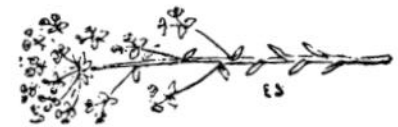
      feuilles ovales, allongées ; 3-8 d. — **E. Esule** R (1). *E. Esula L.* bord des eaux ; m.-s. ; *v.*
  - Ombelle principale *à 2-5 rayons.*
    - Feuilles *sans pétiole ; bractées étroites* EX ;

      feuilles très étroites ; ombelle souvent à 3 rayons, parfois 4, 5 ou 2 (fig. EX) ; 5-20 c. — **E. exigu** C. *E. exigua L.* champs en friche ; m.-s. ; *a.*
    - Feuilles *plus ou moins pétiolées* PE, F ; *bractées ovales.*
      - Feuilles *à pétiole net* PE, *plus larges en haut ;*

        sépales à pointes *allongées* (voir fig. P) ; 1-3 d. — **E. Péplus** TC. *E. Peplus L.* cultures ; j.-o. ; *a.*
      - Feuilles *amincies en un court pétiole,* ovales, allongées ou étroites F ;

        sépales à pointes *courtes ;* 1-3 d. — **E. en faux** R. *E. falcata L.* coteaux pierreux ; jt.-s. ; *a.*

Voyez Album de la Nouvelle Flore, p. 133 et 134

Voyez Album de la Nouvelle Flore, p. 134 et 135
Voyez Atlas des Plantes de France, pl. 285

Sépales non échancrés, non en forme de croissant II.

- Feuilles *très étroites*, pointues, entières G ; 

 bractées presque en cœur, terminées par une pointe ; ombelle à rayons nombreux ; fruit portant çà et là de fins granules ; 1-5 d. — **E. de Gérard** AC (2). *E. Gerardiana Jacq.* bois ; j.-at. ; *v.*
- *Feuilles non très étroites et pointues.*
  - Ombelle à *plus de 5 rayons* PA ; feuilles entières ou presque entières. 

 feuilles de la base plus étroites que les supérieures ; fruit couvert de tubercules ; graines lisses ; 8-10 d. — **E. des marais** AR. *E. palustris L.* ✠ marécages ; m.-jt. ; *v.*
  - Ombelle à *5 rayons ou moins ;* feuilles presque toujours dentées en scie.
    - Sépales *d'un rouge foncé ;* feuilles amincies à la base D ou un peu pétiolées ; fruit portant des tubercules ; 3-5 d. 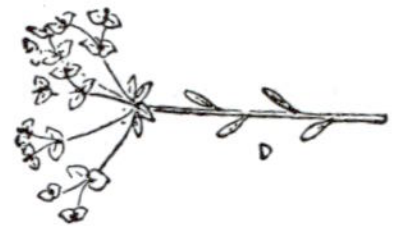

 — **E. doux** AR. *E. dulcis L.* bois ; av.-j. ; *v.*
    - Sépales *jaunes.*
      - *Pistil ou fruit lisse ;* feuilles dentées en scie dans leur moitié supérieure HE ; arrondies ou sommet, en forme de spatule ; 2-5 d. 

 — **E. Réveil-matin** TC. *E. helioscopia L.* ✠ * cultures ; j.-o. ; *a.*
      - *Pistil ou fruit couvert de tubercules ;* feuilles pointues au sommet.
        - Bractées ovales VE, *sans poils ;* fruit à tubercules saillants ; tige flétrie de l'année précédente, encore visible à la base de la plante ; 4-7 d. 

 — **E. verruqueux** R. *E. verrucosa L.* pâturages ; m.-j. ; *v.*
        - Bractées *ayant, en dessous, des poils sur les nervures ;* racine grêle.
          - Fruit à sillons *peu profonds*, à tubercules *peu saillants* PL ; 3-10 d. 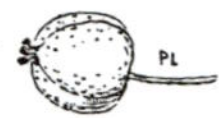

 — **E. à larges feuilles** R. *E. platyphyllos L.* chemins, fossés ; j.-s. ; *a.*
          - Fruit à sillons *profonds*, à tubercules *très saillants* ST ; 3-14 d. 

 — **E. raide** C. *E. stricta L.* chemins, fossés ; j.-s. ; *b.*

(1) Var. *androsæmifolia* Schousb., rameaux stériles assez nombreux, feuilles d'un vert jaunâtre. — (2) Var. *multicaulis* Thuill., feuilles supérieures courtes, ovales ; bractées de l'ombelle arrondies, R.

Voyez Album de la Nouvelle Flore, p. 135 et 136
Voyez Atlas des Plantes de France, pl. 290, 291, 292, 293, 294 et 295

ULMACÉES. Plusieurs espèces d'Ormes sont plantées dans les parcs et les avenues.

Orme. *Ulmus.* — (Voy. fig. au tableau des familles). Feuilles rudes au toucher, à nervures secondaires principales souvent fourchues ; arbre plus ou moins élevé.
— **O. champêtre** TC (1). *U. campestris L.* ✠✱ bois, bord des chemins ; ms.-av. ; *v.*

CANNABINÉES. Le Chanvre est originaire de l'Asie ; le Houblon est une plante spontanée dans notre région.

Tige *droite, non grimpante ;* feuilles en éventail C, à limbe divisé presque jusqu'au pétiole. — **1. Chanvre,** p. 138. *Cannabis.*

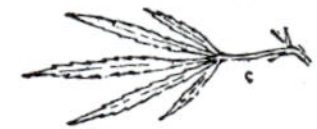

Tige *grimpante, s'enroulant ;* feuilles plus ou moins divisées H. — **2. Houblon,** p. 138. *Humulus.*

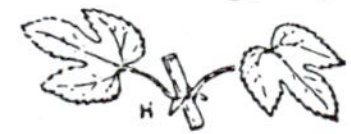

1. Chanvre. *Cannabis.* — (fig. C, p. 138). Fleurs staminées et pistillées sur des pieds différents ; feuilles dentées ; plante à odeur forte ; 5-20 d.
— **C. cultivé** (*Cult.*) *C. sativa L.* ✠✱ champs ; j.-s. ; *a.*

2. Houblon. *Humulus.* — (fig. H, p. 138). Fleurs staminées et pistillées sur des pieds différents ; fruits et sépales voisins des fruits à glandes jaunes odorantes ; tiges très longues.
— **H. grimpant** C. *H. Lupulus L.* ✠✱ haies, bois ; jt.-s. ; *v.*

URTICÉES. On rattache souvent aux Urticées les deux familles précédentes.

Feuilles *opposées, dentées* (fig. D, U) ; fleurs staminées ou pistillées ; plante à poils piquants. — **1. Ortie,** p. 138. *Urtica.*

Feuilles alternes, *entières ou presque entières* P ; fleurs pistillées et stamino-pistillées ; plante sans poils piquants. — **2. Pariétaire,** p. 138. *Parietaria.*

1. Ortie. *Urtica.* —

Feuilles *en cœur* à la base D ; fleurs staminées et pistillées sur des pieds différents ; 6-14 d.
— **O. dioïque** TC. *U. dioica L.* ✠✱ décombres, chemins ; j.-s. ; *v.*

Feuilles *non en cœur* à la base U ; fleurs staminées et pistillées sur le même pied ; 2-5 d.
— **O. brûlante** TC. *U. urens L.* décombres, chemins ; ms.-a. ; *a.*

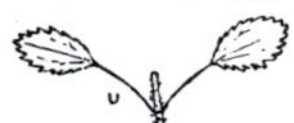

2. Pariétaire. *Parietaria.* — (fig. P, p. 138). Feuilles poilues ; fleurs verdâtres ou brunâtres ; 2-8 d.
— **P. officinale** TC (2). *P. officinalis L.* ✠✱ murs, chemins ; j.-o ; *v.*

JUGLANDÉES. Le bois, l'écorce, les feuilles et les fruits du Noyer sont utilisés pour divers usages.

Noyer. *Juglans.* — (Voy. fig. au tableau des familles). Feuilles alternes, composées de folioles séparées, sans poils, à odeur forte ; arbre élevé.
— **N. royal** (*Cult.*) *J. regia L.* ✠✱ cultivé ; av.-m. ; *v.*

CUPULIFÈRES. La famille des Cupulifères renferme le plus grand nombre des arbres répandus dans nos bois.

Feuilles *peu ou pas dentées* F ;  fleurs staminées rapprochées *en épi globuleux ;* 1-3 fruits dans un involucre à quatre feuilles épineuses S.  — 1. **Hêtre,** p. 139. *Fagus.*

Feuilles *à divisions assez profondes* Q ;  fleurs staminées *en épi allongé, interrompu.* — 2. **Chêne,** p. 139. *Quercus.*

Feuilles *dentées ;* fleurs staminées en épi compacte.
- Feuilles *sans poils*, environ 4 fois plus longues que larges CV ; fleurs paraissant *après les feuilles.*  — 3. **Châtaignier,** p. 139. *Castanea.*
- Feuilles *plus ou moins poilues ;* fleurs paraissant *avec ou avant les feuilles.*
  - Feuilles poilues ; à pétiole glanduleux A ; fleurs paraissant *avant les feuilles.*  — 4. **Coudrier,** p. 139. *Corylus.*
  - Feuilles poilues sur les nervures ; à nervures secondaires principales simples B ; fleurs paraissant *avec les feuilles ;* involucre à 3 lobes CB.  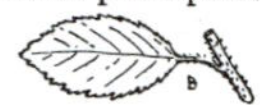 — 5. **Charme,** p. 139. *Carpinus.*

1. **Hêtre.** *Fagus.* —(fig. F, S, p. 139). Fleurs staminées à 8-12 étamines ; stipules à la fin brunes et pendantes ; arbre. — **H. des bois** TC. *F. silvatica L.* ✠* bois ; av.-m. ; *v.*

2. **Chêne.** *Quercus.* — (fig. Q. p. 139). Fleur pistillée ou fruit entouré d'un involucre en forme de petite coupe ; arbre. — **C. Rouvre** TC (3*). *Q. Robur L.* ✠ bois ; av.-m. ; *v.*

3. **Châtaignier.** *Castanea.* — (fig. CV, p. 139). Fleurs staminées en épi allongé ; à 8-15 étamines par fleur ; involucre à bractées épineuses ; arbre. — **C. vulgaire** TC. *C. vulgaris Lam.* ✠* bois ; m.-j. ; *v.*

4. **Coudrier.** *Corylus.* — (fig. A, p. 139). Fleurs staminées à épis pendants, déjà formés avant l'hiver, fleurs pistillées à styles rouges ; arbre. — **C. Noisetier** TC. *C. Avellana L.* ✠* bois, haies ; f.-ms. ; *v.*

5. **Charme.** *Carpinus.* — (fig. CB, B, p. 139). Fleurs pistillées en grappes ; feuilles doublement dentées ; arbre ou arbuste. — **C. Faux-Bouleau** TC. *C. Betulus L.* ✠* bois, haies ; av.-m. ; *v.*

(1) Var. *suberosa* Ehrh., écorce des rameaux profondément creusée, C. L'*U. montana* Sm., à graine placée vers la base du fruit et l'*U. effusa* Willd., à fruit cilié, sont souvent plantés. — (2) 1° Var. *diffusa* M. et K., tiges étalées ; feuilles ovales ; bractées réunies par leur base, TC ; 2° Var. *erecta* M. et K., tiges dressées ; feuilles allongées en pointe ; bractées libres, AR. — (3) 1° Var. *sessiliflora* Sm., feuilles pétiolées, pédoncules des fruits plus courts que les pétioles ; 2° Var. *pedunculata* Ehrh., pédoncules des fruits beaucoup plus longs que les pétioles. *

Voyez Album de la Nouvelle Flore, p. 137 et 138
Voyez Atlas des Plantes de France, pl. 296, 297, 298, 299 et 300

Voyez Album de la Nouvelle Flore, p. 138 et 139
Voyez Atlas des Plantes de France, pl. 301, 303, 304 et 305

SALICINÉES. Les Salicinées sont des arbres ou des arbustes dont chaque espèce comprend des plantes de deux sortes, les unes à fleurs toutes staminées, les autres à fleurs toutes pistillées.

Beaucoup d'étamines AL; bractées souvent *dentées ou divisées* AL, TR; enveloppe florale entourant la base du pistil TR.

AL TR

1. **Peuplier**, p. 140. *Populus.*

1 à 3 étamines V, PU, T; bractées *entières* V, CI; pas d'enveloppe florale.

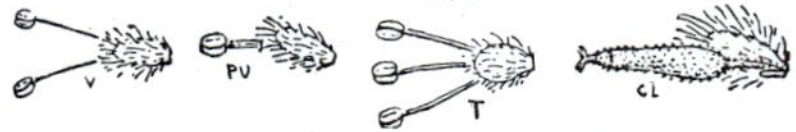
V PU T CL

2. **Saule**, p. 140. *Salix.*

1. **Peuplier.** *Populus.* —

12 étamines ou plus ; bractées *sans poils* NI;

NI

feuilles plus longues que larges, terminées par une pointe non dentée N; arbre. [Peuplier suisse, Grisard.]

N

P. noir C (1).
P. nigra L. ✠ *
terrains humides; ms.-av.; *v.*

8 étamines ; bractées *velues*. (Voy. plus haut fig. AL, TR).

Bractées *profondément divisées* TR; feuilles grossièrement dentées T, *sans poils ou un peu poilues en dessous ;* jeunes pousses non blanches; arbre.

T

P. Tremble TC.
P. Tremula L. ✠ *
bois, bord des ruisseaux; ms.-av.; *v.*

Bractées *dentées ou presque entières* AL; feuilles *très blanches en dessous*, perdant parfois leurs poils à la fin de l'été; jeunes pousses blanches; arbre. [Peuplier de Hollande.]

A

P. blanc TC.
P. alba L. ✠
bois, terrains humides; ms.-av.; *v.*

2. **Saule.** *Salix.* — (2).

Sous-arbrisseau ordinairement de moins d'1 m. de hauteur, à tige souterraine couchée et portant des racines; épis arrondis ou peu allongés R; feuilles souvent argentées en dessous; pistil sur un pédoncule 2 à 3 fois plus long que le nectaire jaune qui est situé à sa base; 2-9 d.

R

S. rampant R (3).
S. repens L.
prés ou sables humides; av.-m.; *v.*

d'un m. de hauteur.

1 seule étamine, en apparence, formée par les 2 étamines réunies PU;

PU

bourgeons et épis *souvent opposés;* rameaux sans poils, jaunes verdâtres ou d'un rouge pourpre; *anthères pourpres ou noires ;* arbrisseau. [Osier rouge.]

P

S. pourpre AC (4).
S. purpurea L. ✠ *
rivières; ms.-av.; *v.*

non opposés.

meaux plus *noueux, non sou-* bractées des nes ou noires.

Bourgeons *sans poils ;* feuilles pliées en long vers leur pointe.

Arbre ou arbrisseau ordinairement de plus de 2 m.; feuilles ovales *vertes et luisantes en dessus*, *sans poils quand elles sont développées.*

CA

S. Marsault C.
S. caprea L. ✠ *
bois, rivières; ms.-av.; *v.*

Arbuste ordinairement de moins de 3 m.; feuilles *restant grises et poilues quand elles sont développées.*

AU

S. à oreillettes C.
S. aurita L.
bois, rivières; ms.-av., *v.*

Voyez Album de la Nouvelle Flore, p. 139 et 140
Voyez Atlas des Plantes de France, pl. 302

Arbres, arbustes ou arbrisseaux, ayant ordinairement plus 2 à 3 *étamines distinctes*, à anthères *jaunes*; bourgeons

- Ra- ou moins *ples*; épis bru-
  - Bourgeons *très velus* ainsi que les jeunes pousses CN; feuilles poilues, grisâtres en dessous, rarement pliées en long vers leur pointe,

arbrisseau souvent élevé. [Saule gris.] — **S. cendré** C. *S. cinerea L.* bois, rivières; ms.-av.; *v.*

- Rameaux *allongés*, *effilés*, *souples*, *non noueux*; bractées des épis jaunâtres ou brunes.
  - Rameaux *tout à fait pendants*; fruit sans poils; feuilles allongées, sans poils B; arbre. [Saule pleureur.]

S. de Babylone (*Cult.*) *S. babylonica L.* bord des eaux; ms.-m.; *v.*

  - Rameaux plus ou moins *dressés*.
    - Rameaux *sans poils*, se cassant facilement à leur base, surtout au printemps.

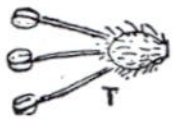

3 étamines T; feuilles sans poils; stipules persistantes TR; arbrisseau.

S. à 3 étamines TC (5). *S. triandra L.* rivières; av.-m.; *v.*

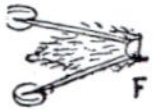

2 étamines F; feuilles poilues, souvent glauques en dessous, perdant leurs poils à la fin; stipules ordinairement tombant tôt; arbre. — **S. fragile** C (6). *S. fragilis L.* rivières, prés, vignes; av.-m.; *v.*

    - Rameaux plus ou moins *poilus* à l'extrémité, ne se cassant pas facilement à la base.
      - Bractées des épis *jaunâtres*; feuilles allongées A; pistil ou fruit *sans poils* AL; arbre.

S. blanc TC (7). *S. alba L.* ✠ rivières, prés, av.-m.; *v.*

      - Bractées des épis *brunes ou noires*; feuilles très allongées VI; pistil ou fruit *poilu* VM; arbrisseau. [Osier blanc.]

S. des Vanniers TC (8). *S. viminalis L.* ✠ * rivières, vignes; ms.-av.; *v.*

---

(1) Le *P. pyramidalis* Rozier [Peuplier d'Italie] se reconnaît à ses rameaux dressés contre la tige; cette espèce est plantée dans notre région, et ce sont toujours des pieds à fleurs staminées, C. — (2) Le genre Saule renferme des espèces difficiles à déterminer; comme les fleurs apparaissent souvent beaucoup plus tôt que les feuilles, il est parfois nécessaire de marquer l'arbre dont on a cueilli des branches fleuries pour aller ensuite y cueillir des branches feuillées. — (3) Var. *argentea* Sm., feuilles arrondies, très argentées en dessous. — (4) 1° Var. *rubra* Huds., étamines dont les filets ne sont réunis que dans leur moitié inférieure. AR; 2° Var. *Lambertiana* Sm., chaton plus gros, feuilles très larges; 3° Var. *Helix* L., chatons étroits, feuilles très étroites, rameaux effilés. — (5) Les *S. undulata* Ehrh., à bractées des chatons poilues au sommet et à pédoncule du fruit égalant le nectaire jaune qui est à sa base, est considéré comme hybride entre le *S. triandra* et le *S. alba*, R. Le *S. hippophaefolia* Thuill., qui diffère des précédents par le pédoncule du fruit égal à 2 fois la longueur du nectaire, est souvent considéré comme hybride entre le *S. viminalis* et le *S. triandra*, AC. — (6) Var. *Russelliana* Sm., rameaux rougeâtres; feuilles très étroites, AC. — (7) Var. *vitellina* L. [Osier-jaune], rameaux jaunes; planté. — (8) Le *S. Smithiana* Willd., qui diffère surtout du *S. viminalis* par ses feuilles blanches, mais non argentées en dessous, est considéré comme hybride entre cette espèce et le *S. caprea*, AR.

Voyez Album de la Nouvelle Flore, p. 140
Voyez Atlas des Plantes de France, pl. 306, 307 et 308

PLATANÉES. On plante souvent, dans les parcs ou les avenues, plusieurs espèces ou variétés de Platanes.

Platane. *Platanus.* — (Voy. fig. au tableau des familles). Feuilles à 3-7 divisions dentées, poilues en dessous, sur des nervures; arbre élevé. — **P. vulgaire** (*Cult.*) *P. vulgaris Spach.* planté; av.-m.; *v.*

BÉTULINÉES. Les Bouleaux poussent facilement, même dans de mauvais terrains; les Aunes sont utiles pour retenir les terres, au bord des rivières.

Épis des fleurs pistillées *pendants* B, isolés, à écailles à la fin membraneuses G;

feuilles pointues BA.

1. **Bouleau,** p. 142. *Betula.*

Épis des fleurs pistillés *dressés*, réunis par groupes, à écailles et à la fin épaisses et dures;

feuilles ordinairement arrondies au sommet AG.

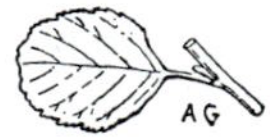

2. **Aune,** p. 142. *Alnus.*

1. **Bouleau.** *Betula.* — (fig. B, BA, p. 142). Écorce blanche lorsque l'arbre est assez âgé; feuilles à dents denticulées; fruit aplati membraneux sur les bords. — **B. blanc** C (1). *B. alba L.* ✠* bois; ms.-av.; *v.*

2. **Aune.** *Alnus.* — (fig. G, AG, p. 142). Arbre à écorce grise; feuilles en coin à la base; fruit non membraneux sur les bords — **A. glutineux** TC. *A. glutinosa Gærtn.* ✠* bois, bord des eaux; f.-ms.; *v.*

MYRICÉES. Cette petite famille, qui ne comprend dans notre flore qu'une seule espèce, renferme plusieurs arbres ou arbrisseaux répandus dans l'Amérique du Nord.

Myrica. *Myrica.* — (Voy. fig. au tableau des familles). Arbrisseau odorant à fleurs staminées et pistillées ordinairement sur des plantes différentes. [Bois-sent-bon.] — **M. Galé** R. *M. Gale L.** marais, bois humides; av.-m.; *v.*

ALISMACÉES. Les Alismacées sont des plantes qui croissent ordinairement dans l'eau ; elles sont remarquables par les variations de formes que présentent leurs feuilles.

Etamines *nombreuses* ; feuilles ordinairement en flèche S ;

S

fleurs les unes à étamines, les autres à pistil. — 1. **Sagittaire.** p. 143. *Sagittaria*

6 *étamines.*
- Carpelles ordinairement nombreux, *libres entre eux* P, R.

P

R

— 2. **Alisma,** p. 143. *Alisma.*

- Carpelles 5-8. *en étoile* D,

D

soudés entre eux par la base. — 3. **Damasonium,** p. 143. *Damasonium.*

1. **Sagittaire.** *Sagittaria.* — (fig. S, p. 143). Feuilles les unes en flèche, les autres en cœur et nageantes ou en rubans et submergées ; carpelles nombreux, libres entre eux, en tête ; tige de longueur variable. [Flèche-d'eau.] — **S. à feuilles en flèche** TC. *S. sagittifolia L.* (2).* rivières, marais ; j.-at. ; *v.*

2. **Alisma.** *Alisma.* —

Plante ordinairement *nageante, à tiges submergées* N ; *6-15 carpelles* ;

N

feuilles les unes étroites allongées, les autres ovales ; fleurs blanches. — **A. nageante** R. *A. natans L.* (3). mares ; j.-s. ; *v.*

Plus de 15 carpelles, fleurs ordinairement d'un blanc rosé.
- Carpelles *arrondis*, disposés *en cercle* P ; [Flûteau]

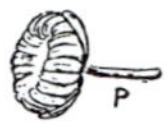
P

inflorescence rameuse PL; 2-10d.

PL

— **A. Plantain-d'eau** TC. *A. Plantago L.* (4).* bord des eaux ; j.-s. ; *v.*

- Carpelles *pointus* disposés *en tête* R ;

R

1 ou 2 groupes de fleurs ; 1-5 d. — **A. Fausse-Renoncule** AR. *A. ranunculoides L.* mares ; j.-s. ; *v.*

3. **Damasonium.** *Damasonium.* — (fig. D. p. 143). Tiges ordinairement étalées ; feuilles toutes à la base, à 3 nervures principales. — **D. en étoile** R. *D. stellatum Rich.* fossés, marais ; j.-s. ; *v.*

(1) Var. *pubescens* Ehrh., jeunes rameaux poilus ; feuilles poilues en dessous, au moins à la jonction des nervures principales, AR. — (2) Var. *vallisnerifolia*, plante submergée, à feuilles toutes très étroites et allongées, C. — (3) **Var.** *angustifolium,* feuilles toutes étroites, TR. — (4) 1° Var. *lanceolatum* Rchb., feuilles rétrécies aux deux extrémités, C ; 2° Var. *graminifolium* Ehrh., feuilles toutes étroites, allongées, flottantes, AR.

Voyez Album de la Nouvelle Flore, p. 141
Voyez Atlas des Plantes de France, pl. 309 et 310

BUTOMÉES. Cette petite famille est très voisine des Alismacées.

Butome. *Butomus.* — (Voy. fig. au tableau des familles). Feuilles allongées étroites, 6 carpelles; fleurs roses; 6-10 d. [Jonc-fleuri]. — **B. en ombelle** C. *B. umbellatus L.* * bord des eaux; j.-at.; *v.*

COLCHICACÉES. Cette petite famille est très voisine des Liliacées.

Colchique. *Colchicum.* — (Voy. fig. au tableau des familles). Feuilles paraissant au printemps; tige bulbeuse à la base; fleurs lilas. — **C. d'automne** TC. *C. autumnale L.* ✠ * prés; at.-o.; *v.*

LILIACÉES. On divise quelquefois cette importante famille en deux groupes: 1° les *Liliacées* proprement dites, à fruit sec (genres 1 à 8); 2° les *Asparaginées,* à fruit charnu (genre 9 à 14). Beaucoup de Liliacées sont cultivées comme plantes d'ornement; quelques-unes sont alimentaires (Ail, Asperge).

Tige *ayant un bulbe* à la base.

- Fleurs à sépales et pétales *libres*, ou *peu soudés*.
  - Fleur *en cloche, à 6 dents courtes* M; sépales et pétales *presque complètement réunis;* fleurs bleues ou violettes. — 1. **Muscari,** p. 145. *Muscari.*

  - Fleurs *isolées* ou *en grappes*.
    - Fleurs *en ombelle,* avec 1 à 2 bractées SM, FL. — 2. **Ail,** p. 146. *Allium.*

    - Fleurs *jaunes.*
      - Fleurs *isolées*, arrondies à la base T; — 3. **Tulipe,** p. 146. *Tulipa.*

      - Fleurs *en grappe*, aiguës à la base G. — 4. **Gagéa,** p. 146. *Gagea.*

    - Fleurs *bleues, blanches ou d'un blanc jaunâtre.*
      - Etamines *soudées chacune avec le sépale ou le pétale opposé* E; fleurs en cloche N. — 5. **Endymion,** p. 146. *Endymion.*

      - Etamines *libres.*
        - Etamines à filets *très aplatis;* fleurs blanches ou d'un blanc jaunâtre. — 6. **Ornithogale,** p. 147. *Ornithogalum.*
        - Etamines à filets *non aplatis;* **fleurs** bleues ou violettes, rarement blanches. — 7. **Scille,** p. 147. *Scilla.*

Voyez Album de la Nouvelle Flore, p. 142

Voyez Atlas des Plantes de France, pl. 311 et 312

Voyez Album de la Nouvelle Flore, p. 142
Voyez Atlas des Plantes de France, pl. 319 A et 319 B

- Tige *sans bulbe* à la base.
  - Plante *herbacée*.
    - *6 étamines ;* enveloppe florale à *6 divisions.*
      - Fleur *en entonnoir* RA;  fruit sec. — 8. **Phalangium**, p. 147 (1). *Phalangium.*
      - Fleur *en cloche* ou *en tube ;* fruit charnu.
        - Feuilles réduites à des écailles membraneuses; *nombreux petits rameaux verts remplaçant les feuilles* AS.  — 9. **Asperge**, p. 147. *Asparagus.*
        - Feuilles développées.
          - Fleurs *arrondies* C; feuilles à la base.  — 10. **Muguet**, p. 147. *Convallaria.*
          - Fleurs *en tube* P; feuilles le long de la tige.  — 11. **Polygonatum**, p. 147. *Polygonatum.*
    - *4 étamines, 4 divisions ;* 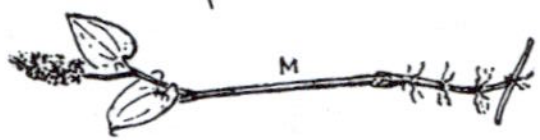 2 feuilles en haut de la tige M. — 12. **Maïanthème**, p. 148. *Maianthemum.*
    - *8 étamines, 8 divisions ;* 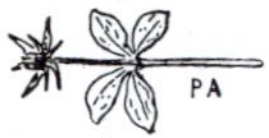 4 feuilles attachées au même point sur la tige PA. — 13. **Parisette**, p. 148. *Paris.*
  - *Sous-arbrisseau* piquant R;  fleurs à 3 étamines; fruit rouge. — 14. **Fragon**, p. 148. *Ruscus.*

1. **Muscari**. *Muscari.* —

- Fleurs en grappe *très allongée* C; fleurs supérieures sans étamines ni pistil bien développé, dressées en houppe; 3-6 d. [Ail-à-toupet.]  — **M. à toupet** TC (2). *M. comosum Mill.* * champs, vignes; m.-jt.; *v.*
- Fleurs en grappe *très courte* R; fleurs supérieures non en houppe dressée; fleurs à odeur de prune; 1-3 d. [Ail-des-Chiens.]  — **M en grappe** C. *M. racemosum Mill.* * champs, vignes, prés secs; av.-m.; *v.*

(1) Le *Simethis planifolia* GG., à fleurs rouges en dessous et à filets des étamines velus à la base, a été rarement observé, TR. — (2) 1° Var. *monstrosum* Mill., fleurs toutes sans étamines ni pistil; parfois cultivée dans les jardins; 2° Var *neglectum* Guss., tige fleurie plus courte que les feuilles, TR.

Voyez Album de la Nouvelle Flore, p. 142 et 143
Voyez Atlas des Plantes de France, pl. 313, 317 A, 317 B, 318 A et 318 B

2. **Ail.** *Allium.* —

- Feuilles *de 3 à 5 c. de largeur* U ; ovales en pointe ;  fleurs d'un beau blanc ; étamines plus courtes que les pétales ; 1-5 d. [Ail-des-bois.] — **A. des Ours** AR. *A ursinum L.* ✠ * bois, ruisseaux ; av.-m. ; *v.*
- Feuilles allongées de moins de 3 c. de largeur.
  - Feuilles plus ou moins *aplaties.*
    - Etamines *plus longues* que les pétales FA ;  tige à 2 bords tranchants F ; fleurs roses entremêlées de bulbilles ; 2-6 d.  — **A. douteux** TR. *A fallax Don.* endroits humides ; j.-at. ; *v.*
    - Etamines *plus courtes* que les pétales SC ;  tige arrondie S ; fleurs roses entremêlées de bulbilles ; 5-8 d.  — **A. Rocambole** TR (1). *A. Scorodoprasum L.* ✠ * sables ; j.-jt. ; *v.*
  - Feuilles *arrondies ou à moitié arrondies,* au moins à la base.
    - Fleurs *d'un jaune d'or ;* bractées plus longues que les ombelles FL ; 4-6 d.  — **A. jaune** TR. *A. flavum L.* * bois ; jt.-at. ; *v.*
    - Fleurs *roses, rouges ou blanches.*
      - Bractées ordinairement *beaucoup plus longues que l'ombelle* O ; nombreuses bulbilles à l'ombelle ; fleurs rosées mêlées de vert ou de rouge ; 4-6 d.  — **A. potager** TC. *A. oleraceum L.* * champs ; j.-at. ; *v.*
      - Bractées *plus courtes ou à peine plus longues* que l'ombelle.
        - Fleurs d'un *rose pâle ;* étamines dépassant peu les pétales ; bractée non divisée V, VI ; 4-8 d.   — **A. des vignes** C (2). *A. vineale L.* champs, vignes ; j.-jt. ; *v.*
        - Fleurs *rouges,* rarement blanches ; étamines 2 fois plus longues que les pétales ; bractée simple ou divisée en deux SM ; 5-10 d.  — **A. à tête ronde** C. *A. sphærocephalum L.* champs, vignes ; j.-at. ; *v.*

3. **Tulipe.** *Tulipa.* — (fig. T, p. 144). Feuilles ovales, aiguës, allongées, pliées, glauques ; fleurs à sépales et pétales poilus au sommet ; 3-6 d. — **T. silvestre** R. *T. silvestris L.* * bois, vignes ; av.-m. ; *v.*

4. **Gagéa.** *Gagea.* — (fig. G, p. 144). Pétales et sépales très aigus, finement poilus à la base et au sommet ; grappe à 1-7 fleurs ; 4-15 c. — **G. des champs** AR (3). *G. arvensis Schult.* champs, parcs ; ms.-av. ; *v.*

5. **Endymion.** *Endymion.* — (fig. E, N, p. 144). Feuilles toutes à la base ; fleurs à bractées longues, colorées ; 1-4 d. [Jacinthe-des-bois.] — **E. penché** C. *E. nutans Dumort.* bois ; av.-m. ; *v.*

Voyez Album de la Nouvelle Flore, p. 143 et 144
Voyez Atlas des Plantes de France, pl. 316 A, 322, 323 et 325

6. **Ornithogale**. *Ornithogalum*. —

- Fleurs *en grappe très allongée* PY; 

feuilles beaucoup plus courtes que la tige fleurie; fleurs d'un blanc jaunâtre; 6-10 d. — **O. des Pyrénées** AC. *O. pyrenaicum L* (4). bois; m.-j.; *v.*
- Fleurs *en grappe étalée* U; 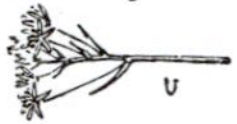

feuilles environ aussi longues que la tige fleurie; fleurs blanches; 1-4 d. [Dame-de-onze-heures.] — **O. en ombelle** C. *O. umbellatum L.* champs, prés; av-m.; *v.*

7. **Scille**. *Scilla*. —

- Fleurs à pédoncules *environ de la longueur de la fleur* A; feuilles beaucoup plus courtes que la tige fleurie; 1-3 d. 

— **S. d'automne** AC. *S. autumnalis L.* pelouses sèches; at.-s.; *v.*
- Fleurs à pédoncules *2-4 fois plus longs que la fleur* B; feuilles environ aussi longues que la tige fleurie; 1-3 d. 

— **S. à deux feuilles** AR. *S. bifolia L.* * bois; ms.-av.; *v.*

8. **Phalangium**. *Phalangium*. —

- Tige fleurie *simple ;* style *incliné* L; 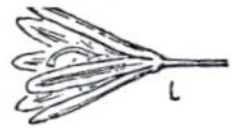

feuilles souvent aussi longues que la tige fleurie; 4-6 d. — **P. à fleurs de Lis** R. *P. Liliago Schreb.* coteaux, bois; m.-j.; *v.*
- Tige fleurie *rameuse ;* style *droit* RA; 

feuilles plus courtes que la tige fleurie; 4-6 d. — **P. rameux** AR. *P. ramosum Lam.* coteaux, bois; j.-jt.; *v.*

9. **Asperge**. *Asparagus*. — (fig. AS, p. 145). Tige très rameuse; fleurs staminées et fleurs pistillées sur des plantes différentes; fruit charnu, rouge; 7-10 d. — **A. officinale** C. *A. officinalis L.* ✠* coteaux, bois, chemins; j.-jt.; *v.*

10. **Muguet**. *Convallaria*. — (fig. C, p. 145). Feuilles ovales allongées; fleurs à odeur agréable; fruit charnu, rouge; 15-30 c. — **M. de Mai** C. *C. maialis L.* ✠* bois; av.-m.; *v.*

11. **Polygonatum**. *Polygonatum*. — (fig. P, p. 145). [Sceau-de-Salomon.]

- Tige *anguleuse* V; 

fleurs ordinairement par 1 à 2; étamines à filets sans poils; 3-5 d. — **P. vulgaire** C. *P. vulgare Desf.* bois; av.-m.; *v.*
- Tige *arrondie* PM; 

fleurs ordinairement par 3 à 5; étamines à filets poilus; 3-5 d. — **P. multiflore** C. *P. multiflorum All.* * bois; av.-m.; *v.*

(1) L'*A. sativum* L. [Ail] ✠, à feuilles recourbées avant la floraison et à fleurs blanchâtres, et l'*A. Porrum* L. [Poireau] ✠, à feuilles assez larges et glauques, à fleurs blanchâtres striées de rouge, sont souvent cultivés. — (2) Les fleurs sont parfois toutes remplacées par des bulbilles (fig. V). L'*A. Cepa* L. [Oignon] ✠, à fleurs d'un blanc verdâtre, est souvent cultivé, ainsi que l'*A. fistulosum* L [Ciboule] ✠, à tige renflée vers le milieu, l'*A. Ascalonicum* L. [Echalote] ✠, dont le bulbe allongé contient de petits bulbes violets et l'*A. schœnoprasum* L. [Ciboulette, Civette], à fleurs roses sans bulbilles. — (3) Var. *saxatilis* Koch., bractées non opposées; sépales et pétales arrondis au sommet, poilus seulement à la base, TR. — (4) L'*O. nutans* L. à étamines divisées en trois au sommet, et à grappes à la fin pendantes, a été observé rarement, TR.

12. Maïanthème. *Maianthemum*. — (fig. M, p. 145). Tige souterraine horizontale; feuilles ovales en cœur, pétiolées ; fruit charnu, rouge; fleurs blanches ; 1-2 d. [Petit-Muguet.]
M. à deux feuilles AR. *M. bifolium DC.* * bois ; m.-j. ; *v.*

13. Parisette. *Paris.* — (fig. PA, p. 145). Feuilles ovales, sans pétiole ; 4 styles libres entre eux ; fruit charnu, d'un noir bleu ; 2-4 d. [Raisin-de-Renard.]
P. à quatre feuilles AR. *P. quadrifolia L.* ✠* bois ; av.-m. ; *v.*

14. Fragon. *Ruscus.* — (fig. R, p. 145). Sous-arbrisseau toujours vert; feuilles réduites à des écailles, d'où partent des rameaux soudés à leur première feuille, de manière à former une lame aplatie sur laquelle est placée la fleur; fruit rouge ; 5-10 d. [Petit-Houx.]
F. piquant AC. *R. aculeatus L.* ✠* bois ; s.-av. ; *v.*

DIOSCORÉES. Le Tamier est une plante qui grimpe en enroulant sa tige autour des autres plantes.
Tamier. *Tamus.* — (Voy. fig. au tableau des familles). Feuilles minces, luisantes, à nervures ramifiées, pointues, en cœur à la base ; fruits charnus, rouges. [Herbe-aux-Femmes-battues.]
T. commun C. *T. communis L.* * bois, haies ; m.-jt. ; *v.*

IRIDÉES. Plusieurs plantes de cette famille sont cultivées pour l'ornementation, [Iris, Glaïeul.]
Iris. *Iris.* — (1*).

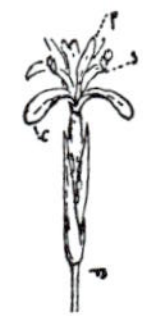

{ Fleurs *jaunes ;* tige fleurie rameuse ; pétales *p* 2 fois plus courts que les lames colorées des stigmates *s* et que les sépales *c* (fig. P) ; 5-10 d. [Iris des marais.]
I. Faux-Acore TC. *I. pseudacorus L.* ✠* bord des eaux ; j.-jt. ; *v.*

{ Fleurs *bleuâtres ;* tige fleurie simple ; pétales *p* plus longs que les stigmates et que les sépales *c*, ou au moins égaux à ces parties de la fleur (fig. F) ; 4-6 d. [Iris Gigot.]
I. fétide AR. *I. fœtidissima L.* bois, coteaux ; j.-jt. ; *v.*

AMARYLLIDÉES. Les Amaryllidées sont presque toutes cultivées comme plantes d'ornement.

{ Fleur *sans couronne* en dedans des sépales et des pétales G ;  fleurs blanches.
1. **Galanthe,** p. 148. *Galanthus.*

{ Fleur ayant *une couronne* en dedans des sépales et des pétales (voy. fig. P et PN) ; fleurs jaunes ou blanches.
2. **Narcisse,** p. 148. *Narcissus.*

1. Galanthe. *Galanthus.* — (fig. G, p. 148). Feuilles développées au nombre de 2 à 3, arrondies au sommet ; sépales arrondis, blancs ; pétales en cœur avec une tache verte ; 2-3 d. [Perce-neige.]
G. des neiges R. *G. nivalis L.* * bois, prés ; f.-ms. ; *v.*

2. Narcisse. *Narcissus.* —

{ Fleurs *blanches ;* couronne jaunâtre, très courte P ; 4-6 d. [Jeannette-blanche.]
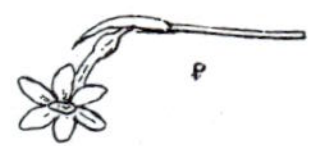
N. des poètes TR. *N. poeticus L.* * bois, prés ; av.-m. ; *v.*

{ Fleurs *jaunes ;* couronne jaune en tube plus ou moins long, PN ; 2-5 d. [Coucou, Jeannette-jaune.]
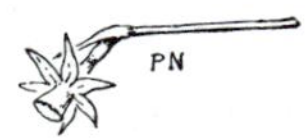
N. Faux-Narcisse C. *N. pseudo-Narcissus L.* bois ; ms.-av. ; *v.*

Voyez Album de la Nouvelle Flore, p. 144, 145 et 146
Voyez Atlas des Plantes de France, pl. 321, 324, 326, 327, 330, 332 et 334

ORCHIDÉES. On cultive dans les serres un grand nombre d'Orchidées exotiques ; les Orchidées de notre région ne peuvent être employées comme plantes d'ornement, à cause de la difficulté qu'offre leur culture.

Voyez Atlas des Plantes de France, pl. 328 A et 329

- Plante à *feuilles vertes développées.*
  - Fleurs dont le labelle se termine à la base en *éperon*, long et en tube, ou court et globuleux (voy. fig. CO, V, p. 150).
    - Labelle *non à divisions très longues et enroulées.* — 1. **Orchis,** p. 150. *Orchis.*
    - Labelle *à divisions très longues et enroulées* LO. — 2. **Loroglosse,** p. 152. *Loroglossum.*

LO

  - Fleurs *sans éperon.*
    - *Tubercules* à la base de la tige MO, MA, S.

MO

MA

      - Sépales *étalés.*
        - Labelle situé *en bas ;* tige non anguleuse. — 3. **Ophrys,** p. 152. *Ophrys.*
        - Labelle situé *en haut ;* tige anguleuse, presque ailée. — 4. **Liparis,** p. 152. *Liparis.*
      - Sépales *dressés* A, H.
        - Labelle *à division du milieu fendue* A ; labelle pendant. — 5. **Acéras,** p. 152. *Aceras.*

A

        - Labelle *à division du milieu entière.*
          - Fleurs *non toutes sur une ligne en spirale ;* 1 seul tubercule bien développé H. — 6. **Herminium,** p. 152. *Herminium.*

H

          - Fleurs *toutes sur une ligne en spirale ;* plusieurs tubercules allongés S. — 7. **Spiranthe,** p. 152. *Spiranthes.*

S

    - *Pas de tubercules* à la base de la tige.
      - Fleurs *poilues-glanduleuses, en spirale* G ; labelle non divisé ; fleurs blanchâtres. — 8. **Goodyera,** p. 153. *Goodyera.*

G

      - Fleurs *non disposées en spirale.*
        - Fleurs *vertes* à labelle divisé en deux LI. — 9. **Listéra,** p. 153. *Listera.*

LI

        - Fleurs *blanches ou roses* à labelle non divisé en deux (*l*, fig. E, C).
          - Labelle muni de *2 bosses* (*l*, fig. E) ovaire *non contourné.* — 10. **Epipactis,** p. 153. *Epipactis.*

E

          - Labelle muni de *crêtes jaunes* (*l*, fig. C), ovaire plus ou moins contourné. [Ne pas prendre l'ovaire allongé pour le pédoncule de la fleur.] — 11. **Cephalanthère,** [p. 153. *Cephalanthera.*

C

- Plante *sans feuilles vertes développées* (voy. p. 150).

(1) L'*I. germanica* L., à fleurs violettes, à tige de 5-8 d., à sépales munis en dedans de poils colorés et l'*I. pumila* L., à fleurs violettes, bleues ou blanches, à tiges de 6-20 c., à sépales portant des poils colorés, sont souvent cultivés ; le second se naturalise souvent sur les toits de chaume ou les vieux murs. Le *Crocus sativus* All. [Safran] ✠, à fleurs à très long tube, ordinairement violettes, paraissant avant les feuilles ou en même temps, est parfois cultivé.

Suite du tableau des genres d'Orchidées.

Plante *sans feuilles vertes développées.*
- Plante *brunâtre ;* labelle divisé en 2 au sommet N ; sépales et pétales supérieurs dressés.  → 12. **Néottie**, p. 153. *Neottia.*
- Plante *violette ;* labelle entier L ; sépales et pétales supérieurs étalés.  → 13. **Limodorum**, p. 153. *Limodorum.*

1. **Orchis**. *Orchis.* — [Ne pas prendre l'ovaire allongé et contourné situé à la base de la fleur pour le pédoncule de la fleur ; il suffit de le couper pour voir les ovules qu'il renferme.]

Tubercules *divisés* MA. 
- Eperon (*e*) *ayant 2 fois la longueur de l'ovaire* (*o*, (fig. CO) ;  bractées à 3 nervures principales visibles ; feuilles étroites, les inférieures de 1 à 2 d. de longueur ; fleurs roses, non panachées, en épi de 7-12 c. ; 4-6 d. → **O. Moucheron** AC. *O. conopsea L.* prés, coteaux ; j.-jt. ; *v.*
- Éperon *plus court que l'ovaire ou égal à l'ovaire.*
  - Fleurs *d'un vert jaunâtre ;* éperon (*e*, fig. V) 4 à 5 fois plus court que l'ovaire *o* ;  feuilles ovales ; labelle à 3 divisions V ; 1-4 d. → **O. vert** AR. *O. viridis All.* prés humides ; m.-j. ; *v.*
  - Fleurs *roses ou blanches ;* éperon assez allongé.
    - Feuilles *très étroites*, de 2-5 mm. de largeur, allongées O ; fleurs roses, à odeur de vanille ; éperon étroit, allongé ; 3-5 d.  → **O. odorant** TR. *O. odoratissima L.* coteaux, marais ; m.-j. ; *v.*
    - Feuilles *ovales allongées*, de 10-20 mm. de largeur.
      - Bractée (*b*, fig. LA) *plus longue* que la fleur ; fleurs d'un pourpre foncé ; 3-8 d.  → **O. à larges feuilles** C (1). *O. latifolia L* * prés ; m.-j. ; *v.*
      - Bractée (*o*, fig. MC) *plus courte* que la fleur ; fleurs roses ou blanches ; feuilles souvent tachetées ; 3-6 d.  → **O. tacheté** TC. *O. maculata L.* prés, bois ; j.-jt. ; *v.*

sés MO.
- Bractée (*b*, fig. PU) *au moins 3 fois plus courte* que l'ovaire *o*.
  - Bractée *6-8 fois* plus courte que l'ovaire PU ; 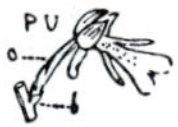 labelle à 3 lobes dont le moyen élargi P ;  fleurs d'un pourpre plus ou moins foncé ; 4-8 d. → **O. pourpre** AC. *O. purpurea Huds.* * bois ; m.-j. ; *v.*
  - Bractée *3-4 fois* plus courte que l'ovaire ; fleurs rosées ou de couleur cendrée.
    - Labelle *à lobe moyen étroit* S ;  3-6 d. → **O. Singe** AR. *O. Simia Lam.* prés, bois ; m.-j. ; *v.*
    - Labelle *à lobe moyen élargi* MI ;  3-6 d. → **O. militaire** AR (2). *O. militaris L.* prés, bois ; m.-j. ; *v.*

Voyez Album de la Nouvelle Flore, p. 146
Voyez Atlas des Plantes de France, pl. 342 et 343

Voyez Album de la Nouvelle Flore, p. 146 et 147
Voyez Atlas des Plantes de France, pl. 344

Tubercules *non divi-*

- Bractée *égalant environ l'ovaire ou le dépassant.*
  - Labelle *divisé.*
    - Labelle *étroit, entier* Bl, MT; éperon beaucoup plus long que l'ovaire.
      - *Anthère à loges parallèles* (*a*, fig. Bl); éperon étroit CB, Bl; fleurs odorantes, blanches; 2-5 d.

        O. à deux feuilles C.
        O. bifolia L. *
        prés, bois; j.-jt.; *v.*
      - Anthère à loges *s'écartant l'une de l'autre* à la base (*a*, fig. MT);

        éperon souvent élargi à l'extrémité MT; fleurs sans odeur, blanches; 3-6 d.

        O. des montagnes TC.
        O. montana Schmidt.
        prés, bois; m.-j.; *v.*
    - Labelle *portant en dessus 2 petites lames saillantes* PY; éperon allongé; fleurs d'un rose vif; 2-6 d.

      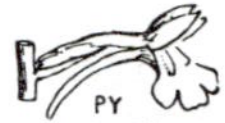

      O. pyramidal R.
      O. pyramidalis L.
      prés, coteaux; m.-jt.; *v.*
    - [Labelle *sans lames saillantes.*
      - Labelle *à lobe du milieu* entier et aigu C;

        éperon égalant presque la 1/2 de l'ovaire [il est caché sur la figure]; fleurs rouges à labelle verdâtre ou brun; plante à odeur de punaise; 3-4 d.

        O. Punaise AR.
        O. coriophora L.
        prés; m.-j.; *v.*
      - Labelle *à lobe moyen non aigu.*

        - Labelle à *lobe moyen entier ou presque entier* MR.

          - Bractées supérieures *à 1 nervure saillante* M;

            épi court OM; 1-4 d.

            O. Bouffon AC (3).
            O. Morio L.
            prés, clairières; av.-j.; *v.*
          - Bractées supérieures *à 3 nervures saillantes* LX;

            épi court ou long; 4-5 d.

            O. à fleurs lâches AR (4).
            O. laxiflora Lam.
            prés, marais; m.-j.; *v.*
        - Labelle *à lobe moyen divisé en deux au sommet* MS, U.
          - Eperon (*e*, fig. MS) *presque égal à l'ovaire;* fleurs roses rarement blanches; 3-6 d.

            O. mâle AC.
            O. mascula L.
            prés; av.-j.; *v.*
          - Eperon (*e*, fig. U) *égal environ au tiers de l'ovaire;* labelle blanc souvent tacheté; 2-3 d.

            O. brûlé AR.
            O. ustulata L.
            prés; m.-j.; *v.*

(1) Var. *incarnata* L., feuilles d'un vert clair, non tachées; bractées toutes plus longues que les fleurs. — (2) Il se produit souvent des hybrides qui présentent des caractères intermédiaires entre cette espèce et les deux précédentes. — (3) On observe rarement un hybride entre cette espèce et la suivante (*O. alata* Fleury). — (4) Var. *palustris* Jacq., bractées plus longues que l'ovaire : labelle à lobe du milieu égalant les deux autres, ou plus grand. L'*O. sambucina* L., à fleurs jaunes, à labelle ponctué de pourpre, à bractées jaunâtres ayant les nervures en réseau, a été très rarement observé, TR.

Voyez Album de la Nouvelle Flore, p. 147 et 148
Voyez Atlas des Plantes de France, pl. 336 A, 341, 345, 346 A et 346 B

2. **Loroglosse**. *Loroglossum*. — (fig. LO, p. 149). Labelle blanchâtre, ponctué de rouge à divisions crépues; éperon très court; fleurs à odeur de bouc; 4-8 d. — **L. à odeur de Bouc** AC. *L. hircinum Rich.* * prés, coteaux; j.-jt.; *v.*

3. **Ophrys**. *Ophrys*. —

Labelle *presque sans divisions* AC, OA.
- Labelle portant *un prolongement jaunâtre recourbé en dessus* (*a*, fig. A et AC);

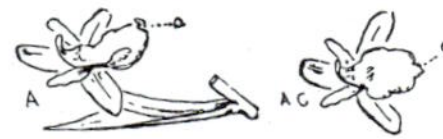

labelle pourpre avec une tache verdâtre; 2-4 d. — **O. Frelon** AR. *O. arachnites Hoffm.* * prés, bois, coteaux; m.-j.; *v.*

- Labelle *sans prolongement recourbé*, entier ou avec une petite dent (*d*, fig. AR, OA).

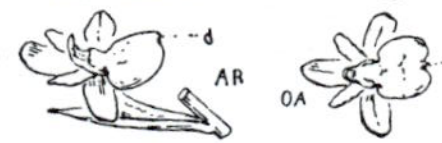

labelle brun avec 2 à 4 lignes blanchâtres ou verdâtres; 2-4 d. — **O. Araignée** AC (1). *O. aranifera Huds.* prés, bois, coteaux; m.-j.; *v.*

Labelle *très divisé* MF, AP.
- Labelle à division du milieu ayant *2 lobes* au sommet MU, MF;

sépales ordinairement verdâtres; 2-5 d. — **O. Mouche** AC. *O. muscifera Huds.* * prés, bois, coteaux; m.-j.; *v.*

- Labelle à division du milieu ayant *3 lobes* recourbés en dessous AP, AF;

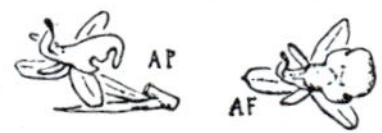

sépales roses à nervures vertes; 2-4 d. — **O. Abeille** AR. *O. apifera Huds.* * prés, bois, coteaux; j.-jt.; *v.*

4. **Liparis**. *Liparis*. — Ordinairement deux feuilles développées, d'un vert jaunâtre, pliées; épi de 3-10 fleurs environ; fleurs d'un jaune-verdâtre; 1-2 d. — **L. de Lœsel** TR. *L. Lœselii Rich.* tourbières; j.-jt.; *v.*

5. **Acéras**. *Aceras*. — (fig. A, p. 149). Fleurs d'un vert jaunâtre, avec des raies brunes; labelle plus long que l'ovaire, à divisions étroites; 2-4 d. [Pantine.] — **A. Homme-pendu** AR. *A. anthropophora R. Br.* prés, bois; m.-j.; *v.*

6. **Herminium**. *Herminium*. — (fig. H, p. 149). Fleurs d'un jaune verdâtre; labelle dressé, à 3 divisions étroites; 1-2 d. — **H. à un tubercule** TR. *H. monorchis R. Br.* coteaux, prés; j.-jt.; *v.*

7. **Spiranthe**. *Spiranthes*. —

- Feuilles de la base *étroites*, *allongées* tout autour de la tige fleurie A; fleurs blanches odorantes; 1-3 d.

S. d'été R. *S. æstivalis Rich.* prés humides; jt.-at.; *v.*

- Feuilles de la base *formant une rosette sur le côté de la tige fleurie* S; fleurs blanches à odeur de vanille; 1-3 d.

S. d'automne AR. *S. autumnalis Rich.* * prés secs, coteaux; at.-o.; *v.*

Voyez Album de la Nouvelle Flore, p. 148 et 149
Voyez Atlas des Plantes de France, pl. 336 B, 337, 338 A, 338 B, 339 et 340

8. **Goodyéra.** *Goodyera.* — (fig. G, p. 149). Feuilles de la base ovales, étalées; feuilles supérieures, étroites, appliquées contre la tige; fleurs blanches presque sans odeur; 1-3 d. — **G. rampante** TR. *G. repens R. Br.** bois; jt.-s.; *v.*

9. **Listéra.** *Listera.* — (fig. LI, p. 149). Fleurs verdâtres; labelle pendant, divisé en 2 lobes étroits; feuilles développées très larges, ordinairement deux; 4-5 d. — **L. ovale** TC. *L. ovata R. Br.** bois; m.-j.; *v.*

10. **Epipactis.** *Epipactis.* —

- Labelle *plus court* que les sépales (*l*, fig. E);

Feuilles inférieures ovales, élargies; 2-8 d. — **E. à larges feuilles** C (2). *E. latifolia All.* ✠* coteaux, bois, prés; j.-s.; *v.*

- Labelle *égal* aux sépales *ou plus long* (*l*, fig. PA);

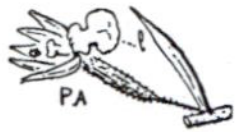

feuilles toutes allongées EP; 3-6 d.

E. des marais AC. *E. palustris Crantz.* prés humides, marais; j.-jt.; *v.*

11. **Céphalanthère.** *Cephalanthera.* —

- Bractée (*b*, fig. EN) *beaucoup plus courte* que l'ovaire;

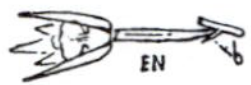

feuilles étroites, allongées E; sépales très aigus EN; fleurs blanches; 3-6 d.

C. à feuilles en épée R. *C. ensifolia Rich.* bois; m.-j.; *v.*

- Bractée *égalant environ* l'ovaire (*b*, fig. R).
  - Ovaire *sans poils;* sépales arrondis; fleurs *blanches;* feuilles ovales allongées G; 3-6 d.

C. à grandes fleurs AR. *C. grandiflora Babingt.* bois; m.-j.; *v.*

  - Ovaire *poilu* R; sépales pointus; fleurs *roses;* feuilles étroites; 3-6 d.

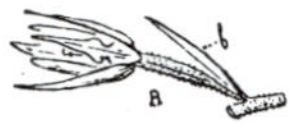

C. rouge R. *C. rubra Rich.** bois: j.-jt.; *v.*

12. **Néottie.** *Neottia.* — (fig. N, p. 150). Feuilles réduites à des écailles brunes; bractées d'un blanc brunâtre; fleurs d'un jaune roux; plante vivant sur les débris de feuilles; racines nombreuses; 3-5 d. — **N. Nid-d'Oiseau** AC. *N. Nidus-avis Rich.** bois; m.-j.; *v.*

13. **Limodorum.** *Limodorum.* — (fig. L, p. 150). Bractées violacées, ovales allongées; fleurs violettes; plante vivant sur les débris de feuilles; 4-8 d. — **L. à feuilles avortées** R. *L. abortivum Sw.** bois, coteaux, prés; j.-jt; *v.*

---

(1) Var. *pseudo-speculum* DC., à fleurs plus petites, à sépales d'un jaune clair, à labelle d'un brun verdâtre, pâle au centre; av.-m., R. — (2) Var. *atrorubens* Hoffm., à feuilles plus petites et plus étroites, à fleurs d'un pourpre foncé AC.

Voyez Album de la Nouvelle Flore, p. 149
Voyez Atlas des Plantes de France, pl. 347, 348 et 349 A

HYDROCHARIDÉES. — Les Hydrocharidées sont toutes des plantes aquatiques. L'Elodéa est une plante du Canada qui envahit les eaux d'Europe.

Feuilles *arrondies en cœur* H, *pétiolées* ;

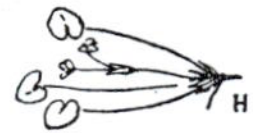

fleurs staminées par groupes de 3 ; fleurs pistillées isolées ; 12 étamines. — 1. **Hydrocharis,** p. 154. *Hydrocharis.*

Feuilles plus ou moins *allongées*, *sans pétiole*.
- Feuilles *par trois sur la tige* E ; fleurs pistillées, isolées, à long pédoncule. — 2. **Elodéa,** p. 154. *Elodea.*

- Feuilles *toutes à la base*.
  - Feuilles *molles, translucides, arrondies au sommet* V ; 2-3 étamines. — 3. **Vallisnérie,** p. 154. *Vallisneria.*

  - Feuilles *raides, épaisses, aiguës au sommet* S ; étamines nombreuses. — 4. **Stratiotès,** p. 154. *Stratiotes.*

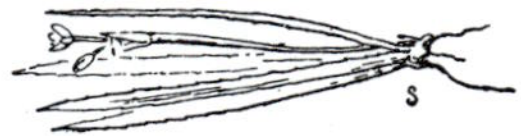

1. **Hydrocharis.** *Hydrocharis.* — (fig. H, p. 154). Feuilles souvent flottantes et enroulées en dessus ; stipules membraneuses ; pétales blancs, jaunes à la base. — **H. des Grenouilles** AC. *H. Morsus-ranæ. L.* * eaux ; jt.-s. ; *v.* [Petit-Nénuphar.]

2. **Elodéa.** *Elodea.* — (fig. E, p. 154). Plante submergée ; feuilles très finement denticulées sur les bords ; fleurs d'un blanc rosé. — **E. du Canada** TC. *E. canadensis Rich.* eaux ; j.-jt. ; *v.*

3. **Vallisnérie.** *Vallisneria.* — (fig. V, p. 154). Plante submergée ; feuilles finement denticulées vers le sommet ; fleurs pistillées sur de longs pédoncules s'enroulant ; fleurs peu colorées. — **V. en spirale** TR. *V. spiralis L.* eaux ; jt.-s. ; *v.*

4. **Statiotès.** *Stratiotes.* — (fig. S, p. 154). Feuilles à dents aiguës et raides, épineuses ; fleurs blanches. — **S. Faux-Aloès** TR. *S. aloides L.* * mares ; j.-at. ; *v.*

JONCAGINÉES. — Les Joncaginées sont des plantes aquatiques, à feuilles étroites et à fleurs régulières.
Troscart. *Triglochin.* — (Voy. fig. au tableau des familles). Feuilles étroites, allongées ; fleurs en longue grappe ; fleurs vertes ; 6 étamines ; 2-6 d. — **T. des marais** AC. *T. palustre L.* * endroits humides ; j.-at. ; *v.*

POTAMÉES. — Les Potamées sont des plantes ordinairement flottantes ou submergées ; plusieurs sont difficiles à déterminer, et il est parfois nécessaire de les recueillir avec leurs fruits bien formés.

- Fleurs *groupées* ; 4 étamines à filets très courts ; fleurs se développant hors de l'eau. — 1. **Potamot,** p. 155. *Potamogeton.*
- Fleurs *isolées* Z ; une étamine ; fleurs se développant sous l'eau. — 2. **Zannichellia,** p. 156. *Zannichellia.*

1. Potamot. *Potamogeton.* —

Voyez Album de la Nouvelle Flore, p. 150 et 151

Voyez Atlas des Plantes de France, pl. 349 B, 350 A et 350 B

- Pédoncule de l'épi (*p*, fig. G), *plus gros que la tige t*, souvent renflé au sommet. 
  - Feuilles *inférieures sans pétiole* GR ; feuilles supérieures souvent nageantes.  — **P. Graminée** AR. *P. gramineus L.* eaux ; j.-at. ; *v.*
  - Feuilles *inférieures à court pétiole* L.  — **P. luisant** C. *P. lucens L.* eaux ; j.-at. ; *v.*
- Pédoncules *non plus gros que la tige.*
  - Feuilles fortement *plissées-crépues* sur les bords CR ;  carpelles terminés par un bec recourbé, égal environ à la moitié du fruit. — **P. crépu** C. *P. crispus L.** eaux ; j.-at. ; *v.*
  - Feuilles *non fortement crépues sur les bords.*
    - *Plus de 10 fleurs par épi.*
      - Feuilles *très allongées* PC (*d'environ 6-10 c. de longueur sur 2 mm. de largeur*) ; feuilles à languette membraneuse à la base ; souvent un seul carpelle développé par fleur.  — **P. pectiné** C. *P. pectinatus L.* eaux ; jt.-at. ; *v.*
      - Feuilles *ayant bien plus de 2 mm. de largeur.*
        - Feuilles, au moins les inférieures, *sans pétiole.*
          - Feuilles supérieures *pétiolées* R ;  feuilles supérieures flottant sur l'eau, les inférieures submergées. — **P. roussâtre** TR. *P. rufescens Schrad.* eaux ; j.-at. ; *v.*
          - Feuilles toutes *sans pétiole* et embrassant la tige PE ; 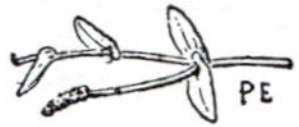 feuilles toutes submergées. — **P. perfolié** TC. *P. perfoliatus L.** eaux ; j.-at. ; *v.*
        - Feuilles toutes *pétiolées.*
          - Feuilles à limbe *sans plis* à la base PL ; 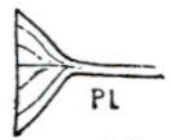 plante *entièrement submergée* ; feuilles, en général, toutes de même forme. — **P. à feuilles de Plantain** R. *P. plantagineus Ducros.* eaux ; j.-at. ; *v.*
          - Feuilles à limbe ayant *2 plis* à la base, à la jonction du pétiole N ; feuilles en général de deux formes. 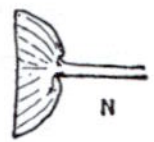
            - Carpelle d'environ *4 mm.* NA ; épi de fruits épais, souvent à quelques carpelles avortés ; feuilles inférieures détruites après la floraison.  — **P. nageant** TC. *P. natans L* (1). eaux ; j.-at. ; *v.*
            - Carpelle d'environ *2 mm.* PO ; épi de fruits grêle, compacte ; feuilles inférieures persistant après la floraison.  — **P. à feuilles de Renouée** R. *P. polygonifolius Pourr.** eaux ; j.-at. ; *v.*
    - *4 à 10 fleurs* par épi. (Voyez p. 156.)

(1) Var. *fluitans* Roth., feuilles supérieures allongées et rétrécies aux deux extrémités.

Suite du tableau des espèces du genre Potamogeton.

5 à 10 fleurs par épi.

- Tiges *aplaties* C ; épis dressés ; feuilles étroites, à petite pointe au sommet C, d'environ 5 à 8 c. de longueur.

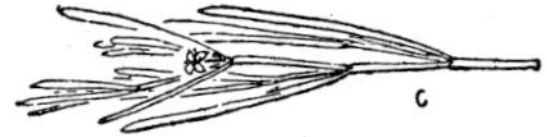

P. à feuilles aiguës TR.
P. acutifolius Link.
mares, fossés ; j.-at. ; *v.*

- Tiges *arrondies.*
  - Pédoncule de l'épi *recourbé en crochet* D ; feuilles *ovales aiguës* D, opposées.

P. serré AC.
P. densus L (1).
ruisseaux, mares, fossés ; jt.-s. ; *v.*

  - Pédoncule de l'épi *droit* PU ; feuilles *très étroites* PU, (environ 1 mm. de largeur).

P. fluet AR.
P. pusillus L (2).
ruisseaux, mares, fossés ; j.-at. ; *v.*

2. **Zannichellia**. *Zannichellia.* — (fig. Z, p. 154). Plante submergée, tiges et feuilles étroites ; fleurs de deux sortes, les unes staminées, les autres pistillées ; fruits à long bec.

Z. des marais C.
Z. palustris L.
ruisseaux, mares, fossés ; jt.-s. ; *v.*

NAIADÉES. — Les Naiadées sont des plantes aquatiques, flottantes ou submergées.

- Feuilles *à gaines entières ;* étamines dont l'anthère a quatre loges, s'ouvrant en quatre parties ; — 1. **Naiade,** p. 156. *Naias.*
- Feuiles *à gaines ciliées et denticulées ;* étamines dont l'anthère n'a qu'une seule loge. — 2. **Caulinie,** p. 156. *Caulinia.*

1. **Naiade**. *Naias.* — Feuilles assez larges NM ; à dents raides et aiguës ; fleurs staminées et fleurs pistillées sur des plantes différentes ;

fruit surmonté de 3 styles NM.

N. majeure AC.
N. major All.
ruisseaux, mares, fossés ; jt.-s ; *v.*

2, **Caulinie**. *Caulinia.* — Feuilles étroites MI ; dentées, en touffes au sommet des tiges ; fleurs staminées et fleurs pistillées sur la même plante ;

fruit surmonté de 2 styles MI.

C. mineure R.
C. minor Coss. et Germ.
rivières, canaux ; jt.-s. ; *v.*

LEMNACÉES. — Les Lemnacées recouvrent parfois complètement la surface des fossés ou des étangs.

Lenticule. *Lemna.* — [Lentille-d'eau].

Lames *réunies en croix par 3 ou 2, amincies* à l'extrémité ;

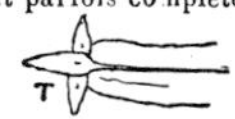

plante souvent submergée.

L. à trois lobes C.
L. trisulca L.
mares, fossés ; av.-m. ; *v.*

Lames *non réunies en croix, arrondies ;* plantes flottantes.

- *Plusieurs racines* partant d'une même lame arrondie P ;

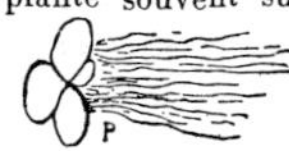

plante rougeâtre en dessous.

L. à plusieurs racines C.
L. polyrhiza L.
mares, fossés ; (?) ; *v.*

- *Une seule racine* partant de chaque lame arrondie M, G.
  - Plante *presque plate* en dessous M.

L. mineure TC.
L. minor L.
mares, fossés ; av. j. ; *v.*

  - Plante *renflée-spongieuse* en dessous G.

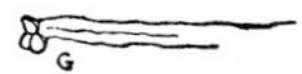

L. bossue AC.
L. gibba L.
mares, fossés ; av.-j. ; *v.*

Voyez Album de la Nouvelle Flore, p. 151

Voyez Album de la Nouvelle Flore, p. 151 et 152
Voyez Atlas des Plantes de France, pl. 351, 352 et 353

AROIDÉES — Les Aroïdées, plantes nombreuses dans les régions chaudes, n'ont qu'un représentant dans notre flore.

Arum. *Arum.* — (Voy. fig. au tableau des familles). Feuilles ordinairement tachetées de noir, détruites quand les fruits sont mûrs; tige souterraine renflée; fruits charnus, rouges; 2-5 d. [Gouet, Pied-de-Veau.] — **A. tacheté** C (3). *A. maculatum L.* ✠* bois, buissons; av.-m.; *v.*

TYPHACÉES. — Les Typhacées, appelées souvent *joncs* par erreur, sont utilisées comme litière, ou pour couvrir des chaumières.

- Fleurs disposées *en épis allongés* (fig. L, A). — 1. **Massette**, p. 157. *Typha.*
- Fleurs disposées *en capitules globuleux* (fig. R, S, N). — 2. **Rubanier**, p. 157. *Sparganium.*

1. **Massette.** *Typha.* — [Quenouille, Canne-de-jonc.]

- Épis de fleurs staminées, séparé de l'autre par *un faible intervalle* (*i*, fig. L); stigmates ovales-aigus; 1-2 m. — **M. à feuilles larges** C. *T. latifolia L* (4). étangs, fossés, rivières; j.-at.; *v.*

L

- Épis de fleurs staminées, séparé de l'autre par *un assez grand intervalle* (*i*, fig. A); stigmates très étroits; 1-2 m. — **M. à feuilles étroites** AC. *T. angustifolia L.** étangs, fossés, rivières; j.-at.; *v.*

A

2. **Rubanier.** *Sparganium.* —

Plusieurs capitules sur les rameaux secondaires R; feuilles à 3 faces, surtout à la base; 6-10 d. [Ruban-d'eau.] — **R. rameux** C. *S. ramosum Huds.* ✠* bord des eaux; j.-at; *v.*

R

Un seul capitule sur les rameaux secondaires S, N.

- Feuilles de la base *à 3 faces, à leur partie inférieure;* plante non submergée; capitules souvent nombreux S; 4-8 d. — **R. simple** AC. *S. simplex Huds.* bord des eaux; j.-at; *v.*

S

- Feuilles de la base *à 2 faces dès leur partie inférieure;* plante ordinairement submergée; capitules souvent peu nombreux N; longueur variable. — **R. nain** R. *S. minimum Fries.* étangs, fossés, rivières; jt.-at.; *v.*

N

(1) Var. *oppositifolius* DC., feuilles éloignées les unes des autres, ovales en pointe. — (2) Var. *trichoïdes* Cham. et Schlecht., feuilles à une seule nervure; carpelles demi-arrondis, AR. — (3) L'*A. italicum* Mill., à grandes feuilles, d'un vert luisant veiné de blanc, à inflorescence jaunâtre, a été rarement signalé, TR. L'*Acorus Calamus* L ✠, à feuilles étroites, à fleurs stamino-pistillées, est rarement naturalisé. — (4) Var. *media* DC., feuilles plus étroites; épi inférieur un peu distant du supérieur, AR.

JONCÉES. — Les espèces du genre Jonc sont parfois difficiles à déterminer. — La présence des joncs dans le foin indique que l'herbe a poussé dans des endroits très humides, et par suite qu'elle est de mauvaise qualité.

- Feuilles *sans poils, longues et arrondies ou réduites à des écailles ;* fruit à 3 loges. — 1. **Jonc,** p. 158. *Juncus.*
- Feuilles *poilues et plates* LC ; 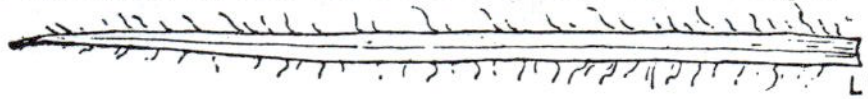 LC fruit à une loge. — 2. **Luzule,** p. 159. *Luzula.*

1. Jonc. *Juncus.* —

- Feuilles réduites à *quelques écailles brunes,* entourant la base des tiges.
  - Écailles *non luisantes ;* tige *à moelle continue* EF ;  EF
    - 3 étamines ; fleurs écartées ou serrées E ; 5-10 d.  E — **J. épars** TC (1). *J. effusus L.* ✠ * endroits humides ; j.-at. ; *v.*
  - Écailles *luisantes ;* tige *à moelle interrompue* GL ;  GL
    - 6 étamines ; fleurs sur des pédoncules étroits G ; 5-8 d.  G — **J. glauque** C. *J. glaucus Ehrh* ✠. endroits humides ; j.-at. ; *v.*
- *Feuilles allongées toutes à la base.*
  - Tiges *de 3-15 c. environ ;* fleurs *par groupes arrondis* C ; *3 étamines ;* pétales et sépales aigus, à pointe recourbée ; fruit plus court que les sépales. 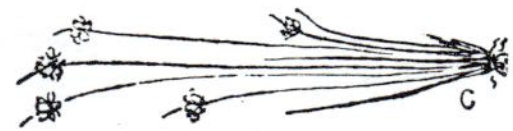 C — **J. en tête** R. *J. capitatus Weig.* sables humides, bruyères ; j.-jt. ; *a.*
  - Tiges *de 20-60 c. environ ;* fleurs *non par groupes arrondis* S ; *6 étamines ;* pétales et sépales membraneux aux bords ; fruit égal environ aux sépales.  S — **J. rude** AR. *J. squarrosus L.* sables humides ; bruyères ; j.-jt. ; *v.*
- *allongées au dessus de la base* au-dessous des fleurs.
  - *3 étamines.*
    - Fleurs *souvent entremêlées de feuilles* S ; plante *vivace ;*  S fruit *égalant environ les sépales ;* 10-30 c. — **J. couché** C. *J. supinus Mœnch.* endroits humides, sables ; j.-at. ; *v.*
    - Fleurs *jamais entremêlées* de feuilles P ; plante *annuelle ;*  P fruit *beaucoup plus court que les sépales ;* 3-15 c. — **J. nain** R. *J. pygmæus Thuill.* endroits humides ; j.-at. ; *a.*
  - *mines.*
    - Feuilles *noueuses* O, L, ou *divisées en articles.*  O  L
      - Fleur *d'un blanc-verdâtre ou jaunâtre ;* sépales et pétales égalant environ le fruit OB ;  OB sépales et pétales arrondis au sommet ; 6-9 d. — **J. à fleurs obtuses** C. *J. obtusiflorus Ehrh.* endroits humides, sables ; j.-at. ;
      - Fleurs *brunes ;* fruit plus grand que les sépales LA, SI.
        - Sépales et pétales *aigus,* souvent *à pointe recourbée* SI ; fruit très pointu ; 6-8 d.  SI — **J. des bois** C. *J. silvaticus Reich.* endroits humides ; j.-at. ; *v.*
        - Sépales aigus et pétales *arrondis au sommet* LA ; fruit à pointe courte ; 2-6 d.  LA — **J. à fruit luisant** C. *J. lamprocarpus Ehrh.* (2) * endroits humides ; j.-at. ; *v.*

Voyez Album de la Nouvelle Flore, p. 152 et 153
Voyez Atlas des Plantes de France, pl. 354 A et 355

Une ou plusieurs feuilles de la tige et 6 éta-

- Feuilles *non noueuses* ni divisées en articles.
  - Sépales et pétales *à longue pointe* B ; fleurs d'un blanc-verdâtre, brillantes ; tige n'ayant ordinairement qu'une feuille au-dessus des fleurs BU ; 5-30 c.

B

BU

J. des Crapauds C.
J. bufonius L. (3) *
endroits humides, sables ; m.-at. ; *a.*

  - Sépales et pétales *sans longue pointe* T, BB ; fleursabrunes ou brunâtres.
    - Sépales *égaux* environ à la capsule T ; fleurs brunes, très écartées TE ; 1-5 d.

T

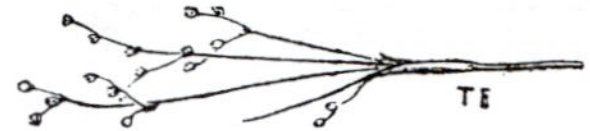
TE

J. des marécages AC.
J. Tenageia Ehrh.
bord des eaux, sables ; j.-at. ; *a.*

    - Sépales *plus courts* que la capsule BB ; fleurs brunes, mêlées de vert, un peu rapprochées BL ; 2-5 d.

BB

BL

J. bulbeux TC.
J. bulbosus L.
bord des eaux ; j.-at. ; *v.*

2. **Luzule**. *Luzula.* —

- Fleurs *isolées.* FO, VE.
  - Feuilles très étroites F, de 2-5 mm. de largeur ; rameaux et pédoncules *dressés*, quand les fruits sont mûrs FO ; 2-4 d.

F

FO

L. de Forster C.
L. Forsteri DC.
bois, pâturages ; av.-m. ; *v.*

  - Feuilles d'environ 7-10 mm. de largeur V ; rameaux et pédoncules *renversés* quand les fruits sont mûrs VE ; 2-4 d.

V

VE

L. du printemps C.
L. vernalis DC. *
bois, pâturages ; ms.-av. ; *v.*

- Fleurs *par groupes* M, C.
  - Groupe *de 2 à 5 fleurs* M ; tige de 4-9 d. en général ; graine n'ayant pas à la base un petit prolongement en cône.

L. élevée TR.
L. maxima DC.
bois ; m.-j. ; *v.*

  - Groupes *de 6 à 15 fleurs* C ; tige de 1-4 d. en général ; graine ayant à la base un petit prolongement en cône.

C

L. champêtre TC.
L. campestris DC. (4)
bois, prés, coteaux ; ms.-j. ; *v.*

(1) Var. *conglomeratus* L., inflorescence brunâtre, globuleuse, compacte (fig. E), TC. — (2) Le *J. anceps* Lah., à tiges droites, à feuilles à deux angles, à fleurs très petites, en inflorescence dressée et non étalée, a été rarement observé, TR. — (3) Var. *fasciculatus* Bert., plante à tiges courtes ; fleurs rapprochées en groupes serrés. — (4) 1° Var. *multiflora* Lej., tige souterraine non rampante, filet des étamines presque égal en longueur à l'anthère, C ; 2° Var. *congesta* Lej., fleurs en capitule irrégulier, AC ; 3° Var. *pallescens* Hoppe, fleurs d'un brun très pâle, AR.

Voyez Album de la Nouvelle Flore, p. 153
Voyez Atlas des Plantes de France, pl. 354 B et 356

CYPÉRACÉES. — Les Cypéracées ressemblent souvent aux Graminées, mais ces plantes poussent presque toujours dans les endroits humides, et ne fournissent pas de bons foins.

Fleurs de deux sortes, les unes staminées, les autres pistillées, sur la même plante, rarement sur des plantes différentes. [Voyez les figures des pages 163, 164 et suivantes]. — 7. **Carex**, p. 163. *Carex.*

Fleurs *ayant à la fois étamines et pistil.*

- Pistil ou fruit *entouré de très longs poils* A, d'un blanc brillant.

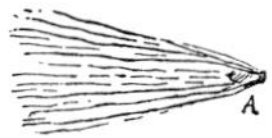

  épis à nombreuses fleurs, formant, à la maturité, comme de petites aigrettes blanches. — 4. **Linaigrette**, p. 161. *Eriophorum.*

- Pistil ou fruits *sans poils à la base, ou à poils ne dépassant pas les écailles.*
  - Épis *aplatis à fleurs régulièrement disposées sur deux rangs opposés* [exemple : fig. FL] ; *pas de poils à la base du pistil ou du fruit.*

    — 2. **Souchet**, p. 161. *Cyperus.*
  - Épis *n'étant pas à la fois aplatis, à fleurs disposées sur 2 rangs, et sans poils à la base des fruits.*
    - Écailles inférieures de chaque épi *égales aux autres ou plus grandes.* — 6. **Scirpe**, p. 162. *Scirpus.*
    - Écailles inférieures de chaque épi *plus petites* que les autres.
      - Plante d'environ 1 m. ; feuilles *denticulées-coupantes aux bords et au milieu* M, d'environ 5-9 mm. de largeur ; épis nombreux à nombreuses fleurs CM.

        — 5. **Cladium**, p. 161. *Cladium.*
      - Plante dépassant rarement 60 c. ; feuilles *d'environ 1-3 mm. de largeur.*
        - Feuillles *raides piquantes* NI ; bractées élargies à la base C.

          — 3. **Choin**, p. 161. *Schœnus.*
        - Feuilles *non piquantes* R ; bractées assez étroites ; style persistant. [Voy. fig. RA et F, au bas de cette page].

          — 1. **Rhynchospora**, p.160 *Rhynchospora.*

1. **Rhynchospora**. *Rhynchospora.* —

- Épis *blanchâtres ;* bractée inférieure *égalant à peu près* le premier rameau fleuri RA ; fruit entouré de 10-13 poils à petites dents dirigées vers le bas ; 1-5 d.

  R. blanc R. *R. alba Vahl.* marais tourbeux ; j.-at. ; *v.*

- Épis *bruns ;* bractée inférieure *dépassant longuement* le premier rameau fleuri F ; fruit entouré de 5-6 poils à petites dents dirigées vers le haut ; 1-4 d.

  R. brun TR. *R. fusca R. et S.* marais tourbeux ; j.-at. ; *v.*

Voyez Album de la Nouvelle Flore, p. 153

Voyez Album de la Nouvelle Flore, p. 154
Voyez Atlas des Plantes de France, pl. 357 A, 357 B, 358 et 359

2. **Souchet.** *Cyperus.* —

Plante *d'environ 5 à 12 d.; écailles des fleurs à 5-7 nervures principales ;* 3 étamines, 3 stigmates ; 3 à 5 feuilles très longues, accompagnant les fleurs CL.

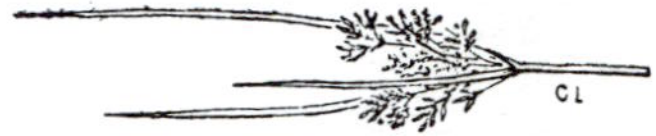

S. long R.
C. longus L.
endroits humides ; jt.-s. ; *v.*

Plante *ne dépassant pas ordinairement 3 d.;* écailles de fleurs *à 1 nervure principale ;* 1 à 3 feuilles au bas des fleurs FU, FL.

- Écailles des fleurs *brunes ou brunâtres ;* 2 étamines, 3 stigmates ; 1-3 d.

S. brun AC.
*C. fuscus L.**
bord des eaux ; j.-at. ; *a.*

- Écailles des fleurs *jaunâtres ;* 3 étamines, 2 stigmates ; 1-3 d.

S. jaunâtre R.
*C. flavescens L.**
bord des eaux ; jt.-s. ; *a.*

3. **Choin.** *Schœnus.* — (fig. NI, C, p. 160). Tige portant à la base de nombreuses gaines noires et luisantes ; feuilles à 3 faces, toutes à la base ; tiges arrondies ; 2-6 d.

C. noirâtre AR.
S. nigricans L.
marais tourbeux ; m.-jt. ; *v.*

4. **Linaigrette.** *Eriophorum.* —

Tiges portant *un seul groupe de fleurs* V ;

feuilles rudes sur les bords ; fruits bruns ; 2-5 d.

L. engainée TR.
E. vaginatum L.
tourbières ; av.-m. ;

Tiges portant *plusieurs groupes de fleurs.*

- Pédoncules des épis *lisses et sans poils ;* fruits noirs *pointus au sommet* A ; feuilles à 3 angles vers leur sommet ; 4-7 d.

L. à feuilles étroites AC.
*E. angustifolium Roth.**
prés humides ; m.-j. ; *v.*

- Pédoncules des épis *rudes ou poilus ;* fruits arrondis au sommet G, bruns ou jaunâtres.

  - Pédoncules des épis rudes et *très poilus ;* feuilles *à 3 angles, de la base au sommet* GR ; 2-4 d.

L. grêle R.
E. gracile Koch.
tourbières ; m.-j. ; *v.*

  - Pédoncules des épis très rudes, mais *non très poilus ;* feuilles *aplaties*, sauf au sommet L ; 4-7 d.

L. à feuilles larges C.
E. latifolium Hoppe.
prés humides ; m.-j. ; *v.*

5 **Cladium.** *Cladium.* — (fig. M, CM, p. 160). Épis brunâtres ; tiges robustes, presque cylindriques ; feuilles raides ; fruits bruns ; 8-12 d.

C. Marisque AC.
*C. Mariscus R. Br.**
endroits humides ; j.-at. ; *v.*

6. Scirpe. *Scirpus.* —

- *Tiges à un seul épi* PA, O, PC.
  - Tiges couchées ou *flottantes, portant des feuilles développées* SF ; écailles des fleurs arrondies au sommet, vertes, blanchâtres aux bords ; 2 stigmates ; feuilles très étroites ; 3-5 d.

    SF
    → **S. flottant** R. — *S. fluitans L.* — mares, fossés ; j.-s. ; *v.*
  - Tiges *sans feuilles développées, non flottantes.*
    - Gaines entourant la base de la tige *terminées par un court limbe vert* C ;

      C
      écailles des fleurs inférieures à 5 nervures terminées par un prolongement épais, vert ; tiges de 5-40 c.
      → **S. cespiteux** TR. — *S. cæspitosus L.* * — bruyères humides, mares ; m.-jt ; *v.*
    - Gaines *non terminées par un limbe* P.

      P
      - *Tige rampante,* produisant des rameaux dressés A.
        - Tiges dressées *très étroites, de 3-10 c. de longueur ; 3 stigmates ;* fruits blanchâtres (fig. A).

          A
          → **S. Épingle** C. — *S. acicularis L.* — bord des mares et des rivières ; j.-s. ; *v.*
        - Tiges dressées *assez grosses, de 15-40 c. de longueur ; 2 stigmates ;* fruits jaunâtres (fig. PA).

          PA
          → **S. des marais** TC (1). — *S. palustris L.* * — mares, étangs ; m.-at. ; *v.*
      - Tige *non rampante.*
        - Épi *ovale* O ;

          O
          2 stigmates ; écailles des fleurs brunes, avec une ligne verte au milieu ; fruits jaunâtres ; 8-15 c.
          → **S. ovoïde** TR. — *S. ovatus Roth.* — mares, sables ; j.-s. ; *a.*
        - Epi *allongé ; 3 stigmates ;* écailles des fleurs brunes.
          - Épi *à 2-7 fleurs* PC ; fruit *blanc-gris,* ordinairement avec poils longs PF ; écailles des fleurs striées ; 6-30 c.

            PC

            PF
            → **S. pauciflore** AR. — *S. pauciflorus Lightf.* — mares, sables ; j.-s. ; *v.*
          - Épi *à fleurs nombreuses ;* fruit *brun-noir ou verdâtre,* ordinairement à poils le dépassant peu M ; écailles des fleurs non striées ; 10-30 c.

            M
            → **S. multicaule** AR. — *S. multicaulis Sm.* — marécages ; j.-at. ; *v.*
- *plusieurs épis* MA, SU, SE.
  - Ecailles des fleurs *frangées au sommet* LA ;

    LA
    tiges de 1-2 m. ;

    LC
    tiges *cylindriques ;* épis nombreux LC. [Jonc-des-Tonneliers].
    → **S. des lacs** TC (2). — *S. lacustris L.* ✠ * — bord des eaux ; m.-at. ; *v.*
  - Tiges *de 4 à 20 d.* — Écailles *non frangées* S, M ; tiges feuillées sur toute leur longueur, *à 3 angles.*
    - Écailles des fleurs *entières au sommet* S ; bractées dépassant peu les épillets SI ; 4-10 d.

      S

      SI
      → **S. des bois** C. — *S. silvaticus L.* — bois, bord des ruisseaux ; m.-s. ; *v.*
    - Écailles des fleurs *à 3 dents au sommet* M ; bractées dépassant beaucoup les épillets MA ; 4-10 d.

      M

      MA
      → **S. maritime** C. — *S. maritimus L.* — bord des eaux, fossés ; j.-o. ; *v.*

Voyez Album de la Nouvelle Flore, p. 154 et 155
Voyez Atlas des Plantes de France, pl. 360 A, 361 A et 361 B

Voyez Album de la Nouvelle Flore, p. 155
Voyez Atlas des Plantes de France, pl. 360 B

Tiges portant LC, SI,

Tiges *de 5 à 30 c.*; inflorescence peu divisée.

- Tige *à 3 angles au sommet; 2 stigmates*, épis sur 2 rangs C;

bractée rejetée un peu de côté; 1-3 d. — **S. comprimé** AR. *S. compressus Pers.* endroits humides; j.-at.; *v.*

- Tige *arrondie au sommet; 3 stigmates*; bractée prolongeant la tige SU, SE.
  - Groupes d'épis situés *vers le milieu de la plante* SU; fruit ridé en travers; écailles des fleurs blanchâtres ou verdâtres; 6-10 c.

S. couché R. *S. supinus L.* bord des eaux, sables; jt.-o.; *a.*

  - Groupes d'épis situés *vers le haut de la plante* SE; fruit ridé en long; écailles des fleurs brunâtres ou verdâtres; 7-12 c.

S. sétacé C. *S. setaceus L.* * bord des eaux, sables; j.-s.; *a.*

7. **Carex.** *Carex.* — [Laîche]. Le fruit des Carex est renfermé dans une enveloppe en forme de sac, qui semble être, au premier abord, le fruit lui-même. Cette enveloppe du fruit fournit des caractères importants pour la détermination des espèces. Il faut donc recueillir les Carex lorsque les fleurs sont passées.

Un seul épi simple au sommet des tiges P, D, DI; [c'est-à-dire fleurs attachées chacune directement sur la ige].

- Épi *ayant à la fois des fleurs staminées et des fleurs pistillées,* peu serrées P;

feuilles étroites, souvent enroulées; fruits renversés à la maturité; 2-3 d. — **C. puce** AC. *C. pulicaris L.* prairies tourbeuses; m.-j.; *v.*

- Épi *à fleurs toutes staminées* D *ou à fleurs toutes pistillées* DI; fleurs assez serrées.

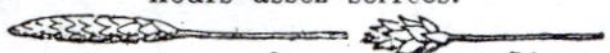

  - Enveloppe du fruit *à bec allongé* DA; tiges et feuilles rudes au toucher; feuilles non pliées en gouttière; 1-2 d.

C. de Davall TR. *C. Davalliana Sm.* marais tourbeux; m.-j.; *v.*

  - Enveloppe du fruit *à bec court* CD; tiges et feuilles lisses; feuilles pliées en gouttière; 1-2 d.

C. dioïque TR. *C. dioica L.* marais tourbeux; m.-j.; *v.*

Plusieurs épis sur chaque tige [Exemples : DS, TF, D, GL], [c'est-à-dire fleurs réunies en groupes qui sont eux-mêmes attachés sur la tige].

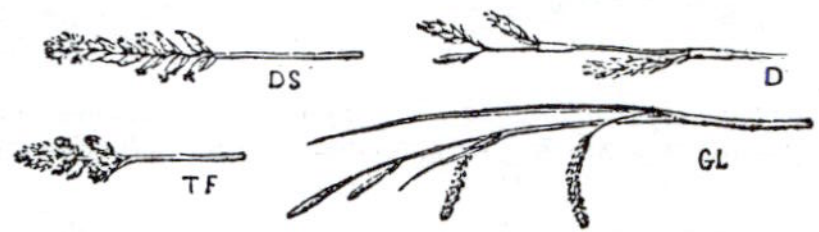

Voyez p. 164.

(1) Var. *uniglumis* Link., une seule écaille sans fleur embrassant la base de l'épi; épi brun foncé, AC. — (2) Var. *glaucus* Sm., tige d'un vert glauque; fruits aplatis, AC.

Suite du tableau des espèces du genre Carex.

- Tige souterraine *très allongée horizontalement* A, L.
  - Écailles des fleurs *entièrement brunes*, sans nervure verte sur le dos ; 10-20 épis DS, ceux du milieu à étamines ; enveloppe du fruit étroitement membraneuse aux bords DT, 3-6 d.  DT  DS — **C. distique** C. *C. disticha Huds.* endroits humides ; m.-jt. ; *v.*
  - Écailles des fleurs brunes *avec une nervure verte sur le dos.*
    - Enveloppe du fruit presque aussi large que longue SC, *avec une très étroite bordure membraneuse au sommet* ;  SC tiges à 3-6 épis brunâtres ; 1-3 d. — **C. de Schreber** AR. *C. Schreberi Schrank.* sables, prés secs ; av.-jt. ; *v.*
    - Enveloppe du fruit *allongée, à bordure membraneuse tout autour* AR, LI.
      - Bordure membraneuse *égale environ au 1/4* de AR  la largeur de l'enveloppe ; tiges à épis *nombreux* A ; 1-3 d.  A — **C. des sables** R (1). *C. arenaria L.* * sables ; m.-at. ; *v.*
      - Bordure membraneuse *égale environ au 1/8* de la LI  largeur de l'enveloppe LI ; tiges à moins de 10 épis L ; 2-3 d.  L — **C. de la Loire** TR. *C. ligerica J. Gay.* sables ; m.-at. ; *v.*
- Tige souterraine *non* allongée horizontalement.
  - Tiges à *épis nombreux.*
    - Épis réunis en un groupe serré, ovale, *entourés de très longues bractées* CY ;  CY enveloppe du fruit verdâtre ; 2-6 d. — **C. Souchet** TR. *C. cyperoides L.* étangs desséchés ; j.-o. ; *v.*
    - Épis *non entourés de très longues bractées.*
      - Enveloppe du fruit *fortement striée du haut en bas* V, PR.
        - Enveloppe du fruit *de 4 mm. de largeur environ* [moitié de la figure V] ; tige à 3 angles très aigus VU ; 3-6 d. 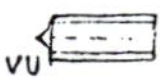 VU  V — **C. des Renards** C. *C. vulpina L.* endroits humides ; m.-jt. ; *v.*
        - Enveloppe du fruit *de 2 mm. de largeur environ* [moitié de la figure PR] ; tige à 3 angles non très aigus ; 4-7 d.  PR — **C. paradoxal** R. *C. paradoxa Willd.* endroits humides ; m.-jt. ; *v.*
      - Enveloppe du fruit *lisse en haut et au milieu, à peine striée en bas* PN, T.
        - Enveloppe du fruit *à bordure membraneuse blanchâtre* surtout en haut PN ;  PN inflorescence *non serrée* PA ; tiges à faces aplaties ; tige souterraine verticale, 5-8 d.  PA — **C. paniculé** C. *C. paniculata L.* endroits humides ; m.-jt. ; *v.*
        - Enveloppe du fruit *sans bordure membraneuse* T ;  T inflorescence *serrée* TF ; tiges à faces bombées ; tige souterraine oblique ; 3-6 d.  TF — **C. à tige arrondie** R. *C. teretiuscula Good.* marais tourbeux ; m.-jt. ; *v.*

Voyez Album de la Nouvelle Flore, p. 153

Voyez Atlas des Plantes de France, pl. 364 A

Voyez Album de la Nouvelle Flore, p. 156 et 157.

Epis tous de forme — Tige souterraine *non très allon-* — Tiges *à 12 épis ou moins.*

- Fruits *étalés en étoile* à la maturité S;

  S

  enveloppe du fruit à long bec ST, aplatie sur une face; écailles des fleurs d'un brun pâle, vertes au milieu ; 1-3 d.

  ST

  C. étoilé AC. *C. stellulata Good.* endroits humides ; m.-jt. *v.*

- Fruits *non étalés en étoile à la maturité.*
  - Bractées *dépassant la tige* R;

    R

    groupes de fleurs isolés; enveloppe du fruit à 5-7 nervures très fines ; 3-7 d. **C. espacé** AC. *C. remota L.* endroits humides ; m.-jt. ; *v.*

  - Bractées *très courtes* MU, LP.
    - Enveloppe du fruit *non striée de bas en haut* au moins sur une face M, CA, *verdâtre, blanchâtre* ou d'un *vert-roussâtre.*
      - Enveloppe du fruit lisse sur une face M et *striée* sur l'autre;

        M

        épis ovales MU, assez nombreux; 2-5 d.

        MU

        C. muriqué TC (2). *C. muricata L.* prés, chemins ; m.-at. ; *v.*

      - Enveloppe du fruit *à peine striée à la base* CA, à rebord épais;

        CA

        épis ovales CN ; environ 4 à 6 ; 2-5 d.

        CN

        C. blanchâtre TR. *C. canescens L.* marais ; m.-jt. ; *v.*

    - Enveloppe du fruit *striée sur les 2 faces* E, LE, *brunâtre.*
      - Enveloppe du fruit *sans bordure membraneuse* E;

        E

        épis environ 7-12, un peu espacés EL; fruits beaucoup plus longs que les écailles; 3-5 d.

        EL

        C. allongé TR. *C. elongata L.* marais, fossés ; m.-jt. ; *v.*

      - Enveloppe du fruit *à bordure membraneuse et denticulée* LE,

        LE

        épis environ 4-6, rapprochés LP; fruits égalant environ les écailles ; 2-6 d.

        LP

        C. des Lièvres C (3). *C. leporina L.* endroits humides ; m.-jt. ; *v.*

Épis non semblables entre eux; celui ou ceux de l'extrémité, à étamines seulement, généralement mince; les autres, à pistils, plus épais ou d'une autre forme que l'épi supérieur (exemples fig. E, AT, MA).

AT

E

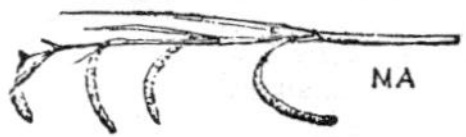
MA

Voyez p. 166.

(1) Var. *Reichenbachii* Ed. Bonn., tige souterraine grêle ; feuilles molles, plates, épis inférieurs à étamines ou sans fleurs développées, TR. — (2) Var. *divulsa* Good. ; la languette membraneuse de la gaine de la feuille est arrondie au sommet ; l'enveloppe du fruit n'est pas spongieuse à la base ; fruits presque dressés, C.
(3) Var. *argyrolochin* Horn., épis grêles, à écailles blanchâtres, TR.

Voyez Album de la Nouvelle Flore, p. 157
Voyez Atlas des Plantes de France, pl. 364 B

Suite du tableau des espèces du genre Carex.

tes H, F.
poils, *même sur les faces.*
ou sans dents bien
mines.
base.

Pistil *à 2 stigmates* CD.

CD

Feuilles de la base *à gaine se déchirant en filaments* C;

C

tige creuse sur 2 faces et aplatie sur la troisième CA;

CA

CP

enveloppe du fruit vert-blanchâtre, ovale CP; 5-9 d. — **C. raide** C — *C. stricta Good.* — marais, étangs; av.-j.; *v.*

Feuilles *à gaine ne se déchirant pas en filaments;* tige souterraine allongée, horizontale.

Bractée inférieure *plus courte* que la tige GO; feuilles du bas plus longues que les tiges; enveloppe du fruit d'environ 1 mm. de largeur (1/2 de la fig. G); souvent un seul épi staminé GO; 2-5 d.

GO

G

C. vulgaire AR. — *C. vulgaris Fries.* — endroits humides; av.-j.; *v.*

Bractée inférieure *plus longue* que la tige AT; feuilles du bas plus courtes que les tiges; enveloppe du fruit de 2-3 mm. de largeur (1/2 de la fig. AC); souvent plusieurs épis staminés AT; 5-10 d.

AT

AC

C. aigu C — *C. acuta L.* — endroits humides; m.-jt.; *v.*

Enveloppe du fruit *à longs poils* H, F, *en pointe à 2 dents à la fin écartées;* bractées longues; 1-3 épis à étamines.

Enveloppe du fruit *à pointe longue* H;

H

gaine des feuilles *velues* HI; écailles vertes; 2-5 d.

HI

C. hérissé TC. — *C. hirta L.* — endroits humides; m.-jt.; *v.*

Enveloppe du fruit *à pointe courte* F;

F

gaine des feuilles *sans poils* FI; écailles brunes; 5-9 d.

FI

C. filiforme R. — *C. filiformis L.* — marais; m.-jt.; *v.*

Tiges portant *des épis depuis la base; feuilles bien plus longues que les tiges* [HU, plante entière];

HU

bractées, à la base des épis, membraneuses et à longues gaines; 8-10 c. — **C. humble** AR. (1). — *C. humilis Leyss.* — coteaux secs, bois; ms.-av.; *v.*

Écailles des fleurs *brunes, sans large bande verte sur le dos*, parfois un peu vertes au sommet.

Enveloppe du fruit d'environ *2 mm.* de longueur (1/2 de la fig. ER);

ER

tige à 3 angles marqués, un peu rude au toucher; écailles ciliées aux bords et membraneuses; épis peu nombreux E; 1-4 d.

E

C. des bruyères R. — *C. ericetorum Poll.* — sables, bois, prés; av.-j.; *v.*

Enveloppe du fruit d'environ *4 mm.* de longueur (1/2 de la fig. M);

M

tige à 3 angles peu nets; presque lisse; écailles d'un brun noir avec une petite pointe au sommet; épis peu nombreux; 1-4 d. — **C. des montagnes** TR. — *C. montana. L.* — bois sablonneux; av.-m.; *v.*

Voyez Album de la Nouvelle Flore, p. 157 et 158
Voyez Atlas des Plantes de France, pl. 362

Pistil *à 3 stigma-*

Enveloppe du fruit *couverte* : *de*

Enveloppe du fruit *à poils courts, sans pointe marquées* M, ER ; *un seul épi à éta-*

Tiges *ne portant pas des épis depuis la*

- Écailles des fleurs *avec une large bande verte sur le dos*, de la base au sommet.
  - Bractée inférieure *beaucoup plus courte que l'épi qui est au-dessus* D ; bractées à pointe courte DG ; épi à étamines finissant par être dépassé par l'épi qui est au-dessous D ; feuilles à gaines rougeâtres ; 1-3 d. — **C. digité** R. *C. digitata L.* bois ; av.-j. ; *v.*

  - Bractée inférieure *égalant ou dépassant l'épi situé au-dessus.*
    - Épis pistillés *globuleux* PI ; ayant environ 10 mm. de longueur ; enveloppe du fruit verdâtre ; bractées presque sans gaine P ; 2-3 d. — **C. à pilules** C. *C. pilulifera L.* prés, bois ; av.-j. ; *v.*

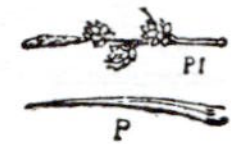

    - Épis pistillés *allongés* T, PX.
      - Bractées *toutes de même forme* T ; épi à étamines étroit T ; 2-4 d. — **C. tomenteux** AC. *C. tomentosa L.* prés, bois ; av.-j. ; *v.*

      - Bractée inférieure à limbe allongé TR ; *les autres à petite pointe verte* PC ; épi à étamines assez large au sommet PX ; 1-3 d. — **C. précoce** TC (2). *C. præcox Jacq.* prés, bois ; ms. m. ; *v.*

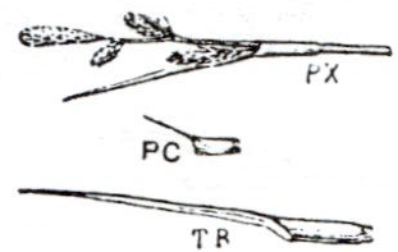

- Enveloppe du fruit *sans poils*, rarement un peu poilue sur les angles.
  - Épi à étamines *de 10 à 18 c. de longueur ;* feuilles ayant jusqu'à 15 mm. de largeur ; plante de 8-12 d. de hauteur, à épis pendants MA ; un ou plusieurs épis à étamines, à la fin pendants ; écailles brunes. — **C. élevé** R. *C. maxima Scop.** bois humides, ruisseaux ; m.-jt. ; *v.*

  - Épi à étamines *de moins de 8 c. de longueur ;* feuilles en général étroites. — *Voyez p. 168.*

(1) Le *C. halleriana* Asso. dont les bractées à la base des épis sont peu engaînantes et brusquement prolongées en une pointe verte a été très rarement observé (Lardy) TR.

(2) Var. *polyrrhiza* Wall., tige souterraine non allongée horizontale ; bractée inférieure verte, TR.

Suite du tableau des espèces du genre Carex.

Voyez Album de la Nouvelle Flore, p. 158

Plusieurs épis à étamines GL, RI, VE.

- Enveloppe du fruit *presque sans bec et sans nervures visibles* G, sauf un peu à la base et sur les côtés ;  G — feuilles glauques ; bractées vertes, allongées GL ; épis staminés brunâtres, rarement un seul ; épis pistillés à la fin penchés ; 1-5 d.  GL — **C. glauque** TC. *C. glauca Murr.* bois, endroits humides ; m.-jt. ; *v.*

- Enveloppe du fruit *à bec net et à nervures très marquées* A, PA, R, V.
  - Enveloppe du fruit à *2 dents peu marquées* A, PA, presque globuleuse, de *3-4 mm. de longueur* environ [1/2 des fig. A et PA].  A PA
    - Tige à angles *peu aigus* AM ; enveloppe du fruit *jaunâtre,* à pointe étroite A, AP ; écailles des fleurs très aiguës ; 3-7 d.  AM  AP — **C. en ampoule** AC. *C. ampullacea Good.* prés humides, marais ; m.-jt. ; *v.*
    - Tige à angles *très aigus* PL ; enveloppe du fruit *verdâtre* à pointe courte PA, P ; écailles des fleurs en général peu aiguës ; 4-12 d.  PL  P — **C. des marais** TC (1). *C. paludosa Good.* endroits humides, eaux ; m.-jt. ; *v.*
  - Enveloppe du fruit à *2 dents très marquées* C, V, *de 6-8 mm. de longueur* environ [1/2 des fig. R et V].  R V
    - Enveloppe du fruit *à pointe courte* R, non renflée, brunâtre ; épis staminés assez larges RI ; écailles des fleurs à pointe très longue ; 4-12 d.  RI — **C. des rives** TC. *C. riparia Curt.* endroits humides, eaux ; m.-jt. ; *v.*
    - Enveloppe du fruit *à pointe longue* V, renflée, jaunâtre ; épis staminés étroits VE ; écailles des fleurs à pointe courte ; 4-9 d.  VE — **C. vésiculeux** C. *C. vesicaria L.* mares, étangs ; m.-jt. ; *v.*

OB. *ou verdâtres.*

- Écailles des fleurs pistillées au moins *10 fois plus longues que larges* PS ; à pointe ciliée ; épi staminé verdâtre ; 4-6 épis pistillés pendants PC ; 4-10 d.  PS  PC — **C. Faux-Souchet** AC. *C. pseudo-Cyperus L.* endroits humides ; m.-jt., *v.*

4 fois ges.

- Feuilles *poilues, surtout sur les gaines ;* enveloppe du fruit sans pointe, luisante, allongée ; épis penchés, ovales PA ; 2-5 d.  PA — **C. pâle** C. *C. pallescens L.* bois, prés ombreux ; m.-jt. ; *v.*

Voyez Album de la Nouvelle Flore, p. 158 et 159

Voyez Atlas des Plantes de France, pl. 363 A et 363 B

Un seul épi à étamines PC, SI,

- Épis staminés *blanchâtres*
  - Écailles *non ciliées*, 2 à *plus longues que lar-*
    - Feuilles *sans poils.*
      - Enveloppe du fruit d'environ 7 *mm. de longueur* [1/2 de la fig. D]; épi staminé court DE n'ayant que 3-9 fleurs; 3-7 d. — **C. appauvri** R. *C. depauperata Good.* bois; av.-j.; *v.*

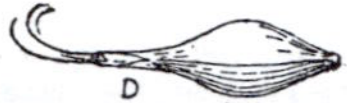
D

DE

      - Enveloppe du fruit d'environ *2 à 4 mm. de longueur* [1/2 des fig. ST, S].
        - Enveloppe du fruit *sans pointe* ST; à nervures de bas en haut; épis allongés, pendants; 4-9 d. — **C. maigre** TR. *C. strigosa Huds.* bois; m.-jt.; *v.*

ST

        - Enveloppe du fruit *à pointe allongée* S, sans nervures marquées vers le haut; épis allongés, pendants; 2-5 d. — **C. des bois** C. *C. silvatica Huds.* * bois; m.-jt.; *v.*

S

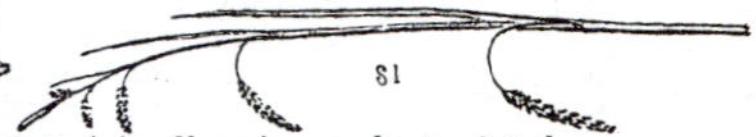
SI

- Épis staminés *bruns ou brunâtres.*
  - Enveloppe du fruit *sans pointe* PN, G, *ou à pointe 5 à 10 fois plus courte que l'enveloppe* O, DI.
    - Enveloppe du fruit *presque sans pointe* et presque *lisse* PN, G.
      - Épis *dressés;* enveloppe du fruit dépassant l'écaille; 2-4 d. — **C. Faux-Panicum** C. *C. panicea L.* bois, prés; m.-jt.; *v.*
      - Épis *à la fin penchés* [fig. GL en haut de la p. 168]; enveloppe du fruit égalant environ l'écaille. Voyez **C. glauque**, p. 168, en haut.

PN

G

    - Enveloppe du fruit *à pointe courte à 2 dents nettes* O, DI *et à nervures très marquées.*
      - Enveloppe du fruit *presque globuleuse* O; épis rapprochés OB; 1-3 d. — **C. à fruits lustrés** TR. *C. nitida Host.* prés sablonneux; av.-j.; *v.*

O

OB

      - Enveloppe du fruit *allongée* DI; épis écartés les uns des autres DS; 3-6 d. — **C. distant** C. *C. distans L.* * endroits humides; m.-jt.; *v.*

DI

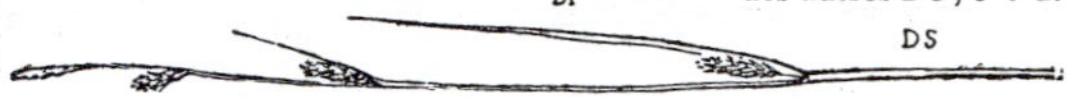
DS

  - Enveloppe du fruit *à pointe allongée.*
    - Écailles des fleurs *ciliées* au sommet MR; épis pistillés dressés, ovales, d'un vert clair; enveloppe du fruit à pointe bordée de cils raides; racines rougeâtres; 3-6 d. — **C. de Maire** AR. *C. Mairii Coss. et Germ.* endroits humides; m.-jt.; *v.*

MR

M

    - Écailles des fleurs non ciliées au sommet. — *Voyez p. 170.*

(1) Var. *Kochiana* DC., écailles des fleurs pistillées à longues pointes dépassant les fruits, AR.

Suite du tableau des espèces du genre Carex.

Gaine des feuilles *ayant au sommet deux languettes membraneuses* dont l'une est libre et courte, l'autre allongée et soudée à la gaine L ;

L

enveloppe du fruit ovale, allongée, à nervures visibles, à bec en deux pointes LŒ ; épis de fleurs pistillées verdâtres, allongés ; 4-10 d.

LŒ

C. lisse R.
C. lævigata Sm.
marais tourbeux des bois ; m.-jt. ; *v.*

Gaine des feuilles *n'ayant pas deux languettes* dont l'une libre et l'autre soudée.

- Bractées *renversees* F *ou étalées ;*

F

enveloppe du fruit jaunâtre renflée FL ; fruits étalés ou renversés ; 5-60 c.

FL

C. jaune TC.
C. flava L. (1)
endroits humides ; m.-jt. ; *v.*

- Bractées *dressées* FU ; enveloppe du fruit verdâtre, renflée ; fruits dressés, rarement quelques-uns étalés ; 3-6 d.

FU

C. fauve AC.
C. fulva Good.
prairies tourbeuses ; m.-jt. ; *v.*

GRAMINÉES. Les Graminées forment la plus grande partie de ce que l'on nomme ordinairement « l'herbe ». Un grand nombre de plantes de cette famille sont utilisées soit pour leurs graines (Céréales) comme le Froment, le Seigle, l'Orge, l'Avoine soit pour la plante entière qui sert à nourrir les animaux (Graminées fourragères). — La détermination des Graminées est en général assez difficile ; aussi sera-t-il bon de lire, avant de déterminer une plante de cette famille, les *indications* qui suivent :

Les fleurs des Graminées sont toujours groupées en petits épis que l'on nomme *épillets*. Les épillets sont à leur tour groupés en épis ou en grappes plus ou moins rameuses.

Un épillet qui contient plusieurs fleurs est, en général, constitué de la manière suivante (fig. N° 1). Sur la tige principale de l'inflorescence ou sur un rameau A, se trouve attaché le pédoncule de l'épillet P, qui porte à la base les deux bractées inférieures de l'épillet ; ces deux bractées G et G s'appellent les *glumes ;* elles ne portent pas de fleurs à leur aisselle. Au-dessus, insérées aussi sur l'axe *a* de l'épillet, se trouvent d'autres bractées I, I, qui n'ont pas généralement la même forme que les glumes ; elles portent à leur aisselle des fleurs reconnaissables à leurs étamines ou à leurs stigmates plumeux ; ce sont les *glumelles inférieures ;* chaque fleur F est ainsi comprise entre une glumelle inférieure I et une autre bractée S partant de l'axe même de la fleur et qu'on nomme *glumelle supérieure.* (Lorsqu'on parlera simplement de *glumelles,* dans ce qui va suivre, il s'agira toujours des glumelles inférieures.)

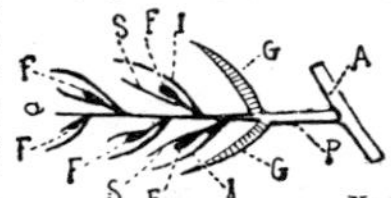

N° 1

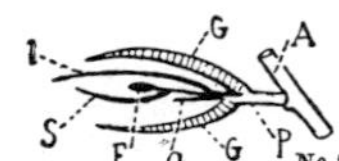

N° 2

Un épillet peut ne contenir qu'une seule fleur (fig. N° 2) avec ou sans la trace d'une seconde fleur avortée *a*. Les lettres de la figure N° 2, correspondant à celles de la fig. N° 1, indiquent comment est constitué un tel épillet.

La feuille des Graminées présente ordinairement une petite *languette* membraneuse à la jonction du limbe et de la gaine (fig. CA). Cette languette est souvent importante à considérer pour la détermination.

CA

Voyez Album de la Nouvelle Flore, p. 159

Feuilles *très larges* (au moins 6 c.) ; épis *de deux sortes*, les uns à fleurs staminées, les autres à fleurs pistillées. **1er GROUPE**, p. 172.

Plusieurs épis d'épillets *réunis au même point ou presque au même point* [exemples : A, D, SA].

2e GROUPE, p. 172.

Feuilles étroites et épis non réunis au même point.

Epillets *sans pédoncules ou à pédoncules très courts.*

Epillets attachés tous *directement* sur l'axe principal [exemples : VL, MO, RE, P].

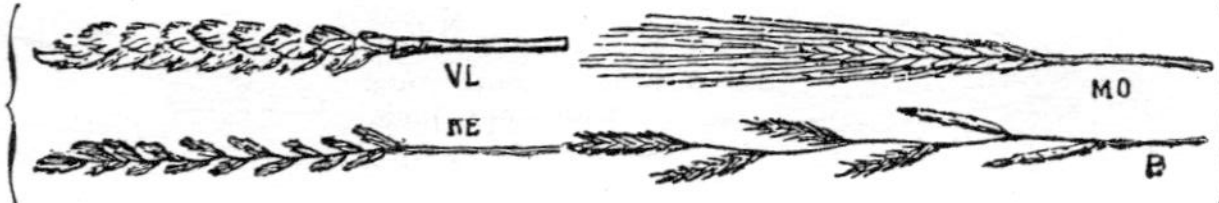

3e GROUPE, p. 172.

Epillets attachés *par groupes* sur l'axe principal [exemples : O, VI, OD, PB].

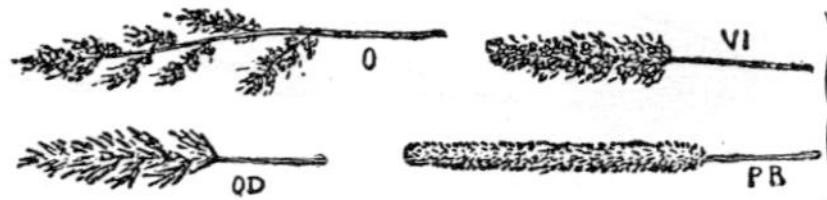

4e GROUPE, p. 174.

Epillets *sur des pédoncules plus ou moins allongés*, au moins ceux du bas de l'inflorescence [exemples : C, CA, etc.]

Glumes *longuement dépassées par l'ensemble des glumelles* [exemples : E, C, AR, M].

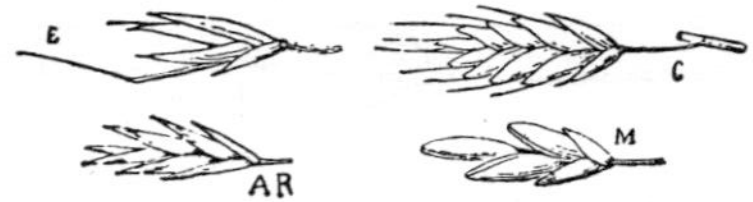

5e GROUPE, p. 175.

Glumes *non dépassées ou à peine dépassées par l'ensemble des glumelles* [exemples : LA, HM, CS, CA, C].

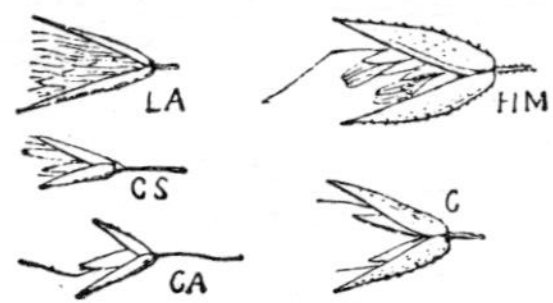

6e GROUPE, p. 177.

(1) 1° *Œderi* Ehrh., enveloppe du fruit à bec court, tres petit; fruits étalés mais non renversés; 2° var. *lepidocarpa* Tausch., épis petits; les écailles qui sont voisines des fruits sont brunes; tiges souvent rudes au sommet: AB,

1er GROUPE. — Voyez le genre **1. Zéa**. *Zea*. — p. 179.

2e GROUPE.

Glumes *couvertes de longs poils soyeux* I, A ; feuilles poilues, creusées en gouttière.

I

A

2. **Andropogon**, p. 179. *Andropogon.*

Glumes *sans longs poils soyeux ;* feuilles plates.

- Glumes *très inégales*, l'une développée (*g*, fig. S), l'autre presque avortée ;

S

rameaux fleuris allongés SA en ligne brisée; épillets sur de courts pédoncules.

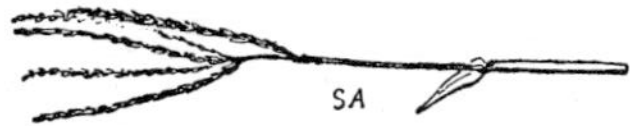

SA

3. **Digitaire**, p. 179. *Digitaria.*

- Glumes *presque égales* (*gg*, fig. C);

C

rameaux fleuris presque droits D ; épillets sans pédoncules.

D

4. **Cynodon**, p. 179. *Cynodon.*

3e GROUPE.

Plante de 3-10 c, M ; feuilles *arrondies au sommet* MI, MV.

MI

MV

M

5. **Mibora**, p. 179. *Mibora.*

sommet.

Feuilles *très étroites*, enroulées sur les bords, au moins lorsqu'elles sont sèches.

- Épillet à *une seule fleur* NS, sans pédoncule;

NS

épillets ordinairement bleuâtres, sans glumes, tous disposés du même côté N.

N

6. **Nard**, p. 179. *Nardus.*

- Épillet à *3-8 fleurs* T, à très court pédoncule ;

T

épillets verdâtres, à 2 glumes T, disposés sur des pédoncules très courts, à peu près égaux L, TE.

L

TE

7. **Nardure**, p. 179. *Nardurus.*

Plante de *plus de 10 c.*, *à feuilles aiguës au*

Feuilles *plates*, *non très étroites.*

- Épillets *se recouvrant étroitement les uns les autres* V, VL, S, E, M.
  - Glumes *larges ventrues* VU, TT ou coupées au sommet TM ;

    épillets aussi larges ou presque aussi larges que longs V, VL.

    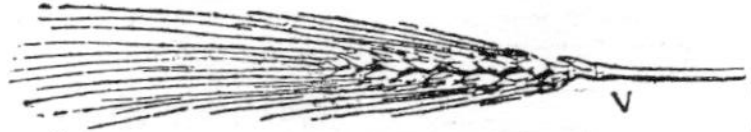

    → 8. **Froment**, p. 180. *Triticum.*
  - Glumes *allongées* G, SE.
    - *Un seul épillet sur chaque dent de l'axe* C, S ; glumelles bordées de poils très raides C.

      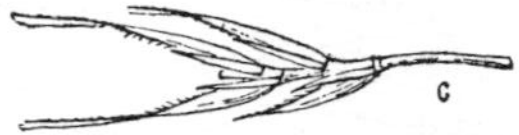

      → 9. **Seigle**, p. 180. *Secale.*
    - *Plusieurs épillets sur chaque dent de l'axe* SE (fig. E, M).

      → 10. **Orge**, p. 180. *Hordeum.*
- Epillets *ne se recouvrant pas très étroitement les uns les autres.*
  - *Une seule glume* (*g*, fig. LT, LP) ; fruit terminé par un prolongement blanc, sans poils.

    → 11. **Ivraie**, p. 181. *Lolium.*
  - *Deux glumes* à la base de chaque épillet (PI à droite ; R, C, G).
    - Épillets *avec un très court pédoncule* PI, au moins les inférieurs.

      → 12. **Brachypode**, p. 181. *Brachypodium.*
    - Épillets *sans aucun pédoncule.*
      - Glumelles à *arête droite et placée au sommet* C, R ; glumes presque égales C, R (exemple : fig. RE).

        → 13. **Chiendent**, p. 181. *Agropyrum.*
      - Glumelles à *arête coudée et placée sur le dos de la glumelle* G ; glumes très inégales *gg*.

        → 14. **Gaudinia**, p. 181. *Gaudinia.*

4e GROUPE.

Glumelles *couvertes de pointes crochues* T; épillets disposés par 2 à 4 (fig. RA).

15. **Bardanette**, p. 181. *Tragus.*

melles *non couvertes de pointes crochues.*

- Epillets *réunis en une seule masse compacte* VI, OD, AA.
  - Feuilles *arrondies à l'extrémité;* épillets ordinairement bleuâtres, en groupes serrés CŒ, à deux fleurs développées SC.

16. **Sesléria**, p. 181. *Sesleria.*

  - Feuilles *pointues à l'extrémité.*
    - Epillets courts, *entourés de bractées en forme de fils rudes* GL, SV; glumes très inégales.

17. **Sétaire**, p. 182. *Setaria.*

    - Epillets *non entourés de fils rudes.*
      - *Languette de la feuille remplacée par un rang de poils* A; glumes inégales; tige presque entièrement couverte par les gaines des feuilles.

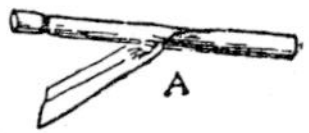

18. **Crypsis**, p. 182. *Crypsis.*

      - Languette de la feuille *non remplacée par un rang de poils.*
        - Epillets *non très rapprochés sur l'axe* OD; glumes *très inégales* (*gg*, fig. AO); plante à racines odorantes; épillets devenant jaunâtres.

19. **Flouve**, p. 182. *Anthoxanthum.*

        - Epillets *très rapprochés de l'axe* AR, PA, AA; glumes égales ou presque égales AS, P, AG, G, AP; racines sans odeur.

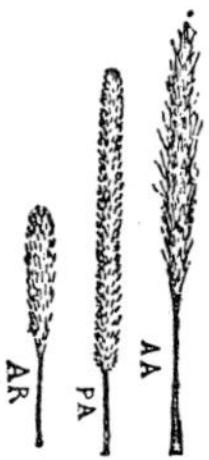

          - Glumes *séparées l'une de l'autre jusqu'à la base* AS, P; deux glumelles développées.

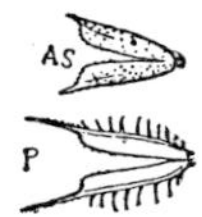

20. **Phléole**, p. 182. *Phleum.*

          - Glumes *soudées entre elles* dans leur tiers inférieur AP, AG ou seulement à la base G; une seule glumelle développée.

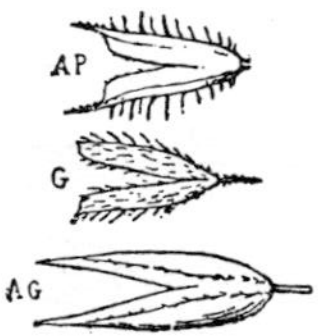

21. **Vulpin** p. 183. *Alopecurus.*

Glu- (suite)

- Epillets *non réunis en une seule masse compacte ;* inflorescence à rameaux inférieurs espacés et assez allongés SC, O.
  - Glumes et glumelles pointues mais *sans longues arêtes* SC, RI , épillets à 5-10 fleurs.

    22. **Scléropoa**, p. 183. *Scleropoa.*
  - Glumes et glumelles *à longues arêtes* O, CG ; épillets à 2 fleurs.

    23. **Oplismène**, p. 183. *Oplismenus*

5e GROUPE.

- *Glumelles à arête attachée tout à fait sur le dos* S, FV, PU.
  - *Glumes de moins de 4 mm.* FV ; ovaire sans poils.

    27. **Trisète**, p. 183. *Trisetum.*
  - *Glumes de plus de 7 mm.* (fig. S, grandeur naturelle), fig. PU ; ovaire poilu au sommet.

    28. **Avoine**, p. 184. *Avena.*

- *Glumelles sans arête ou à arête située au sommet ou très près du sommet.*
  - Languette de la feuille *remplacée par une ligne de poils* [exemple : D].

    - Glumelle inférieure *à trois dents* DE ;

      inflorescence verte à épillets peu nombreux DD.

      26. **Danthonia**, p. 183. *Danthonia.*
    - Glumelle inférieure *entière ;* inflorescence ordinairement violacée, à épillets nombreux C, ER.
      - Fleurs entourées de longs poils C ; plante de 1-2 m. à inflorescence en plumet.

        24. **Phragmitès**, p. 183. *Phragmites.*
      - Fleurs *non entourées de longs poils.*
        - Epillets à *1-3 fleurs développées* M.

          38. **Molinia**, p. 188. *Molinia.*
        - Epillets ordinairement à *8-20 fleurs* EP.

          25. **Eragrostis**, p. 183. *Eragrostis.*
  - Languette de la feuille membraneuse, *non remplacée par une ligne de poils.* (*Voyez p. 176.*)

Suite du tableau des genres de Graminées (5e Groupe).

Glumelle à arête située *un peu au-dessous du sommet* C, S.

29. **Brome**, p. 184. *Bromus.*

sans arête ou à arête située tout à fait au sommet.

Pédoncules de l'épillet moins longs que l'épillet; *épillets disposés en masses compactes ou en grappe allongée,* tous tournés du même côté de l'inflorescence K, CC, D.

- Epillets *disposés en grappe allongée* CC; feuilles très étroites, presque lisses.

32. **Cynosure**, p. 187. *Cynosurus.*

- Epillets disposés *en masses compactes* D; feuilles rudes.

33. **Dactyle**, p. 187. *Dactylis.*

ordinairement plus longs que l'épillet ; *masses compactes, isolés les uns des autres.*

Epillets *plus larges que longs* B, presque en cœur, très écartés les uns des autres ME.

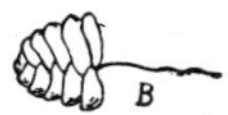

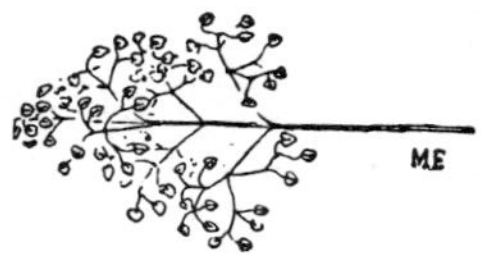

34. **Briza**, p. 187. *Briza.*

que larges.

Glumelle à arête *au moins aussi longue qu'elle* V, BR.

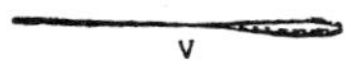

36. **Vulpia**, p. 188. *Vulpia.*

ou à arête qu'elle.

Glumelles sans arête, *arrondies sur le dos et arrondies ou comme coupées au sommet ;* 2 glumes membraneuses et très inégales ; *plante aquatique* [exemples d'épillets : F, A].

37. **Glycérie**, p. 188. *Glyceria.*

Glumelles | Pédoncules des épillets *épillets non rapprochés en* | Épillets *plus longs* | Glumelle *sans arête moins longue*

Glumelles *n'étant pas à la fois arrondies sur le dos et au sommet.*

Glumelles *arrondies sur le dos et très pointues ou munies d'une arête au sommet ;* glumes inégales [exemples : O, H, RU, AR].

35. **Fétuque**, p. 187. *Festuca.*

Glumelles *à angle sur le dos et peu pointues, sans arêtes ;* glumes peu inégales [exemples : A, PR].

31. **Paturin**, p. 186. *Poa.*

6e GROUPE.

Glumes *grandes* (O, P, grandeur naturelle) ; glumelles à arête sur le dos S, F.

- Languette de la feuille remplacée par une ligne de poils. Voy. 26. **Danthonia**, p. 175.
- Languette de la feuille membraneuse.

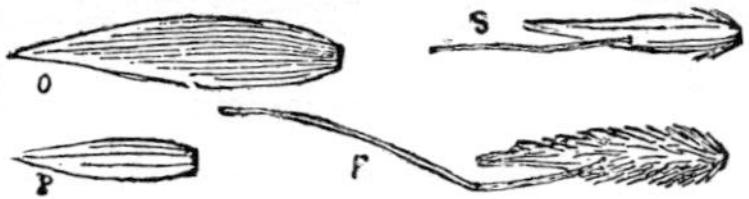

Voy. 28. **Avoine**, p. 184.

Glumes *petites, de moins de 3 mm. de largeur.*

Feuilles à nervures *contournées* AA ;

plante aquatique à fleurs petites AG ; épillet à 2 fleurs dont l'une pédonculée.

40. **Airopsis**, p. 188. *Airopsis.*

Feuilles à nervures *non contournées* C.

Glumelles *de 2 mm. au plus* de longueur.

Languette de la feuille à dents aiguës sur le côté CE ; glumelles à arêtes courtes CS, sur le dos.

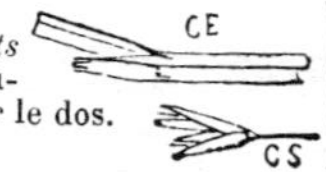

Voy. **Canche**, p. 190.

Languette de la feuille sans dents aiguës sur le côté ; glumelles à arêtes ordinairement longues, sur le dos AL, CA, I, ou sans arêtes.

41. **Agrostis**, p. 188. *Agrostis.*

Glumelles de *plus de 2 mm.* de longueur. (*Voyez p. 178.*)

Suite du tableau des genres de Graminées (6e groupe).

- **Glumelles *sans arêtes*.**
  - Rameaux de l'inflorescence *très tordus* L ; épillets *sans glumes*, à 2 glumelles très poilues O.   — 42. **Léersia**, p. 189. *Leersia.*
  - Rameaux peu ou pas tordus ; épillets *ayant des glumes.*
    - Feuilles *arrondies au sommet* CA ; glumelle à 3 nervures.  — 39. **Catabrosa**, p. 188. *Catabrosa.*
    - Feuilles *aiguës au sommet.*
      - Axe de l'inflorescence *poilu* ; glumes à 1-3 nervures ; inflorescence serrée K ; épillets à 2-7 fleurs.  — 30. **Kœléria**, p. 186. *Kœleria.*
      - Axe de l'inflorescence *sans poils ou presque sans poils.*
        - Glumelles *de 3 à 4 mm. de longueur.*
          - Epillets *écartés les uns des autres* MI.  — 43. **Millet**, p. 189. *Milium.*
          - Epillets *rapprochés en groupes compactes* P.  — 44. **Baldingère**, p. 189. *Baldingera.*
        - Glumelles de *5 à 7 mm.* de longueur ; épillets en grappe allongée. — 45. **Mélique**, p. 189. *Melica.*
- **Glumelles *à arêtes*.**
  - Arête *très longue*, plumeuse et tordue à sa partie inférieure ST.  — 46. **Stipa**, p. 189. *Stipa.*
  - Arête *non plumeuse.*
    - Glumelles *entremêlées de longs poils* E, LA ; glumelles d'environ 6 mm. de longueur ; 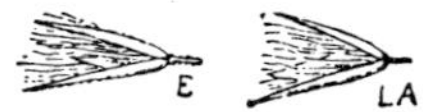 — 47. **Calamagrostis**, p. 189. *Calamagrostis,*
    - Glumelles *non entremêlées de longs poils* ; glumelles de 5 mm. au plus.
      - *Gaines des feuilles poilues* LN ; glumelles à arête courbe [exemple : HL]. 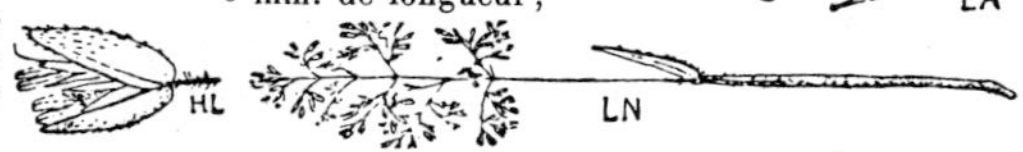 — 48. **Houque**, p. 190. *Holcus.*
      - *Gaines des feuilles sans poils* ; glumelles à arête droite vers le haut [exemples : CA, CS, P, F].   — 49. **Canche**, p. 190. *Aira.*

Voyez Album de la Nouvelle Flore, p. 159 et 160
Voyez Atlas des Plantes de France, pl. 365 et 370 B

1. **Zéa**. *Zea*. — Inflorescences à étamines, vers le haut de la plante; inflorescences à pistil, vers le bas, enveloppées par les gaines des feuilles ; 8-20 d. — **Z. Maïs** (*Cult.*) *Z. Mays L.* ✠* cultivé ; j.-s. ; *a.*

2. **Andropogon**. *Andropogon*. — (fig. I, A, p. 172). Feuilles poilues; tiges à nœuds d'un rouge violacé; glumes d'un rose violet, striées ; arêtes rousses ; 4-8 d. [Brossière.] — **A. Ischème** AR. *A. Ischæmum L.* ✠ prés, coteaux ; jt.-o. ; *v.*

3. **Digitaire**. *Digitaria*. —

Feuilles *poilues sur les faces et sur la gaine* DS (fig. S, SA, p. 172);

DS

glume supérieure moins large que la glumelle ; 1-5 d. — **D. sanguine** TC. *D. sanguinalis Scop.** endroits incultes, chemins ; jt.-o. ; *a.*

Feuilles *poilues seulement au sommet de la gaine* F;

F

glume supérieure aussi large que la glumelle ; 1-5 d. — **D. filiforme** AC. *D. filiformis Kœl.* champs, sables ; jt.-o. ; *a.*

4. **Cynodon**. *Cynodon*. — (fig. C, D, p. 172). Feuilles souvent poilues en dessous; tiges produisant, vers leur base, des rameaux à écailles courtes ; inflorescence ordinairement violette ; 2-5 d. [Chiendent.] — **C. Dactyle** C. *C. Dactylon Rich.* ✠ endroits incultes, grèves ; jt.-o. ; *v.*

5. **Mibora**. *Mibora*. — (fig. MI, MV, M, p. 172). Tiges en petites touffes ; feuilles courtes ; inflorescence ordinairement d'un rouge violacé, parfois verdâtre ; 4-10 c. — **M. du printemps** C. *M. verna Adans.* sables, murs ; ms.-m. ; *a.*

6. **Nard**. *Nardus*. — (fig. NS, N, p. 172). Tiges raides ; feuilles presque toutes à la base ; plante sans poils ; épillets ordinairement bleuâtres, disposés en un épi simple et grêle ; 1-4 d. — **N. raide** R. *N. stricta L.* prés tourbeux, coteaux ; m.-jt. ; *v.*

7. **Nardure**. *Nardurus*. —

Epillets *disposés tous d'un même côté* TE;

TE

glume supérieure *aiguë;* glumelles très aiguës; parfois inflorescence rameuse; 8-15 c. — **N. délicat** C. (1) *N. tenellus Rchb.* endroits incultes, rochers ; m.-jt. ; *a.*

Epillets *disposés à droite et à gauche* L;

L

glume supérieure *obtuse ;* glumelles peu aiguës; parfois inflorescence rameuse; 1-3 d. — **N. de Lachenal** TR. (2) *N. Lachenalii Godr.* sables, coteaux ; m.-jt. ; *a.*

(1) Var. *aristatus*, glumelles à arêtes. — (2) Var. *aristatus*, glumelles à arêtes.

Voyez Album de la Nouvelle Flore, p. 160
Voyez Atlas des Plantes de France, pl. 386 A, 389, 390 et 391 A

8. Froment. *Triticum.* —

Glume *à 3 pointes au sommet* TM ;

TM
épi un peu aplati, à épillets nettement sur 2 rangs opposés MO, à axe fragile ; languettes des feuilles très courtes ; 6-9 d. [Locular, Petit-Épeautre.]

MO
F. à fruit adhérent (*Cult.*).
T. monococcum L. ✠
rarement cultivé ; j.-jt. ; *a* ou *b*.

Glume à *une seule pointe* VU, TT.

- Glume à *angle sur le dos peu saillant* à la base, lisse VU ;

VU
tige creuse dans toute

VG

TV
sa longueur ; glumelles avec arêtes TV ou sans arêtes VG ; 7-12 d. [Blé, Froment.] (Voy. fig. V, VL, p. 173.)
F. cultivé (*Cult.*).
T. sativum Lam. ✠*
cultivé ; j.-at. ; *a* ou *b*.

- Glume presque *ailée* sur le dos, ordinairement velue TT ;

TT
tige pleine, au moins dans sa partie supérieure ; glumelles à longues arêtes ou non. [Gros-Blé, Poulard.]
F. renflé (*Cult.*).
T. turgidum L. ✠*
cultivé ; j.-jt. ; *a*.

9. Seigle. *Secale.* — (fig. C, S, p. 173). Épi souvent penché ; glumes étroites, terminées en pointe ; glumelles ciliées sur le dos, se prolongeant en une longue arête ; 8-12 d.
S. céréale (*Cult.*).
S. cereale L. ✠*
cultivé ; m.-j. ; *a* ou *b*.

10. Orge. *Hordeum.* —

Gaines des feuilles *lisses ;* plantes annuelles.

- Tige *droite, de 6-10 d. ;* glumes égales ; épi à 4 ou 6 angles saillants, épais V. [Escourgeon.]
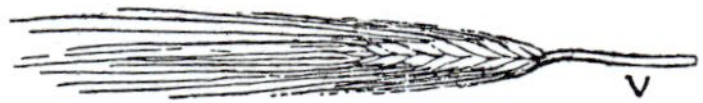
V
O. commune (*Cult.*) (1*).
H. vulgare L. ✠*
cultivé ; j.-at. ; *a* ou *b*.

- Tige *couchée à la base, puis redressée, de 2-4 d. ;* glumes inégales.

M
O. des Rats TC.
H. murinum L.
champs, chemins ; m.-s. ; *a* ou *b*.

Gaines des feuilles *velues*, au moins celles des feuilles de la base ; plantes vivaces à tiges souterraines développées.

- Gaines des feuilles *très velues à la base du limbe*, à poils réfléchis EU ; épi cylindrique ;

EU

E
non aplati E ; feuilles assez larges d'un vert peu foncé ; 5-10 d.
O. d'Europe TR.
H. europæum All.
bois, forêts ; j.-jt. ; *v*.

- Gaines des feuilles *assez uniformément velues ;* épi un peu aplati ; feuilles étroites ; 4-8 d.
O. Faux-Seigle C.
H. secalinum Schreb.
prés ; j.-jt. ; *v*.

Voyez Album de la Nouvelle Flore, p. 160 et 161
Voyez Atlas des Plantes de France, pl. 369 A, 386 B, 387, 388 B et 392

11. Ivraie. *Lolium*. —

- Glume *plus courte* que l'épillet (*g*, fig. LP); fleurs sans arêtes (LP, PE), ou avec arêtes;

  LP

  PE
  - Feuilles *plates;* plante annuelle sans rameaux feuillés à la base; épillets *arrondis au sommet;* 3-5 d. — **I. du Lin** R. *L. linicolum Sond.* champs de lin; j.-jt.; *v.*
  - Feuilles *pliées en long ou enroulées* lorsqu'elles sont jeunes; épillets non arrondis au sommet LP; 1-15 d. [Ray-grass.] — **I. vivace** TC (2). *L. perenne L.* ✠ * prés; m.-s.; *a*, *b* ou *v*.
- Glume *plus longue* que l'épillet (*g*, fig. LT);

  LT
  fleurs avec arêtes, feuilles plates; 5-9 d. [Ivraie.] — **I. enivrante** AC (3). *L. temulentum L.* champs, chemins; j.-jt.; *a.*

12. Brachypode. *Brachypodium*. —

- Arêtes *plus longues que les glumelles;* inflorescence souvent penchée S; épillet à 5-10 fleurs; 5-10 d.

  S
  — **B. des bois** C. *B. silvaticum R et S.* bois, buissons; j.-at.; *v.*
- Arêtes *plus courtes que les glumelles;* inflorescence dressée P; épillet à 8-25 fleurs; 3-7 d.

  P
  — **B. penné** C. *B. pinnatum P. B.* bois, prés; j.-at.; *v.*

13. Chiendent *Agropyrum*. —

- Arêtes ordinairement *plus courtes que les glumelles* R; tige souterraine *horizontale, très allongée;*

  R
  feuilles à nervures *écartées;* glumelles aiguës R; glumes égales aux 2/3 de l'épillet R, RE; 5-10 d.

  RE
  — **C. rampant** TC. (4) *A. repens P. B.* ✠ * champs, chemins; j.-jt.; *v.*
- Arêtes *plus longues que les glumelles* C, CA;

  C
  feuilles rudes sur les deux faces; *tige souterraine courte;* 5-10 d.

  CA
  — **C. des Chiens** C. *A. caninum R. et S.* bois, buissons; j.-jt.; *v.*

14. Gaudinia. *Gaudinia*. — (fig. G, p. 173), Glumes membraneuses, l'inférieure aiguë, la supérieure obtuse; glumelle à arête tordue; feuilles velues; 3-6 d. — **G. fragile** R. *G. fragilis P. B.* chemins, prés; j.-jt.; *a.*

15. Bardanette. *Tragus*. — (fig. RA, T, p. 174). Feuilles courtes bordées de cils raides surtout à leur base; tiges ordinairement couchées; gaines renflées; 1-2 d. — **B. rameuse** R. *T. racemosus Hall.* sables; jt.-o.; *a.*

16. Sesléria. *Sesleria*. — (fig. SC, CŒ, p. 174). Tige presque sans feuilles au sommet; épillets ordinairement bleuâtres; feuilles à gaine non fendue; 2-5 d. — **S. bleue** R. *S. cærulea Ard.* * prés, rochers, prés arides; ms.-m.: *v.*

---

(1) L'*H. hexastichum* L. * ✠ [Orge carrée] à épillets sur 6 rangs tous égaux à la maturité et l'*H. distichum* L. * ✠ [Paumelle] à épi comprimé, à épillets disposés sur 6 rangs dont 2 plus saillants, sont parfois cultivés. — (2) 1° Var. *italicum* A. Br. ✠ [Ray-grass d'Italie] feuilles jeunes enroulées sur les bords; épillets très écartés de l'axe au moment de la floraison; plante vivace, AC; 2° Var. *multiflorum* Lam., plante annuelle sans rameaux feuillés non fleuris, à glume égalant environ le tiers de l'épillet, à épillets écartés de l'axe au moment de la floraison, AR. — (3) Var. *speciosum* Koch., épillets à 6-8 fleurs à arête courte, AC. — (4) Var. *campestre* G. G. feuilles à nervures très rapprochées les unes des autres; glumelles peu aiguës; glumes égales à la 1/2 de l'épillet, AR.

17. Sétaire. *Setaria.* —

Bractées en arête *ayant les poils dirigés en bas* VE;

VE
épi *rude au toucher*; glume supérieure égalant environ la glumelle de la fleur stamino-pistillée; feuilles rudes aux bords et en dessus; 3-7 d. — **S. verticillée** TC. *S. verticillata P. B.* * champs, chemins; jt.-o.; *a.*

Bractées en arête *ayant les poils dirigés en haut* SV.
- Bractées d un *jaune roux*, glumelle *ridée en travers* GL

GL
glume supérieure plus courte que la glumelle de la fleur stamino-pistillée; 1-5 d. — **S. glauque** AR. *S. glauca P. B.* champs, chemins; jt.-o.; *a.*
- Bractées *vertes ou rougeâtres*, glumelle presque lisse SV;
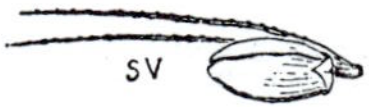
SV
glume supérieure égalant environ la glumelle de la fleur stamino-pistillée; 1-7 d.

VI
— **S. verte** TC. *S. viridis P. B.* champs, chemins; jt.-o.; *a.*

18. Crypsis. *Crypsis.* — (fig. A, p. 174). Inflorescence souvent d'un brun noir; glumes rudes sur le dos; feuilles rudes sur les deux faces; 4-35 c. — **C. Faux-Vulpin** TR. *C. alopecuroides Schrad.* bord des eaux, at.-n.; *a.*

19. Flouve. *Anthoxanthum.* — (fig. AO, OD, p. 174). Feuilles ciliées au haut de la gaine; glumes membraneuses aux bords; la seule fleur développée à 2 étamines; 1-6 d. — **F. odorante** TC. *A. odoratum L.* ✠* prés, bois; m.-j.; *v.*

20. Phléole. *Phleum.* —

Glumes portant de petits tubercules *sans longs cils sur le dos* AS;

AS
gaine de la feuille supérieure un peu renflée; inflorescence d'un vert glauque, allongée; 1-6 d.
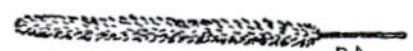
PA
— **P. rude** TR. *P. asperum Jacq.* coteaux, j.-at.; *a.*

Glumes à longs cils sur le dos PB, P, AN.
- Inflorescence souvent assez allongée B; *glumes à fins tubercules* à pointe égalant environ 1/6 de leur longueur PB; inflorescence souvent rosée ou d'un vert jaunâtre; 2-6 d.

PB

B
— **P. de Bœhmer** C. *P. Bœhmeri Wib.* coteaux, bois; j.-at.; *v.*
- Inflorescence courte PP, AR, d'environ 1-4 c., *glumes lisses.*
  - Glumes à pointe égalant environ 1/3 de leur longueur P;
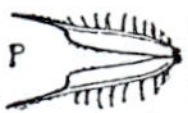
P
épillets insérés presque directement sur l'axe de l'inflorescence.

PP
— **P. des prés** TC. *P. pratense L* (1). * prés, champs, chemins; j.-at.; *v.*
  - Glumes à pointe très courte AN;

AN
épillets insérés par groupes.

AR
— **P. des sables** AR. *P. arenarium L.* bois, chemins; j.-at.; *a.*

Voyez Album de la Nouvelle Flore, p. 161
Voyez Atlas des Plantes de France, pl. 366 B, 367 et 369 B

Voyez Album de la Nouvelle Flore, p. 162
Voyez Atlas des Plantes de France, pl. 368 A, 368 B, 371, 376 B et 382

21. **Vulpin**. *Alopecurus*. —

Glumes *obtuses*, *soudées seulement à la base* G, G  tige couchée puis redressée au sommet GE; plante aquatique; 3-8 d.  GE — **V. genouillé** C. *A. geniculatus L* (2).✱ fossés, étangs; m.-at.; *v*.

Glumes *aiguës* soudées dans leur 1/4 ou leur 1/3 inférieur AP, AG.
- Glumes *à longs cils* AP; AP  inflorescence arrondie aux deux bouts PR; 5-8 d.  PR — **V. des prés** TC. *A. pratensis L.*✱ prés; av.-jt.; *v*.
- Glumes *sans longs cils* AG; AG  inflorescence en pointe aux deux bouts AA; 2-7 d.  AA — **V. des champs** TC. *A. agrestis L.* fossés, champs; av.-at.; *a*.

22. **Scléropoa**. *Scleropoa*. — (fig. SC, RI, p. 175). Inflorescence verdâtre, rarement violette, à rameaux presque à trois angles; tiges nombreuses, en touffe; 5-20 c. — **S. raide** AC. *S. rigida Griseb.* coteaux, rochers, murs; j.-t.; *a*.

23. **Oplisméne**. *Oplismenus*. — (fig. O, CG, p. 175). Feuilles à gaines aplaties; à limbe souvent rude sur les bords; à languette non développée.; 2-8 d. — **O. Pied-de-Coq** C. *O. Crus-Galli Kunth.* champs, chemins; jt.-n.; *a* ou *b*.

24. **Phragmites**. *Phragmites*. — (fig. C, p. 175). Inflorescence violacée, rarement jaunâtre, à la fin penchée, à rameaux poilus à leurs points d'attache; 1-2 m. [Roseau-à-balais.] — **P. commun** TC. *P. communis Trin.* ✠✱ fossés, marais, rivières; at.-s.; *v*.

25. **Éragrostis**. *Eragrostis*. — (fig. EP, ER, p. 175). Rameaux de l'inflorescence isolés ou par deux; tiges en touffe, plante à mauvaise odeur; 1-5 d. — **E. commune** TR. *E. vulgaris Coss. et Germ.* (3) berges, villages; j.-s.; *a*.

26. **Danthonia**. *Danthonia*. — (fig. DE, DD, p. 175). Feuilles et gaines poilues; épillets assez gros, verdâtres; tiges portant ordinairement des feuilles jusqu'en haut; 1-6 d. — **D. décombante** C. *D. decumbens DC.*✱ prés, bruyères, bois, j.-at.; *v*.

27. **Trisète**. *Trisetum*. — (fig. FV, FL, p. 175). Feuilles plates; épillets luisants, jaunâtres rarement violets, à 2-3 fleurs, disposés en grappe composée; 4-8 d. — **T. jaunâtre** C. *T. flavescens P. B.*✱ prés, talus; j.-jt.; *v*.

(1) Var. *nodosum* L., tige renflée en bulbe à la base; épi plus court, C. — (2) Var. *fulvus* Sm., arête ne dépassant pas les glumes, inflorescence d'un vert glauque, R. — (3) L'*E. pilosa* P. B., à rameaux de la base de l'inflorescence par 4 ou 5, à glumelles aiguës, a été rarement observé, TR.

Voyez Album de la Nouvelle Flore, p. 162 et 163
Voyez Atlas des Plantes de France, pl. 374 A, 374 B, 375 A, 375 B et 376 A

28. Avoine. *Avena.* —

- Épillets *pendants* [exemple fig. SA] ; glumes plus grandes en général que le reste de l'épillet.
  - Glumes à *9-11 nervures* visibles O ;

    épillets tous rejetés presque d'un même côté ; glumelle à arête *non tordue sur elle-même.* [Avoine-de-Hongrie.] — **A. d'Orient** (*Cult.*). *A. orientalis Schreb.* ✠* cultivé ; j.-at. ; *a.*
  - Glumes à *7-9 nervures* visibles ; épillets non tous rejetés d'un côté ; arêtes de la glumelle *tordue à la base* F.
    - Glumelles *lisses* S, ayant seulement quelques poils à la base ; 5-12 d. [Avoine.]

      A. cultivée (*Cult.*). *A. sativa L.* ✠* cultivé ; jt.-at. ; *a.*
    - Glumelle *portant de longs poils* roux F ;

      glumelles se détachant très facilement à la maturité ; 6-10 d. — **A. folle** AC. *A. fatua L.* prés, champs ; j.-jt. ; *a.*
- Épillets *non pendants* [exemple fig. EL] ; glumes égales au reste de l'épillet ou plus longues.
  - Glume inférieure à *3 nervures* P ;

    feuilles et gaines sans poils ; rameaux inférieurs de l'inflorescence isolés ou par deux ; 5-10 d. — **A. des prés** AC. *A. pratensis L.* * prés secs, rochers ; bois ; j.-jt. ; *v.*
  - Glume inférieure à *1 nervure.*
    - Épillet à *3-4 fleurs* PU ;

      feuilles inférieures ayant des poils sur les deux faces ; épillets souvent rougeâtres argentés ; 5-10 d. — **A. pubescente** C. *A. pubescens L.* * prés secs, rochers, bois : m.-j. ; *v.*
    - Épillet à *2 fleurs* E ; épillets d'un vert blanchâtre brillant, parfois violacés ; gaines sans poils ; 8-12 d. [Fenasse].

      A. élevée TC. *A. elatior L* (1). * prés, chemins, bois ; j.-jt. ; *v.*

29. Brome. *Bromus.* —

- Plante ayant *en général 1 à 2 mètres ;* feuilles d'un vert assez foncé *presque sans poils*, souvent renversées au sommet ; épillets à 5-9 fleurs, quelquefois moins G ; tiges sans poils ; plante vivace.

  B. géant AR. *B. giganteus L.* endroits ombragés ; j.-at. ; *v.*
- *plus longue que le G, S, T.* *2-8 d. des poils faces.*
  - Tige *sans poils au sommet ;*

    épillets sans poils S ; inflorescence penchée au sommet ; 3-8 d. — **B. stérile** TC. *B. sterilis L.* chemins, champs, murs ; m.-s. ; *a.*

Voyez Album de la Nouvelle Flore, p. 163

Voyez Atlas des Plantes de France, pl. 385 A et 385 B

- Arête *beaucoup* la glumel-[le] ...
  - Plante de *à feuilles ayant sur les deux* ...
    - Tige *poilue au sommet;* épillets ordinairement velus T, rarement sans poils; inflorescence à épillets tout à fait pendants TE; 2-7 d. — **B. des toits** TC. *B. tectorum L.* ✱ chemins, champs, murs; m.-j.; *a.*

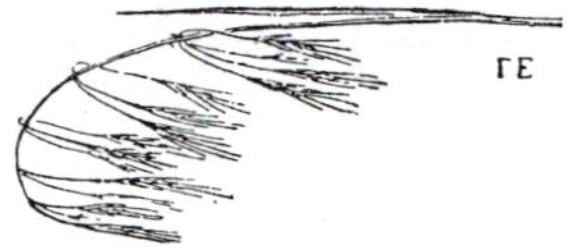

- Arête *égale à la glumelle ou plus courte* E, SE, M, C, A.
  - Glumes environ *6 fois plus longues que larges;* glumelles *anguleuses sur le dos;* épillets allongés E.
    - Inflorescence à rameaux *dressés;* feuilles inférieures plus étroites que les autres; gaines plus ou moins poilues ER; 5-10 d. — **B. dressé** C. *B. erectus Huds.* prés, bois, sables; m.-j. et s.-n.; *v.*
    - Inflorescence à rameaux *pendants;* feuilles toutes de même forme, étroites; gaines inférieures à poils plus ou moins renversés A; 7-12 d. — **B. rude** C. *B. asper Murr.* prés, buissons, bois; j.-jt.; *v.*

  - Glumes environ *3-4 fois plus longues que larges;* glumelles *arrondies sur le dos;* épillets peu allongés M, SE, C, A.
    - Épillets à glumelles *écartées les unes des autres à la maturité;* glumes à peu près égales; tiges sans poils au sommet, dures à la base; 3-10 d. — **B. Faux-Seigle** C. *B. secalinus L.* champs, prés; m.-jt.; *a.*

    - Épillets à glumelles *se recouvrant, même à la maturité.*
      - Épillets *couverts de poils fins* M, inflorescence à rameaux *à la fin dressés* MO; glumelles se recouvrant par les bords, même lorsque l'épillet est mûr; 2-8 d. — **B. mou** TC. *B. mollis L.* champs, prés, chemins; m.-jt.; *a.*

      - Épillets *sans poils* ou presque sans poils [très rarement poilus et alors rameaux très longs A].
        - Épillets sur des rameaux *à peine plus longs qu'eux;* 3-8 d. — **B. rameux** C (2). *B. racemosus L.* champs, prés, chemins; m.-jt.; *a.*
        - Épillets *sur des rameaux très allongés* A; rameaux très étalés après la floraison; 3-10 d. — **B. des champs** C. *B. arvensis L.* ✱ champs, prés, chemins; j.-jt.; *a.*

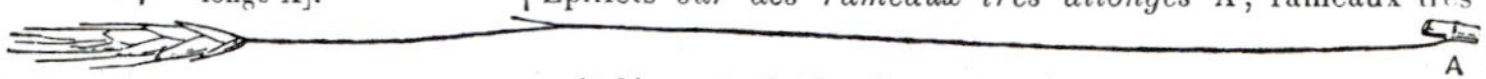

(1) Var. *precatoria* Thuill., tige à 2 ou 3 tubercules à la base, C. — (2) Var. *commutatus* Schrad., épillets penchés; glumelles à bords anguleux vers le milieu, TR.

30. **Kœléria.** *Kœleria.* — (fig. K, p. 176).

Gaines desséchées des anciennes feuilles *ne formant pas une sorte de filet* à la base de la tige CR ; feuilles ordinairement poilues ; 2-6 d.

CR

K. à crêtes TC.
K. cristata Pers. *
prés, coteaux, bois ; j.-jt ; *v.*

Gaines desséchées des anciennes feuilles *formant à la base de la tige une sorte de filet* à fils contournés S ; feuilles ordinairement sans poils ; 2-6 d.

S

K. du Valais R.
K. valesiaca Gaud.
coteaux ; j.-jt ; *v.*

31. **Paturin.** *Poa.* —

Tige *épaissie en bulbe à la base* BU ; languette de la feuille *aiguë* BL ; fleurs étalées PB, souvent transformées en feuilles ; 3-5 d.

BU

BL

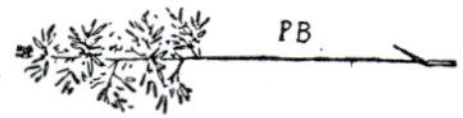

PB

P. bulbeux C.
P. bulbosa L.
prés, chemins, murs ; av.-j. ; *v.*

Tige non épaissie en bulbe.

Tige *aplatie, à deux tranchants* C ;

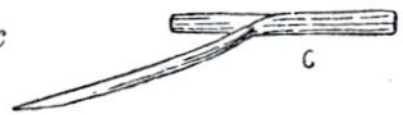

C

feuilles pliées en deux ; inflorescence à rameaux disposés ordinairement par deux ; tige souterraine horizontale, allongée ; 1-4 d.

P. comprimé AC.
P. compressa L.
murs, rochers, sables ; j.-at. ; *v.*

Tige arrondie.

Plante *de 5 à 30 c. environ;* glumelles ordinairement sans poils ; inflorescence à rameaux isolés ou par deux, très étalés A ; feuilles pliées en long ; languettes des feuilles supérieures ovales.

A

P. annuel TC.
P. annua L. *
murs, chemins, prés ; jv.-d. ; *a* ou *b.*

Plante *de 3 à 10 d. environ;* glumelles finement poilues.

Languette des feuilles *allongée* T.

T

Glumelle *à 5 nervures saillantes*, peu aiguë ; 5-10 d.

P. commun C.
P. trivialis L. ✠ *
endroits humides, fossés ; m.-jt. ; *v.*

Glumelle *à nervures peu visibles ;* aiguë ; 5-10 d.

P. des marais TR.
P. palustris Roth.
marais, étangs ; j.-jt. ; *v.*

Languette des feuilles, *très courte ou presque avortée* P.

P

Gaine de la feuille supérieure ordinairement *plus courte que le limbe* N ; glumelles à nervures de côté sans poils ; épillets rarement violacés ; 3-8 d.

N

P. des forêts C.
P. nemoralis L. (1).
bois, sables, murs ; m.-at. ; *v.*

Gaine de la feuille supérieure ordinairement *plus longue que le limbe* PR ; glumelles à nervures de côté poilues ; épillets souvent violacés ; 2-8 d.

PR

P. des prés TC.
P. pratensis L. (2). ✠
prés, murs, chemins ; m.-at. ; *v.*

Voyez Album de la Nouvelle Flore, p. 164

Voyez Atlas des Plantes de France, pl. 377 B, 379 A et 379 B

32. Cynosure. *Cynosurus.* — (fig. CC, p. 176). Feuilles très étroites, presque lisses; inflorescence allongée, finement poilue; glumes presque égales; glumelles à arête courte; 3-8 d. [Crételle.] — **C. à crêtes** C. *C. cristatus L.* * prés; j.-jt.; *v.*

33. Dactyle. *Dactylis.* — (fig. D, p. 176). Feuilles rudes; celles de la base sont détruites quand la plante fleurit; glumes inégales; 4-10 d. — **D. aggloméré** TC. *D. glomerata L.* * prés, chemins; av.-at.; *v.*

34. Briza. *Briza,* — (fig. B, ME, p. 176). Feuilles étroites; gaine de la feuille supérieure très allongée; épillets retombants, s'agitant par le vent; 2-6 d. — **B. intermédiaire** C. *B. media L.* * prés, chemins; m.-jt.; *v.*

35. Fétuque. *Festuca.* —

Toutes les feuilles enroulées ou presque enroulées sur elles-mêmes, grêles et rudes; inflorescence ovale O; glumelles sans arête ou à arête courte; 1-5 d.

F. ovine C. *F. ovina L.* * (3 *). prés, bois; m.-jt.; *v.*

Feuilles inférieures enroulées, les supérieures plates.

- Epillets à *5-10 fleurs* R, verts ou violacés; inflorescence dressée RU; tige souterraine allongée; 3-8 d.

F. rouge C. *F. rubra L.* prés, chemins; m.-j.; *v.*

- Epillets à *4-5 fleurs* H, ordinairement verts;

inflorescence souvent penchée; tige souterraine courte; 5-9 d. — **F. hétérophylle** C. *F. heterophylla Lam.* endroits ombragés; j.-jt.; *v.*

Feuilles toutes plates.

- Rameaux de l'inflorescence *très courts, à épillets appliqués contre l'axe* L; glume supérieure à 5-7 nervures visibles; glumelle sans arête ou à arête très courte; 4-8 d.

F. Fausse-Ivraie TR. *F. loliacea Huds.* prés humides; m.-jt.; *v.*

- Epillets *non appliqués contre l'axe.*
  - Epillets à *5-12 fleurs* PR;

    - Tiges de *4-8 d.*; plante vivace; épillets inférieurs, à pédoncules assez longs. — **F. des prés** C. *F. pratensis Huds.* prés humides; j.-jt.; *v.*
    - Tiges de *5-20 c.*, en touffes; épillets inférieurs à pédoncules courts. Voy. **Scléropoa,** p. 183.
  - Epillets à *4-5 fleurs* AR;

inflorescence à rameaux inférieurs portant 5 à 15 épillets; 6-20 d. — **F. Faux-Roseau** C. *F. arundinacea Schreb.* prés humides; j.-jt.; *v.*

(1) Var. *firmula*, plante d'un vert clair, gaines sans poils; épillets à 3-5 fleurs, C. — (2) Var. *angustifolia*, feuilles de la base étroites, enroulées, AC. — (3) 1° Var. *tenuifolia* Sm., glumelles sans arêtes; inflorescence étroite, C; 2° Var. *duriuscula* L., feuilles un peu épaisses, presque lisses, C; 3° Var. *glauca* Schrad., feuilles glauques, raides, presque lisses. *

Voyez Album de la Nouvelle Flore, p. 164 et 165
Voyez Atlas des Plantes de France, pl. 380 A, 381, 383 B, 384 A et 384 B

Voyez Album de la Nouvelle Flore, p. 165 et 166

Voyez Atlas des Plantes de France, pl. 372 B, 378 A, 378 B et 383 A

36. Vulpia. *Vulpia.* —

Glume supérieure *d'environ 20 mm.* VB ; à longue arête ;

glumelles de 15 à 30 mm. BR 1-5 d.

V. Faux-Brome C.
V. bromoides Rchb.
murs, rochers, bois, champs; m.-jt; *a.*

Glume supérieure *d'environ 7 mm.* MY ; à arête courte ;

glumelles de 10 à 15 mm. V ; 1-5 d.

V. Queue-de-Rat C.
V. Myuros Rchb. (1)
murs, rochers, bois, champs; m.-jt; *a.*

37. Glycérie. *Glyceria.* —

Epillets allongés à *5-13 fleurs* F ;
[Herbe-à-la-manne, Brouille.]

tiges *couchées à la base* et portant çà et là des racines ; feuilles inférieures souvent flottant sur l'eau ; 5-14 d.

G. flottante C.
G. fluitans R. Br. (2). ✠*
bord des eaux ; j.-at. ; *v.*

Epillets à 3-9 fleurs A, N ; *tiges dressées.*

Epillets à *5-9 fleurs* A ; fleurs à 3 étamines ;

feuilles de *10 à 15 mm. de largeur* environ ; gaines à 2 taches fauves ; 5-14 d.

G. aquatique C.
G. aquatica Wahlb. *
bord des eaux, marais ; jt.-at. ; *v.*

Epillets à *3-5 fleurs* N ; fleurs à 2 étamines ;

feuilles de *3 à 6 mm. de largeur* environ ; gaines sans taches fauves ; 5-8 d.

G. nerviée TR.
G. nervata Trin.
bois (naturalisé) ; m.-jt. ; *v.*

38. Molinia. *Molinia.* — (fig. M, p. 175). Inflorescence à rameaux ordinairement par deux ; tiges dressées n'ayant que 2 à 4 feuilles au-dessus de la base ; 4-10 d.

M. bleue C.
M. cærulea Mœnch. *
bois ; jt.-s. ; *v.*

39. Catabrosa. *Catabrosa.* — (fig. CA, p. 178). Inflorescence très étalée à la maturité ; glumelles à 3 nervures visibles ; 3-8 d.

C. aquatique AC.
C. aquatica P. B.
bord des eaux ; j.-jt. ; *v.*

40. Airopsis. *Airopsis.* — (fig. AA, AG, p. 177). Tige souterraine rampante ; glumes et glumelles sans poils ; épillets aplatis ; 1-4 d.

A. Fausse-Agrostis TR.
A. agrostidea DC.
marais ; j.-at. ; *v.*

41. Agrostis. *Agrostis.* —

Feuilles de la base *étroites enroulées ;* glumelle avec arête CA, rarement sans arêtes ; inflorescence à rameaux étalés pendant la floraison CN, à rameaux sans épillets à leur base ; 3-6 d.

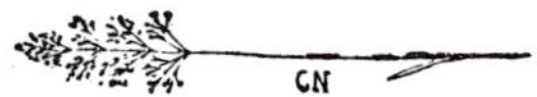

A. des Chiens C.
A. canina L. *
endroits humides ; j-st. ; *v.*

Feuilles *plates.*

Glumelle *à arête courte* AL, *ou sans arête ;*

glume supérieure *plus petite* que l'inférieure I ; épillets d'un vert blanchâtre ou violacés ; 1-9 d. [Trainasse.]

A. blanche TC.
A. alba L. (3).
prés, chemins, champs ; j.-s. ; *v.*

Glumelle *à arête 3 à 6 fois plus longue que l'épillet ;*

glume supérieure *plus grande* que l'inférieure I ; épillets verdâtres ou violacés, très nombreux ; 2-9 d. [Jouet-du-vent.]

A. Epi-du-vent C.
A. Spica-venti L. (4).
champs ; j.-jt. ; *a.*

42. **Léersia.** *Leersia.* — (fig. L, O, p. 178). Inflorescence d'un blanc verdâtre; tige velue aux nœuds; feuilles rudes; gaines comprimées; 6-12 d.

L. Faux-Riz AR.
L. oryzoides Sw.
bord des eaux; at.-o.; *v.*

43. **Millet.** *Milium.* — (fig. MI, p. 178). Inflorescence à épillets nombreux sur des rameaux très longs; épillets souvent violacés; feuilles planes, rudes aux bords; 8-12 d. [Millet sauvage.]

M. étalé C.
M. effusum L. ✠
bois; m.-jt.; *v.*

44. **Baldingera.** *Baldingera.* — (fig. P, p. 178). Inflorescence rétrécie en haut et en bas, d'un vert glauque ou violacé; 8-12 d. [Chiendent-ruban, Fromenteau.]

B. Faux-Roseau C.
B. arundinacea Dumort. ✠
endroits humides; j.-jt.; *v.*

45. **Mélique.** *Melica.* —

Glumelles à *longs cils* sur les bords CI (cils d'environ 4 mm.);

glumes inégales; feuilles souvent finement poilues en dessus; 3-10 d.

M. ciliée R.
M. ciliata L.
murs, rochers, coteaux; m.-j.; *v.*

Glumelles à *cils très courts;* épillets presque tous du même côté NU, UN.

Languette de la feuille *très courte, velue* N;

épillets à 2 fleurs développées NU; 3-6 d.

M. penchée R.
M. nutans L.
bois; m.-j.; *v.*

Languette de la feuille opposée au limbe et *pointue* U; épillets à une seule fleur développée UN; 3-6 d.

M. uniflore C.
M. uniflora Retz. *
bois; m.-j.; *v.*

46. **Stipa.** *Stipa.* — (fig. ST, p. 178). Feuilles très étroites, en touffes; glumelles poilues à la base; arête ayant jusqu'à 20 c. de longueur; 4-6 d.

S. pennée R.
S. pennata L. ✠
rochers, coteaux; m.-j.; *v.*

47. **Calamagrostis.** *Calamagrostis.* —

Inflorescence à *rameaux très rapprochés par groupes* EP; glumelle à arête sur le dos, dépassant un peu les poils E; 7-12 d.

C. Epigeios C.
C. Epigeios Roth.
prés, bois, coteaux; jt.-at.; *v.*

Inflorescence à *rameaux assez isolés les uns des autres* L; glumelle à arête près du sommet, très courte LA; 6-12 d.

C. lancéolée R.
C. lanceolata Roth.
marais tourbeux; jt.-at.; *v.*

(1) 1° Var. *Pseudo-Myuros Soy-Will.*, inflorescence allongée, très rapprochée de la gaine supérieure; 2° Var. *sciuroides* Gmel., inflorescence courte, éloignée de la gaine supérieure. — (2) Var. *plicata* Fr., inflorescence à rameaux inférieurs disposés par 4 à 5; glumelle très arrondie au sommet, TR. — (3) Var. *vulgaris* With., languette de la feuille très courte; inflorescence très large, étalée, TC. — (4) Var. *interrupta* L., inflorescence étroite, non étalée, à groupes successifs d'épillets; anthères ovales, AR.

Voyez Album de la Nouvelle Flore, p. 166 et 167
Voyez Atlas des Plantes de France, pl. 380 B

Voyez Album de la Nouvelle Flore, p. 167
Voyez Atlas des Plantes de France, pl. 373 B et 377 A

48. Houque. *Holcus.* —

- Glumes *aiguës* HM  arête de la fleur staminée *dépassant longuement les glumes* HM ; feuilles plus ou moins velues ; tiges souterraines très allongées, avec des rejets ; 5-9 d. — **H. molle** TC. *H. mollis L.* prés, chemins ; j.-s. ; *v.*
- Glumes *arrondies au sommet* HL ;  arête de la fleur staminée *dépassant peu les glumes* HL ; feuilles très velues LN ; tiges souterraines courtes ; 5-9 d. — **H. laineuse** TC. *H. lanatus L.** prés, chemins ; j.-s. ; *v.*

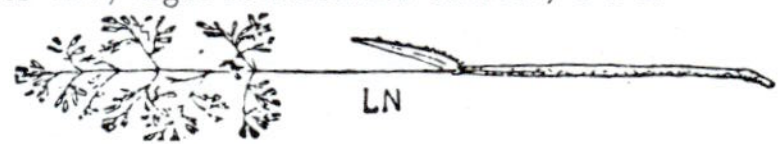

49. Canche. *Aira.* —

Arêtes beaucoup plus longues que les glumes.

- Plante de *10-30 c., annuelle,* à racines grêles CR, P ; arête peu ou pas courbée.
  - Pédoncules *plus longs* que les épillets ; feuille à languette non divisée ; épillets en grappe non compacte CR ; 1-3 d. — **C. caryophyllée** C. *A. caryophyllea L.** bois, bruyères ; m.-jt. ; *a.*

  - Pédoncules *plus courts* que les épillets ; feuille à languette divisée ; épillets en grappe compacte P ; 5-20 c. — **C. précoce** C. *A. præcox L.* champs, bois, rochers ; av.-j. ; *a.*

- Plante de *4-8 d., vivace,* à tiges souterraines ; arête courbée à la base.
  - Languette de la feuille *allongée, aiguë;* pédoncules des épillets presque droits T ; fleur supérieure de l'épillet presque sans pédoncule ; 4-8 d. — **C. discolore** TR. *A. discolor Thuill.* endroits humides ; jt.-s. ; *v.*

  - Languette de la feuille *très courte, non aiguë;* pédoncules des épillets et rameaux courbes F ; fleur supérieure sur un petit pédoncule égalant sa moitié ; 4-8 d. — **C. flexueuse** TC. *A. flexuosa L.* bois, rochers ; j.-at. ; *v.*

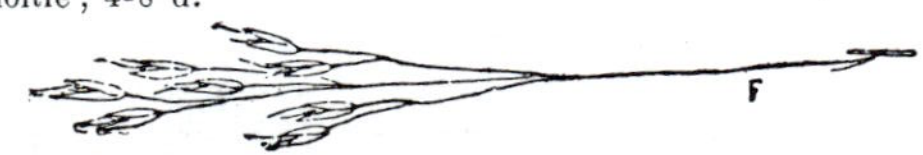

Voyez Album de la Nouvelle Flore, p. 167

Voyez Atlas des Plantes de France, pl. 373 A

Arêtes dépassant peu ou pas les glumes CA, CS.

Feuilles *enroulées*, d'un vert glauque, à languette *divisée ;* arête sans anneau, quelquefois non développée ; épillets luisants panachés de blanc, de jaune et de violet ; 4-10 d. — **C. intermédiaire** TR. *A. media Gouan.* champs ; j.-jt. ; *v.*

Feuilles *enroulées*, à languette *non divisée ;* glumes presque *égales* CA, C ;

CA

arête *munie d'un anneau vers le milieu* CN et épaissie au sommet ; 1-4 d.

C

CN

— **C. blanchâtre** C. *A. canescens L.** endroits sablonneux ; j.-at. ; *v.*

Feuilles *plates* et *vertes*, à languette divisée au sommet CE ; glumes *inégales* CS, AC ;

CE

CS

arête sans anneau ; 6-12 d.

AC

— **C. cespiteuse** AC. *A. cæspitosa L.* prés, bois ; j.-jt. ; *v.*

ABIÉTINÉES. Les plantes de cette famille sont des arbres résineux, à branches ordinairement attachées par plus de deux à la même hauteur sur la tige

Feuilles *attachées par deux* S, ou plus, sur les rameaux; fruits à écailles épaisses et ayant une petite partie saillante; au milieu du sommet de l'écaille M.

4. **Pin**, p. 193. *Pinus.*

Feuilles *attachées une par une*, L, P.

- Feuilles *nombreuses, sur des rameaux très courts* L;

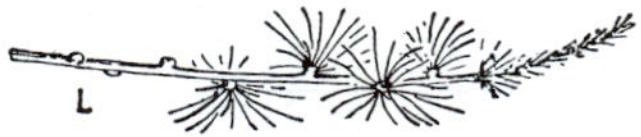

feuilles molles, tombant chaque année. — 1. **Mélèze**, p. 192. (1) *Larix.*

- Feuilles *sur des rameaux allongés* P.

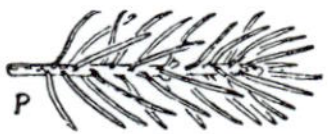

  - Feuilles *presque à 4 angles* E; disposées tout autour des rameaux (fig. P); écailles des fruits ne formant qu'une seule masse qui tombe sur le sol comme une pomme-de-pin.

2. **Epicéa**, p. 192. *Picea.*

  - Feuilles *presque aplaties* A; disposées à droite et à gauche, sur les rameaux qui sont situés de côté; écailles des fruits se détachant isolément. [On ne trouve pas de pommes-de-sapin sous l'arbre.]

3. **Sapin**, p. 192. *Abies.*

1. **Mélèze**. *Larix*. — (fig. L, p. 192). Arbre à branches étalées ou pendantes; feuilles d'un vert clair, presque plates; ensemble des écailles des fruits formant une masse ovale; écailles minces. — **M. d'Europe** (*Cult.*). *L. europæa. DC.* * planté; av.-m.; *v.*

2. **Epicéa**. *Picea*. — (fig. P, E, EX, p. 192). Arbre à branches étalées ou presque pendantes; feuilles vertes, rarement un peu glauques. — **E. élevé** (*Cult.*). *P. excelsa Lam.* ✠ * planté; av.-m.; *v.*

3. **Sapin**. *Abies*. — (fig. A, p. 192). Arbre à branches étalées ou presque pendantes; feuilles marquées ordinairement de deux lignes blanches en dessous. — **S. pectiné** (*Cult.*). *A. pectinata. DC* ✠ planté; av.-m.; *v.*

Voyez Album de la Nouvelle Flore, p. 168
Voyez Atlas des Plantes de France, pl. 394 et 395

Voyez Album de la Nouvelle Flore, p. 168
Voyez Atlas des Plantes de France, pl. 393 et 396

4. **Pin**. *Pinus*. — (2).

Feuilles *longues de 10 à 15 c. environ;* écaille du fruit à sommet en pyramide, portant un petit cône au centre M.

M

P. maritime (*Cult.*).
P. maritima Lam. ✠
planté ; av.-m. ; *v.*

Feuilles *longues de 5 à 10 c. environ ;* écaille du fruit à sommet aplati ; portant une toute petite pointe au centre SV, AU.

SV

AU

Feuilles *un peu glauques, de 5 à 6 c. environ;* pommes-de-pin (ensemble des fruits) renversées. — **P. silvestre** (*Cult.*).
P. silvestris L. ✠*
souvent planté ; m.-av. ; *v.*

Feuilles *non glauques, de 10 c. environ;* pommes-de-pin étalées. — **P. d'Autriche** (*Cult.*).
P. austriaca Hœss.
planté ; av.-m. ; *v.*

CUPRESSINÉES. Les plantes de notre flore qui appartiennent à cette famille, sont des arbrisseaux à feuilles persistantes.

Feuilles *verticillées par 3, piquantes* J ;

J

anthères à 3-7 loges. — 1. **Genévrier,** p. 193.
Juniperus.

Feuilles *alternes, non piquantes* T ;

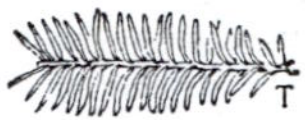
T

anthères à 8 loges. — 2. **If,** p. 193.
Taxus.

1. **Genévrier**. *Juniperus*. — (fig. J, p. 193). Ensemble des fruits formant une masse charnue bleuâtre à 1-3 graines ; feuilles glauques.

G. commun C.
J. communis L. ✠*
bois, coteaux ; av.-m. ; *v.*

2. **If**. *Taxus*. — (fig. T, p. 193). Fruits charnus rouges ; les feuilles des rameaux situés de côté, sont presque étalées sur deux rangs.

I. à baies (*Cult.*).
T. baccata L. ✠
haies ; ms.-av. ; *v.*

---

(1) On plante rarement dans les bois quelques espèces du genre *Cedrus* (Cèdre) dont les feuilles sont disposées comme celles du Mélèze, mais coriaces et persistantes. — (2) On plante quelquefois dans les bois le *Pinus Strobus* [Pin Weymouth] qui se reconnait à ses feuilles groupées par 5.

FOUGÈRES. Les Fougères portent, au-dessous des feuilles, des groupes de sporanges qui, chez la plupart, sont protégés par une membrane, lorsqu'ils sont jeunes ; il est souvent utile pour les déterminer de recueillir des feuilles assez jeunes et des feuilles très âgées.

Feuilles *entières ou dont les lobes sont tous réunis entre eux par leurs bases* S, V, O, B.

- Feuilles *entières* S ; groupes de sporanges en lignes allongées. → 1. **Scolopendre,** p. 196. *Scolopendrium.*

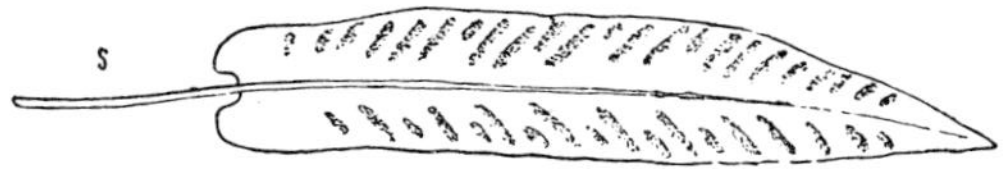
S

- Feuilles *profondément divisées* V, O, B.
  - Feuilles *à limbe comme brusquement coupé à la base* V ; groupes de sporanges arrondis et non recouverts d'une membrane VU. → 2. **Polypode,** p. 196. *Polypodium.*

V

VU

  - Feuilles *à lobes diminuant peu à peu vers la base* O, B.
    - Feuilles *couvertes en dessous d'écailles rousses et brillantes* O ; divisions arrondies. → 3. **Cétérach,** p. 196. *Ceterach.*

O

    - Feuilles *sans écailles rousses en dessous,* les unes à divisions plates et sans sporanges B, les autres à divisions très étroites et à sporanges BL. → 4. **Blechnum,** p. 196. *Blechnum.*

B

BL

Groupes de sporanges *allongés ou ovales,* parfois se réunissant à la maturité ; *plante de 5-35 c.* (Voyez les figures, p. 197). → 9. **Asplénium,** p. 197. *Asplenium.*

la base.

bords du limbe A.

Feuilles *n'ayant pas d'écailles brunes* à la base du pétiole général.

- *Une seule grande feuille sortant de terre, dépassant souvent 1 m.* ; lobes du sommet de la feuille presque droits P ; sporanges situés sous le bord enroulé des lobes, chez les feuilles âgées A. → 5. **Ptéris,** p. 196. *Pteris.*

P

A

- En général, *plusieurs feuilles de 4-7 d.* ; groupes de sporanges situés au milieu et au-dessous des lobes T ; lobes entiers et pointus. → 6. **Acrostic,** p. 196. *Acrostichum.*

T

Groupes de sporanges *arrondis ou devenant arrondis* AA, F, *ou recouverts par les*

Feuilles *à divisions principales séparées jusqu'à*

- Feuilles *ayant des écailles brunes à la base, sur le pétiole général* P, *au moins quelques-unes.*

  - Feuilles *à lobes divisés ou dentés.*
    - Feuille *triangulaire dans son contour général* D. portant seulement quelques écailles à la base, groupes de sporanges non recouverts par une membrane. Voyez **Polypode**, p. 196.

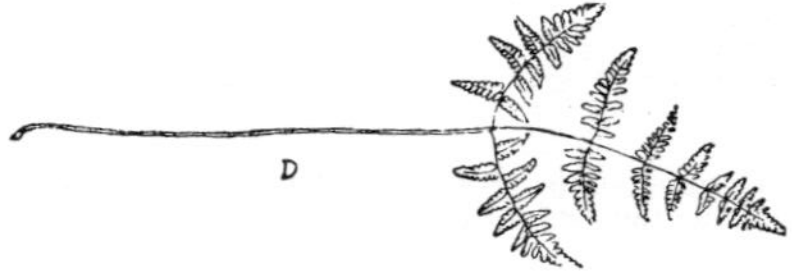

    - Feuilles *allongées dans leur contour général;* groupes de sporanges recouverts par une membrane AA, quand ils sont jeunes.
      - Divisions vers le haut de la feuille *en forme de faux* AC; membrane qui protège les sporanges jeunes, exactement attachée par le milieu AA. — 7. **Aspidium**, p. 196. *Aspidium.*

      - Divisions *non en forme de faux;* membrane qui protège les groupes de sporanges attachée sur le côté FI, F.

        - Divisions les plus longues de la feuille *n'étant pas plus de 3 fois plus longues que larges* C; dents arrondies; membrane qui protège les jeunes sporanges attachée en dessous F. — 8. **Cystoptéris**,, p. 196. *Cystopteris.*

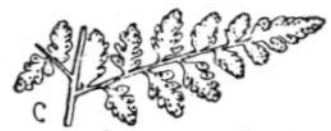

        - Divisions les plus longues de la feuille étant *plus de 3 fois plus longues que larges.*
          - Feuilles à lobes profondément divisés tout autour, à dents non très aiguës; groupes de sporanges *ovales; quand ils sont jeunes.* — 10. **Athyrium**, p. 197. *Athyrium.*

          - Feuilles à lobes peu divisés ou à dents très aiguës; groupes de sporanges *arrondis.* — 11. **Polystic**, p. 198. *Polystichum.*

  - Feuilles *à lobes entiers ou presque entiers* R ;

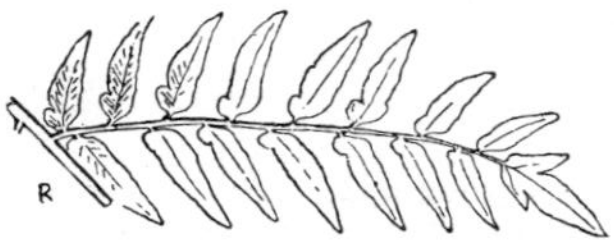

    certaines feuilles ont les lobes complètement couvertes de sporanges RE. — 12. **Osmonde**, p. 198. *Osmunda.*

1. Scolopendre. *Scolopendrium.* — (fig. S, p. 194). — Tige souterraine portant souvent les débris de feuilles détruites ; groupes de spores protégés par deux membranes ; 2-6 d. [Langue-de-Cerf.] — **S. officinale** AR. *S. officinale Sm.* ✠ * murs, puits, rochers ; j.-o. ; *v.*

2. Polypode. *Polypodium.* —

Feuilles *une fois divisées* V ; nervures secondaires n'atteignant pas le bord du limbe ; 1-5 d. — **P. vulgaire** C. *P. vulgare L.* ✠ * murs, bois, rochers ; jv.-d. ; *v.*

Feuilles *deux fois divisées* D ; nervures secondaires allant jusqu'au bord du limbe ; 1-5 d. — **P. Dryoptéris** R (1). *P. Dryopteris L.* bois ; j.-o. ; *v.*

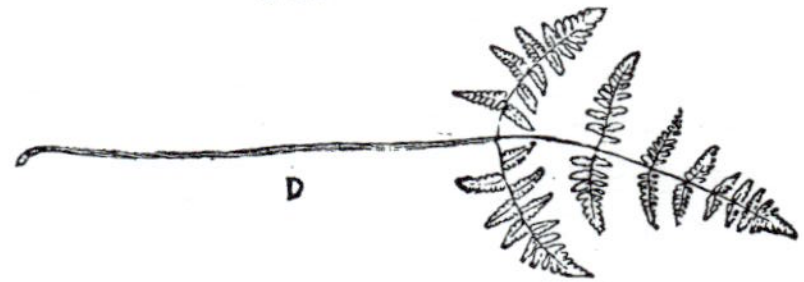

3. Cétérach. *Ceterach.* — (fig. O, p. 194). Feuilles nombreuses disposées en touffes ; groupes de sporanges allongés, étroits, non protégés par une membrane ; 5-15 c. — **C. officinal** R. *C. officinarum Willd.* ✠ murs, rochers ; j.-n. ; *v.*

4. Blechnum. *Blechnum.* — (fig. B et BL, p. 194). Feuilles sans sporanges, en touffes, persistant pendant l'hiver ; feuilles à sporanges ayant les lobes à la fin souvent courbés vers le bas ; 3-8 d. — **B. Spicant** AR. *B. Spicant Roth.* * endroits humides des bois ; j.-s. ; *v.*

5. Ptéris. *Pteris.* — (fig. P, A, p. 194). Tige souterraine horizontale, profondément enfouie dans le sol ; feuilles très grandes, très divisées ; le pétiole général coupé vers la base présente sur la section l'aspect d'un aigle double ; 5-20 d. [Fougère-Aigle.] — **P. Aigle** TC. *P. aquilina L.* ✠ bois, coteaux ; jt.-o. ; *v.*

6. Acrostic. *Acrostichum.* — (fig. T, p. 194). Tige souterraine étroite, allongée ; feuilles sans écailles brunes ; lobes non dentés à bords renversés en dessous quand la feuille est âgée ; groupes de sporanges disposés sur deux lignes au-dessous de chaque lobe ; 4-8 d. — **Ac. Théliptéris** AR. *A. Thelipteris L.* endroits humides ; j.-o. ; *v.*

7. Aspidium. *Aspidium.* — (fig. AC, AA, p. 195). Feuilles raides, persistant ordinairement pendant l'hiver, à pétiole court chargé de nombreuses écailles rousses ; divisions principales diminuant à la base et au sommet ; 3-10 d. — **A. à cils raides** R (2). *A. aculeatum Sw.* bois ; j.-n. ; *v.*

8. Cystoptéris. *Cystopteris.* — (fig. C, F, p. 195). Feuilles ordinairement peu nombreuses ; pétiole assez long portant quelques écailles rousses ; feuilles minces et molles, d'un vert peu foncé ; membrane qui protège les spores tombant assez tôt ; 1-4 d. — **C. fragile** R. *C. fragilis Bernh.* bois ; j.-s. ; *v.*

Voyez Album de la Nouvelle Flore, p. 169, 170 et 171
Voyez Atlas des Plantes de France, pl. 397 A, 397 B et 399 B

9. Asplenium. *Asplenium.* —

Divisions des feuilles arrondies, sur deux rangs parallèles T ;

feuilles très allongées, à divisions entières ou plus ou moins divisées ; pétiole d'un brun noir, luisant ; 1-2 d. [Capillaire.] — **A. Trichomanès** TC. *A. Trichomanes L.* ✠ — murs, rochers ; m.-o. ; *v.*

Feuilles *à divisions principales diminuant au sommet et à la base de la feuille ;* lobes ovales à dents aiguës AL ; groupes de sporanges d'abord ovales, puis se confondant les uns avec les autres AL ;

membrane qui recouvre les sporanges entière sur le bord, 1-2 d. — **A. lancéolé** TR. *A. lanceolatum Huds.* — rochers, bois ; j.-o. ; *v.*

Feuilles à *divisions principales n'allant pas en diminuant vers la base de la feuille* AS, RM, AN.

- *2-3 lobes étroits, pointus en haut et en bas* AS, groupes de sporanges très allongés ; 5-15 c.

— **A. septentrional** TR. *A. septentrionale Sw.* — murs, rochers ; j.-o. ; *v.*

- *Plus de 2-3 lobes.*
  - Feuilles de 1-4 d., *à divisions principales en pointe* AN et divisées en lobes nombreux ; pétiole luisant et noirâtre vers la base ; 1-3 d. [Doradille-noire.]

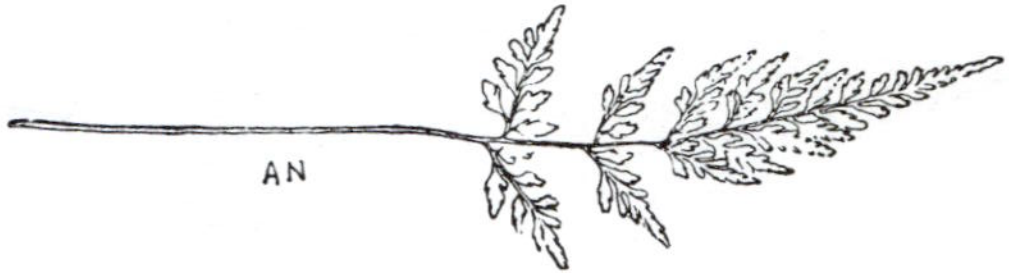

— **A. Capillaire-noir** AC. *A. Adiantum-nigrum L.* — murs, rochers, bois ; j.-n. ; *v.*

  - Feuilles de 5-15 c., *à lobes peu pointus, relativement peu divisées* RM, G.
    - Pétiole *vert ;* divisions épaisses, assez larges RM ; 5-10 c.

— **A. Rue-de-Muraille** TC (3). *A. Ruta-muraria L.* — murs, rochers ; jv.-d. ; *v.*

    - Pétiole *brun à la base ;* divisions minces, étroitement en coin G ; 5-15 c.

— **A. d'Allemagne** TC. *A. germanicum Weiss.* — rochers ; j.-o. ; *v.*

10 Athyrium. *Athyrium.* — (fig. AF, p. 195). Feuilles en touffes, à pétiole vert, oblongues en pointe dans leur contour général ; à divisions principales très allongées FF ;

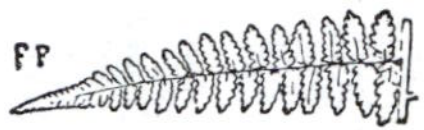

membrane recouvrant les sporanges finement divisée sur le bord ; 5-12 d. — **At. Fougère-femelle** AC. *At. Filix-femina Roth.* — bois, endroits ombreux ; j.-o ; *v.*

(1) Var. *calcareum* Sm., feuilles raides, poilues-glanduleuses, coriaces ; tige souterraine épaisse, R. — (2) Var. *angulare* Willd., divisions principales petites et portant toutes, à la base, un lobe plus grand que les autres. — (3) Var. *angustatum*, feuilles à divisions verdâtres, étroitement en coin à la base, peu nombreuses, à lobes divisés au sommet, mais à pétiole vert, ce qui ne permet pas de confondre cette variété avec l'*A. germanicum*, TR.

Voyez Album de la Nouvelle Flore, p. 171 et 172
Voyez Atlas des Plantes de France, pl. 398 et 399 A

Voyez Album de la Nouvelle Flore, p. 172 et 173
Voyez Atlas des Plantes de France, pl. 400

11. Polystic. *Polystichum.* — Feuilles *ayant, en dessous, des petits points d'un jaune brillant, à lobes entiers ou presque entiers* (PO, OR); groupes de sporanges sur deux lignes très rapprochées du bord ; 5-10 d. — **P. des montagnes** TR. *P. montanum Roth.* bois ; jt.-s. ; *v.*

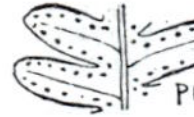
PO

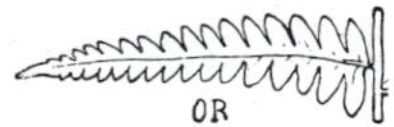
OR

Feuilles *à lobes dentés* F, C, S, sans points d'un jaune brillant, en dessous.

- Divisions principales de la feuille les plus grandes *4-7 fois plus longues que larges* FM ; lobes *dentés surtout au sommet* F ; 5-12 d. — **P. Fougère-mâle** TC. *P. Filix-mas Roth.* ✠ fossés, bois ; j.-o. ; *v.*

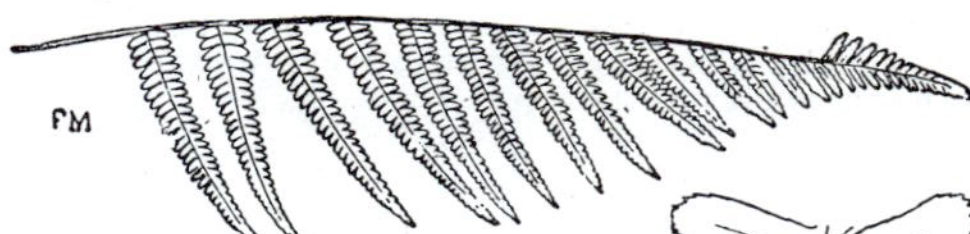
FM

F

- Divisions principales les plus grandes environ *3 fois plus longues que larges* ; lobes dentés tout autour CS.
  - Lobes *à dents non terminées en pointe aiguë* ; lobes largement réunis entre eux par leur base C ; feuilles peu nombreuses, en touffes ; 2-6 d. — **P. à crêtes** R. *P. cristatum Roth.* bois humides ; j.-o. ; *v.*
  - Lobes *à dents terminées en pointe aiguë* S ; lobes à peine réunis entre eux par leur base ; 1-8 d. — **P. spinuleux** C. *P. spinulosum DC.* bois ; j.-o. ; *v.*

C

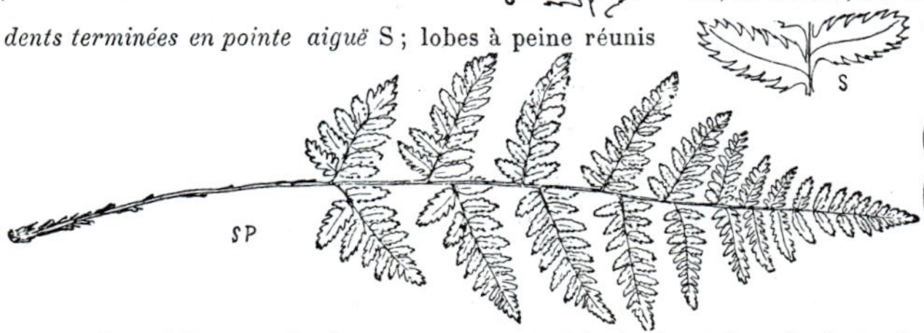
S
SP

12. Osmonde. *Osmunda.* — (fig. R et RE, p. 195). Sporanges recouvrant toute la surface de la partie supérieure des feuilles supérieures ; feuilles d'un vert clair ; 6-15 d. — **O. royale** AR. *O. regalis L.* ✳ bois humides ; j.-at. ; *v.*

OPHIOGLOSSÉES. Les Ophioglossées ont leurs sporanges creusés dans le tissu même de la feuille modifiée qui les porte et non saillants à l'extérieur comme ceux des Fougères.

- Feuille sans sporanges *ovale entière* OV ; feuille à sporanges très étroite allongée. — 1. **Ophioglosse,** p. 199. *Ophioglossum.*

OV

- Feuille sans sporanges *profondément divisée* L ; feuille à sporanges à divisions étroites. — 2. **Botrychium,** p. 199. *Botrychium.*

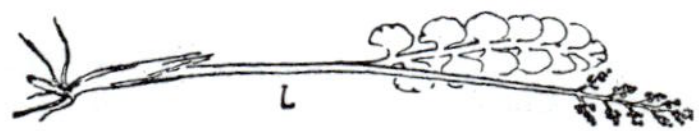
L

Voyez Album de la Nouvelle Flore, p. 173 et 174

1. Ophioglosse. *Ophioglossum.* — (fig. OV, p. 198). Feuille à nervures en réseau ; feuille à sporanges rarement divisée en deux ; 4-30 c. [Herbe-sans-couture, Langue-de-Serpent.]
O. commune AR. *O. vulgatum L.* prés, bois ; m.-jt. ; *v.*

2. Botrychium. *Botrychium.* — (fig. L, p. 198). Feuille sans sporanges à divisions épaisses ; sporanges sur deux rangées ; 5-20 c.
B. Lunaire R. *B. Lunaria Sw.* prés, bois ; m.-at. ; *v.*

ÉQUISÉTACÉES.

Les Prêles ont parfois des tiges de deux sortes : les unes à sporanges paraissant au printemps, les autres sans sporanges se développant plus tard ; ces dernières d'ailleurs portent quelquefois aussi des sporanges.

Prêle. *Equisetum.* — [Queue-de-Cheval.]

Gaines *grandes* [fig. T, grandeur naturelle], à *20-30 dents* aiguës ; tiges sans sporanges de 5-15 d. ;

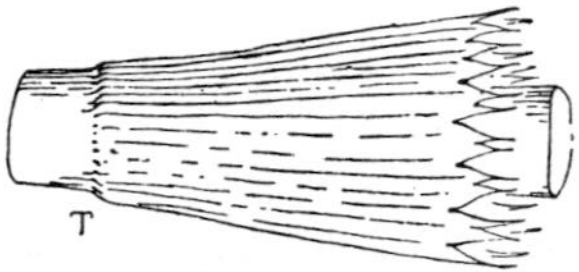
T

les tiges portant les sporanges sont d'un blanc-rougeâtre, de 1-4 d., sans rameaux ; les tiges vertes, ramifiées et sans sporanges, paraissent plus tard.
P. élevée C. *E. maximum Lam.* bois, ruisseaux, fossés ; ms.-av. ; *v.*

Gaines *de moins de 1 c. de largeur.*

- Dents des gaines *de 5-7 mm. de longueur*, (S, A, grandeur naturelle) assez éloignées de la tige.
  - Gaines à *3 ou 4 dents* S ;

    S

    tiges de deux sortes, celles sans sporanges à rameaux recourbés vers la bas.
    P. des bois TR. *E. silvaticum L.* bois, humides ; av.-m. ; *v.*
  - Gaine à *8 dents* A ; tiges de deux sortes, celles à sporanges AV, de 1-2 d., celles sans sporanges AR de 2-5 d. de longueur.

    A

    AR

    AV

    P. des champs TC. *E. arvense L.* champs, bord des rivières ; ms.-m. ; *v.*
- Dents des gaines de *2-3 mm. de longueur* (exemple : P, grandeur naturelle), plus ou moins rapprochées de la tige.
  - Dents *blanches et membraneuses aux bords* P ;

    P

    tiges profondément creusées de sillons peu nombreux [PA, tige coupée en travers] ; 3-8 d.

    PA

    P. des marais TC. *E. palustre L.* eaux, endroits humides ; m.-at. ; *v.*
  - Dents *peu ou pas membraneuses ;* tiges à 15-25 sillons [L, coupe de la tige].
    - Tige *à côtes lisses ;* masse des sporanges arrondie au sommet LI ; 5-15 d.

      LI

      L

      P. des bourbiers C. *E. limosum L.* eaux, endroits humides ; m.-at. ; *v.*
    - Tige *à côtes portant des aspérités rudes ;* [Prêle-des-Tourneurs.]

      H

      masse des sporanges aiguë H ; 5-15 d.
      P. d'hiver TR. *E. hiemale L.* ✠ endroits humides ; jv.-d. ; *v.*

Voyez Album de la Nouvelle Flore, p. 174

MARSILIACÉES. Les plantes de cette famille ont les sporanges renfermés dans une enveloppe constituant une sorte de fruit.

Pilulaire. *Pilularia.* — (Voy. fig. au tableau des familles). Tige souterraine étroite, rampante, parfois très allongée ; sporanges renfermés dans une enveloppe close, ronde. — **P. à globules** R. *P. globulifera L.* fossés, marais ; j.-s. ; *v.*

LYCOPODIACÉES. Les plantes de cette famille sont très répandues dans le nord de l'Europe où l'on récolte leurs spores qui forment la poudre de Lycopode, employée en pharmacie.

Lycopode. *Lycopodium.* —

Les rameaux portant les sporanges sont *disposés par 2 à 6, sur des pédoncules.* [exemple : CO].

- Feuilles *non terminées par un long poil,* sur 2 ou 4 rangs réguliers C ;  C — feuilles coriaces ; tige non cachée par les feuilles CO ; 6-8 d.  CO — **L. aplati**, TR. *L. complanatum L.* bois, jt.-o ; *v.*
- Feuilles *terminées par un long poil* CL ;  CL — feuilles molles ; tige cachée par les feuilles ; 6-8 d. — **L. en massue** AR. *L. clavatum L.* ✠ bois, coteaux ; jt.-o. ; *v.*

Les rameaux portant les sporanges sont *couverts de feuilles d'une manière continue* S, I.

- Rameaux *plusieurs fois divisés* S ; feuilles toutes semblables, tiges redressées ; 5-20 c.  S — **L. Sélagine** TR. *L. Selago L.* bois ; jt.-o. ; *v.*
- Rameaux *simples* I ; feuilles à sporanges plus élargies à la base ; tiges appliquées sur le sol ; 5-20 c.  I — **L. inondé** R. *L. inundatum L.* endroits humides ; jt.-o. ; *v.*

PREMIÈRES NOTIONS SUR LES PLANTES

I

LES DIVERSES PARTIES DE LA PLANTE.

1. Les trois membres de la plante. — Prenons deux plantes en fleurs, très communes, la Primevère qu'on cultive partout dans les jardins ou mieux celle que l'on trouve souvent au printemps dans les prés ou dans les bois (fig. B) et le Bouton-d'Or si commun dans les fossés ou au bord des chemins (fig. A). Déterrons complètement un pied de chacune

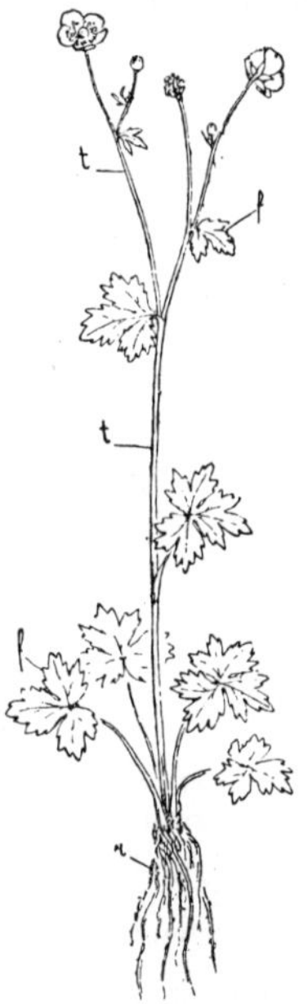

Fig. A. — Bouton-d'or : plante entière.

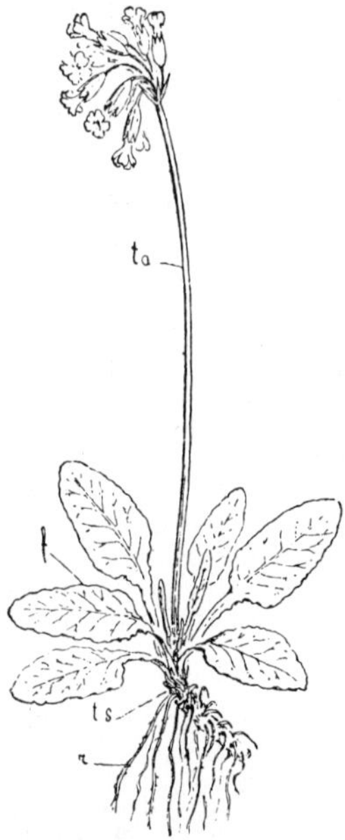

Fig. B. — Primevère : plante entière.

de ces plantes, en enlevant la terre qui peut empêcher de distinguer les parties de la plante situées sous le sol.

Si nous considérons d'abord le Bouton-d'Or (fig. A), à la base, nous pouvons remarquer des organes allongés *r* qui ne portent pas de feuilles; ce sont des *racines*. Au-dessus, est un autre organe allongé *t* qui se dresse dans l'air en portant des feuilles; c'est une *tige*. Quant aux *feuilles* ce sont ces lames vertes et aplaties *f* qui sont attachées à la tige par leur base. La feuille diffère de la tige et de la racine en ce qu'on peut y reconnaître facilement une droite et une gauche ou encore par ce que l'on y voit un dessus et un dessous; si l'on prend une tige ou une racine et si on la fait tourner sur elle-même, elle présente toujours la même apparence; on ne saurait y reconnaître une partie droite ou une partie gauche; il n'y a ni face supérieure, ni face inférieure. La tige (*t*, fig. A) produit plusieurs tiges secondaires ou branches qui se terminent par des fleurs.

Regardons maintenant la Primevère (fig. B), nous y distinguons, comme dans le Bouton-d'Or, des racines *r*, une tige *ts*, *ta* à laquelle sont attachées au-dessus du sol de nombreuses feuilles *f* et qui se dresse dans l'air pour porter des fleurs.

Nous avons ainsi défini les trois membres de la plante :

1° La *racine* qui ne porte pas de feuilles, qui se dirige souvent de haut en bas et qui peut s'allonger pendant très longtemps;

2° La *tige* qui porte des feuilles, qui se dirige souvent de bas en haut et qui peut s'allonger aussi pendant très longtemps.

3° La *feuille* qui est attachée sur la tige, qui a une droite et une gauche, une face supérieure et une face inférieure; l'allongement de la feuille, s'arrête ordinairement assez vite, lorsque la feuille a pris sa forme définitive.

Quelles sont, dans la plupart des cas, les principales fonctions de ces trois membres de la plante ?

La racine absorbe l'eau chargée de substances minérales qui se trouve dans le sol; cette absorption se fait par de petits poils nombreux qui la recouvrent un peu en deçà de son extrémité. On sait que si les racines d'une plante sont privées d'eau, la plante ne tarde pas, en général, à mourir.

La feuille verte sert aussi à nourrir la plante. Elle puise la nourriture dans l'air qui l'entoure; mais il faut pour cela que la feuille soit à la lumière. On sait qu'une plante mise dans une armoire obscure, lors même que l'on arrose ses racines, y périt rapidement.

Quant à la tige, elle sert de communication entre les feuilles et les racines. C'est par la tige que le liquide absorbé par les racines est transporté jusqu'aux feuilles et c'est par ce membre de la plante que se distribue la nourriture du végétal dans toutes ses parties.

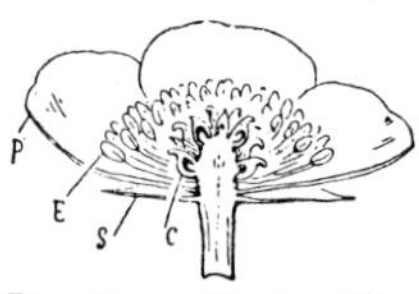

Fig. C. — Bouton-d'Or : fleur coupée en long par le milieu.

2. La fleur. — La fleur est formée par la réunion d'un certain nombre de petites feuilles de formes particulières, rapprochées les unes des autres à l'extrémité d'une branche.

En regardant la fleur de Bouton-d'Or, nous pouvons voir facilement quelles sont les divers organes qui constituent cette partie importante de la plante.

En dehors, nous trouvons cinq petites feuilles vertes, ce sont les *sépales* (*s*, fig. C; on voit l'un d'eux sur la fig. D); l'ensemble des sépales constitue l'enveloppe la plus extérieure de la fleur; c'est ce qu'on nomme le *calice*.

A l'intérieur de ces cinq sépales, nous trouvons cinq autres feuilles, qui sont colorées en jaune chez le Bouton-d'Or, ce sont les *pétales* (*p*, fig. C, on voit l'un d'eux sur la fig. E); l'ensemble des pétales forme l'enveloppe intérieure de la fleur, nommée *corolle*.

Enlevons maintenant ces deux enveloppes de la fleur en détachant tous les sépales et tous les pétales, nous apercevrons alors de nombreux filaments terminés au sommet par une petite partie renflée et ovale; ce sont

Fig. D. — Bouton-d'Or : un sépale isolé.

Fig. E. — Bouton-d'Or : un pétale isolé.

Fig. F. — Bouton-d'Or : une étamine isolée.

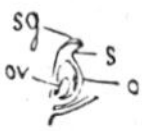

Fig. G.— Bouton-d'Or: un carpelle isolé et coupé en long.

les *étamines* (E, fig. C). Chaque étamine se compose d'une partie mince appelée *filet* (*f*, fig. F) que surmonte la partie renflée nommée *anthère* (*a*, fig. F). L'anthère est la partie essentielle de l'étamine; à la maturité, l'anthère s'ouvre pour laisser échapper une poussière fine qu'on nomme le *pollen* et qui, comme on le verra plus loin, est indispensable pour préparer la formation des graines.

En dernier lieu, supprimons les étamines en les enlevant délicatement, et nous découvrirons les *carpelles* (*c*, fig. C) groupés au centre de la fleur. Ce sont de petites masses vertes dont l'ensemble constitue le *pistil*. Chaque carpelle (fig. C) est formé d'une partie close appelée *ovaire* (*o*, fig. G), renfermant une petite masse blanche et ovale nommée *ovule*, (*ov*, fig. G); l'ovaire surmonté d'une partie allongée (*s*, fig. G), c'est le *style* terminé lui-même par une partie visqueuse nommée *stigmate* (*sg*.) C'est ce stigmate visqueux qui retient à sa surface le pollen s'échappant des étamines, et c'est seulement lorsque le pollen est venu sur le stigmate que l'ovule peut se transformer en graine et l'ovaire en fruit.

En résumé, nous voyons que la fleur se compose, en général, de deux parties principales, le pistil et les étamines, toutes deux nécessaires pour préparer la transformation de la fleur en fruit; la fleur possède, en outre, le plus souvent des parties accessoires (calice et corolle) qui protègent le pistil et les étamines pendant leur développement.

Si nous prenons maintenant la fleur de Primevère (fig. H), nous retrouverons sous des formes différentes, les diverses parties que nous venons de reconnaître dans la fleur de Bouton-d'Or.

A l'extérieur, on voit le calice qui est ici renflé et dont les cinq sépales (*s*, fig. H) sont réunis entre eux, sauf au sommet, de manière à former une sorte de tube terminé par cinq dents (fig. I). En dedans, se trouve la corolle colorée (fig, J) dont les pétales sont plus soudés encore entre eux que les sépales du calice et qui forment un long tube s'étalant au sommet en cinq divisions qui correspondent aux cinq pétales (*p.* fig. H). En coupant la fleur dans le sens de sa longueur (fig. H) nous pouvons remarquer que les étamines *e* sont ici comme soudées par leurs filets à la corolle; elles s'en

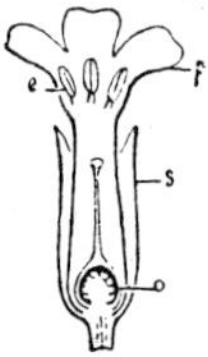

Fig. H. — Primevère : fleur coupée en long par le milieu.

Fig. I. — Primevère : calice isolé.

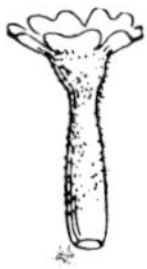

Fig. J. — Primevère : corolle isolée.

détachent seulement au sommet. Enfin, au milieu de la fleur, se trouve le pistil qui est ici formé de carpelles complètement réunis entre eux, constituant un seul ovaire à nombreux ovules (*o*, fig. H), surmonté d'un seul style allongé qui se termine par un stigmate un peu renflé et visqueux.

3. Le fruit et les graines. — La fonction principale de la fleur est de préparer la formation des graines. Lorsque le pollen est venu sur le stigmate, les diverses parties de la fleur se flétrissent, en général, à l'exception de l'ovaire qui se développe.

L'ovaire grossit et se change en *fruit;* à son intérieur, les ovules s'accroissent aussi et se transforment en *graines* renfermées dans le fruit.

Dans le Bouton-d'Or, où chaque carpelle est isolé et ne renferme qu'un

Fig. K. — Bouton-d'Or : fruit.

Fig. L. — Primevère : fruit.

ovule, le fruit se compose d'un grand nombre de carpelles devenus secs (A, fig. K) renfermant chacune une graine. Chaque partie du fruit reste sans s'ouvrir et tombe sur le sol avec la graine qu'il renferme. Chez la Primevère, où l'ovaire contenait de nombreux ovules, le fruit renferme de nombreuses graines et il s'ouvre au sommet par des dents pour laisser ces graines s'échapper au dehors (fig. L).

L'une de ces graines tombant sur le sol, peut se développer, germer, produire une première racine, une première tige, des feuilles, et donner une plante semblable à celle qui l'a formée.

II

LES DIVERS GROUPES DE PLANTES.

4. Classification des plantes : espèce, variété. — On a donné des noms aux différentes plantes, comme aux animaux, et pour les étudier facilement, on les a rangées en diverses catégories. La *classification des plantes* est l'ensemble des groupes d'importance plus ou moins grande que l'on a ainsi formés.

Les différentes plantes qui se ressemblent beaucoup sont appelées par le même nom ; on dit qu'elles font partie de la même *espèce.*

On vient de voir que les graines d'une plante forment en germant de nouvelles plantes semblables à celle qui les a produites ; il en résulte que les plantes qui proviennent les unes des autres appartiennent toujours à la même espèce.

On peut dire, d'une manière générale, que l'*espèce* est l'ensemble des plantes qui se ressemblent beaucoup plus entre elles qu'elles ne ressemblent aux autres plantes. Ainsi, deux pieds de Trèfle blanc, dans une prairie, se ressemblent beaucoup plus entre eux qu'ils ne ressemblent à la Luzerne, ou même au Trèfle anglais ; on dit que ces deux pieds de Trèfle appartiennent *à la même espèce.*

On est convenu des caractères qui s'appliquent à toutes les plantes d'une même espèce, par une description de la forme de ces divers organes. C'est par la comparaison de ces descriptions, comme dans les tableaux de cette *flore*, que l'on peut déterminer l'espèce à laquelle appartient une plante donnée.

Si l'on observe, entre deux plantes, des différences moins importantes que celles qui existent entre deux espèces différentes, on dit que ces plantes appartiennent à deux *variétés* de la même espèce. C'est ainsi que parmi les plantes, vulgairement appelées Pied-de-Lièvre ou Trèfle des champs, on en trouve qui ont les tiges rougeâtres et presque sans poils, le calice très coloré et qui sont en général plus minces et plus élancées ; on dit que ces dernières appartiennent à la *variété* « grêle » de l'espèce « Trèfle des champs ».

5. Genre, famille, classe, embranchement. — Comme le nombre des espèces de plantes est très considérable, pour rendre la classification plus commode, on a réuni dans un même groupe, appelé *genre*, les espèces qui offrent entre elles beaucoup de ressemblance.

C'est ainsi que le Trèfle blanc, le Trèfle anglais et le Pied-de-Lièvre qui sont des espèces ayant entre elles plus de caractères communs que l'une d'elle n'en présente avec la Luzerne ou le Sainfoin, par exemple, appartiennent *à un même genre* auquel on a donné le nom de *Trèfle.*

Le nom de genre est un substantif, tandis que le nom d'espèce est ordinairement une qualification. Pour désigner diverses espèces du genre *Trèfle*, on dit : *Trèfle incarnat*, *Trèfle des prés*, *Trèfle couché*, *Trèfle des champs*,

Trèfle rampant, etc. On désigne habituellement les plantes par leurs deux noms successifs, le nom de genre suivi du nom d'espèce.

Il est indispensable de procéder ainsi, lorsqu'on veut indiquer nettement la plante dont on s'occupe, car les noms vulgaires des plantes varient tellement d'une région à l'autre qu'il est souvent très difficile de les employer; d'ailleurs, beaucoup de plantes n'ont pas de noms vulgaires.

Les botanistes emploient même de préférence la langue latine, pour désigner les noms de genres et d'espèces ce qui facilite les relations botaniques entre des pays différents. Le genre Trèfle est appelé *Trifolium* et les espèces que nous venons de nommer en français sont appelées dans les ouvrages descriptifs : *Trifolium incarnatum*, *Trifolium pratense*, *Trifolium procumbens*, *Trifolium arvense*, *Trifolium repens*, etc.

Mais le nombre des genres est encore très grand; aussi, est-on convenu de réunir dans un même groupe, les genres qui se ressemblent le plus, et l'on donne le nom de *famille* à l'ensemble de ces genres.

Par exemple, le genre Trèfle, le genre Sainfoin, le genre Pois, le genre Luzerne, comprennent des plantes qui offrent dans la forme de leurs fleurs, de leurs fruits ou de leurs feuilles un certain nombre de ressemblances; on dit que ces genres appartiennent à la famille des *Papilionacées* (ainsi nommée parce que les fleurs des plantes de cette famille ont des pétales qui sont un peu disposés comme les ailes des papillons).

De même, les familles ont été réunies en groupes plus élevés appelés *classes* ou *embranchements*.

6. Les principaux groupes de plantes. — Les plantes dont on vient de parler sont toutes des plantes à fleurs et qui se reproduisent par graines; les plantes qui ont ces caractères sont des *Plantes à fleurs* ou *Phanérogames*.

Il existe d'autres plantes qui n'ont jamais de fleurs et qui ne produisent pas de graines : ce sont les *Plantes sans fleurs* ou *Cryptogames*. Telles sont les Fougères, les Mousses, les Champignons, les Algues. Ces plantes forment ordinairement de très petits corps, à peine visibles, appelés *spores*. Les spores peuvent germer et produire de nouvelles plantes.

Parmi les Phanérogames, on met à part les plantes qui n'ont pas les ovules renfermés dans un ovaire et qui ne présentent pas de stigmates; tels sont les Pins, les Sapins, les Ifs, les Genévriers. Ces végétaux forment le groupe des *Gymnospermes*, ou *Plantes sans ovaires clos*, tandis que les Plantes à fleurs ayant des stigmates et dont les ovules sont renfermés dans un ovaire fermé sont les *Angiospermes* ou *Plantes à ovaires clos*.

Le groupe des Angiospermes, qui est beaucoup plus important que l'autre a été subdivisé en deux catégories :

1° Les *Monocotylédones* ou *Plantes à un cotylédon*, ainsi nommées parce que leur graine ne contient qu'une seule feuille nourricière ou cotylédon;

2° Les *Dicotylédones* ou *Plantes à deux cotylédons*, ainsi nommées parce que leur graine contient deux cotylédons.

Les Monocotylédones se reconnaissent le plus souvent à leurs feuilles dont les nervures ne sont pas ramifiées et à leurs fleurs dont les parties semblables sont ordinairement disposées par trois. Exemples : Tulipe, Muguet, Blé.

Les Dicotylédones se reconnaissent le plus souvent à leurs feuilles dont les nervures sont ramifiées et à leurs fleurs dont les parties semblables sont ordinairement disposées par quatre ou par cinq. Exemples : Giroflée, Fraisier, Campanule.

En résumé, l'on peut établir de la façon suivante les principaux groupes de plantes Phanérogames et Cryptogames.

- Plantes à fleurs : **PHANÉROGAMES.**
  - Plantes à stigmates, à ovules renfermés dans un ovaire clos : **ANGIOSPERMES.**
    - Graine à 2 cotylédons ; en général, feuilles à nervures ramifiées et fleurs à parties semblables disposées par 4 ou 5 — **Dicotylédones.** (Giroflée, Fraisier, Campanule).
    - Graine à 1 cotylédon ; en général, feuilles à nervures non ramifiées et fleurs à parties semblables disposées par 3 ou 6 — **Monocotylédones.** (Tulipe, Muguet, Blé).
  - Plantes sans stigmates ; à ovules non renfermés dans un ovaire clos........ **GYMNOSPERMES.** (Pin, Sapin, If).
- Plantes sans fleurs : **CRYPTOGAMES.**
  - Plantes à vraies racines................. **CRYPTOGAMES à RACINES.** (Prêles, Fougères)
  - Plantes sans vraies racines.
    - Ordinairement tige et feuilles................ **MUSCINÉES.** (Mousses. Hépatiques).
    - Tige et feuilles non distinctes................. **THALLOPHYTES.** (Algues, Champignons).

On trouvera dans les pages suivantes, l'explication des expressions très simples employées dans cet ouvrage, pour décrire la forme des diverses parties des végétaux. Le lecteur qui commence l'étude des plantes pourra jeter un coup d'œil sur ces pages, ou les consulter au fur et à mesure de ses déterminations.

EXPLICATION

DE QUELQUES EXPRESSIONS EMPLOYÉES POUR DÉCRIRE LES PLANTES.

A

Adventives (**Racines**). — On nomme ainsi les racines provenant d'une tige, que la tige soit située dans l'air, dans l'eau, ou sous le sol.

Exemples : 1, racines adventives sur une tige aquatique ; 2, 3, 4, racines adventives sur des tiges souterraines.

1

2

3

4

Aérien. — On dit qu'un organe est aérien lorsqu'il est développé dans l'air; telles sont les tiges *aériennes*, ainsi nommées par opposition aux tiges *souterraines* qui se développent sous le sol.

Aiguillon. — Parties terminées en pointe, situées çà et là sur la tige ou sur d'autres organes.

Exemples : 5, 6, aiguillons sur des tiges; 7, aiguillons sur un fruit.

5

6

7

Aile. — Partie mince et plate faisant saillie sur un organe.

Exemples : 8, 9, 10, tiges ailées ; 11, coupe en travers d'une tige à quatre ailes ; 12, coupe en travers d'un fruit à quatre ailes ; 13, coupe en travers d'un fruit à huit ailes.

8

9

10

11
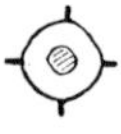
12

13
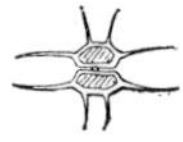

Ailé. — Organe portant des ailes. (Voyez *Aile*).

Ailes. — On désigne sous ce nom les deux pétales situés à droite et à gauche dans la fleur des plantes de la famille des Papilionacées (*a*, *a*, fig. 14).

EXEMPLES : 14, fleur de Papilionacée montrant les deux pétales *a a* appelées *ailes* ; 15, pétales séparés de la même fleur, montrant les ailes *a a*.

14 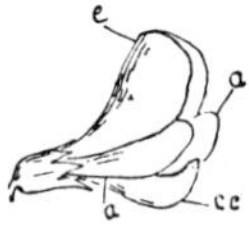

15 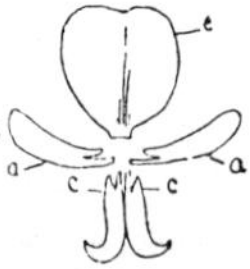

Alterne. — On appelle feuilles *alternes* des feuilles qui sont attachées isolément sur la tige en des points différents.

EXEMPLES : 16, 17, plante portant des feuilles ou des rameaux alternes.

16 

17 

Annuel (indiqué en abrégé par la lettre *a*). — Une plante annuelle ne vit que pendant une saison ; elle meurt complètement avant l'hiver. On reconnaît, en général, une plante annuelle à ses racines grêles et surtout à l'absence de tige souterraine développée.

Anthère. — Partie de l'étamine ordinairement renflée et contenant le pollen (*a*, fig. 18).

18 

19 

L'anthère est le plus souvent divisée en deux parties appelées *loges de l'anthère*.

EXEMPLES : 18, étamine avec une anthère (*a*, fig. 18) à deux loges rapprochées. et portée sur un filet *f* ; 19, étamine avec une anthère à deux loges écartées.

Arête. — Fil raide attaché sur le dos ou au sommet d'un organe.

EXEMPLES : 20, 21, arêtes terminales ; 22, arête insérée sur le dos d'une écaille.

20 

21 

22 

Avorté. — Un organe avorté est un organe qui ne s'est pas développé chez une plante à un endroit où il se développe chez des plantes analogues.

B

Bec. — Prolongement plus ou moins étroit d'un fruit.

EXEMPLES : 22, fruit à bec recourbé ; 23, fruit à bec aplati ; 24, fruits à bec allongé et terminé par une aigrette ; 25, 26, fruits ayant un bec à deux dents.

22 

23 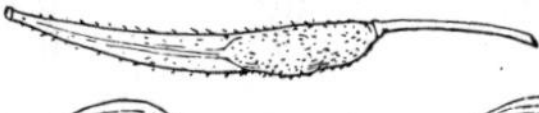

24 

25 

26

Bisannuel (indiqué en abrégé par la lettre *b*). — Une plante bisannuelle vit pendant deux saisons successives. En général, elle ne développe qu'une tige courte, des feuilles et des racines pendant la première saison; elle produit des fleurs et des fruits dans la seconde saison, puis elle meurt.

Bractée. — Feuille située au voisinage immédiat des fleurs, le plus souvent à la base des pédoncules.

Exemples : 27, bractées opposées; 28, bractée à la base du pédoncule d'une fleur; 29, bractées formant un involucre au-dessous d'un capitule de fleur; 30, bractées formant un involucre à la base d'une ombelle; 31, bractées allongées, à la base d'une inflorescence.

27

28

29

30

31

Bulbe. — Partie renflée formée le plus souvent par la base d'une tige (fig. G) entourée de nombreuses feuilles épaissies en forme d'écailles qui se recouvrent les unes les autres.

C

Calice. — On désigne sous ce nom l'enveloppe la plus extérieure de la fleur, formée par de petites feuilles particulières qu'on appelle *sépales*. Le calice peut être formé par des sépales séparés ou plus ou moins soudés entre eux. Le calice peut être aussi plus ou moins soudé aux autres parties de la fleur. Lorsque la fleur n'a qu'une seule enveloppe, on dit encore que c'est un calice. Les sépales sont assez souvent verts; parfois ils sont colorés comme les pétales de la corolle.

Exemples : 32, calice à sépales séparés, au-dessous d'une corolle; 33, calice à sépales soudés entre eux dans leur moitié inférieure; 34, calice à sépales soudés sauf au sommet; 35, un calice isolé, à sépales soudés sauf au sommet; 36, fleur à calice semblable à la corolle; les parties extérieures sont les sépales, les parties intérieures sont les pétales.

32

33

34

35

36
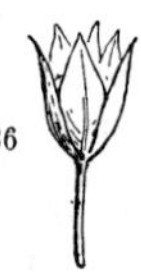

Calicule. — Certaines fleurs ont un calice dont les sépales sont accompagnés de sépales supplémentaires situés en dehors et dans l'intervalle des sépales ordinaires; on dit que ces sépales supplémentaires forment un *calicule* qui double pour ainsi dire le calice.

Exemples : 37, fleur ayant corolle, calice et calicule; 38, calice et calicule d'une fleur, dont on a enlevé les pétales ; les parties les plus petites sont les feuilles du calicule.

37 

38 

Capitule. — C'est une inflorescence dans laquelle toutes les fleurs sont sans pédoncules (*f*, fig. A) et insérées les unes à côté des autres sur une partie élargie qui termine la tige fleurie et qu'on nomme le *réceptacle du capitule* (*r*, fig. A). L'ensemble des fleurs est entouré par une collerette de bractées extérieures appelée *involucre du capitule* (*i*, fig. A). En outre, chaque fleur, à l'intérieur du capitule, peut être accompagnée d'une petite bractée en forme d'écaille qu'on nomme *écaille du capitule*.

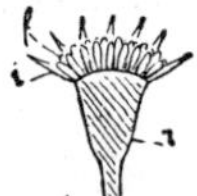

A

Exemples : 39, 40, capitules de fleurs ; 41, capitule de fleurs sans involucre ; 42, coupe en long d'un capitule, montrant le réceptacle commun arrondi.

39 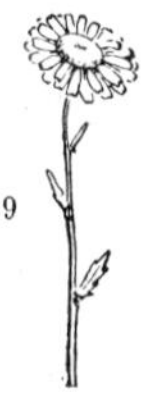

40 

41 

42 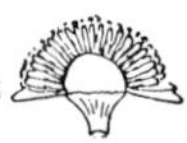

Carène. — On désigne sous ce nom les deux pétales plus ou moins soudés entre eux et formant ensemble comme une carène de bateau, à la partie inférieure des fleurs de la famille des Papilionacées (*cc*, fig. 43).

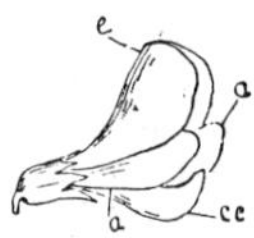

43

Carpelle. — Le *pistil*, situé au milieu de la fleur, est formé par un ou plusieurs *carpelles*. Les carpelles sont des feuilles très modifiées.

Le cas le plus facile à comprendre est celui où les carpelles sont libres entre eux, situés à côté les uns des autres, au milieu de la fleur ; on voit alors que chaque carpelle se compose ordinairement : 1° à la base, d'une partie renflée renfermant un ou plusieurs petits corps blancs arrondis nommés *ovules* (*ov*, fig. B), c'est l'*ovaire* du carpelle (*o*, fig. B) ; 2° d'une partie plus mince située au-dessus de l'ovaire et qu'on nomme le *style* (*s*, fig. B) ; 3° d'une petite masse visqueuse placée au sommet et qu'on nomme le *stigmate* (*sg*, fig. B). Le stigmate retient la poussière du pollen qui s'échappe des étamines et qui doit arriver sur le pistil pour que les ovules puissent se transformer en graines lorsque la fleur est passée.

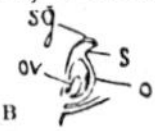

B

Dans d'autres cas, les carpelles sont réunis seulement par leurs ovaires, et l'on dit que le pistil possède un seul ovaire et plusieurs styles ou au moins plusieurs stigmates.

Les carpelles peuvent être aussi complètement soudés de façon que le pistil semble n'avoir qu'un seul ovaire, un seul style et un seul stigmate.

Exemples : 44, pistil formé de nombreux carpelles libres, disposés en tête ; 45, coupe d'une fleur montrant le pistil à nombreux carpelles libres ; 46, coupe d'une fleur montrant le pistil à plusieurs carpelles libres ; 47, pistil à nombreux carpelles disposés en cercle ; 48, 49, pistil à deux carpelles soudés et à styles libres entre eux ; 50, pistil à deux carpelles complètement soudés en un seul ovaire, un seul style et un seul stigmate ; 51, pistil à trois carpelles soudés seulement par leurs ovaires.

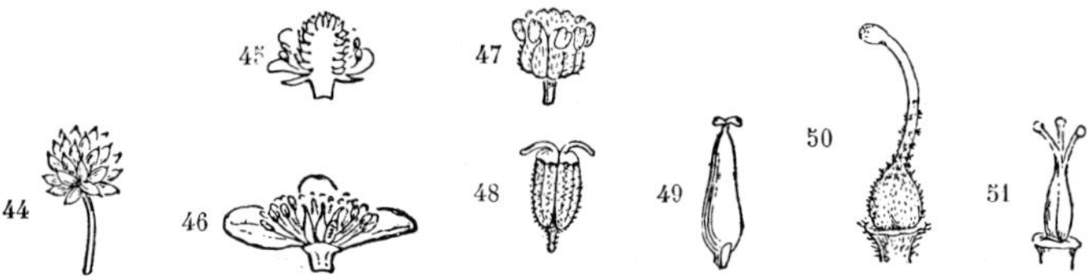

Cilié. — On dit qu'une partie est ciliée lorsqu'elle porte sur le bord des poils disposés en rang.

Exemples : 52, calice ouvert à dents ciliées ; 53, feuilles ciliées ; 54, écailles ciliées sur le dos ; 55, stipule engainante, ciliée au sommet.

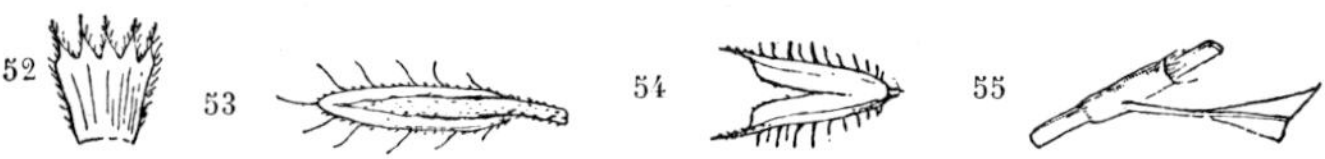

Cils. — Poils disposés en rang sur le bord d'une partie quelconque de la plante.

Exemples : Voyez *Cilié*.

Composée (Feuille). — Feuille complètement divisée en parties tout à fait séparées qui semblent former de petites feuilles (*folioles*).

Exemples : 56, feuille à trois folioles ; 57, feuille à folioles disposées sur deux rangs avec une foliole terminale ; 58, feuille composée, deux fois divisée ; 59, feuille à folioles toutes attachées au même point.

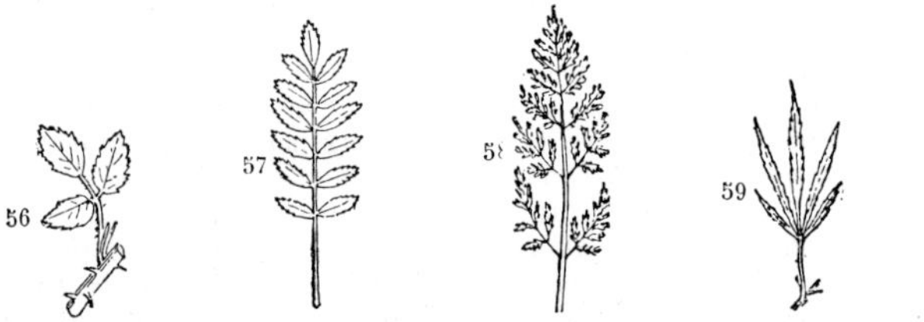

Corolle. — Lorsque la fleur a deux enveloppes différentes, l'une extérieure et l'autre intérieure, l'enveloppe intérieure est appelée *corolle*, tandis que l'extérieure se nomme *calice*. La corolle est formée par un ensemble de feuilles particulières qui se nomment *pétales*. Les pétales peuvent être complètement séparés jusqu'à la base ou plus ou moins soudés entre eux. La corolle peut être soudée avec les différentes autres parties de la fleur sur une longueur plus ou moins grande. La corolle est ordinairement d'une autre couleur et d'une autre consistance que le calice; cependant les pétales peuvent être semblables aux sépales dont ils ne diffèrent alors que par leur position intérieure.

Exemples : 60, 61, corolles à pétales séparés; 62, 63, corolles à pétales soudés à la base; 64, 65, corolles à pétales longuement soudés en tube; 66, corolle à pétales colorés comme les sépales du calice, mais reconnaissables à leur position intérieure.

60

61

62

63

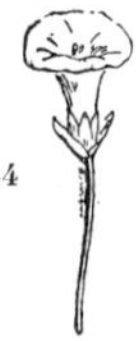
64

65

66

Crénelé. — Bordé de dents arrondies.

Exemples : 67, feuilles à larges crénelures ; 68, feuilles à petites crénelures.

67

68

E

Écailles. — Petites feuilles ou petites lames situées sur différents points de la plante. On dit par exemple que les tiges souterraines portent des feuilles réduites à des écailles. On désigne aussi sous ce nom les bractées membraneuses qu'on observe dans beaucoup d'inflorescences : entre les fleurs, au milieu d'un capitule, à la base des fleurs dans les épis des Cypéracées, etc.

Exemples : 69, plante ayant les feuilles réduites à des écailles; 70, écailles sur le pétiole d'une feuille; 71, écailles entre les fleurs d'un capitule; 72, écailles sur un épi; 73, une écaille isolée.

69

70

71

72

73

Engainante (Voyez *Gaine*).

Entier. — Sans divisions ni dents.

EXEMPLES : 74, feuille entière.

74 

Enveloppe florale. — On désigne d'une manière générale sous ce nom le calice ou la corolle.

Éperon. — On appelle ainsi une sorte de cornet ou de tube fermé à son extrémité que l'on observe à la base de certains sépales ou pétales.

EXEMPLES : 75, 76, 77, pétales prolongés en éperon (*e*, fig. 77).

75 

76 

77 

Épi. — Un *épi simple* est une inflorescence dans laquelle toutes les fleurs sont sans pédoncules et insérées le long d'une tige les unes au-dessus des autres. Un *épi composé* est une inflorescence où des groupes de fleurs sont disposés en épi.

EXEMPLES : 78, épi simple ; 79, épi d'épis ou épi composé.

78 

79 

Épillet (Voyez *Graminées*, p. 170).

Épine. — Branche, feuille, stipule ou partie de feuille transformée en un organe allongé et piquant.

EXEMPLE : 80, branche transformée en épine.

80

Étalé. — Écarté du point d'attache et rejeté en dehors.

Étamines. — Organes qui forment le *pollen*, poussière colorée qui doit arriver sur le stigmate du pistil pour que les ovules se transforment en graines. Une étamine se compose, en général, d'une partie allongée appelée *filet* (*f*, fig. E) qui se termine par une partie renflée nommée *anthère* (*a*, fig. E); c'est l'anthère qui contient le pollen. Lorsque l'étamine est mûre, l'anthère s'ouvre et laisse échapper au dehors la poussière du pollen. Les étamines sont souvent libres jusqu'à la base et insérées sur l'extrémité de la tige comme les sépales, les pétales et les carpelles. Souvent aussi, les étamines sont soudées aux autres parties de la fleur, au calice ou à la corolle. Les fleurs qui n'ont que des étamines, sans pistil, sont appelées *fleurs staminées*.

EXEMPLE : 81, fleur à quatre étamines situées autour du style.

81 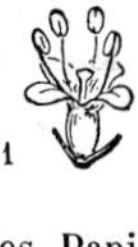

Étendard. — Nom donné au pétale supérieur de la fleur des Papilionacées. L'étendard (*e*, fig. 82) enveloppe les pétales situés à droite et à gauche (*ailes*) (*a*, *a*, et fig. 82), qui entourent eux-mêmes les deux pétales inférieurs réunis entre eux et formant la *carène* (*c*, *c*, fig. 82).

Exemples : 82, pétales séparés d'une fleur de Papilionacée ; 83, corolle de Papilionacée, montrant l'étendard, situé à gauche sur la figure : 84, un étendard isolé.

82
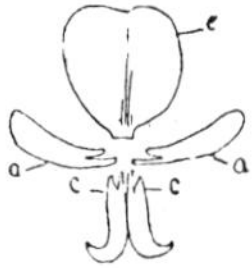

83

84

F

Feuille. — La *feuille* est l'un des trois membres de la plante. Une feuille est toujours attachée sur la tige et porte, en général, un rameau ou un bourgeon juste au-dessus d'elle. La feuille diffère de la tige et de la racine en ce qu'on y reconnaît une droite et une gauche, une face supérieure et une face inférieure.

Exemple : 85, feuille ayant un limbe et un pétiole, portant à son aisselle un petit bourgeon.

85

Filet de l'étamine. — Partie de l'étamine qui porte l'anthère.

Exemple : 86, étamine à filet allongé portant l'anthère.

86

Fleur. — Ensemble de feuilles particulières terminant un rameau. Les parties essentielles de la fleur sont les étamines et le pistil. Les fleurs ont pour but de préparer la formation des graines (Voyez *Fruit*). Les étamines et le pistil sont souvent protégés dans leur développement par une ou plusieurs enveloppes (Voyez *Calice* et *Corolle*).

Floraison. — Moment où les fleurs d'une plante sont épanouies.

Foliole. — Lorsque le limbe d'une feuille est très divisé, chaque partie de la feuille semble être une petite feuille secondaire. Ce sont ces divisions qui sont appelées *folioles*. (Voyez *Composée* [*Feuille.*])

Fruit. — Lorsque la fleur est flétrie, si le pollen des étamines est venu sur les stigmates du pistil, la fleur se transforme en un *fruit* contenant les graines. Le fruit s'ouvre lorsqu'il est mûr pour laisser les graines s'échapper ; parfois, il se détache tout entier avec la graine ou les graines qu'il renferme. Quand le fruit est sec et ne contient qu'une seule graine, on le confond souvent avec la graine elle-même ; mais on peut, en général, le reconnaître aux traces du style ou des styles qui le surmontent.

G

Gaine. — Quand la base d'une feuille entoure plus ou moins la tige par une partie élargie, on dit que la feuille est *engainante*. La gaine est cette partie spéciale située à la base de la feuille et qui entoure la tige sur une longueur plus ou moins grande.

Glauque. — D'un vert bleuâtre ou blanchâtre.

Glanduleux (Poils). — Poils ayant au sommet ou à la base une masse arrondie, souvent visqueuse ou odorante. Pour abréger, on dit qu'un organe est glanduleux s'il porte des poils glanduleux ou même si sa surface est couverte de petites masses arrondies.

Exemples : 87, sépale bordé de poils glanduleux ; 88, pétale glanduleux sur toute la surface.

87 

88 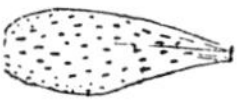

Glume (Voyez *Graminées*, p. 170).

Glumelle (Voyez *Graminées*, p. 170).

Graine. — Lorsque la fleur se transforme en fruit, les ovules du pistil se transforment en *graines*. La graine est contenue dans le fruit, sauf chez les plantes *Gymnospermes* (Voyez p. 206) ; elle se compose d'une ou plusieurs enveloppes renfermant une petite *plantule* qui est parfois placée au milieu d'une provision de nourriture (*albumen*). Lorsque la graine germe, la plantule se développe et produit une plante semblable à celle qui a formé la graine.

Grappe. — Une *grappe simple* est une inflorescence dans laquelle toutes les fleurs ont un pédoncule très net et sont attachés le long d'une tige les unes au-dessus des autres. Une *grappe composée* est une inflorescence où des groupes de fleurs sont disposés en grappe.

Exemples : 89, grappe simple ; 90, grappe composée.

89 

90 

H

Hybride. — Plante issue d'une graine qui provient du pistil d'une espèce dont le stigmate a reçu le pollen d'une autre espèce. Les hybrides présentent ordinairement des caractères intermédiaires entre ceux des deux espèces dont ils sont issus ; leurs fruits sont souvent mal formés.

I

Inflorescence. — Ensemble de fleurs voisines les unes des autres ou séparées seulement entre elles par des bractées.

Les principales *inflorescences simples* sont les suivantes : 1° La *grappe* est une inflorescence où la longueur des pédoncules (*d*, fig. G) est à peu près partout la même et à peu près égale à la distance *l* qui sépare deux pédoncules successifs; le *corymbe* (fig. C) est une grappe dont les pédoncules sont de plus en plus courts, de telle sorte que les fleurs viennent s'étaler presque sur un même plan. — 2° L'*ombelle* (fig. O), inflorescence

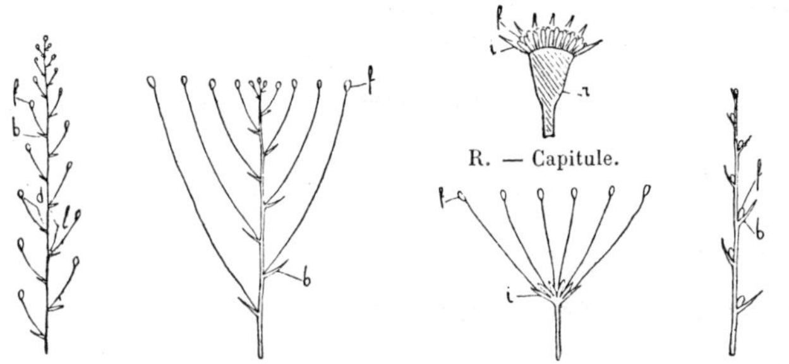

R. — Capitule.

G. — Grappe. C. — Corymbe. O. — Ombelle. E. — Épi.

(*f*, fleur ; *b*, bractée ; *d*, longueur du pédoncule ; *l*, distance entre les pédoncules; *i*, involucre ; *r*, réceptacle commun).

dans laquelle la distance entre les pédoncules est nulle ; tous les pédoncules sont attachés au même point et entourés ordinairement à leur base par les bractées qui forment un involucre (*i*, fig. O). — 3° L'*épi*, dans lequel, au contraire, les fleurs (*f*, fig. E) sont sans pédoncules, mais non attachées toutes au même endroit. — 4° Le *capitule*, dans lequel toutes les fleurs sont insérées les unes à côté des autres et sans pédoncules (fig. R).

M. — Ombelle composée.

Une inflorescence peut être *composée*, c'est-à-dire présenter la combinaison de plusieurs inflorescences simples. C'est ainsi que les fleurs peuvent être groupées en ombelle d'ombelles ou ombelle composée (fig. M), en grappe de grappesou grapppe composée, en corymbe de capitules, en grappe d'épis, etc.

Involucelle. — Ensemble de bractées qui sont à la base d'une ombellule dans une inflorescence en ombelle composée (*i*, fig. M).

Exemple : Voyez *Involucre*, fig. 93, 94, 95.

Involucre. — Ensemble des bractées qui entourent un capitule ou qui sont à la base d'une ombelle. On désigne aussi sous ce nom un ensemble de bractées spéciales qui se trouvent à la base d'une ou de plusieurs fleurs (Voyez *Ombelle* ou *Capitule*).

Exemples : 91, 92, capitules entourés d'un involucre de bractées ; 93, ombelle avec involucre à la base ; 94, ombelle dont on a coupé les rayons sauf un, avec involucre à la base des rayons et ombellule munie d'un involucelle à la base, sur le rayon qui n'a pas été coupé ; 95, ombelle composée avec involucre et involucelles ; 96, 97, involucres formés par trois feuilles au-dessous d'une fleur.

91

92 93 94 95 96 97

Irrégulière (Fleur). — Fleur dont on peut distinguer une moitié droite et une moitié gauche, ou fleur ne présentant aucune symétrie.

L

Labelle. — On désigne sous ce nom le pétale d'une fleur d'Orchidée qui diffère beaucoup des autres par sa forme.

Exemples ; 98, fleur d'Orchidée montrant le labelle *d* ; 99, fleur d'Orchidée montrant le labelle *l*.

98 

99 

Limbe. — Partie la plus élargie de la feuille, le plus souvent aplatie.

Lobes. — Parties du limbe de la feuille plus ou moins séparées les unes des autres.

Languette (Fleurs en). — On désigne sous ce nom les fleurs du capitule des Composées qui ont une corolle rejetée d'un côté et plate au moins dans sa partie supérieure (fig. 100). Lorsque les fleurs en languette ne sont pas encore développées, on peut les confondre au premier abord avec des fleurs en tube.

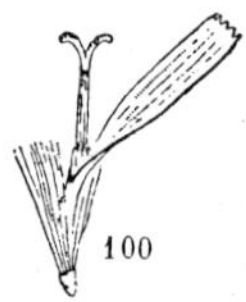

100

Loges. — Parties principales de l'anthère. (Voyez *Anthère.*). Quand le pistil a plusieurs ovaires soudés, on dit souvent qu'il a *un* ovaire à plusieurs loges.

M

Membraneux. — Mince et ayant un peu la consistance du parchemin.

Moyennes (Feuilles). — Feuilles situées vers le milieu de la tige.

N

Naturalisé. — Une plante *naturalisée* dans une contrée est une plante qui y a été introduite par l'homme et qui continue à s'y multiplier.

Nectaire. — Partie renfermant des sucres et qui peut souvent produire à sa surface des gouttelettes de liquide sucré.

Exemples : 101, nectaire recouvert par une écaille *e*, à la base d'un pétale ; 102, nectaires *g*, à la base du limbe d'une feuille ; 103, nectaire à la base d'un pistil.

101 

102 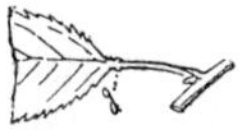

103 

Nœud. — Partie de la tige où s'attache la base d'une feuille. Si la feuille a une longue gaine entourant la tige, le nœud est à la base de cette gaine.

Nervures de la feuille. — Le limbe d'une feuille est ordinairement parcouru par de petits filets qui vont en diminuant d'épaisseur depuis la base de la feuille jusqu'à ses bords et qui font souvent saillie sur la face inférieure, ce sont les nervures ; on les observe facilement, dans la plupart des cas, en regardant la feuille par transparence.

O

Obtus. — On dit qu'un organe est *obtus* lorsqu'au sommet son contour n'est pas aigu.

Exemples : 104, 105, feuilles obtuses au sommet ; 106, écailles obtuses au sommet.

104

105

106

Ombelle. — Une *ombelle simple* (fig. S) est une inflorescence dans laquelle toutes les fleurs ont des pédoncules qui viennent s'attacher sur

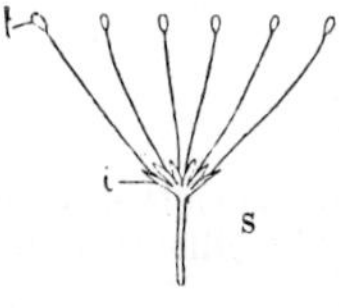

S

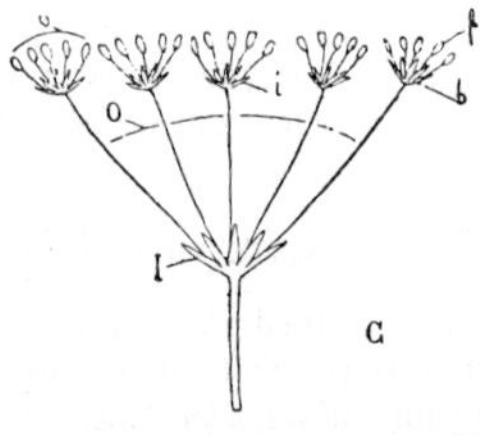

C

la tige au même point. Une *ombelle composée* (fig. C) est une ombelle d'ombelles, c'est-à-dire qu'elle est formée de petites ombelles (*ombel-*

lules) (*o*, fig. C) groupées elles-mêmes en ombelle (O, fig. C). Les bractées forment alors souvent une collerette générale à la base de l'ombelle (*involucre*) (I, fig. C), et de petites collerettes à la base des ombellules (*involucelles*) (*i*, fig. C).

EXEMPLES 107, ombelle simple ; 108, ombelle composée ; 109, ombelle composée dont on a coupé tous les rayons sauf un.

107  108  109 

Ombellule (Voyez *Ombelle*).

Opposé. — Organe placé en face d'un autre.

Opposées (Feuilles). — Feuilles placées par paire et attachées l'une en face de l'autre, à la même hauteur, sur la tige.

EXEMPLE : 110, feuilles opposées.

110

Ovaire. — Partie du pistil ou d'un carpelle du pistil qui est close et renferme l'ovule ou les ovules.

Ovules. — Petites masses arrondies, ordinairement blanches, attachées sur les bords des carpelles et situées dans l'ovaire. Ce sont les ovules qui se transforment en graines après la floraison.

P

Parasite. — Plante qui se développe aux dépens d'une autre plante vivante.

Pédoncule. — Rameau se terminant par une fleur ; c'est ce qu'on nomme vulgairement : queue de la fleur. Par exemple, la fleur *f* (fig. P) est portée par un pédoncule *p* qui vient s'attacher sur la tige *t* au-dessus de la bractée *b*. On désigne sous le nom de pédoncule commun, dans une inflorescence, la tige qui porte les pédoncules des fleurs.

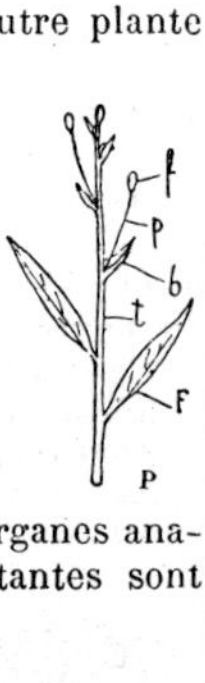

P

Pédonculé. — Ayant un pédoncule net.

Persistant. — Prolongeant sa durée au delà de celle des organes analogues chez la plupart des plantes. Ainsi, les feuilles persistantes sont celles qui ne tombent pas à l'automne.

Pétale (Voyez *Corolle*).

Pétiole. — Partie relativement étroite, située au-dessous du limbe de la feuille ; c'est ce qu'on nomme vulgairement : queue de la feuille.

Pétiolé. — Ayant un pétiole.

Pistil. — Partie de la fleur formée par l'ensemble des carpelles, libres entre eux ou soudés. Le pistil est situé au milieu de la fleur. A sa base, se trouvent les *ovaires* ou l'*ovaire* formé par la réunion des ovaires de chaque carpelle. Au-dessus sont souvent des parties plus allongées formant le *style* ou les *styles;* au sommet, l'on trouve toujours (excepté chez les plantes *Gymnospermes*, voyez page 206), un ou plusieurs *stigmates* plus ou moins visqueux. Les stigmates ont pour but de retenir la poussière du pollen venant des étamines, et c'est seulement lorsque cette partie du pistil a reçu le pollen que les ovules peuvent se transformer en graines. Les fleurs qui n'ont pas d'étamines et qui ne renferment seulement que le pistil sont nommées *fleurs pistillées.*

Exemples : Voyez *Carpelle.*

Pistillées (Fleurs). — Fleurs n'ayant pas d'étamines et renfermant seulement le pistil.

Pollen. — Poussière renfermée dans l'anthère des étamines et rejetées au dehors quand l'anthère est mûre. Il est nécessaire que le pollen arrive sur les stigmates du pistil pour que celui ci se transforme en fruit et pour que les ovules se transforment en graines.

R

Racine. — La *racine* est l'un des trois membres de la plante. On la distingue de la tige en ce qu'elle ne porte pas de feuilles, même réduites à des écailles, ni de traces de feuilles tombées. On la distingue de la feuille en ce qu'on ne peut reconnaître dans la racine ni droite, ni gauche, ni faces supérieure et inférieure.

Radicelle. — Ramification de la racine.

Rameau ou **branche**, ramification de la tige.

Réceptacle. — Partie terminale du pédoncule d'une fleur. Les diverses parties de la fleur sont insérées sur le réceptacle.

Exemples : 111, 112, fleurs coupées en long pour montrer le réceptacle plat (111), bombé (112), sur lequel sont attachés les diverses parties de la fleur ; 113, capitule de fleurs coupé en long, pour montrer le réceptacle commun sur lequel sont insérées les diverses fleurs ; 114, capitule dont on a enlevé toutes les fleurs et coupé les bractées de l'involucre pour faire voir le réceptacle commun, de face.

111

112

113

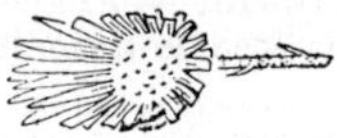

114

Rosette (Feuilles en). — Feuilles attachées sur la tige en assez grand nombre, très rapprochées les unes des autres et étalées.

115

Exemple : 115, rosette de feuilles.

S

Sépale (Voyez *Calice*).

Sillonné. — Marqué de sillons, dans le sens de la longueur.

116

Exemple : 116, fragment de tige sillonnée.

Simple (Feuille). — Feuille n'étant pas découpée en parties complètement séparées.

Sous-arbrisseau. — Arbrisseau très petit.

Spontanée (Plante). — Plante croissant naturellement dans notre région.

Sporanges. — Petits organes renfermant les spores chez les plantes cryptogames.

Spores. — Grains microscopiques qu'on trouve chez les plantes cryptogames, formant une poussière analogue à celle du pollen, mais pouvant germer directement, pour donner une nouvelle plante.

Staminées (Fleurs). — Fleurs n'ayant pas de pistil et ne renfermant qu'une ou plusieurs étamines.

Stamino-pistillées (Fleurs). — Fleurs ayant étamines et pistil.

Stigmate. — Partie plus ou moins visqueuse qui se trouve au sommet des carpelles, ou de tout le pistil quand les carpelles sont soudés, souvent porté par une partie allongée (*style*). Le stigmate retient à sa surface le pollen provenant des étamines. (Voyez *Pistil.*)

Exemples : 117, pistil à deux styles terminés chacun par un stigmate renflé; 118, deux stigmates réunis à la base; 119, pistil à stigmates disposés en rayons sur une sorte de plateau.

117 
118 
119 

Stipule. — Parties de certaines feuilles placées à droite et à gauche à la base de la feuille, à l'endroit où elle se rattache à la tige.

Exemples : 120, feuille composée, avec deux stipules à la base; 121, l'une de ces deux stipules; 122, 123, feuilles avec deux stipules soudées au pétiole; 124, base d'une feuille avec stipules dentées ; 125, base d'une feuille avec stipule engainante; 126, feuille dont les stipules sont très développées et dont le limbe est réduit à un filet.

120

121

122

123

124

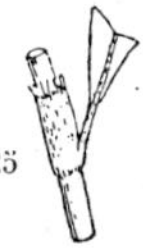
125

126

Strié. — Marqué de très petits sillons, en longueur.

Exemple : 127, fruit strié.

127

Style. — Partie plus ou moins allongée qui porte le stigmate ; il y a des fleurs qui n'ont pas de style développé.

Exemples : 128, fleur coupée en long, montrant le style qui est placé chez cette fleur, au milieu du tube de la corolle ; 129, fleur montrant le style au milieu des quatre étamines ; 130, fleur coupée en long, montrant l'ovaire surmonté de deux styles ; 131, fruit surmonté par deux styles persistants ; 132, fleur ayant un pistil à cinq styles courts.

128

129

130

131

132

Subspontanée (Plante). — Plante issue d'une graine venant d'une plante cultivée.

T

Tige. — La tige est l'un des trois membres de la plante. On la distingue de la racine à ce qu'elle porte des feuilles ou à ce qu'elle a porté des feuilles dont on voit souvent les traces sur la tige. On la distingue d'une feuille en ce que l'on ne reconnaît ordinairement dans la tige ni droite, ni gauche, et ni face supérieure, ni face inférieure. Suivant le milieu dans lequel elle croît, une tige peut être *aérienne*, *aquatique* ou *souterraine*.

Tube du calice. — Partie inférieure d'un calice dont les sépales sont

15.

soudés dans laquelle les sépales sont complètement réunis entre eux.

Exemples : 133, calice à sépales réunis en tube à la base; 134, calice fendu et ouvert montrant le tube du calice déroulé.

133  134 

Tube de la corolle. — Partie d'une corolle à pétales soudés, dans laquelle les pétales sont tout à fait réunis entre eux.

Exemples : 135, corolle à pétales soudés en tube à la base; 136, corolle à pétales complètement soudés en tube.

135  136 

Tube (Fleur en). — Fleurs du capitule des Composées dont la corolle est complètement en forme de tube et non rejetée en languette d'un seul côté.

Exemple : fig. 137.

137 

Tubercules. — Partie renflée d'une tige ou d'une racine.

Exemples : 138, tiges souterraines renflées en tubercules; 139, racines renflées en tubercules.

138  139 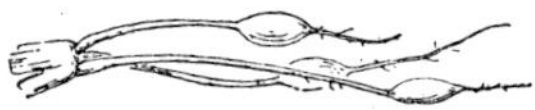

Tubuleuses (Fleurs), voyez *Tube (Fleurs en)*.

V

Valve. — L'une des parties qui s'écarte lorsqu'un fruit s'ouvre.

Exemples : 140, calice entourant un fruit qui s'ouvre par trois valves; 141, fruit s'ouvrant par quatre valves.

140  141 

Verticillées (Feuilles). — Feuilles attachées toutes à la même hauteur sur la tige, au nombre de trois ou plus.

Exemples : 142, fleurs verticillées par quatre; 143, fleurs verticillées par six.

142  143 

Vivace (Plante). — Plante qui peut vivre plus de deux ans. Les arbres et les arbustes, les herbes à tiges souterraines développées, sont des plantes vivaces.

Vrille. — Parties d'une tige ou d'une feuille allongées et sensibles, pouvant s'enrouler autour de supports pour soutenir la plante et lui permettre de grimper.

Exemple : 144, feuille à folioles supérieures transformées en vrilles.

144

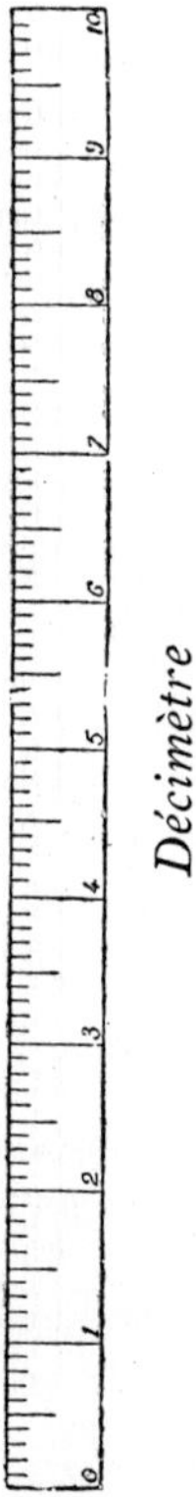

ABRÉVIATIONS DES NOMS D'AUTEURS

A. Br.	Alexandre Braun.
Adans.	Adanson.
All.	Allioni.
Alph. D. C.	Alphonse de Candolle.
A. M.	D'après plusieurs auteurs.
Anders.	Anderson.
Andrz.	Andranz.
Ard.	Arduini.
Bab.	Babington.
Balb.	Balbis.
Bartl.	Bartling.
Bast.	Bastard.
Bauh.	Bauhin.
B. et de L.	Bonnier et de Layens.
Benth.	Bentham,
Bernh.	Bernhardi.
Bert., Bertol.	Bertoloni.
Bess.	Besser.
Billot	Billot.
Bluff	Bluff.
Bœnn., Bœnning.	Bœnninghausen.
Boiss.	Boissier.
Bor.	Boreau.
Borkh.	Borkhausen.
Bréb.	de Brébisson.
Bromf.	Bromfield.
Brong.	Brongniart.
Camb.	Cambessèdes.
C. A. Mey.	C. A. Meyer.
C. B.; C. Bauh.	C. Bauhin.
Cass.	Cassini.
Chabert	Chabert.
Chaix	Chaix.
Cham.	de Chamisso.
Chaub.	Chaubard.
Clairv.	Clairville.
Coss.	Cosson.
Coss. et Germ.	Cosson et Germain.
Coult.	Coulter.
Crép.	Crépin.
Curt.	Curtis.
Dal., Dalech.	Dalechamp.
Dcne.	Decaisne.
D. C.	De Candolle.
Delarb.	Delarbre.
Delastre	Delastre
Desf.	Desfontaines.
Desp.	Desportes.
Desr.	Desrousseau.
Desv.	Desvaux.
Dietr.	Dietrich.
Dill.	Dillenius (Dillen).
Don.	David Don.
Dub.	Duby.
Duch.	Duchesne.
Dumort.	Dumortier.
Dun.	Dunal.
Edm. Bon.	Edmond Bonnet.
Ehrh.	Ehrhart.
Engelm.	Engelmann.
Fenzl	Fenzl.
Fing.	Fingerhuth.
Fisch.	Fischer.
Fl. d. Wett.	(Flora der Wetterau).
Forst.	Forster.
Frank.	Frankenius.
Fr., Fries	Fries.
Fuchs.	Fuchsius.
Gærtn.	Gærtner.
Gant.	Ganterer.
Garke	Garke.
Gaud.	Gaudin.
Gaudefroy	Gaudefroy.
Gay.	Gay.
G. G.	Grenier et Godron.
Gmel.	Gmelin.
Godr.	Godron.
Good.	Goodenough.
Gouan.	Gouan.
Gren.	Grenier.
Griseb.	Grisebach.
Guers.	Guersant.
Guss.	Gussone.
Hall.	Haller.
Haw.	Haworth.
Herm.	Hermann.
Hayne.	Hayne.
Hoffm.	Hoffmann.
Hoffms.	Hoffmannsegg.
Horn.	Hornemann.
Host	Host.
Huds.	Hudson.
Jacq.	Jacquin.
Jan	Jan.
Jord.	Jordan.
Kit.	Kitaibel.
Koch	Koch.
Kœl.	Kœler.
Kœn.	Kœnig.
Krock.	Krocker.
Krnck.	Kœrnicke.
Kunth.	Kunth.
Kütz.	Kützing.
L.	Linné.
Lag.	Lagasca.
Lah.	Laharpe.
Lam.	de Lamarck.
Lamotte	Lamotte.
Lange	Lange.
Lap., Lapeyr.	de La Peyrouse.
Lat.	Latourette.
Lec.	Lecoq.
Ledeb.	Ledebour.
Leers.	Leers.
Lefèvre	Lefèvre.
Le Gall	Le Gall.

Lehm.	Lehmann.
Lej.	Lejeune.
Leonh.	Leonhardi.
Leyss.	Leysser.
Lestib.	Lestiboudois.
L'Hérit.	L'Héritier.
Light., Lighft.	Lightfoot.
Lindl.	Lindley.
Link	Link.
Lloyd	Lloyd.
Lob.	Lobel.
Lois.	Loiseleur.
M. B.	Marschall von Bieberstein.
Mabille	Mabille.
Mart.	Martius.
Mér.	Mérat.
Mert.	Mertens.
M. et K.	Mertens et Koch.
Mey.	Meyer.
Michx.	Michaux.
Mich.	Micheli.
Michal.	Michalet.
Mill.	Miller.
Mirb.	de Mirbel.
Mœnch	Mœnch.
Moq.	Moquin-Tandon.
Moris.	Morison.
Murr.	Murray.
Mut.	Mutel.
Nus.	Nees von Esenbeck.
Nestl.	Nestler.
Nolte	Nolte.
Nutt.	Nuttal.
Nyman	Nyman.
Œder	Œder.
Oth.	Otths.
P. B.	Palisot de Beauvois.
Pall.	Pallas.
Parlat.	Parlatore.
Pers.	Persoon.
Poir.	Poiret.
Poit.	Poiteau.
Poit et Turp.	Poiteau et Turpin.
Poll.	Pollich.
Pourr.	Pourret.
Presl	Presl.
Questier	Questier.
Rafin.	Rafinesque.
R. Br.	Robert Brown.
Rchb.	Reichenbach.
R. et S.	Rœmer et Schultes.
Reich.	Reichard.
Retz.	Retzius.
Reut.	Reuter.
Reyn.	Reynier.
Rich.	Richard.
Riv.	Rivinus.
Rœm.	Rœmer.
Salisb.	Salisbury.
Salzm.	Salzmann.
St-Am.	Saint-Amans.
Savi	Savi.
Schk.	Schkuhr.
Schlecht.	Schlechtendal.
Schleich.	Schleicher.
Schleid.	Schleiden.
Schltz.	Schultz.
Schm.	Schmidt.
Schnitzl,	Schnizlein.
Schousb.	Schousboe.
Schrad.	Schrader.
Schreb.	Schreber.
Schrk.	Schrank.
Schult.	Schultes.
Schw., Schweig.	Schweigger.
Scop.	Scopoli.
Sébast.	Sébastiani.
S. et M.	Sébastiani et Mauri.
Ser.	Seringe.
Sibth.	Sibthorp.
Sm.	Smith.
Soland.	Solander.
Sond.	Sonder.
Soy.-Will.	Soyer-Willemet.
Spach	Spach.
Spenn.	Spenner.
Steud.	Steudel.
Ster.	Stern.
Sternb.	Sternberg.
Stremp.	Strempel.
Sturm	Sturm.
Sutt.	Sutton
Sw.	Swartz.
Tausch	Tausch.
Ten.	Tenore.
Thuill.	Thuillier
Timb.	Timbal-Lagrave.
Trin.	Trinius.
Turcz.	Turczaninow.
Turp.	Turpin.
Vahl.	Vahl.
Vent.	Ventenat.
Vill.	Villars.
Viv.	Viviani.
Wahlnb. Whlnb.	Wahlenberg.
Waldst.	Waldstein.
Wallm.	Wallmann.
Wallr.	Wallroth.
Walp.	Walpers.
Wedd.	Weddel.
Weig.	Weigel.
Weihe	Weihe.
Wend.	Wenderoth.
W. et K.	Waldstein et Kitaibel.
W. et N.	Weihe et Nees.
Wib.	Wibel.
Wigg.	Wiggers.
Willd.	Willdenow.
Wimm.	Wimmer.
With.	Withering.

TABLE ALPHABÉTIQUE

DES NOMS BOTANIQUES DES FAMILLES, GENRES, ESPÈCES ET SOUS-ESPÈCES

avec l'indication des propriétés des plantes, de l'étymologie des genres, des synonymes et des localités.

OBSERVATION

Les noms de famille sont en « **CAPITALES** ».
Les noms des genres sont en « **caractères compactes** ».
Les noms d'espèces et sous-espèces sont en « caractères ordinaires ».
Les noms de synonymes, c'est-à-dire les noms de plantes non admis dans la flore, sont en « *italiques* », et suivis du signe =, après lequel se trouve le nom de la plante qui est admis dans la flore.
Le signe ✠ indique que la plante a des applications. Les usages et les propriétés des plantes sont imprimés en « petits caractères ».
Le signe * indique que la plante est très recherchée par les abeilles pour le miel.
Les noms des localités des environs de Paris, de l'Eure, de l'Eure-et-Loir, de l'Oise, etc., sont imprimés en « *petites italiques* ».

(A.) Aisne.	*(L.)* Loiret.	*(S.-et-M.)* Seine-et-Marne.
(E.) Eure.	*(M.)* Marne.	*(S.-et-O.)* Seine-et-Oise.
(E.-et-L.) Eure-et-Loir.	*(S.)* Seine.	*(O.)* Oise.

TABLE DES NOMS FRANÇAIS

DES GENRES, DES FAMILLES ET DES NOMS VULGAIRES DES ESPÈCES

Les noms de famille sont en « CAPITALES ».
Les noms français des genres sont en « caractères ordinaires ».
Les noms vulgaires des espèces sont en « *italiques* ».

TABLEAU ABRÉGÉ DES FAMILLES PRINCIPALES

I. Feuilles ayant en général les nervures ramifiées :

Renonculacées. — *Beaucoup d'étamines libres jusqu'à leur base, à anthères tournées vers l'extérieur de la fleur.* (Voyez p. 2.)
Crucifères. — *Six étamines dont deux plus petites.* (Voyez p. 10.)
Caryophyllées. — *Ovaire sans cloisons, plusieurs styles libres entre eux jusqu'à leur base. Feuilles opposées.* (Voyez p. 24.)
Papilionacées. — *Corolle papilionacée* (figure de la page XIX). (Voyez p. 38.)
Rosacées. — *Beaucoup d'étamines réunies au calice par leur base* (Voyez p. 49.)
Ombellifères. — *Fleurs ordinairement en ombelles composées; cinq étamines ; deux styles libres entre eux.* (Voyez p. 63.)
Rubiacées. — *Feuilles en apparence verticillées; deux styles; pétales soudés à la base.* (Voyez p. 75.)
Composées. — *Fleurs en capitules; anthères soudées entre elles en un tube que traverse le style.* (Voyez p. 80.)
Primulacées. — *Ovaire sans cloisons; étamines placées en face du milieu des pétales; pétales soudés.* (Voyez p. 102.)
Solanées. — *Cinq étamines ; ovaire à deux loges; pétales soudés.* (Voyez p. 110.)
Borraginées. — *Cinq étamines; ovaire divisé extérieurement en quatre parties; pétales soudés.* (Voyez p. 107.)
Scrofularinées. — *Quatre étamines dont deux plus courtes ou deux étamines; ovaire à deux loges; fleur irrégulière; pétales soudés.* (Voyez p. 113.)
Labiées. — *Quatre étamines dont deux plus courtes ou deux étamines; ovaire divisé extérieurement en quatre parties; fleur irrégulière; pétales soudés.* (Voyez p. 120.)
Polygonées. — *Pas de pétales; stipules engainantes.* (Voyez p. 131.)
Euphorbiacées. — Le genre Euphorbe, qui renferme presque toutes les espèces de notre flore, se reconnaît à ses *fleurs non colorées et au suc laiteux blanc que contient la plante.* (Voyez p. 135.)
Groupe des Amentacées *(Cupulifères, Salicinées, Juglandées, Bétulinées.).* — *Arbres ou arbustes dont les fleurs staminées sont en épis.* (Voyez p. 139 et suivantes.)

II. Feuilles ayant en général les nervures non ramifiées :

Liliacées. — *Ovaire non soudé au calice; fleur régulière à six étamines.* (Voyez p. 144.)
Orchidées. — *Fleur irrégulière à une étamine soudée au stigmate.* (Voyez p. 149.)
Cypéracées. — *Fleurs membraneuses, brunâtres ou verdâtres; feuilles à gaine non fendue.* (Voyez p. 160.)
Graminées. — *Fleurs membraneuses, brunâtres ou verdâtres; feuilles à gaine fendue.* (Voyez p. 170.)

III. Plantes sans fleurs :

Fougères. — *Plantes sans fleurs; feuilles très développées par rapport aux tiges.* (Voyez p. 194.)

USAGE DU TABLEAU ABRÉGÉ DES FAMILLES PRINCIPALES

Les diverses familles sont très inégalement représentées dans la flore de notre pays. Les unes ne comprennent qu'une seule espèce, d'autres un très grand nombre.

En considérant seulement les familles nombreuses, on peut rapidement reconnaître si une plante appartient à l'une de ces familles et, avec un peu d'exercice, l'on arrive ainsi à trouver du premier coup, sans recourir au tableau analytique des familles de la page XIX, plus des trois quarts des espèces. Pour cela, il suffit de savoir les quelques lignes précédentes qui peuvent servir à caractériser presque toutes les plantes appartenant aux familles importantes.

Après avoir analysé un certain nombre de plantes, on aura souvent trouvé des espèces appartenant à l'une des importantes familles qui précèdent. On pourra donc facilement se rendre compte de ces caractères principaux. En apprenant ces courtes phrases on pourra bien souvent reconnaître, au premier aspect, si la plante qu'on a entre les mains appartient à l'une de ces grandes familles : Si oui, on ouvrira la flore au tableau correspondant de cette famille et l'on y cherchera directement le nom du genre, puis de l'espèce. Si non, l'on fera l'analyse de la plante en partant de la page XIX.

D'ailleurs, nous donnons ci-dessous les principaux caractères de toutes les familles. Celles qui sont les moins importantes sont imprimées en caractères plus petits.

CARACTÈRES DES FAMILLES

CONTENUES DANS LA FLORE

I. PHANÉROGAMES (plantes à fleurs).

A. **Angiospermes** (plantes à stigmates).

1° *Dicotylédones à pétales séparés.*

(P. 2) **RENONCULACÉES.** — Cette famille renferme des plantes qui diffèrent beaucoup les unes des autres. On les reconnaît, en général, à ce qu'elles ont de *nombreuses étamines dont les anthères sont tournées en dehors*. En outre, la plupart des Renonculacées ont un pistil composé de carpelles libres entre eux, au moins au sommet.

(P. 7) **Berbéridées.** — Ne comprend dans notre flore qu'un arbrisseau épineux qui est caractérisé par ses fleurs, dont *les étamines s'ouvrent par deux petites valves ;* le fruit est charnu.

(P. 7) **Nymphéacées.** — Plantes submergées dont les fleurs et les feuilles flottent à la surface de l'eau. Les fleurs des Nymphéacées sont remarquables par leurs *nombreux pétales présentant toutes les transitions entre les pétales et les étamines.*

(P. 8) **PAPAVÉRACÉES.** — Fleurs caractérisées par *deux sépales qui tombent quand la fleur s'ouvre ;* quatre pétales ; étamines nombreuses ; plante renfermant un liquide épais.

(P. 8) **FUMARIACÉES.** — Fleurs *irrégulières, à deux sépales ;* en apparence, six étamines soudées par leurs filets ; feuilles très divisées.

(P. 10) **CRUCIFÈRES.** Cette famille comprend des plantes qui se ressemblent beaucoup. On les reconnaît, en général, à ce que les fleurs ont *six étamines dont deux plus courtes ;* quatre sépales ; quatre pétales ; fleurs en grappes ; feuilles alternes ; fruit souvent à deux valves laissant entre elles un cadre qui porte les graines.

(P. 19) **CISTINÉES.** — Fleurs à *nombreuses étamines.* Pétales *chiffonnés dans le bouton.* Ordinairement cinq sépales, dont deux plus petits. Feuilles entières, souvent roulées par les bords.

(P. 20) **VIOLARIÉES.** — Fleurs *irrégulières à cinq étamines dont les filets sont très courts ;* cinq sépales inégaux ; cinq pétales inégaux dont un prolongé en éperon ; fruit sec à trois valves.

(P. 21) **RÉSÉDACÉES.** — Fleurs *irrégulières, à pétales profondément divisés ;* quatre à huit sépales, quatre à huit pétales ; sept à quarante étamines ; fleurs en grappes ; feuilles alternes.

(P. 22) **DROSÉRACÉES.** — On reconnaît ces plantes à ce que les écailles à l'intérieur des pétales ou bien les feuilles ont de *nombreuses divisions glanduleuses ;* fleurs régulières à cinq sépales, cinq pétales ; feuilles toutes à la base ou toutes à la base sauf une ; plantes des endroits humides.

(P. 23) **POLYGALÉES.** — Fleurs *irrégulières, à cinq sépales dont deux plus grands et colorés ;* pétales plus ou moins soudés, l'un d'eux divisé en lanières ; huit étamines à anthères soudées quatre par quatre ; fruit sec à deux loges ; fleurs en grappes ; feuilles alternes.

(P. 24) **CARYOPHYLLÉES.** — Les plantes de cette famille ont les *fleurs régulières, à styles libres entre eux, à ovaire non divisé en plusieurs loges;* il y a le plus souvent cinq sépales, cinq pétales, dix étamines; les feuilles sont opposées et la tige est souvent renflée à l'endroit où s'attachent les feuilles.

(P. 31) **Elatinées.** — Petites plantes de marais, à feuilles simples opposées ou verticillées, à tiges rampantes et portant des racines; *trois à quatre sépales; trois à quatre pétales; trois à quatre styles libres.*

(P. 32) **LINÉES.** — Fleurs régulières, à quatre ou cinq styles, *quatre ou cinq pétales qui tombent très facilement;* quatre ou cinq styles; ovaire à *six à huit loges.*

(P. 32) **Tiliacées.** — *Arbres à fleurs dont le pédoncule est soudé avec la bractée;* étamines nombreuses; feuilles alternes.

(P. 33) **MALVACÉES.** — Plantes à fleurs régulières, à étamines nombreuses *dont les anthères n'ont qu'une seule loge* et qui sont soudées par leurs filets entre elles ainsi qu'aux pétales. Calice *doublé en dessous par de petites bractées.*

(P. 33) **GÉRANIÉES.** — Fleurs régulières ; cinq sépales, cinq pétales, cinq ou dix étamines; *cinq carpelles réunis par le milieu mais très distincts à l'extérieur; styles soudés et persistants, formant un bec plus ou moins allongé en dessus du fruit;* feuilles exhalant souvent une odeur forte lorsqu'on les froisse.

(P. 35) **HYPÉRICINÉES.** *Étamines nombreuses réunies par leur base formant trois à cinq faisceaux opposés aux pétales;* fleurs jaunes, régulières; feuilles entières, opposées.

(P. 36) **Acérinées.** — *Arbres à feuilles opposées et à nervures disposées en éventail;* fleurs régulières, ordinairement à huit étamines; fruit formé de deux parties prolongées en aile, qui se séparent à la maturité.

(P. 37) **Ampélidées.** — Ne comprend dans notre flore qu'un *arbrisseau grimpant par des vrilles;* fleurs régulières à cinq pétales verts qui restent soudés par le haut; cinq étamines ; fruit charnu.

(P. 37) **Hippocastanées.** — Ne renferme qu'une espèce dans notre flore. *Arbre à feuilles portant de cinq à neuf folioles s'attachant au même point;* fleurs irrégulières; ordinairement sept étamines.

(P. 37) **Balsaminées.** — Ne renferme qu'une espèce dans notre flore. *Fleurs irrégulières; quatre sépales très inégaux,* dont deux membraneux et deux colorés; l'un de ces derniers est prolongé en éperon; quatre pétales; cinq étamines; *fruit charnu s'ouvrant brusquement,* les valves s'enroulant sur elles-mêmes.

(P. 37) **Oxalidées.** — Fleurs régulières ; cinq sépales; cinq pétales ; dix étamines ; cinq styles. *Feuilles à trois folioles se pliant chacune par le milieu, à l'obscurité;* fruit à cinq loges.

(P. 37) **Célastrinées.** — Ne renferme qu'une espèce dans notre flore. *Arbrisseau à feuilles opposées presque entières;* fleurs régulières; quatre à cinq sépales; quatre à cinq pétales *attachés sur un anneau épais;* fruit à trois à cinq loges.

(P. 37) **Ilicinées.** — Ne renferme dans notre flore qu'un *arbrisseau à feuilles dentées, épineuses, coriaces.* Fleurs régulières, stamino-pistillées ou staminées ou pistillées; ordinairement quatre sépales, quatre pétales soudés entre eux, quatre étamines, ovaire à quatre loges.

(P. 37) **Rhamnées.** — *Arbrisseaux à feuilles simples, non opposées et à fleurs régulières.* Quatre à cinq sépales, quatre à cinq pétales très petits; quatre à cinq étamines; ovaire ayant deux à quatre loges.

(P. 38) **PAPILIONACÉES.** — *Fleurs irrégulières à dix étamines toutes, ou toutes sauf une, soudées par leurs filets.* Cinq pétales inégaux : un supérieur *(étendard)* recouvrant deux autres pétales situés à droite et à gauche *(ailes)* qui recouvrent eux-mêmes deux autres pétales inférieurs plus ou moins soudés entre eux *(carène).* Feuilles souvent composées de plusieurs folioles et avec stipules à leur base. Fruit s'ouvrant souvent en deux valves.

(P. 49) **ROSACÉES.** — Cette famille est caractérisée par la présence de *beaucoup d'étamines soudées avec le calice;* les fleurs sont régulières; les feuilles sont souvent dentées et munies de stipules.

(P. 55) **Cucurbitacées.** — Plantes *grimpant par des vrilles.* Fleurs staminées sur une plante et fleurs pistillées sur une autre. Fleurs staminées à *trois étamines dont une n'a qu'une loge.*

(P. 56) **Myriophyllées.** — *Plantes submergées, à feuilles verticillées* rarement opposées. Fleurs peu visibles ordinairement à quatre sépales, quatre pétales, quatre ou huit étamines; ovaire soudé avec le calice, à deux ou quatre loges.

(P. 56) **ONAGRARIÉES.** — *Calice soudé avec l'ovaire,* fleurs régulières ayant en général *deux ou quatre sépales, deux ou quatre pétales, deux ou quatre ou huit étamines,* un ovaire à *deux ou quatre loges;* les styles sont soudés en un seul style à deux ou quatre stigmates; feuilles simples.

(P. 58) **Hippuridées.** — Ne comprend qu'une espèce dans notre flore. *Plante aquatique ordinairement submergée à feuilles simples verticillées par huit à treize.* Fleurs peu visibles sans corolle, à une étamine; ovaire à une loge.

(P. 58) **Callitrichinées.** — Ne comprend qu'une espèce dans notre flore. *Plante aquatique ordinairement submergée à feuilles opposées, entières.* Fleurs peu visibles. Calice à deux sépales, pas de corolle, une à deux étamines, ovaire à quatre loges.

(P. 58) **Cératophyllées.** — *Plantes aquatiques submergées à feuilles découpées, verticillées par six à dix.* Fleurs les unes staminées ayant 10 à 25 étamines, les autres pistillées à pistil dont l'ovaire n'a qu'une loge et est surmonté d'un style persistant.

(P. 58) **LYTHRARIÉES.** — *Calice à huit ou douze divisions, disposées sur deux rangs;* étamines ordinairement six à douze; ovaire à deux loges; fleurs régulières; feuilles entières.

(P. 59) **Portulacées.** — Plantes *plus ou moins charnues, à feuilles opposées, au moins les inférieures. Calice ordinairement à deux ou trois sépales;* pétales plus ou moins inégaux. Fleurs peu visibles.

(P. 59) **PARONYCHIÉES.** — Fleurs régulières; quatre à cinq *sépales persistants; pétales réduits à des filets ou non développés;* ovaire à une loge. Plantes à fleurs peu visibles, à tiges plus ou moins couchées sur le sol.

(P. 66) **CRASSULACÉES.** — Plantes *charnues, à feuilles épaisses.* Fleurs régulières à carpelles séparés les uns des autres *en même nombre que les pétales,* ayant chacun une écaille à sa base.

(P. 62) **SAXIFRAGÉES.** — Fleurs régulières; *étamines huit à dix, deux styles;* calice plus ou moins soudé avec l'ovaire; ovaire ordinairement à deux loges.

(P. 62) **Grossulariées.** — *Arbustes à feuilles à nervures en éventail, non opposées.* Fleurs régulières, *à pétales très petits,* en grappes. Fruits charnus.

(P. 63) **OMBELLIFÈRES.** — Les plantes de cette famille ont ordinairement les *fleurs disposées en ombelles composées.* On les reconnaît aux caractères suivants: *cinq étamines, deux styles, deux carpelles soudés se séparant à la maturité.* Feuilles alternes, sans stipules, souvent engainantes à la base.

(P. 74) **Araliacées.** — Ne comprend dans notre flore qu'un *arbrisseau grimpant par des racines en crampons.* Fleurs régulières en ombelles simples; cinq sépales soudés à l'ovaire, cinq étamines; fruits charnus.

(P. 74) **Cornées.** — *Arbrisseaux à feuilles opposées dont les nervures se recourbent vers le sommet de la feuille.* Quatre sépales; quatre pétales, quatre étamines; fruits charnus, à noyau.

(P. 74) **Loranthacées.** — Ne comprend dans notre flore qu'un *arbrisseau vert, parasite sur les branches d'arbres.* Fleurs les unes staminées, à quatre anthères larges et plates, les autres pistillées. Fruits charnus, blancs.

2° *Dicotylédones à pétales soudés entre eux.*

(P. 74) **CAPRIFOLIACÉES.** — *Calice soudé à l'ovaire; pétales soudés entre eux; feuilles opposées;* fruits charnus. La plupart des plantes de cette famille sont des arbrisseaux.

(P. 75) **RUBIACÉES.** — Feuilles *en apparence verticillées.* Fleurs régulières à *pétales soudés entre eux* au moins à la base; ovaire situé en apparence sous la fleur; ovaire à deux carpelles.

(P. 77) **VALÉRIANÉES.** — *Une ou trois étamines; corolle à cinq pétales soudés;* calice soudé avec l'ovaire qui est placé en apparence sous la fleur; feuilles opposées.

(P. 78) **DIPSACÉES.** — Les plantes de cette famille ont les fleurs réunies en *capitules, et les étamines libres entre elles;* calice soudé à l'ovaire et formant au-dessus un certain nombre d'arêtes raides ou de poils; *feuilles opposées.*

(P. 80) **COMPOSÉES.** — Les plantes de cette famille se reconnaissent à ce qu'elles ont à la fois les deux caractères suivants : *fleurs réunies en capitules et, dans chaque fleur, anthères soudées en un tube au travers duquel passe le style.* Chaque fleur a la corolle tantôt en languette tantôt en tube. Le calice est soudé à l'ovaire et se prolonge souvent en une aigrette au-dessus du fruit. Cinq étamines; fruits secs ne s'ouvrant pas, renfermant une graine.

(P. 98) **Ambrosiacées.** — Fleurs *les unes staminées en capitule* entouré d'un involucre, *les autres pistillées par une à deux* dans un involucre à bractées soudées. Fruits secs, ne s'ouvrant pas. Plantes annuelles.

(P. 98) **Lobéliacées.** — Ne comprend qu'une espèce dans notre flore. *Fleurs irrégulières, à étamines, à calice soudé à l'ovaire;* fruits secs s'ouvrant au sommet.

(P. 98) **CAMPANULACÉES.** — *Fleurs régulières : cinq sépales soudés à l'ovaire;* cinq pétales soudés entre eux; *cinq étamines.* Fruit sec ayant deux à cinq loges. Feuilles non opposées.

(P. 100) **Vaccinées.** — *Sous-arbrisseaux à feuilles simples et alternes.* Fleurs régulières à *calice soudé à l'ovaire,* à pétales soudés entre eux; *huit ou dix étamines* soudées avec la corolle; fruits charnus.

(P. 100) **ERICINÉES.** — *Sous-arbrisseaux à feuilles opposées ou verticillées, persistantes et coriaces.* Fleurs à corolle dont les pétales sont soudés, *à huit ou dix étamines s'ouvrant chacune par deux trous, non soudées avec la corolle, à ovaire non soudé au calice.* Fruits secs s'ouvrant; feuilles persistant pendant l'hiver.

(P. 101) **Pyrolacées.** — Cinq sépales soudés; *cinq pétales libres;* dix étamines à anthères s'ouvrant *chacune par deux trous;* ovaire à cinq loges; feuilles persistant pendant l'hiver.

(P. 101) **Monotropées.** — Ne comprend qu'une seule espèce dans notre flore. *Plante non verte; feuilles réduites à des écailles;* quatre à cinq sépales; quatre à cinq pétales; *huit à dix étamines.*

(P. 101) **LENTIBULARIÉES.** — *Plantes aquatiques à fleurs irrégulières; deux étamines; ovaire non divisé en plusieurs loges.* Corolle à éperon; feuilles toutes submergées ou toutes à la base.

(P. 102) **PRIMULACÉES.** — Fleurs régulières; corolle à pétales soudés entre eux. *Étamines placées en face du milieu des pétales.* Ovaire à beaucoup d'ovules et *non divisé en loges.*

(P. 103) **OLÉINÉES.** — *Arbres ou arbrisseaux à feuilles opposées.* Fleurs à *deux étamines;* ovaire à deux loges.

(P. 104) **Apocynées.** — Fleurs régulières à pétales soudés; la *partie libre de chaque pétale est un peu contournée d'un côté;* cinq étamines, deux carpelles. Tiges rampantes et feuilles opposées, entières.

(P. 104) **Asclépiadées.** — Fleurs régulières à pétales soudés; cinq étamines *recouvertes par des parties recourbées qui forment une couronne autour des anthères.* Pollen réuni *en une seule masse* dans chaque loge de l'anthère. Graines portant une aigrette de poils. Tiges dressées.

(P. 105) **GENTIANÉES.** — Fleurs régulières à pétales soudés; *corolle souvent munie de plis, ordinairement persistante après la floraison;* cinq étamines, rarement quatre à douze; fruit sec s'ouvrant en deux valves.

(P. 106) **Convolvulacées.** — Fleurs régulières à pétales soudés, *en forme d'entonnoir. Tiges s'enroulant autour des autres tiges;* cinq étamines; ovaire à deux loges.

(P. 106) **Cuscutacées.** — *Plantes non vertes, sans feuilles développées, s'enroulant autour des autres plantes* sur lesquelles elles se fixent par des *suçoirs.* Corolle à pétales soudés; quatre à cinq étamines; ovaire à deux loges.

(P. 107) **BORRAGINÉES.** — Fleurs ordinairement régulières; corolle à cinq pétales soudés; *cinq étamines; ovaire divisé extérieurement en quatre parties;* feuilles alternes, poilues.

(P. 110) **SOLANÉES.** — Fleurs régulières; corolle à cinq pétales soudés; *cinq étamines; ovaire à deux loges.* Fruit sec ou charnu; feuilles non opposées.

(P. 112) **Verbascées.** — Fleurs *irrégulières, à cinq étamines inégales; ovaire à deux loges.* Fleurs disposées en longues grappes dressées. Feuilles alternes.

(P. 113) **SCROFULARINÉES.** — Fleurs plus ou moins *irrégulières; quatre étamines dont deux plus petites ou deux étamines; ovaire à deux loges;* fruit sec.

(P. 118) **OROBANCHÉES.** — *Plantes non vertes, feuilles réduites à des écailles.* Fleurs *irrégulières* à quatre étamines dont deux plus courtes; ovaire à deux loges.

(P. 120) **LABIÉES.** — Fleurs plus ou moins *irrégulières;* corolle souvent à deux lèvres; *quatre étamines dont deux plus petites ou deux étamines; ovaire divisé extérieurement en quatre parties.* Tige à quatre angles; feuilles opposées.

(P. 128) **Verbénacées.** — Ne comprend qu'une espèce dans notre flore. Fleurs irrégulières à quatre étamines dont deux plus petites. *Ovaire non divisé extérieurement en quatre parties séparées.* Tige à quatre angles; feuilles opposées, divisées.

(P. 128) **PLANTAGINÉES.** — Fleurs régulières *à corolle membraneuse divisée en quatre; quatre étamines;* fleurs en épis, rarement isolées.

(P. 129) **Plombaginées.** — Ne comprend qu'une espèce dans notre flore. Cinq sépales soudés; cinq pétales soudés; *cinq étamines opposées aux pétales;* cinq styles; fruit à une loge.

(P. 129) **Globulariées.** — *Fleurs irrégulières, en capitule;* cinq sépales; corolle à deux lèvres; *quatre étamines;* fruit à une graine, ne s'ouvrant pas.

3° *Dicotylédones sans pétales.*

(P. 129) **AMARANTACÉES.** — Une seule enveloppe florale régulière, *plus ou moins membraneuse* à trois ou cinq sépales; trois ou cinq étamines. Ovaire non soudé avec le calice; *deux à trois styles. Fleurs accompagnées des bractées membraneuses.*

(P. 130) **SALSOLACÉES.** — Une seule enveloppe florale régulière *plus ou moins verte* à deux, trois, quatre ou cinq sépales; trois à cinq étamines. Ovaire non soudé avec le calice; deux styles, rarement trois à quatre; fleurs *sans bractées membraneuses.*

(P. 131) **POLYGONÉES.** — Une seule enveloppe florale; cinq à six sépales; trois à neuf étamines; ovaire libre; fruit ne s'ouvrant pas; deux à quatre styles; *stipules soudées formant une gaîne autour de la tige;* feuilles alternes.

(P. 134) **Daphnoïdées.** — *Sous-arbrisseaux.* Fleurs à une seule enveloppe florale régulière; *huit à dix étamines;* ovaire libre à une loge; feuilles non opposées.

(P. 134) **Santalacées.** — Ne comprend qu'une espèce dans notre flore. Une seule enveloppe florale à *sépales soudés entre eux et soudés à l'ovaire;* quatre à cinq étamines; feuilles étroites.

(P. 134) **Aristolochiées.** — Une seule enveloppe florale à *sépales soudés entre eux et avec le calice; six ou douze étamines;* ovaire à six loges. Feuilles alternes, en cœur à la base.

(P. 135) **EUPHORBIACÉES.** — Fleurs à une seule enveloppe florale. Ovaire non soudé avec le calice *à deux ou trois loges;* deux ou trois styles; étamines plus ou moins nombreuses; fruit s'ouvrant en deux ou trois valves *laissant une colonne au milieu du fruit.* Plantes souvent à suc blanc, laiteux.

(P. 138) **Ulmacées.** — Ne comprend qu'une espèce dans notre flore. *Arbres à feuilles alternes, dentées. Fleurs stamino-pistillées,* à une seule enveloppe florale. Ordinairement *cinq étamines et deux styles;* fruit ne s'ouvrant pas, *ayant une aile large.*

(P. 138) **Cannabinées.** — *Fleurs staminées sur une plante et fleurs pistillées sur une autre;* une seule enveloppe florale; *cinq étamines ;* un ovaire libre à une loge; *feuilles opposées, à nervures en éventail.*

(P. 138) **URTICÉES.** — *Fleurs staminées et pistillées* rarement mêlées à des fleurs stamino-pistillées; *stigmate en pinceau; quatre étamines;* feuilles ayant de petites stipules.

(P. 138) **Juglandées.** — Ne comprend qu'une espèce dans notre flore. *Arbre à feuilles odorantes, composées de folioles.* Fleurs staminées et fleurs pistillées sur le même arbre. Calice soudé avec l'ovaire. Fleurs staminées ayant quatorze à trente-six étamines, disposées en épis pendants; fleurs pistillées, isolées ou formant un petit groupe.

(P. 139) **CUPULIFÈRES.** — *Arbres à feuilles entières ou dentées. Fleurs staminées et fleurs pistillées sur le même arbre.* Fleurs staminées ayant quatre à vingt étamines disposées en épis pendants. *Ovaire et fruit entouré de bractées particulières formant un involucre.* Chaque fruit ne s'ouvre pas.

(P. 140) **SALICINÉES.** — *Arbres ou arbustes à feuilles dentées. Fleurs staminées sur un arbre et fleurs pistillées sur un autre.* Fleurs staminées et fleurs pistillées disposées en épis. Chaque fruit s'ouvre par deux valves.

(P. 142) **Platanées.** — Ne renferme qu'une espèce dans notre flore. *Arbres à feuilles ayant les nervures disposées en éventail.* Fleurs staminées et pistillées *sur le même arbre, disposées en masses globuleuses.* Fruits ne s'ouvrant pas.

(P. 142) **BÉTULINÉES.** — *Arbres à feuilles dentées.* Fleurs staminées et fleurs pistillées *sur le même arbre.* Fleurs staminées en épis pendants. Fleurs pistillées en épis dressés, *chaque écaille recouvrant deux à trois fleurs.*

(P. 142) **Myricées.** — Ne renferme qu'une espèce dans notre flore. *Sous-arbrisseau odorant* à fleurs staminées et à fleurs pistillées ordinairement sur des plantes différentes; *quatre étamines; deux styles;* fruit ne s'ouvrant pas.

4° *Monocotylédones.*

(P. 143) **ALISMACÉES.** — *Cinq sépales verts, trois pétales colorés;* six, douze étamines ou un grand nombre; pistil formé de *carpelles libres entre eux.* Plantes aquatiques.

(P. 144) **Butomées.** — Ne comprend qu'une espèce dans notre flore. *Trois sépales verdâtres un peu colorés, trois pétales colorés; neuf étamines;* pistil à six carpelles soudés entre eux vers l'intérieur. Plante aquatique.

(P. 144) **Colchicacées.** — Ne comprend qu'une espèce dans notre flore. Trois sépales colorés comme les pétales; trois pétales; *six étamines ; trois styles libres entre eux ;* trois carpelles séparés au sommet.

(P. 146) **LILIACÉES.** — *Trois sépales colorés ; trois pétales semblables aux sépales ; six étamines, rarement huit, quatre ou trois; ovaire non soudé avec le calice;* fruit s'ouvrant par trois loges, sec ou charnu.

(P. 148) **Dioscorées.** — Ne comprend qu'une espèce dans notre flore. *Fleurs staminées et fleurs pistillées sur des plantes différentes ;* six étamines ; enveloppe florale soudée avec l'ovaire. *Tige s'enroulant ; feuilles à nervures ramifiées.*

(P. 148) **IRIDÉES.** — Trois sépales colorés ; trois pétales colorés ; *trois étamines à anthères tournées en dehors ;* stigmates dilatés en lames, souvent semblables à des pétales ; enveloppe florale soudée avec l'ovaire.

(P. 148) **AMARYLLIDÉES.** — *Trois sépales colorés ; trois pétales colorés ; six étamines ; enveloppe florale soudée avec l'ovaire.*

(P. 149) **ORCHIDÉES.** — *Fleurs irrégulières ;* trois sépales, trois pétales dont un de forme particulière (labelle); *une seule étamine soudée avec le pistil.* Ovaire allongé et en apparence situé sous la fleur.

(P. 154) **HYDROCHARIDÉES.** — *Plantes aquatiques à fleurs staminées et à fleurs pistillées situées sur des plantes différentes ; trois sépales plus ou moins verts ; trois pétales colorés ;* étamines nombreuses (rarement trois).

(P. 154) **Juncaginées.** — Ne comprend qu'une espèce dans notre flore. *Trois sépales verts et trois pétales verts ;* six étamines ; *trois ou six carpelles ;* ovaire non soudé avec l'enveloppe florale. Plante aquatique.

(P. 154) **POTAMÉES.** — *Plantes aquatiques submergées.* Enveloppe florale *à un ou quatre sépales ; une ou quatre étamines ;* fruit à carpelles libres entre eux.

(P. 156) **Naïadées.** — *Plantes aquatiques submergées à fleurs peu visibles, les unes staminées, les autres pistillées ;* une étamine ; ovaire à une loge ; deux à trois styles. Feuilles opposées ou par trois.

(P. 156) **Lemnacées.** — *Plantes aquatiques sans tiges ni feuilles distinctes,* formant de petites lames qui flottent à la surface de l'eau. Étamines et pistils naissant sur la lame ; ovaire à une loge ; un style.

(P. 157) **Aroïdées.** — *Fleurs groupées en épi entouré d'une grande bractée.* Fleurs staminées et fleurs pistillées sur le même épi ; fruits charnus.

(P. 157) **TYPHACÉES.** — *Fleurs staminées et fleurs pistillées sur la même plante, formant des épis allongés ou en boules.* Pistils à *ovaires entourés de nombreux poils bruns ou de trois à cinq écailles membraneuses.*

(P. 158) **JONCÉES.** — *Trois sépales membraneux ; trois pétales membraneux semblables aux sépales ;* six ou trois étamines ; trois stigmates. Fruits secs à trois valves ou ne s'ouvrant pas.

(P. 160) **CYPÉRACÉES.** — *Chaque fleur est à l'aisselle d'une bractée membraneuse ;* trois étamines, rarement deux ; trois ou deux stigmates ; fruits ne s'ouvrant pas. Feuilles *presque toujours à gaine non fendue ;* tiges souvent à trois angles.

(P. 170) **GRAMINÉES.** — *Fleurs groupées en épillets qui ont ordinairement deux bractées à leur base ;* trois étamines, rarement deux, deux stigmates ; fruit ne s'ouvrant pas. *Feuilles presque toujours à gaine fendue* du côté opposé au limbe ; tiges arrondies.

B. Gymnospermes.

Plantes sans stigmates.

(P. 192) **ABIÉTINÉES.** — *Arbres résineux à fleurs staminées et à fleurs pistillées sur le même arbre.* Étamine à deux loges ; pistil formé d'une écaille portant deux ovules. Feuilles le plus souvent persistantes et allongées, étroites, aiguës.

(P. 193) **Cupressinées.** — Arbres ou arbrisseaux *à fleurs staminées et pistillées ordinairement sur des arbres différents ;* étamines ayant *trois à huit loges ;* pistil formé d'une écaille portant un ou plusieurs ovules ; feuilles étroites.

II. CRYPTOGAMES (plantes sans fleurs).

(P. 194) **FOUGÈRES.** — *Groupes de sporanges portés à la face inférieure des feuilles,* parfois sur certaines feuilles spéciales. Tiges rampantes ou souterraines ; *feuilles très développées,* ordinairement nombreuses sur chaque tige.

(P. 198) **Ophioglossées.** — Sporanges *creusés dans le tissu* d'une feuille spéciale ; *une autre feuille plate et sans sporanges.*

(P. 199) **EQUISÉTACÉES.** — *Sporanges situés au sommet des tiges* sur des écailles spéciales groupées en une masse ovale. *Tiges très développées, à rameaux verticillés ;* feuilles réduites à des écailles.

(P. 200) **Marsiliacées.** — *Sporanges renfermés dans des sortes de fruits clos.* Tiges rampantes ; feuilles dressées. Plantes aquatiques.

(P. 200) **LYCOPODIACÉES.** — *Sporanges situés au sommet des tiges,* sur des écailles spéciales groupées en masses allongées. *Tiges se ramifiant en fourches successives ;* feuilles petites.

TABLEAUX

pour reconnaître, par les feuilles et les bourgeons, les arbres, arbustes, arbrisseaux et sous-arbrisseaux contenus dans la Flore.

Nota. — Les renvois aux pages précédés de la lettre A indiquent les pages de l'*Album de la Nouvelle Flore.* (Voir p. II.)

- ☐ Feuilles, au moins les inférieures, *composées de folioles distinctes*.......... **TABLEAU 1**, p. 281.
- ☐ Feuilles *non composées.*
  - ✠ Feuilles *opposées ou verticillées* par 3 et plus.. **TABLEAU 2**, p. 281.
  - ✠ Feuilles *alternes* ou réunies *en faisceaux alternes.*
    - ⊙ Branches *épineuses*............. **TABLEAU 3**, p. 282.
    - ⊙ Branches *non épineuses.*
      - ★ Feuilles *persistantes,* ordinairement épaisses ou coriaces..... **TABLEAU 4**, p. 283.
      - ★ Feuilles *non persistantes,* ordinairement minces et molles.............. **TABLEAU 5**, p. 283.

La lettre A renvoie aux pages de l'Album de la Nouvelle Flore.

TABLEAU 1. — FEUILLES COMPOSÉES. —

- ⊙ Feuilles *opposées*..
  - ✠ Tige *grimpante*........................ *Clématite*, p. 5. A, p. 8.
  - ✠ Tige *non grimpante.*
    - — Folioles *disposées en éventail*; bourgeons visqueux........ *Marronnier d'Inde*, p.37 A,34.
    - — Folioles *sur deux rangées parallèles.*
      - + Bourgeons *à 2-4 écailles*, gros et noirs.... *Frêne*, p. 104. A, p. 103.
      - + Bourgeons *à plus de 4 écailles*, non noirs. *Sureau*, p. 75. A, p. 72.
- ⊙ Feuilles *alternes.*
  - △ Tige *portant des épines ou des aiguillons.*
    - ○ *Épines par deux*, à la base des feuilles (stipules transformées en épines).. *Robinier*, p. 45. A, p. 40.
    - ○ *Aiguillons çà et là* sur la tige.
      - ★ Stipules *longuement soudées* au pétiole....... *Rosier* [Églantine], p. 53 A, p. 48.
      - ★ Stipules *non longuement soudées* au pétiole... *Ronce*, p. 54, A, p. 49.
    - ○ *Rameaux terminés en épines*........ *Ononis*, p. 44. A, p. 39.
  - △ Tige *sans épines ni aiguillons.*
    - = Folioles *dentées.*
      - × Folioles *arrondies au sommet*........ *Ononis*, p. 44. A, p. 39.
      - × Folioles *aiguës*.......
        - — Bourgeons *velus et non visqueux*...... *Sorbier des Oiseleurs*, p. 55, A, p. 51.
        - — Bourgeons *sans poils et visqueux*....... *Sorbier, domestique*, p. 55. A, p. 50
    - = Folioles *entières.*
      - ⊕ Feuilles *inférieures à 3 folioles* et pétiolées; feuilles *supérieures à 1 foliole* et sans pétiole.......... *Sarothamne*, p. 40. A, p. 36.
      - ⊕ Feuilles *toutes à 3 folioles*..
        - ⌓ Arbre ou arbrisseau *de 3 à 10 mètres*. *Cytise, Faux-Ebénier*, p. 41, A, p. 36.
        - ⌓ Sous-arbrisseau de 1 *à 4 décimètres*. *Cytise couché*, p. 41. A, p. 36.
      - ⊕ Feuilles *à plus de 3 folioles.*
        - • Folioles *d'un vert blanchâtre en dessous* ; arbrisseau de 2 à 5 mètres.... .... *Baguenaudier*, p. 45. A, p. 40.
        - • Folioles *d'un vert sombre*, à odeur forte, arbre élevé........ .... *Noyer*, p. 138. A, p. 136.

TABLEAU 2. — FEUILLES SIMPLES, OPPOSÉES OU VERTICILLÉES. —

- □ Feuilles *persistant pendant l'hiver.*
  - ⦶ Feuilles *piquantes*, verticillées par 3 ; arbuste résineux........ *Genévrier*, p. 193. A, p. 168.
  - ⦶ Feuilles *non piquantes.*
    - ⌓ Arbrisseau *parasite* sur les branches des arbres........ *Gui*, p. 74. A, p. 70.
    - ⌓ Arbrisseaux ou sous-arbrisseaux *non parasites.*
      - × Feuilles *ovales*, d'un vert foncé et luisantes en dessus...... *Buis*, p. 135. A, p. 133.
      - × Feuilles *étroites* ou *en forme d'aiguilles.*
        - ○ Feuilles *verticillées* par 3. 4 ou 5............ *Bruyère*, p. 100. A, p. 100 et 101.
        - ○ *Feuilles opposées.*
          - ★ Feuilles vertes, luisantes, *disposées sur 4 rangs en se recouvrant comme les tuiles d'un toit*.. *Calluna*, p 100. A, p. 101.
          - ★ Feuilles *ne se recouvrant pas.*
            - § Feuilles *vertes et à peu près sans poils*........ *Hysope*, p. 122. A, p. 117.
            - § Feuilles *blanches et couvertes de petits poils feutrés en dessous.*
              - — Rameaux *sans poils*....... *Romarin*, p. 121.
              - — Rameaux *couverts de poils*......, *Thym vulgaire*, p. 123.
- □ Feuilles *tombant à la fin de la saison*. (→*Voyez la suite à la page suivante.*)

Suite du Tableau 2.

- ✠ Tige *grimpante*, s'enroulant autour des branches .... *Chèvrefeuille*, p. 74. A, p. 71.
- ✠ Plante *épineuse*, bourgeon assez gros .... *Nerprun*, p. 37. A, p. 35
- ✠ Plante *ni grimpante ni épineuse.*
  - ⊙ Bourgeons *poilus*, feuilles *d'un vert clair en dessus, blanchâtres en dessous*; arbrisseau à *écorce grise, lisse* .... *Camérisier* [Lonicera Xylostée], p. 74. A, p. 74.
  - ⊙ Plantes *n'ayant pas tous ces caractères réunis.*
    - ★ Bourgeons *sans écailles*, jeunes pousses à couche épaisse de poils gris .... *Viorne Lantane*, p. 75. A, p. 72.
    - ★ Bourgeons *écailleux.*
      - ⊕ Feuilles *à 3-5 lobes.*
        - + *Une seule écaille* au bourgeon ; quelques proéminences (nectaires) au sommet du pétiole .... *Viorne Obier*, p. 75. A, p. 72.
        - + *Plusieurs écailles*; pas de nectaires sur le pétiole .... *Erable*, p. 36. A, p. 33.
      - ⊕ Feuilles *sans lobes*, entières ou très finement dentées.
        - ◠ Feuilles *à nervures secondaires arquées et se rapprochant vers le sommet* .... *Cornouiller*, p. 74. A, p. 70.
        - ◠ Feuilles *à nervures secondaires non arquées.*
          - • Bourgeons *globuleux*; rameaux d'un vert mat. *Fusain*, p. 37. A, p. 35.
          - • Bourgeons *aigus.*
            - — Feuilles en *cœur* à la base.. *Lilas*, p. 104. A, p. 103.
            - — Feuilles en *coin* à la base... *Troëne*, p. 104. A, p. 103.

TABLEAU 3. -- FEUILLES SIMPLES, ALTERNES, ET BRANCHES ÉPINEUSES. —

- ⊕ Feuilles *persistantes*, étroites et terminées en épines ; rameaux transformés en épines vertes .... *Ajonc*, p. 40. A, p. 36.
- ⊕ Feuilles *non persistantes.*
  - ★ Rameaux *portant des épines.*
    - △ Feuilles *la plupart disposées en faisceaux*; *les autres alternes.*
      - ✠ Branches feuillées naissant à l'aisselle de 1 *épine* le plus souvent ramifiée ; feuilles *à dents aiguës, presque épineuses* .... *Epine-Vinette*, p. 7. A, p. 10.
      - ✠ Rameaux et feuilles des pousses stériles à la *base de 3 épines*; feuilles *à 3-5 lobes* .... *Groseillier Raisin-Crépu* [G. à maquereau], p. 62. A, p. 56.
    - △ Feuilles *toutes alternes.* Rameaux munis d'épines grêles et sans feuilles à la base; pas d'épines sur les rameaux à fleurs.
      - + Feuilles *les unes ovales, les autres étroites.* *Genet d'Angleterre*, p. 41. A, [p. 36.
      - + Feuilles *toutes de même forme* .... *Genêt d'Allemagne*, p. 41. A, [p. 36.
  - ★ Un certain nombre de *petits rameaux transformés en épines.*
    - § Rameaux *allongés, grêles, flexueux et pendants* .... *Lyciet*, p. 110. A, p. 109.
    - § Rameaux *n'ayant pas tous ces caractères.*
      - = Bourgeons *exactement appliqués contre les rameaux* ; feuilles jeunes poilues ; feuilles âgées sans poils .... *Pommier sauvage*, p. 55. A, [p. 50.
      - = Bourgeons *étalés.*
        - × Rameaux *rugueux*, peu épineux ; feuilles presque sans dents, cotonneuses en dessous .... *Néflier*, p. 54. A, p. 50.
        - × Rameaux *lisses.*
          - — Bourgeons *aigus* ; feuilles jeunes poilues; feuilles âgées sans poils .... *Poirier sauvage*, p. 55. A, [p. 50.
          - — Bourgeons *arrondis.*
            - • Feuilles *profondement divisées.* *Aubépine*, p. 54. A, p. 50.
            - • Feuilles *entières* .... *Prunier épineux* [Épine noire, Prunellier], p. 51. A, p. 45.

*La lettre A renvoie aux pages de l'***Album de la Nouvelle Flore.**

TABLEAU 4. — FEUILLES SIMPLES, PERSISTANTES ET ALTERNES. —

✠ Feuilles *réduites à des écailles membraneuses* en forme de stipules et ayant à leur aisselle *des rameaux verts, aplatis, terminés par une épine*, simulant des feuilles et au milieu desquels naissent de petites fleurs verdâtres........ *Fragon* [Petit Houx], p. 148. A, [p. 145.

✠ Feuilles *plus ou moins larges.*
- ⊙ Plante *grimpante*; feuilles divisées en lobes........ *Lierre*, p. 74. A. p. 69.
- ⊙ Plante *non grimpante.*
  - ✕ Feuilles *ordinairement à nombreuses épines* et à surface gondolée........ *Houx*, p. 37. A. p. 35.
  - ✕ Feuilles *non épineuses*, rapprochées en rosette au sommet des rameaux.. *Daphné Lauréole* [Bois-gentil], p. 134. A, p. 132

✠ Feuilles *étroites, allongées.*
- △ Feuilles *isolées.*
  - + Feuilles *aplaties* et pointues ; rameaux non verticillés........ *If*, p. 193. A. p. 168.
  - + Feuilles *peu aplaties* ; rameaux verticillés.
    - — Feuilles *portant deux raies blanches en dessous.* *Sapin*, p. 192. A, p. 168.
    - — Feuilles *à quatre angles*........ *Epicea*, p. 192. A, p. 168.
- △ Feuilles *réunies en faisceaux par 2 ou plus.*
  - = Faisceau formé *d'un grand nombre de feuilles*........ *Cèdre*, p. 193.
  - = Faisceau formé *de 2-5 feuilles*........ *Pin*, p. 193. A, p. 168.

TABLEAU 5. — FEUILLES SIMPLES, ALTERNES, NON PERSISTANTES ET NON ÉPINEUSES. —

△ Plante *sarmenteuse, grimpante ou rampante, quelquefois volubile*........ ***1er Groupe***, → p. 283.

△ Plante *n'ayant pas ces caractères.*
- ✠ *Sous-arbrisseaux ou arbrisseaux atteignant très rarement 3 mètres*; quelquefois de quelques décimètres seulement........ ***2e Groupe***, → p. 284.
- ✠ ou *Arbres de haute taille arbustes et arbrisseaux de plus de 3 mètres.*
  - ⊙ Bourgeons *sans écaille* ou *à 1-3 écailles*........ ***3e Groupe***, → p. 284.
  - ⊙ Bourgeons *à plus de 3 écailles.*
    - ◠ Bourgeons et feuilles placés sur 2 *lignes opposées* sur les rameaux situés de côté........ ***3e Groupe***, → p. 284.
    - ◠ Bourgeons et feuilles placés *tout autour des branches*, même sur les rameaux de côté........ ***4e Groupe***, → p. 285.

1er Groupe....
- = Feuilles *à plusieurs lobes profonds et dentés*, souvent opposées à des rameaux transformés en vrilles........ *Vigne*, p. 37. A, p. 34.
- = Feuilles *entières*; les supérieures souvent situées à la base de petites folioles leur donnant l'aspect de feuilles composées........ *Morelle Douce-amère*, p. 111. [A, p. 110.

*La lettre A renvoie aux pages de l'***Album de la Nouvelle Flore.**

La lettre A *renvoie aux pages de l'***Album de la Nouvelle Flore.**

2e *Groupe*.

- □ Plantes à feuilles *ayant une odeur aromatique*.
  - ✕ Feuilles *fermes et coriaces*, *rétrécies à la base*, entières ou très peu dentées........ *Myrica Galé*, p. 142. A, p. 140.
  - ✕ Feuilles *en cœur à la base*, à plusieurs lobes triangulaires...... *Groseillier noir*, p. 62. A, p. 56.
- □ Plantes *non aromatiques*.
  - ⌣ Feuilles *nettement pétiolées*.
    - ★ Feuilles *divisées en plusieurs lobes*.............. — *rouge*, p. 62. A, p. 56.
    - ★ Feuilles *simplement dentées*.............. *Amélanchier*, p. 54. A, p. 50.
  - ⌣ Feuilles *presque sans pétiole, ou à pétiole très court*.
    - § Racines *très rameuses*, *longuement rampantes*, formant à la surface du sol *un chevelu très serré*.............. *Airelle Myrtille*, p. 100. A p. [100.
    - § Racines *n'ayant pas ces caractères*.
      - + Feuilles *pliées en gouttière*.............. *Genêt velu*, p. 41. A, p. 36.
      - + Feuilles *non pliées*.
        - ⊖ Feuilles *sans stipules*; jeunes feuilles en rosette au sommet des rameaux.............. *Daphné Morillon*, p. 134 A, [p. 132.
        - ⊖ Feuilles avec *stipules écailleuses*, jamais en rosette..

3e *Groupe*.

- ○ Bourgeons *à 1 ou 0 écaille*.
  - (Bourgeons à 1 *seule écaille, laineuse intérieurement et enveloppant complètement le bourgeon;* feuilles ordinairement allongées pointues.............. *Saule*, p. 140. A, p. 138 à 140.
  - (Bourgeons *sans écailles* et quelquefois avec quelques petites stipules à la base; feuilles larges, arrondies, luisantes en dessous et en dessus. *Bourdaine*, p. 37. A, p. 35
- ○ Bourgeons *à 2 ou 3 écailles*.
  - ✠ Feuilles *sans pointe au sommet*; bourgeons de côté placés comme sur des pédoncules.............. *Aune*, p. 142. A, p. 140.
  - ✠ Feuilles *ayant une pointe au sommet ou divisées en lobes pointus*.
    - — Feuilles *en cœur à la base;* bourgeons ovales.............. *Tilleul*, p. 32. A, p. 29.
    - — Feuilles *ovales*, allongées, pointues, à dents un peu recourbées.............. *Châtaignier*, p. 139. A, p. 137.
    - — Feuilles *divisées en lobes*, à nervures en éventail.............. *Platane*, p. 142. A, p. 140.
- ○ Bourgeons *à plus de 3 écailles*.
  - △ Feuilles *sans dents;* bourgeons très aigus; arbre à écorce grise et lisse.............. *Hêtre*, p. 139. A, p. 137.
  - △ Feuilles *dentées*.
    - ⌣ Bourgeons *presque globuleux*, feuilles peu allongées, à pétiole velu.............. *Coudrier Noisetier*, p. 139. A, [p. 137.
    - ⌣ Bourgeons *aigus*.
      - ★ Jeunes pousses *grêles, retombantes*, non lisses; feuilles élargies vers la base.............. *Bouleau*, p. 142. A, p. 140.
      - ★ Jeunes pousses *non retombantes*.
        - • Feuilles à *une ou plusieurs nervures secondaires fourchues*, ordinairement rudes. *Orme*, p. 138. A, p. 135.
        - • Feuilles *à nervures secondaires simples*... *Charme*, p. 139. A, p. 138.

La lettre A *renvoie aux pages de* **l'Album de la Nouvelle Flore.**

4ᵉ Groupe.

- ⊙ Feuilles à *divisions arrondies*, **irrégulières** *et* **profondes**; bourgeons du sommet des rameaux réunis en grappe …… *Chêne*, p. 139. A. p. **137.**
- ⊙ Pétiole *aplati à la base et aplati en sens inverse au sommet*; bourgeons *à première écaille grande, enveloppant les autres* …… *Peuplier*, p. 140. A, p. 138.
- ⊙ Plante **n'ayant** pas les caractères précédents.
  - ☐ Bourgeons à *écailles vertes* bordées de brun.
    - + Feuilles *dentées*.
      - — Feuilles *arrondies* à la base …… *Sorbier à larges f^les*, p. 55. A, [p. 51.
      - — Feuilles *en coin* à la base …… *Allouchier*, p. 55.
    - + Feuilles *lobées* …… *Alisier*, p. 55. A, p. 51.
  - ☐ Bourgeons à *écailles brunes* ou *d'un brun rougeâtre*.
    - ○ Feuilles *aplaties, assez larges et non réunies en faisceaux*.
      - ★ Feuilles *jeunes pliées en deux*, suivant leur longueur.
        - ✠ Stipules *couvertes de* **glandes** *et* **persistantes** après la dessiccation; jeunes rameaux **cotonneux**; feuilles ovales, cotonneuses en dessous .. *Cognassier*, p. 55
        - ✠ *Pas de stipules persistantes et jeunes rameaux* non cotonneux.
          - ⊕ Feuilles *à pétiole glanduleux ou muni de 2 glandes vers le sommet.*
            - ⊖ Feuilles *allongées*, simplement dentées en scie, sans poils …… *Amandier*, p. 51.
            - ⊖ Feuilles *ovales.*
              - = Feuilles *non glanduleuses*, très finement dentées …… *Bois-Joli* [Putiet], p. 51. A, p. **45.**
              - = Feuilles *glanduleuses*, doublement dentées.
                - • Feuilles *couvertes de petits poils à la face inférieure* …… *Merisier* [Prunus avium], p. 51. [A. p. 45.
                - • Feuill. *sans poils.* …… *Cerisier cultivé*, p. 51.
          - ⊕ Feuilles *à pétiole non glanduleux.*
            - ◯ Feuilles *nettement pétiolées.*
              - — Feuilles *ovales*, doublement dentées …… *Cerisier cultivé*, p. 51.
              - — Feuilles *ovales-arrondies, en forme de cœur à la base*, finement dentées …… *Bois de Sainte-Lucie*, p. **51.** A. p. **45.**
            - ◯ Feuilles *à pétiole* **très court**, allongées. …… *Pêcher*, p. 51.
      - ★ Feuilles *jeunes enroulées en cornet*, suivant leur longueur.
        - — Feuilles à *pétiole glanduleux*, sans poils …… *Abricotier*, p. 51.
        - — Feuilles à *pétiole non glanduleux*, ayant des petits poils au moins sur la face inférieure …… *Prunier*, p. 51.
      - ★ Feuilles *enroulées* ou *ondulées* sur les bords.
        - ⌒ Feuilles ayant *au moins* 10 *paires de nervures secondaires* et toujours dépourvues de poils à l'automne …… *Poirier cultivé*, p. **55. A, p. 50**
        - ⌒ Feuilles n'ayant *pas plus de* 4-8 *paires de nervures secondaires* et couvertes ordinairement de petits poils sur la face inférieure, même à l'automne; rarement sans poils …… *Pommier cultivé*, p. 55. A, [p. 50.
    - ○ Feuilles *très étroites, en* **forme d'aiguilles,** *disposées en* **faisceaux** …… *Mélèze*, p. 192. A, p. 168.

TABLE GÉNÉRALE DES MATIÈRES

Imprimé en France par Hérissey – N° 85533
N° Édition : 1001-04 – Dépôt légal : Novembre 1999